Conservazione e innovazione nei musei italiani

Management e processi di cambiamento

a cura di LUCA ZAN

ETAS

a Elisabetta

Impostazione grafica di Matteo Bologna Design, NY

ISBN 88-453-0964-9

Prima edizione Etas: ottobre 1999

Sommario

Gli autori

Alessandro Baroncelli, Dipartimento di Discipline Economico Aziendali dell'Università di Bologna, insegna Economia e gestione dell imprese internazionali alla facoltà di Economia.

Cristina Boari, Dipartimento di Discipline Economico Aziendali dell'Università di Bologna, insegna Tecnica industriale e commerciale alla facoltà di Economia.

Cecilia Chirieleison collabora con il Dipartimento di Economia Aziendale dell'Università di Pisa, dove ha conseguito il dottorato di ricerca sulla gestione strategica dei musei.

Massimiliano Floridi è Amministratore Unico della Arti Doria Pamphilj, Roma.

Rosanna Friggeri, archeologa, Ministero per i Beni e le Attività Culturali, Soprintendenza ai Beni Archeologici di Roma, Direttore dell'Ufficio Servizi Aggiuntivi.

Valentina Galloni collabora dal 1996 all'Ufficio Sistema dei Musei e Attività Espositive del Settore Cultura del Comune di Bologna, che coordina il *Progetto Bologna dei Musei*.

Barbara Lorenzini, laureata in Economia all'Università di Bologna, collabora con il Dipartimento di Discipline Economico Aziendali.

Gianni Lorenzoni, Dipartimento di Discipline Economico Aziendali dell'Università di Bologna, insegna Strategie d'impresa alla facoltà di Economia. Coordina l'unità di ricerca su "L'evoluzione dei modelli economico-gestionali per la valorizzazione delle risorse delle organizzazioni museali", nell'ambito dei Progetti Finalizzati Beni Culturali del CNR.

Angelo Manaresi, Dipartimento di Discipline Economico Aziendali dell'Università di Bologna, insegna Marketing alla facoltà di Economia ed Economia e gestione dell'impresa alla facoltà di Scienze Statistiche.

Gian Luca Marzocchi, Dipartimento di Discipline Economico Aziendali dell'Università di Bologna, è docente di Marketing presso la facoltà di Scienze Statistiche.

Andrea Moretti, dottore di ricerca in Economia aziendale, docente a contratto di Economia e gestione delle organizzazioni museali presso il Diploma di laurea in Economia del turismo dell'Università Ca' Foscari di Venezia.

Alessandro Narduzzo è borsista post-dottorato al Dipartimento di Informatica e Studi Aziendali dell'Università di Trento.

Vincenza Odorici, borsista post-dottorato al Dipartimento di Discipline Economico Aziendali dell'Università di Bologna.

Luca Zan, Dipartimento di Discipline Economico Aziendali dell'Università di Bologna ed EIASM *Associate Scholar*, insegna Economia aziendale alla facoltà di Economia.

Premessa

Poche aree di ricerca si presentano così contraddittorie e in sé divise, conflittuali, come il tema della gestione dei musei, o meglio dell'estensione di approcci manageriali al comparto museale. Questa tensione – che il titolo del volume vuole riprendere – è elemento centrale nei processi attuali di trasformazione del settore che sarebbe ingenuo e incauto non considerare: due poli di un contendere che non possono escludersi o ignorarsi a vicenda.

Del resto, lo stesso titolo vuole risuonare come citazione del concetto (e dell'ossimoro) schumpeteriano di "distruzione creatrice", dove l'innovazione imprenditoriale – a livello di impresa ma poi per estensione a livello di ogni altra organizzazione – è vista come processo fluido e flessibile di innovazione, di individuazione di possibili soluzioni in termini talora di prodotti e attività, ma anche di processi, di forme organizzative e di modalità di combinazione dei fattori e condizioni produttive che incessantemente modificano i modi di concepire, concettualizzare, prima ancora che gestire le organizzazioni.

Conservazione come elemento centrale, dunque, irrinunciabile, del discorso professionale del museologo; che va vista in connessione a forme gestionali che sappiano coniugare questa prospettiva e identità professionale a modalità innovative di svolgimento e conduzione. In che misura – e attraverso quali meccanismi concreti di traslazione – le conoscenze degli studi di management possano apportare un contributo positivo in tale processo è uno dei fili conduttori del presente lavoro.

Il volume si compone di tre parti. La parte introduttiva si caratterizza per un'impostazione agile e sintetica, di apertura di una serie di punti controversi e di problemi di ricerca come preparazione alla discussione successiva delle ricerche sul campo. Vengono ripresi alcuni aspetti del dibattito internazionale sulla relazione tra management e musei, mettendo a fuoco i tratti di fondo del latente conflitto tra visione dei *professionals* e degli esperti di management. Ma soprattutto, con riferimento al nostro paese, si criticherà l'assenza di attenzione alla dimensione "micro" – focalizzata sulle condizioni reali e contestuali delle singole organizzazioni – nel dibattito sui musei italiani.

È questo invece l'elemento che vuole caratterizzare il nostro volume, con una serie di "casi clinici" e progetti analizzati in modo approfondito nella seconda parte del volume, con riferimento a esperienze a vario livello di innovazione gestionale, organizzativa, istituzionale (oltre all'innovazione sul piano più propriamente estetico-museologico). Si tratta di materiali diretti di ricerca, caratterizzati da una varietà di approcci e impostazioni, in prevalenza del gruppo del Dipartimento di Discipline Economico Aziendali dell'Università di Bologna che afferisce al Progetto Finalizzato Beni Culturali del CNR*, senza mancare di dare ospitalità ad altri contributi strettamente complementari a quelli trattati direttamente. Ogni capitolo è in sé autonomo nella parte sostantiva, e trattato secondo le preferenze e prospettive proprie dell'autore (spesso di *general management*, ma con approfondimenti specialistici, di strategie, di processi decisionali e di controllo, di marketing, ecc.), ma comunque a connotazione empirica.

Nell'impostazione del libro questa parte costituisce il cuore, l'elemento distintivo la cui assenza è per converso individuata come limite tra i più importanti nell'attuale letteratura. Va sottolineato che non si tratta di "casi" in senso didattico, ma di "casi clinici", di ricerca applicata ad alcuni particolari contesti concreti, che

* "L'evoluzione dei modelli economico-gestionali per la valorizzazione delle risorse delle organizzazioni museali", unità di ricerca coordinata dal professor Gianni Lorenzoni, contributo CNR n. 96.03901.PS15, n. 97.04681.CT15 e 98.03432.PS15.

dovrebbero forzare gli autori a uscire da certa superficialità della retorica del management, per la quale – giustamente – i museologi ci criticano.

Infine, pur mantenendo il libro una vocazione fortemente empirica, per facilitare la discussione e la comprensione delle principali implicazioni di secondo ordine (di più vasto raggio, giacché molte delle implicazioni sono già direttamente incorporate nella illustrazione dei singoli casi clinici), nella terza parte si propongono alcune letture trasversali dei materiali presentati, con una particolare attenzione alla gestione dei processi di cambiamento nelle varie organizzazioni, e focalizzando alcune dimensioni analitiche: il consumatore, le risorse umane e finanziarie, ecc. Lo stile è volutamente conciso, non "accademico", per quanto possibile evitando tecnicismi esasperati, anche in relazione al pubblico composito cui il volume si rivolge:

- *operatori museali, curatori*, oggetto di una attenzione crescente, ma spesso diffidenti verso approcci a-contestuali e astratti in modo percepito come scorretto, che non fa i conti con la realtà quotidiana in cui essi vivono. Viceversa, per il taglio utilizzato, questo libro dovrebbe rappresentare qualcosa di meno lontano, in cui possono riconoscere situazioni e problemi; in effetti rappresentano il target principale di questo volume;
- *policy makers* ai diversi livelli dell'amministrazione pubblica, in qualche modo coinvolti nei processi di gestione dei beni culturali, ai quali i processi di cambiamento in corso pongono non meno problemi di quanti ne pongano ai diretti gestori e direttori di musei;
- *studiosi di management* e aziendalisti interessati ai profili di gestione dei beni culturali, nonché esponenti del filone dell'"economia della cultura" più aperti a contaminazioni interdisciplinari; e più in generale studiosi attenti ai fenomeni dell'economia delle organizzazioni non profit e del cosiddetto *new public management*, di cui in effetti la gran prevalenza dei casi qui discussi è espressione;
- *studenti* di vari percorsi e livelli (corsi di laurea, master, scuole di specializzazione, diplomi) nel campo dei beni culturali e del restauro, oltre che discenti di numerose iniziative di formazione e aggiornamento professionale.

Anche se riferimenti più puntuali vengono ripresi nei singoli capitoli, non possiamo qui mancare di ringraziare una quantità veramente notevole di operatori museali che nel corso di questi ultimi tre anni si è sottoposta a un processo certamente non semplice di analisi e discussione che è alla base di questo volume; molti sono stati anche coinvolti nelle più varie sedi formative *post-experience* e a vario titolo dai singoli ricercatori, fornendo ulteriori spunti di riflessione e verifica dei "semilavorati".

In veste di curatore infine devo ringraziare i singoli autori, che si sono dimostrati disponibili a un lavoro editoriale di non piccola portata, e in cui non sono talora mancate discussioni approfondite su alcune differenze di vedute. Certamente una monografia sarebbe risultata da questo punto di vista più semplice e meno faticosa, e avrebbe dato forse l'impressione di una coerenza interna totale: ma avrebbe certamente perso in termini di ricchezza di vedute, varietà di prospettive di analisi, esperienze e tempi operativi di ricerca.

LUCA ZAN

PARTE PRIMA

Introduzione

1 Il dibattito sul management dei musei: una rivisitazione critica

Luca Zan

1.1 Economia o economizzazione della cultura?

Anche in Italia si va affermando in modo sempre più deciso la questione di una gestione "manageriale" delle organizzazioni che operano nel comparto culturale. Si tratta di un processo più vasto, che per larga parte si riconnette ai processi di trasformazione in atto nel settore pubblico, cui molte delle organizzazioni culturali sono legate, o perché dipendenti da finanziamenti pubblici o perché esse stesse articolazione di amministrazioni pubbliche. In tale fenomeno di "managerializzazione" – che non rappresenta certo un'esclusiva del nostro paese – confluiscono diverse prospettive e ragioni che vale la pena esaminare.

L'estensione del discorso economico a organizzazioni che non sono immediatamente orientate a una attività d'impresa è infatti un processo generale che si va affermando in tutto il mondo occidentale: si pensi per tutti alla crescente attenzione al fenomeno delle economie "non profit" nei settori più disparati (non solo il volontariato ma anche la ricerca *hi-tech*: Powell, 1996). In questo quadro, le stesse organizzazioni che operano nel mondo dell'arte e dei beni culturali sono state ripetutamente oggetto di pressioni ambientali tendenti a una loro maggiore connotazione in senso economico e manageriale, sia per quanto riguarda le *performing* che le *visual arts* (cfr. ad esempio a livello internazionale Di Maggio, 1986, 1991; Kavanagh, 1991; Pearce, 1991, 1992; Baumol, Baumol 1992; Boylan, 1992a, 1992b, 1998; Bennet T., 1993; Wilson, 1993; Moore, 1994; Sherman, Rogoff, 1994; Bennet O., 1995; Feldstein, 1991; Kawashima, 1996; Lebrecht, 1996; Pick, 1996; Fitzgibbon, Kelly, 1997; Hutter, Rizzo, 1997; Cannon-Brookes, 1998. Con riferimento al nostro paese Valentino, 1993; Bodo, Turci, 1993; Bodo, 1994; Fuortes, 1994; Migale, 1995 Morigi Govi, Mottola Molfino, 1996; Roncaccioli, 1996; Pronti, Boccenti, 1996; Bagdadli, 1997; Sicca, 1997, 1998; Zan, 1997; Causi, 1998a, 1998b; Eminente, 1998; Varaldo, 1998. Si vedano anche gli atti del convegno Aidea del 1998).

A dire il vero questo fenomeno investe specificamente il comparto culturale in periodi relativamente recenti, con un certo ritardo rispetto ad altri settori, quali ad esempio la sanità (per tutti cfr. Borgonovi, 1990; Lapsley, 1994; Anselmi, 1996; Marcon, Panozzo, 1998): consultando una qualsiasi biblioteca in merito colpisce la quasi totale assenza di contributi antecedentemente agli anni novanta, se non con tagli estremamente astratti di alta teoria (ad esempio Baumol, Bowen, 1966; Peakock, Godfrey, 1974). Qualche importante *pamphlet* comincia a girare senza destare troppo rumore nell'Inghilterra di fine anni ottanta (Griffin, 1988; Cannon-Brookes, 1989; Kovach, 1989; Noble, 1989; Wilton, 1990; MGC, 1990; Audit Commission, 1991).

Se questo processo viene visto talora con sospetto da parte degli operatori, per altro verso potrebbe intendersi come elemento positivo, di una nuova attenzione ai problemi dell'economia e dell'organizzazione del mondo della cultura (de Jong, 1993; van Hemel, van der Wielen, 1997; Angioni, 1998).

Questo almeno in teoria: perché in effetti l'estensione del discorso economico alle organizzazioni culturali si accompagna (o forse si traduce) concretamente in un preciso orientamento di *policy* verso processi di privatizzazione o quantomeno "destatizzazione" come fenomeno che accomuna i diversi paesi europei, forse con un ruolo di traino giocato dall'ultimo periodo tatcheriano, ma comunque già oggetto di una sufficiente sistematizzazione (in particolare van Hemel, van der Wielen, 1997; in tema cfr. anche Linklater, 1997).

In altri termini, la stessa dizione "economia della cultura" rischia di perdere lungo il cammino molte delle possibili sfaccettature per essere riduttivamente intesa – storicamente – come processo che consiste nell'*economizzare* sulla cultura. Su un piano generale, giova ricordare che secondo Polanyi è lo stesso termine *economico* che porta in sé una duplicità di significato, di cui spesso prevale il più semplice: quello *formale*, di "economizzare – o con un'espressione meno tecnica ma forse più precisa delle altre – ottenere il massimo dai propri mezzi" (Polanyi, 1983); in tale prospettiva la stessa disciplina viene concepita come scienza delle scelte, in condizioni di scarsità di risorse. E in fondo, da questo punto di vista, non è poi così infondato il sospetto degli operatori culturali, quando associano "economia della cultura" a un processo di taglio delle risorse.

Viceversa, il significato *sostanziale* di *economico* prescinde da considerazioni di scarsità e di scelta e verte sui caratteri propri dei processi di produzione e consumo che caratterizzano l'attività economica: "[...] qui *economico* designa semplicemente il «far riferimento al processo di soddisfazione dei bisogni materiali»" (Polanyi, 1983, pag. 43).[1] E per un economista aziendale è difficile rinunciare a questo secondo aspetto, alla ricostruzione e comprensione dei processi e delle modalità concrete in cui si struttura e diviene l'agire economico in quanto volto alla soddisfazione dei bisogni umani.

Intendiamoci: la pressione economica verso un contenimento delle assegnazioni di risorse è fenomeno reale e difficilmente reversibile sul piano storico: il che certamente impone un cambio di attenzione verso la possibilità di ricorso a finanziamenti alternativi, sponsorizzazioni, ecc.

Tuttavia questo non significa necessariamente il ricorso a una logica di "privatizzazione" che spesso si evoca a riguardo. Ad esempio la discussione nell'importante Convegno del 1977 a Torino dal significativo titolo *Politica dei beni Culturali e Cultura*

1. "Il significato sostanziale deriva, in breve, dal fatto che l'uomo dipende palesemente per la sua sussistenza dalla natura e dai suoi simili. Egli sopravvive in virtù di un'interazione istituzionalizzata fra se stesso e il suo ambiente naturale. Quel processo costituisce l'economia, che gli fornisce i mezzi per soddisfare i bisogni materiali...Fintantoché i bisogni dipendono per il loro soddisfacimento da oggetti materiali, il riferimento è economico ...Studiare la sussistenza significa studiare l'economia in questo senso sostanziale del termine" (pag. 42-43). E ancora: "La produzione costituisce quello che è forse il fatto economico più spettacolare, e cioè l'ordinato avanzamento di tutti i mezzi materiali verso lo stadio in cui vengono consumati come mezzo di sussistenza. Insieme, i due tipi di movimento completano l'economia in quanto processo" (pag. 57).

d'Impresa (Lingotto, 19-20 settembre 1997) sembrava suggerire il ricorso ad una gestione privatistica come soluzione necessaria e sufficiente, quasi che il privato abbia nel proprio patrimonio genetico una superiorità nel gestire – che potrebbe mettere in campo – e in fondo il "pubblico" nel mondo culturale abbia solo il patrimonio artistico, da far gestire ad altri. Il che costituisce affermazione falsa e fuorviante. È falsa perché si può dimostrare che le moderne forme di gestione "manageriale" – il discorso del maneggio, come si diceva allora – sono storicamente nate in organizzazioni statali (Hoskin, Mcve, 1994; Carmona, Ezzamel, Gutierrez, 1997; Zan, Hoskin, 1999), se pur oggi effettivamente si pone il problema di "reimportare" queste logiche dal privato.[2] È poi affermazione comunque fuorviante perché distoglie l'attenzione dalla comprensione delle condizioni concrete e locali che impediscono il funzionamento di una data organizzazione pubblica: è una incapacità intrinseca, "genetica" per così dire, o legata a particolari regole e norme di organizzazione modificando le quali si renderebbe possibile un'azione più efficace?[3]

D'altra parte, anche da un punto di vista teorico, tale discorso privatistico tenderebbe pericolosamente a trascurare un aspetto di fondo di tutta l'economia (in senso sostanziale) dei beni culturali e artistici: vale a dire la presenza di elevate esternalità sia in termini di valori culturali che di valori economici, ad esempio connessi ai flussi turistici che generano benefici economici indirettamente, cioè con riguardo ad altri soggetti ed entità diversi dai centri rispetto ai quali si effettua e viene riferita la spesa.

Ma se su questo aspetto si può rimandare a quanto già disponibile in letteratura sull'analisi costi/benefici, vi è comunque un limite da segnalare nel dibattito (invero anche internazionale): vale a dire la prevalenza di una logica macroeconomica, in cui

2. In effetti sul piano storico questa situazione – che in altra sede si è definita di "forgetting by doing" (Zan, 1999) – del settore pubblico rappresenta un fenomeno interessante e trascurato, che tende a problematizzare alcuni luoghi comuni sulla supposta inefficienza intrinseca del pubblico.

3. La situazione è per molti versi analoga al dibattito sull'università, dove le istituzioni private godono di gradi di libertà che vengono negati a quelle statali – a cominciare dalla possibilità di istituzione del numero chiuso o all'intervento di forme di "precariato" – e che pongono il pubblico in situazione di svantaggio competitivo nell'erogazione del servizio didattico, senza avere nulla a che fare con logiche di tipo privatistico o di obiettivi di profittabilità.

manca e si banalizza il problema di una costruzione del discorso economico a livello micro, di singola organizzazione (museo, Soprintendenza, ente lirico, teatro, ecc.).

Tale situazione in Italia è poi aggravata dalla dominanza di una cultura giuridica in generale, e, in particolare – cominciando a focalizzare l'attenzione e a fare qualche riferimento nello specifico al comparto museale, oggetto diretto del presente lavoro – nell'Amministrazione statale centrale e segnatamente ministeriale (non è un caso che la composizione della commissione che ha promosso la riforma del Ministero dei Beni Culturali evidenziasse una schiacciante prevalenza di giuristi, un economista e nessun rappresentante delle professioni tecniche in oggetto! Cfr. Mottola Molfino, 1998). D'altra parte, la varietà di regole amministrative riscontrabili nel pubblico impone al museologo una trasformazione professionale che non ha pari negli altri paesi, per complessità delle norme e per varietà tra le diverse istanze territoriali del pubblico, e per logica centralista che governa il tutto. Da questo punto di vista il caso dell'ex direttrice del Poldi Pezzoli, passata a un ruolo interno all'Amministrazione comunale di Milano, evidenzia in quale misura le regole – largamente autoreferenziali – di un'amministrazione pubblica si impongono *aggiuntivamente* alle competenze professionali di un direttore di musei (e questo non tanto per gestire bene o meglio un museo o un sistema di musei, ma per poterli gestire all'interno delle regole locali e proprie di quell'amministrazione pubblica).

Di fatto la prevalenza di una visione economica "macro" e, nel nostro paese, la dominanza congiunta con una visione giuridica, mettono in ombra le oggettive difficoltà a comprendere le logiche proprie di funzionamento di organizzazioni come quelle museali il cui obbiettivo istituzionale è altro rispetto a quello del profitto, e manifestano un'intrinseca complessità d'azione. Secondo questa logica, la semplice introduzione di una nuova legge – è il caso della Soprintendenza autonoma di Pompei – risolverebbe di per sé il problema del cambiamento, sottostimandone di fatto i reali processi di implementazione. Ancora, la medesima distorsione è rintracciabile nelle complesse vicende delle proposta di riforma di Paolucci, peraltro limitata alle solo cinque maggiori entità, persa poi nei meandri di una più sfocata (rispetto alla singola organizzazione museale) questione della regionalizzazione, che non risolve (invero non affronta nemmeno) i temi qui trattati, come ormai ampiamente criticato da non pochi attori del comparto (cfr. Bobbio, 1993, 1997a, 1998a, 1998b; Cammelli, 1996; Morigi Govi, 1996; Petraroia, Provenzali, 1996; Paolucci, 1996; Luther, 1995; Mottola Molfino, 1998; Petraroia, 1998; Santagata, 1998. Cfr. inoltre la tavola rotonda su *Riforme e decentramento alla prova dei fatti: i beni e le attività culturali nel d.lg. 112/1998* sul primo numero della rivista Aedon, con i contributi di: Ainis, Bobbio, Cammelli, Chiti, Sciullo, Meschino).

Per l'esperto di management ciò comporta in effetti la non facile opera di capire quanto di rilevante ci sia nel discorso manageriale, trasferibile su di un oggetto estremamente strano; e richiede un'attenzione ai profili micro, alle condizioni di funzionamento e sviluppo della singola organizzazione, a partire dalla necessità di focalizzare le nozioni di *accountability* e responsabilizzazione.

In questo quadro la tesi di fondo che permea la nostra ricerca è che si renda necessario rivendicare un approccio economico aziendale "a tutto tondo", che recepisca cioè tutte le conseguenze logiche che il "discorso sul maneggio" comporta. Managerializzazione dunque che non significhi soltanto una riduzione di risorse, ma che si accompagni a una complessiva ridefinizione delle logiche organizzative, dei ruoli, delle responsabilità e della connessa autonomia a tutti i livelli del sistema pubblico nel comparto museale.

1.2 La managerializzazione dei musei: un rapporto conflittuale

Una visione meno ideologica dei processi di allargamento alle organizzazioni museali del discorso economico impone dunque, per quanto detto sopra, il ricorso a un'indagine "micro", economico aziendale, per verificare in quale misura la "cultura d'impresa" – per riprendere i termini del convegno di Torino – sia spendibile nella gestione di organizzazioni culturali e museali in particolare. Pur con tutte le similitudini tra *performing* e *visual arts*, è infatti a questo punto opportuno focalizzarsi sul comparto museale, vuoi per alcuni elementi che lo differenziano significativamente da altri comparti della produzione culturale sul piano tecnologico-materiale e dei connessi processi economici, vuoi perché il dibattito e la letteratura tendono a localizzarsi in comunità professionali specialistiche (tra museologi, tra musicologi , ecc.), con rare sovrapposizioni.

È bene tuttavia non illudersi: anche questa strada più contestuale e pragmatica è irta di difficoltà e di profondi conflitti culturali, in questo caso tra museologi e studiosi di management. Anzi, la situazione è talmente controversa che talvolta verrebbe da pensare a false soluzioni per falsi problemi (*figura 1.1*).

Dal punto di vista della retorica del management (Detheridge, 1997), si possono individuare innumerevoli esempi di critiche radicali alla mancanza di visione manageriale dei direttori di musei, e – specialmente nel mondo anglosassone – di eleganti riproposizioni secondo gli schemi e il linguaggio degli studi di management, spesso incorporando quella caratteristica tensione prescrittiva se non ricettistica (in *tabella 1.1* si riporta una immancabile applicazione alle "*4 p*" con riferimento al museo).

Talvolta si rischia di cadere nel ridicolo: "*Museum should avoid becoming moribund. A more positive approach, better marketing and customer care with minor redecoration and updating of displays will help*" (Audit Commission, 1991: 35), quasi fosse possibile affermare il contrario.

Altre volte stupisce il livello di banalità in affermazioni non falsificabili, anche se il sorriso svanisce pensando che simili documenti hanno poi comunque un forte impatto in termini politici (in questo caso con riferimento al British Museum): "*The Museum's approach to management is distinctively conservative. It is less strategic, less enthusiastic about professional skills, technology and modern management, less willing to grasp nettles, less outward looking, than one might have expected. There has been too little clarity about purpose and direction, how decisions will be taken, when and by whom*" (Edwards 1996, punto 4.2.2). In effetti queste sono espressioni prive di significato, letteralmente incomprensibili per l'uomo comune (museologi inclusi, verosimilmente), e che hanno senso solo per gli esperti di management, o di retorica manageriale, per giunta un po' razionalista.[4]

4. Gli esempi di autoreferenzialità disciplinare di questo rapporto sono innumerevoli nella loro genericità e non falsificabilità. Ad esempio, in termini di struttura: "*The present management structure, though possibly adequate to deal with on-going business in easier times, is not well adapted to the challenges the Museum now faces*": argomentare tipico del precettismo manageriale, che poi continua: "*It is too hierarchical, places excessive burdens on certain key managers, assigns too many professional function to non-professionals, fails to identify certain key functions which require specific management, makes insufficient use of project management and relies too much on in-house provision*" (punto 4.3.1)

FIGURA 1.1 **MUSEOLOGIA E MANAGEMENT: UN DIALOGO DIFFICILE**

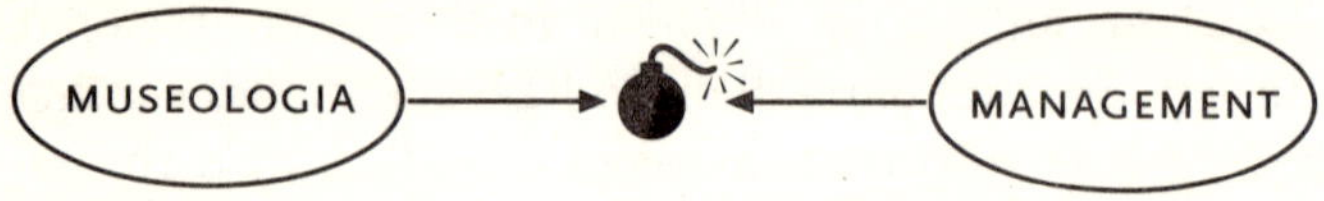

TABELLA 1.1 **LA RETORICA MANAGERIALE ALL'OPERA: LE "4P"**

VISITOR SERVICES A marketing analysis, based on the 4Ps , can help when reviewing visitor services	
Product	What services are we offering? • what types of exhibition will be in our permanent displays – themed – multi-topic etc.? • what use will we make of: – special exhibitions of material from our reserve stores – travelling exhibitions? • what other services are we offering visitors – catering – information (lectures etc.) – retail outlets (shops)? When will we be open (time of day, week, year)?
Place	What sort of visitors are we trying to attract • local people • day trippers/tourists • schools • minority groups etc.? How do the services we are offering complement, or compete with, those offered by other museums?
Price	What, if anything, do we want to charge visitors • to permanent exhibitions • to special or travelling exhibitions? Do we want to make special arrangements for any user groups? Are we going to charge for school visits? What are our target users prepared to pay?
Promotion	Who will be responsible for market research, advertising, customer care etc.? What promotion methods will we use? How will we assess the cost effectiveness of our promotion?

Fonte: Audit Commission, 1991

Peraltro il genericismo è spesso esasperante nelle sedicenti applicazioni di schemi di management al settore museale (es. per tutti Kovack, 1989), in cui a volte il lettore distratto rischierebbe di non accorgersi se si parla di organizzazioni museali oppure di zuccherifici o salumifici, tanto è il grado di genericismo.[5]

Dalla sponda opposta le critiche dei museologi agli esperti di management non sono meno radicali. Nel migliore dei casi l'accusa è di parzialità, di focalizzazione solo sul momento della fruizione trascurando del tutto la parte più nascosta e caratterizzante della professione e attività museologiche, la tutela, la valorizzazione e la conservazione (CNR, 1997).

Ma la polemica può andare ben oltre, con accuse di genericismo e di incomprensione degli elementi base di funzionamento delle organizzazioni museali, se non di vero e proprio attentato all'essenza stessa del museo.[6] A tal riguardo colpisce nella sua durezza la seguente affermazione di Cannon-Brookes (1998: 255): "*Market-driven management systems threaten the physical and intellectual integrity of museums as these object-based institutions are forced to increase their cash flow, and thereby trading profits, by searching for new mass publics uninterested in their core functions*".

Un simile radicalismo è peraltro rintracciabile nella dura requisitoria di Paolucci (1996) circa le "superstizioni diffuse" in tema di

5. Le conclusioni di Kovach sono da questo punto di vista veramente rappresentative di questa tendenza al genericismo: "*This article has presented an overview of the basic elements of a strategic management model as it pertains to museum. However, it does not address the issue of the way in which strategic management is applied, or the impact of external factors (sic). The political environment in which strategic management takes place and the problems related to a competitive environment are also not addressed. These facets have received considerable attention during the past decade and are important element in strategic management. Michael Porter's (1979) work on the competitive environment, and his conceptualization of the five forces which must be analysed for any business to assess its competitive strengths, includes the increasing importance of the international environment and the need to look at strategic management in a global context. The need to pay more attention to the impact of changing social, legal, economic, political and technological forces is gaining now more and more attention. These lessons have been learnt by business, and museums also need to incorporate the updated concepts into any strategic management process undertaken. The intent here is to provide a basic understanding of strategic management, and add refinements or additional element at a later date*".

6. Ad esempio Cannon-Brookes (1998: 259) parla di "*series of important constructive misunderstandings of the long-term role generally undertaken by museums within the community. Indeed, Peacock and Godfrey went on to state that the «analysis above shows that there is no particular technical characteristic of museum and galleries which precludes their operation like ordinary commercial concerns»*".

gestione dei musei. Critiche che un economista aziendale non può ignorare, vuoi per il contenuto, vuoi per la fonte da cui provengono.

Il primo mito da sfatare è quello della "fruttuosità dei musei". Pur manifestando un atteggiamento favorevole verso la legge Ronchey, è bene prendere atto – afferma Paolucci – della complessiva marginalità di questi provvedimenti (con un'incidenza sulle entrate al massimo del 15%, con l'eccezione del 18% del Louvre), che non mutano la situazione di non autosufficienza economica dei musei, salvo poche eccezioni nel mondo. È questo un punto centrale, da ribadire: l'estensione del discorso economico e manageriale alle organizzazioni museali non ha nulla a che fare con un (improbabile) obiettivo di autosufficienza economica; il senso di una tale operazione va ricercato altrove (in particolare, come si vedrà in seguito, nella nozione di responsabilizzazione economica e di *accountability*).

Il secondo mito da sfatare riguarda "i depositi nei musei. Quante volte, sui giornali, viene fuori il manieristico ricorrente tormentone sui depositi in abbandono pieni di opere d'arte che gli italiani non sanno conservare, oppure pieni di ciarpame, di cose inutili, ripetitive" (Paolucci: 40). Viceversa, "il deposito *è* il museo" (ibidem). Questa è forse la cosa più ostica per un esperto di marketing che ingenuamente si avvicini alle problematiche museali, e non raramente è elemento di autoreferenzialità disciplinare di chi non comprende le logiche di un discorso professionale che è altro. In effetti, ci ricorda Cannon-Brookes (1998: 261), il ruolo del museo è essenzialmente quello di un "magazzino di oggetti e di conoscenza". E a tal riguardo nessuno chiederebbe all'Archivio di Stato di Venezia di aprirsi al visitatore generico come fenomeno mondano: resta e resterà un posto austero, "polveroso", che custodisce documenti di portata storica eccezionale per gruppi sparuti di studiosi (anche di storia del management e della ragioneria).

Il terzo, e se possibile più duro, affondo di Paolucci riguarda "un'altra superstizione che sta diventando un minaccioso incubo: il museo deve essere diretto da manager... Ma se il museo ha una funzione scientifica ed educativa, allora il direttore dovrà essere, più che un manager, una persona che sa leggere e scrivere, che frequenta biblioteche, che conosce (da studioso) le opere che gli sono affidate... La preoccupazione ...[é] che le amministrazioni comunali (sedotte da questa *stolta superstizione del manager*) vogliano semplicemente eliminare dalla direzione dei musei gli storici dell'arte e gli archeologi. Lo farebbero in nome dell'economia della cultura, della managerialità, della privatizzazione (tutti concetti che oggi vanno di moda), ma lo farebbero anche, lasciatemelo dire, perché gli archeologi, gli storici dell'arte e le persone istruite in genere, rompono le scatole" (Paolucci, 1996, corsivo aggiunto). E d'altra parte la relativamente scarsa diffusione del contributo di Morigi Govi e Mottola Molfino (1996) tra gli aziendalisti è indice esso stesso di problemi perlomeno di comunicazione.

Vale la pena ancora una volta sottolineare come il difficile dialogo tra studiosi di management e museologi non sia un fatto tipicamente italiano, ma si caratterizzi come fenomeno comune a tutti i paesi (per tutti Griffin 1988, 1991; Wilton, 1990; Moore, 1994; Cannon-Brookes, 1998).

Tale contrapposizione richiede forse uno sforzo ulteriore di reciproca comprensione, di comprendere cioè le logiche di discorsi profondamente differenti (quello museale e quello economico o economico-aziendale) nella ricerca e verifica di una possibile rilevanza reciproca.

In questa prospettiva è opportuno partire con un approccio "modesto" (Zan, 1997; Jönsson, 1998; Lorenzoni e Odorici, 1998; Ruozi, 1998), senza l'ambizione di imporre soluzioni preconfezionate, riconoscendo apertamente alcuni limiti potenziali in agguato:

- il rischio di ricettismo, di riciclo di soluzioni sperimentate altrove – quasi un enorme operazione di *cut & paste* – senza cogliere le specificità del comparto museale e delle singole organizzazioni in esame;
- la difficoltà – nell'esperienza di chi scrive – a capire le logiche sostanziali di fondo di queste organizzazioni, così diverse da quelle normalmente oggetto di studio degli aziendalisti;
- la difficoltà a capire non tanto "l'azienda museo", ma le innumerevoli aziende sempre diverse l'una dall'altra (aver capito Pompei poco aiuta alla comprensione di un museo archeologico gestito come civico, o tanto meno una galleria d'arte moderna);
- i consistenti problemi teorici che queste realtà pongono, ad esempio in termini di definizione delle performance. Quale può essere il significato dello "sbigliettato" rispetto ad altri indicatori di altre finalità istituzionali del museo? In particolare, come si potrebbe declinare il concetto di economicità per organizzazioni che lavorano come "back office", tipo l'Opificio delle Pietre Dure (Bonsanti, 1997a)? Ancora, come valutare economicità diretta e esternalità?

Ma il limite di fondo della ricerca manageriale e aziendalistica (internazionale e soprattutto italiana) è la carenza di ricerca empirica, la mancanza di studi approfonditi "sul campo", che permettano e costringano l'aziendalista a confrontarsi e verificare in modo più rigoroso le capacità interpretative di modelli e soluzioni non individuate in modo aprioristico. Carenza empirica estremamente limitante, che risulta:

- pericolosa, perché non permetterebbe di cogliere le specificità del comparto e condannerebbe ad un'autoreferenzialità con totale perdita di rilevanza;
- scorretta, perché tenderebbe a trascurare le differenze e alterità di discorsi professionali diversi, come ad esempio quello di tutta la museologia moderna (Boylan, 1992a);
- contraddittoria, e dirompente sul piano della consistenza interna, per studi che si vogliono caratterizzare come contestuali (March, 1988), sia nelle loro manifestazioni internazionali di *management studies* che nelle forme della tradizione italiana di economia aziendale ("la scienza che studia le condizioni di esistenza e le manifestazioni di vita delle aziende", Zappa, 1927: 30).

1.3 Una ricerca sul campo in prospettiva economico-aziendale

In tale contesto si colloca la ricerca sui musei italiani che per buona parte sta alla base del presente lavoro. Nel suo complesso la ricerca – all'interno del Progetto Finalizzato Beni Culturali – si poneva come obiettivo la ricostruzione empirica e su basi aziendali di alcuni casi ed esperienze di cambiamento nel settore museale italiano, al fine di individuare alcuni principali nodi dello sviluppo. Alcuni degli elementi distintivi della ricerca, che riguardano peraltro anche gli altri capitoli ospitati in questo volume, possono sintetizzarsi come di seguito:

- innanzitutto si caratterizza come ricerca empirica, poiché – per quanto sopra detto – si ritiene fondamentale riallacciare il generale dibattito sui processi di cambiamento in atto nella realtà museale con una serie di indagini sul campo, volte a illustrare la varietà di situazioni locali, istituzionali ecc.:
- è una ricerca di stampo aziendale nel senso che l'oggetto privilegiato è rappresentato da singole organizzazioni (museali o affini) rispetto alla quale si indagano le pressioni dei processi di cambia-

mento ambientale e strategico e le condizioni di sviluppo di processi di managerializzazione;
- si ha come riferimento il settore museale in senso allargato, comprendendo in questo anche esperienze e organizzazioni dedite al restauro. È convinzione infatti che le metodologie e le conoscenze di stampo manageriale possano e debbano essere utilizzate e applicate anche con riguardo al governo dei processi economici connessi alla conservazione del patrimonio museale ed a enti appositamente preposti.

Più in dettaglio, pur in una varietà di prospettive di analisi, i capitoli centrali mirano alla ricostruzione di alcuni casi clinici approfonditi, a volte sotto la forma di "testimonianze" dirette di attori coinvolti, o comunque di progetti di innovazione particolari. Salvo tre casi che presentano una forte caratterizzazione funzionale, gli altri in varia misura si caratterizzano come ricostruzioni in logica di *general management*, ove i processi di cambiamento strategico sono analizzati con particolare attenzione a tre aspetti critici per ogni organizzazione ma in modo particolare per i musei italiani in questo periodo: il rapporto con l'utenza, le risorse umane, le risorse economico-finanziarie.

Posta la multidimensionalità delle organizzazioni museali, ciascuna delle esperienze riportate potrebbe essere caratterizzata sotto vari aspetti. Senza voler ridurre a una sola dimensione le possibili chiavi di lettura, e col mero scopo di dare una qualche struttura al volume, si è ritenuto opportuno seguire con una certa attenzione l'assetto istituzionale, della forma di *governance* che caratterizza le varie organizzazioni (*tabella 1.2*). Focalizzando l'analisi su singole realtà museali, si inizia con un museo privato (capitolo 2). A questo segue l'analisi di due musei civici (capitoli 3 e 4), elemento di cruciale importanza nel panorama italiano. La forma Soprintendenza – altro elemento caratteristico e cruciale del nostro sistema – viene analizzata con riferimento a quattro contesti diversi (capitoli 5, 6, 7, 8). Muovendosi ad un diverso livello di focalizzazione, non più sulla singola unità ma in termini di gestione più aggregata, l'attenzione viene indirizzata alle relazioni interorganizzative tra musei, in termini di reti o sistemi di musei (capitoli 9, 10, 11). Per gli ultimi due capitoli, piuttosto che una caratterizzazione istituzionale l'elemento caratterizzante è rappresentato dalla prospettiva funzionale di marketing, nel senso che le questioni indagate vogliono avere un riferimento non meramente legato al caso esaminato (capitoli 12 e 13).

TABELLA 1.2 **I CONTRIBUTI EMPIRICI PRESENTATI NEL VOLUME**

prospettiva prevalente	singole organizzazioni/eventi				insiemi e reti di musei
	privati	**civici**	**Soprintendenza**	**altro**	
general management (gestione risorse umane e finanziarie, governance, controllo di gestione)		Archeologico, Bologna (c. 3) GAM, Bologna (c. 4)	Pompei (c. 5) S. Matteo, Pisa (c. 6) Soprintendenza Roma (c. 7) OPD, Firenze (c. 8)		Rete museale di Strasburgo (c. 9) Musei civici di Venezia (c. 11)
testimonianze dirette	Doria Pamphilj (c. 2)				Bologna musei (c. 10)
marketing				I sensi del mondo (c. 12) Bookshop di Fiesole (c. 13)	

La caratterizzazione istituzionale è certamente rilevante nella prevalenza dei casi trattati (e, si noti, rende difficile una diffusione del "discorso del maneggio" nei vari musei italiani posto la differenza di problemi e vincoli per i diversi tipi di museo), e l'attenzione a forme diverse è in sé un valore aggiunto di questo volume. D'altra parte, l'assetto istituzionale rappresenta solo uno degli aspetti, e dunque gli elementi di interesse dei casi trattati sono ben più articolati, e vengono qui di seguito ripresi, come consuetudine.

Il capitolo 2 illustra le vicende recenti di una antica istituzione museale privata, Doria Pamphilj. Sono pochi i casi di musei privati italiani discussi, e questo è un elemento in sé di interesse di questo capitolo: si riescono in qualche modo a evidenziare alcuni caratteri di fondo di un museo non sottoposto alle logiche del settore pubblico, ma tuttavia non estraneo al contesto culturale e professionale italiano (poco rilevante sarebbe discutere musei privati di un contesto profondamente diverso, ad esempio quello americano). Inoltre il caso è interessante perché riporta una situazione di risanamento, descritta a viva voce da uno dei protagonisti. In tal quadro in particolare tre elementi meritano di essere segnalati all'interno del complessivo processo di rilancio: in primo luogo l'estrema incertezza del progetto stesso di rilancio (che inizia con un'ipotesi di riduzione dei livelli di fruizione per poi muoversi, con successo, in direzione opposta); in secondo luogo la crucialità della gestione delle risorse umane, e l'intervento su tempi e organizzazione del lavoro; infine la difficoltà di trovare ricette valide per tutte le situazioni (il risanamento funziona a Roma, molto meno nella sede genovese).

Un'attenzione particolare in questo volume è stata volta ai musei civici, categoria poco studiata e poco presente nel dibattito nel nostro paese (si veda l'importante eccezione di Morigi Govi, Mottola Molfino, 1996; con riferimento alla realtà inglese, per tutti cfr. Davies, 1994; Kawashima, 1997). La cosa è piuttosto singolare, perché se da una parte tutto lo storico dibattito sull'autonomia dei musei si riferiva ai pochi grandi musei statali – vedi l'ipotesi di "riforma Paolucci" – i nuovi orientamenti nel dibattito politico (Cammelli, 1996; Luther, 1995; Morigi Govi, 1996; Paolucci, 1996; Petraroia, Provenzali, 1996; per alcuni commenti sulle recenti vicende in merito cfr. Bobbio, 1998; Mottola Molfino, 1998; Petraroia, 1998) sembrano non percepire la possibilità di esistenza di problemi anche a livello di musei locali, che merita invece di verificare attentamente.

In tale quadro si colloca la ricerca sul Museo Civico Archeologico del Comune di Bologna (capitolo 3). Sulla base delle interviste e analisi dei documenti, l'indagine viene svolta nella specifica visuale dell'Archeologico, lasciando le pur non irrilevanti interrelazioni a livello cittadino come sfondo: in altri termini guardando al fenomeno dalla periferia (il singolo museo) al centro (il centro di regolazione rappresentato dall'Assessorato alla cultura). Oltre all'analisi delle attività propriamente museali (e a una descrizione di come l'aspetto espositivo, di ricerca e didattico vengono concepiti in questa realtà), un'attenzione particolare viene posta alle rappresentazioni delle performance di domanda ed economico-finanziarie. Si tratta di una esperienza in cui molto è stato fatto anche in termini di controllo di gestione, anche se qualche conflitto di rilevanza può essere individuato. Inoltre, nel capitolo viene ricostruito un "bilancio di fatto" di questo museo e in logica di *benchmarking* viene confrontato con i dati da noi aggiornati della ricerca di Fuortes (1994). Se dal lato sostantivo emergono alcuni elementi interessanti (ad esempio le prestazioni in linea con musei privati reputati di buon livello gestionale), dal punto di vista metodologico questa operazione sottolinea il problema critico della mancanza di rendiconti economici dei musei italiani, e quindi l'estrema difficoltà a perseguire livelli di gestione "manageriale" in assenza di meccanismi che diano rappresentazione dei risultati economici che l'azione del management mette in atto.

Sempre in tema di musei civici, la decisione di inserire la Galleria d'Arte Moderna di Bologna (capitolo 4) risponde a una duplice motivazione. Da una parte, per le caratteristiche del rapporto tra collezioni ed esposizioni temporanee, questa si presta ad affrontare un tema più trascurato dalla letteratura, vale a dire quello della gestione dei musei d'arte moderna e contemporanea, che manifestano problematiche proprie rispetto ai musei d'arte antica o comunque a quei musei maggiormente basati su un patrimonio artistico da conservare e valorizzare. D'altra parte, in tale museo, tra i primi in Italia, ha preso luogo nel 1995 un'importante innovazione nella struttura di *governance*: la forma "istituzione" ai sensi della L. 142/90. Se questa possibile soluzione organizzativo-istituzionale ha destato molti interessi nel generale dibattito sulla gestione dei musei nel nostro paese (Bobbio, 1993, 1998; Luther, 1995; Cammelli, 1996; Morigi Govi, 1996; Petraroia, Provenzali, 1996; Angioni, 1998; Bagdadli 1998; Santagata, 1998; Mottola Molfino, 1998; Petraroia, 1998; si vedano anche i contributi al dibattito su "L'istituzione per la gestione dei musei" sul secondo numero di *Aedon*, 1998: Andreani, Cella e Valotti, Grossi, Jalla, Barbiero, Franchi Scarselli), sono carenti i riferimenti ai reali impatti di questa innovazione istituzionale nel concreto, aspetti su cui si focalizza invece ora la nostra analisi. Per questa sua caratteristica la Galleria ha rappresentato un precedente significativo per gli altri musei che hanno deciso di innovare e hanno affrontato il processo in gran parte replicando le sue scelte, o comunque facendo i conti con questa. Poste queste premesse, l'analisi della GAM viene svolta con attenzione a due aspetti principali: in primo luogo, come nell'analisi di un qualsiasi processo di cambiamento, si porrà l'attenzione agli aspetti tecnico-estetici che caratterizzano il progetto strategico di rilancio della Galleria; in secondo luogo, nella ricostruzione del processo di sviluppo della GAM tenteremo di indagare come l'innovazione della struttura di *governance* con l'introduzione della forma "istituzione" si dimostri effettivamente – e in quale misura – elemento capace di supportare la realizzazione della nuova progettualità sul piano delle concreta operazionalizzazione.

La ricerca non poteva peraltro trascurare un'analisi critica della forma Soprintendenza, così cruciale per tutti i musei statali. In questo quadro si colloca lo studio di Pompei, parte integrante della complessiva ricerca. Tuttavia, per motivi di spazio e in considerazione del fatto che lo studio ha già visto luce sotto forma di articolo (Zan, Paciello, 1998), nel capitolo 5 vengono fornite le linee essenziali dell'analisi effettuata, mentre la stesura completa del capitolo potrà essere scaricata via internet dai siti della RCS-Etas (http://www.rcs.it/etas/) e dell'Università di Bologna (http://www.daziend.unibo.it/address/lzan/). La scelta di Pompei è dovuta a diverse motivazioni. Pompei è il maggiore sito archeologico italiano, di importanza cruciale nella storia dell'archeologia che in questa sede vede la sua genesi come disciplina a metà Settecento. Inoltre Pompei si configura come organizzazione con livelli estremi di complessità, per la varietà interna delle operazioni e dei processi economici, nonché per l'articolazione territoriale. D'altra parte, il processo di degrado che ha interessato questo sito pone domande cruciali sull'adeguatezza delle strutture di *governance* e sui modelli gestionali che caratterizzano la forma Soprintendenza. Infine, Pompei è interessante anche per le recenti innovazioni introdotte con la L. 352/97 – la cosiddetta Soprintendenza autonoma – e che costituirà un importante esperimento nel processo di riforma dell'intervento statale nel sistema museale italiano. Da questo punto di vista si presenta dunque come sede privilegiata per analizzare l'impatto della retorica – *à la* McCloskey – del management sui processi di cambiamento di queste organizzazioni, a partire dall'istituzione della figura del *city manager*.

Se Pompei descrive una situazione particolare sia per l'innovazione istituzionale che per le caratteristiche specifiche di grande sito archeologico, il funzionamento tipico di una Soprintendenza maggiormente rappresentativa è esposto al capitolo 6, con una particolare attenzione ai legami gestionali tra museo statale (S. Matteo) e Soprintendenza (di Pisa). Se in altre realtà il rapporto tra questi due livelli può assumere livelli e forme di conflitto sostenuto, anche in assenza di tali esasperazioni l'analisi descrive la situazione di precarietà che caratterizza il museo S. Matteo quale entità non enucleata in modo compiuto dalla Soprintendenza, come in tutte le realtà statali, con scarsità estrema di risorse umane e di momenti di attenzione e responsabilizzazione focalizzate. Peraltro le procedure burocratico-amministrative – che nel caso di Pompei venivano descritte per comprendere i processi passati – in questo contesto descrivono il presente, così come si configura per tutte le Soprintendenze italiane. A ben guardare dunque, più che un processo di cambiamento in atto, questo capitolo rileva i termini per un discorso sul cambiamento futuro, augurandosi – senza troppa convinzione – che sotto questo aspetto il volume diventi obsoleto quanto prima.

Anche in questo quadro di contraddizioni e carenze sotto il profilo delle strutture di *governance* tuttavia l'innovazione può emergere e svilupparsi inaspettatamente. È questo il caso della Soprintendenza di Roma (capitolo 7), il cui recente dinamismo è direttamente raccontato dalla responsabile dei Servizi Aggiuntivi, ripercorrendo le tappe essenziali e le soluzioni attivate nel processo di adeguamento dei servizi al pubblico. Quello che stupisce di questa esperienza è innanzitutto la velocità – in un contesto condannato e abituato a procedure interminabili – non appena l'azione si rendeva possibile dall'evolversi della normativa. In secondo luogo colpisce la pervasività dei cambiamenti introdotti, in cui non si assiste a un'innovazione localizzata, ma a una riprogettazione complessiva del servizio e del rapporto con l'utente (a partire dalla riorganizzazione della biglietteria, della didattica, ecc.). Infine va notata la fortunosa coincidenza di alcuni fenomeni facilitanti: la possibilità di innestare questo processo di innovazione organizzativo-espositiva su un insieme di progetti di ristrutturazione e di espansione già in corso; la modifica in corso d'opera del progetto di esternalizzazione dei servizi in base all'evoluzione della normativa (altamente imprevedibile e più legata – per quanto in senso positivo – alle innovazioni "striscianti" della finanziaria 1995 che a un organico disegno di riforma).

Benché esista un museo dell'Opificio, non è questa la ragione che ha spinto ad analizzare l'Opificio delle Pietre Dure, e il focus dell'analisi tocca solo marginalmente gli aspetti direttamente "museali" di questa organizzazione (capitolo 8). Piuttosto, nell'indagare il non facile terreno della diffusione del discorso manageriale alla gestione dei beni culturali, in effetti appare centrata la critica che viene spesso fatta a economisti e aziendalisti di saper analizzare solo uno dei suoi momenti, vale a dire la fruizione, trascurando l'aspetto del restauro e della valorizzazione (CNR 1997: 8). È allora interessante andare a vedere in quale misura le metodologie e le conoscenze di stampo manageriale e economico aziendale possono essere utilizzate anche con riguardo alla gestione di processi economici connessi alla conservazione del patrimonio, specie, come in questo caso, con una entità appositamente preposta a questa attività. Inoltre è interessante indagare nel merito le modalità di interazione tra lo sviluppo inteso in termini sostantivi e specifici ad alto contenuto di conoscenze specialistiche (storico-artistiche e della tecnologia del restauro) e le condizioni dei processi di cambiamento strategico della gestione, con possibili implicazioni di carattere generale in tema di "managerializzazione" delle entità che operano nei Beni Culturali. Da questo punto di vista, la storia recente di questa organizzazione è particolarmente interessante ai nostri fini, e fortemente contraddittoria: sotto il profilo tecnico-artistico infatti, l'Opificio è riuscito ad acquisire notorietà e capacità assolutamente di punta nel comparto del restauro, non solo in Italia. Le professionalità già presenti nelle organizzazioni che hanno costituito il nucleo originario dell'Opificio e l'incredibile sfida, anche tecnologica, che il recupero del patrimonio fiorentino ha richiesto, hanno rappresentato una occasione unica di sperimentazione e apprendimento, raramente riscontrabile in qualità e quantità in altre occasioni. D'altra parte, la forma organizzativo-istituzionale data all'Opificio – ancora una volta la forma Soprintendenza – presenta forti elementi di rigidità nei processi organizzativi cruciali per il mantenimento, la riproduzione e lo sviluppo delle conoscenze, col risultato di renderne decisamente vulnerabile lo sviluppo. L'analisi cercherà dunque di capire i tratti salienti di questi processi di sviluppo, le basi dei processi di accumulazione di conoscenze, competenze e reputazione che costituiscono la risorsa più preziosa dell'Opificio, e i problemi di gestione che queste pongono.

Il livello si sposta nei successivi tre capitoli dal singolo museo ai rapporti interorganizzativi tra musei, come focus dell'analisi e anche con riferimento alle strutture di *governance* (al di là cioè dei rapporti di rete che comunque possono e sono individuati anche nelle analisi dei casi precedenti). Anche in questo caso si tratta di un tema caldo, posto che non c'è congresso o libro in cui non si parli di "reti" di musei.

Viene innanzitutto descritta la situazione della rete museale di Strasburgo (capitolo 9), evidenziando le caratteristiche essenziali del modello francese, meno noto e discusso tra gli studiosi di management rispetto all'esperienza dei paesi anglosassoni. Peraltro dalla situazione descritta ben emerge uno degli elementi caratterizzanti rispetto a tentativi di intervento anche nel nostro paese: il fatto cioè che al vertice della rete museale cittadina si collochi un *professional*, un museologo a tutto tondo, e per di più in una posizione non facilmente amovibile, e a tempo indeterminato, contrariamente agli orientamenti che spesso si affermano da noi (direttori a tempo, direttori manager e via di seguito). Queste due differenze sembrano porre un elemento fondamentale – e che fa differenza – di strutturazione dei rapporti con la politica propria della burocrazia francese, e che per opposto rappresenta uno dei temi di fondo del discorso sulla managerializzazione dei musei italiani.

Di un progetto di messa in rete dei musei si occupa il successivo contributo sul progetto "Bologna dei Musei" (capitolo 10), ulteriore "testimonianza", in questo caso, di uno dei collaboratori dell'Assessorato alla cultura del Comune di Bologna. Si tratta di un progetto particolarmente complesso sotto il profilo dei rapporti istituzionali, che cerca di perseguire livelli condivisi di comunicazione e promozione (campagna pubblicitaria e informativa, biglietto comune, bookshop, ecc.) senza modificare la natura e le responsabilità dei vari musei coinvolti (in prevalenza civici, ma anche privati, universitari e la pinacoteca statale). Forma dunque relativamente debole di integrazione, che pur dovendo scontare alcuni limiti in termini di incompletezza e contraddittorietà, presenta senza dubbio il pregio di una veloce implementazione che lascia ancora un ruolo centrale ai singoli musei.

Soluzione molto più forte è viceversa quella dei Musei Civici di Venezia (capitolo 11), che anche in termini di organizzazione dell'apparato comunale rappresenta forse la soluzione opposta a quella di Bologna, con un ruolo dell'Assessorato che sembra in questo caso piuttosto indirizzato alle attività connesse a sport, turismo e spettacolo più che alla parte museologica. Interessante in questo caso anche una diversa forma di collaborazione tra istituzioni di diversa natura (la gestione civica di un museo statale); ma soprattutto nella soluzione veneziana il ruolo dei *professionals* nel coordinare le attività di questo modello *multiunit* appare assai vicino al modello di Strasburgo, probabilmente superiore ad altri esempi italiani.

Gli ultimi due capitoli della parte empirica presentano due

approfondimenti in logica di marketing, più sui contenuti che sui processi, focalizzandosi su possibili usi di tecniche e indagini proprie di questa disciplina facendo comunque riferimento a ben precise esperienze empiriche. Nel primo caso (capitolo 12) si illustreranno i risultati di una ricerca sulla clientela svolta nel corso della mostra *I sensi del mondo*, organizzata dall'Assessorato di Bologna nel 1997. Ciò consente di recuperare in chiave critica i criteri che spesso sottostanno alla segmentazione perseguita implicitamente da non poche mostre e/o musei, suggerendo in questo caso modalità alternative di individuazione di target di clienti maggiormente connessi all'esperienza e al processo di consumo dell'utente, e alle motivazioni ricostruibili in base a opportune forme di monitoraggio. Con riferimento al sito archeologico di Fiesole (capitolo 13), vengono invece presentati i risultati di un'indagine svolta sui comportamenti di acquisto dei visitatori con riguardo al bookshop. L'indagine rappresenta un'occasione per evidenziare possibili letture dei comportamenti di varie classi di consumatori, da cui derivano alcune possibili modalità di ripensamento e riprogettazione del bookshop.

Nella parte conclusiva del volume, sulla base delle indagini precedentemente discusse e allargando le emergenze empiriche ai temi del più generale dibattito, si vogliono sottolineare alcuni nodi principali nella gestione dei musei italiani, con una lettura per così dire trasversale, e con particolare riguardo ai musei pubblici. Va ribadito che questa parte del volume ha lo scopo di integrare quanto sviluppato nei precedenti capitoli, e non svolge alcuna funzione di riassunto delle implicazioni emerse in quella sede (coerentemente con la vocazione contestuale e la forte caratterizzazione empirica perseguite).

In modo volutamente conciso vengono discusse alcune delle dimensioni analitiche più problematiche nei processi di cambiamento del sistema museale italiano. In primo luogo si propone una rilettura secondo gli schemi propri della *resource-based view*, dell'analisi delle mappe cognitive e dei possibili archetipi che caratterizzano i processi di apprendimento dei direttori di musei. Si ripercorrono quindi alcuni possibili spunti che con logica di approccio al consumatore possono individuarsi con riferimento alla realtà museale italiana. Successivamente si fa il punto sulla questione delle "reti di musei", individuando diverse possibili modalità di concepire i profili interorganizzativi. Segue una prima riflessione sul comparto e l'attività di restauro, un elemento cruciale nella "filiera produttiva" dei beni culturali, elemento in cui si precostituiscono le condizioni di sviluppo futuro della sua utilizzazione, vera e propria area di "Ricerca & Sviluppo" di tutto il settore. Viene poi indagato il tema delle risorse umane, uno degli elementi più critici, evidenziando alcune contraddizioni di fondo non sempre centrali nel dibattito. Certo un altro dei maggiori elementi di pressione al cambiamento è rappresentato dalle risorse finanziarie, cui è dedicata una discussione sia sui profili sostantivi, sia su quelli metodologico-procedurali, che aprono qualche prima tentativa conclusione sulle condizioni di economicità dei musei. Infine, le questioni di assetto istituzionale e di strutture di *governance* vengono riprese e discusse in relazione alla concreta rilevanza del discorso sulla "managerializzazione" dei musei italiani.

PARTE SECONDA

L'innovazione gestionale, organizzativa e istituzionale nel comparto museale: esperienze empiriche

2 La società Arti Doria Pamphilj: storia di una breve esperienza di gestione

Massimiliano Floridi

2.1 La nascita della società Arti Doria Pamphilj

La mia esperienza nella società Arti Doria Pamphilj comincia nel 1994, anno di costituzione e affidamento alla stessa della galleria omonima. La galleria romana è una delle più imponenti collezioni d'arte ancora di proprietà privata. A cominciare dal Papa Innocenzo X Pamphilj (1622-1666) che la fondò con un fidecommisso nel 1650, fino all'annessione al patrimonio Doria nel 1769 e infine all'apertura al pubblico nel 1950 da parte di Filippo Andrea Quinto come impresa commerciale individuale, la galleria si è sempre caratterizzata per la gestione diretta da parte della famiglia. Nei primi mesi dell'anno 1994 entrò in vigore la *minimum tax* che, attraverso complessi criteri presuntivi, imponeva in sostanza un prelievo fiscale al genere di impresa commerciale che il museo rappresentava. Si impose quindi un cambiamento sostanziale dell'azienda, che tenesse conto anche della presenza dei figli e di chi scrive, genero della Principessa, la quale in quegli anni cominciava già a passare le proprietà di famiglia alla nuova generazione. Si optò per una società a responsabilità limitata a carattere familiare e di sola gestione del patrimonio, la Arti Doria Pamphilj.

Per espressa volontà della Principessa, lo statuto previde che un membro della famiglia ricoprisse il ruolo di amministratore unico; la scelta ricadde su chi scrive perché laureato in storia dell'arte.

La ragione principale del cambiamento e del nuovo ruolo stava nell'enorme deficit che ogni anno la galleria accumulava e che la nuova generazione non era più disposta a tollerare. Pur conoscendo bene i miei limiti non ebbi scelta e mi iscrissi a un breve corso della S.D.A. Bocconi di Milano sulla gestione dei beni culturali, per sapere almeno quali potessero essere i limiti e le potenzialità della gestione economica di un museo. Al ritorno da Milano mi misi subito a lavorare per presentare alla famiglia un progetto di ristrutturazione che, tagliando i costi più evidenti (il personale) e riducendo l'apertura della galleria, permettesse di ridurre il deficit progressivamente. In realtà il principio che intuitivamente perseguivo e che il corso a Milano e le poche pubblicazioni disponibili sull'argomento mi avevano confermato, è che il museo essendo un servizio didattico, non può che produrre degli enormi costi. Il programma iniziale quindi non poteva che cercare di ridurre l'apertura allo stretto necessario per gli studiosi e ridimensionare il deficit ridimensionando il museo.

Si delineava perciò una collezione gestita più come una pinacoteca privata, sul modello della Galleria Colonna a Roma che in quei mesi era il mio punto di riferimento e che sapevo essere in attivo sul piano economico.

La Principessa però rifiutò questa mia prima proposta, non perché non ne condividesse le ragioni economiche, ma perché le dispiaceva togliere al pubblico un servizio di apertura continuata (allora si era aperti quattro volte a settimana), per il quale la famiglia riceveva stima e riconoscenza da ogni parte del mondo e che era in qualche modo diventato un diritto acquisito della città di Roma. La seconda proposta che studiai per la Principessa fu quindi diametralmente opposta. Progettai lo sviluppo della galleria al fine di farle accogliere centomila visitatori all'anno e attraverso i servizi aggiuntivi metterla in condizione di produrre la ricchezza necessaria a mantenere il museo. Era un obiettivo che allora sembrava ambizioso perché la galleria non aveva mai superato il numero di diciannovemila visitatori in un anno.

Dal 1994 quindi al 1996 abbiamo promosso e organizzato una serie di operazioni al fine di ottenere una maggiore frequenza di visitatori puntando alla parità di bilancio non tanto attraverso la biglietteria, bensì tramite i servizi, quali punti vendita, caffetteria, ecc.

2.2 Lo sviluppo della società

È evidente che se si vuole sviluppare radicalmente la natura di qualunque attività bisogna mettere mano a tutti gli aspetti che la compongono e così ci siamo velocemente ritrovati a cambiare tutti gli aspetti della vecchia gestione. In particolare potremmo riassumere i termini dei cambiamenti apportati nei quattro punti seguenti.

2.2.1 Finanziamento statale per la messa a norma degli impianti

La prima e più grave difficoltà che notammo nel museo furono gli impianti: pur avendo avuto buona manutenzione negli anni, non potevano assolutamente reggere l'impatto dei cambiamenti supposti e comunque erano ormai fuori norma rispetto alle leggi europee vigenti. Si trattava di rifare gli impianti elettrico, antincendio, antifurto, di condizionamento dell'aria. Per i primi due trattando con la Soprintendenza Statale ottenemmo di entrare in un progetto in via di approvazione al Ministero dei Beni Culturali, per l'apertura di alcuni monumenti nell'area del "Tridente" di Roma. La sovvenzione – avente caratteri straordinari, data l'importanza e la centralità della galleria nel panorama culturale romano – non fu solo accordata in tempi brevissimi, ma anche gestita con grande efficienza dal Soprintendente che, avendo affidato a una sola ditta qualificata il compito di eseguire gli impianti con una spesa di circa un miliardo, ci ha consegnato gli impianti nuovi alla fine del 1996. Gli altri due impianti sono stati eseguiti a spese della famiglia per una spesa di circa seicento milioni, compreso anche il riallestimento della galleria.

2.2.2 Cambiamento dell'orario di apertura e rapporti con il personale

Il secondo nodo di cambiamenti prevedeva una nuova organizzazione dell'orario e quindi del personale. Il vecchio orario, costituito da quattro giorni di apertura (martedì, venerdì, sabato e domenica mattina 10-13) per un totale di dodici ore settimanali, era stato raggiunto aggiungendo progressivamente al fine settimana il venerdì e poi il martedì per permettere a chi visita la città di Roma in pochi giorni di entrare anche nei giorni feriali. Il numero di custodi era di quattro, di cui due a tempo pieno (le ore eccedenti l'apertura erano dedicate alle pulizie per un totale di cinquantasei settimanali) più un curatore scientifico, pagato come collaboratore esterno, e un'archivista.

Decidemmo di aprire tutti i giorni dalle dieci alle diciassette, scegliendo come giorno di chiusura e quindi di manutenzione il giovedì, per aprire invece il lunedì (che in Italia è il giorno di chiusura dei musei statali) assieme alla domenica pomeriggio. Avemmo varie riunioni con il personale, che è sempre stato messo al corrente della strategia perseguita e che di fronte al pericolo di chiusura del museo volentieri si mostrò disponibile ai cambiamenti. Il curatore scientifico si decise di chiamarlo quando necessario, pagandolo per ogni consulenza richiestagli invece che con una cifra fissa mensile, dal momento che il lavoro a ore era pochissimo. L'archivista infine non accettò il cambiamento di orario e di ruolo propostogli e si dimise. L'archivio Doria Pamphilj raccogliendo tutti i documenti della famiglia dall'ottavo secolo a oggi, è a sua volta uno dei più importanti archivi privati italiani ed è una fonte preziosa per gli storici. Fino al principio del novecento era stato gestito tradizionalmente come un archivio privato, la cui funzione primaria era ovviamente la conservazione dei documenti di famiglia; negli ultimi decenni, sotto la spinta delle sempre più numerose ricerche storiche, si era impercettibilmente trasformato in un centro di studi storici, in particolare legato alla galleria e perciò il personale, da archivista dedicato all'ordinazione di documenti, si era dovuto adattare a esperto in grado di accogliere e aiutare gli storici delle varie discipline. Se in un primo momento il cambiamento di personale portò dei danni all'efficienza dell'archivio, in seguito, selezionando la persona con un più adatto curriculum ed esperienza, riuscimmo a offrire un maggior aiuto alla ricerca scientifica.

L'aumento di personale è stato notevole se si considera che, a parte qualche compromesso adottato durante la fase di restauro, a oggi si è passati da cinquanta ore totali settimanali di custodia a un totale di duecento e inoltre da cinquantasei ore totali settimanali di manutenzione a centoventi attuali, sempre settimanali. Invariati invece sono l'impegno del curatore e dell'archivista. Infine abbiamo assunto una nuova figura professionale per le pubbliche relazioni, al fine di gestire meglio le manifestazioni che si svolgono fuori orario di apertura, quali ad esempio concerti e ricevimenti a pagamento.

Solo recentemente, quindi (settembre 1998), abbiamo organizzato un nuovo organigramma della Arti Doria Pamphilj che, scelto un più efficiente curatore scientifico e archivista, separate le funzioni di sicurezza da quelle di manutenzione, creato un nuovo ufficio pubbliche relazioni, prevede un responsabile per ogni sezione. Abbiamo diviso le funzioni principali in quattro: proprietà, economia e pubbliche relazioni, storia, sicurezza e manutenzione e abbiamo deciso di creare un incontro fisso settimanale tra ciascun responsabile e i tre membri più giovani della famiglia.

2.2.3 Riallestimento e apertura delle nuove sale

Contestualmente ai lavori finanziati dal Ministero dei Beni Culturali, dovendo smontare l'intera quadreria di famiglia per permettere alla ditta di mettere sotto traccia gli impianti, abbiamo avuto l'opportunità di riflettere approfonditamente sul significato della disposizione delle opere nella vecchia galleria e abbiamo potuto provare che l'allestimento degli anni ottanta organizzato dall'ultimo curatore precedente alla gestione della società non era stato altro che la somma di almeno una diecina di adattamenti diversi succedutisi dietro alle mode e agli interessi dei vari curatori. Dal principio del novecento al 1989 i vari direttori scientifici della collezione si sono sempre sforzati, inconsapevolmente, di trasformare quello che nacque come residenza ufficiale del Principe Doria Pamphilj in un museo allestito secondo i moderni criteri storiografici.

Il museo moderno si basa su alcuni semplici criteri (importanza dell'opera d'arte, epoca storica, scuola di provenienza, dimensioni, ecc.) raggruppando assieme tutte le opere che hanno affinità e creando degli ambienti di opere omologhe che possano aiutare il visitatore a capire la storia che le opere d'arte rappresentano. La galleria Doria Pamphilj, essendo una collezione barocca, nasce invece con un allestimento dai criteri diametralmente opposti a quelli moderni.

Quando smontammo i quadri nel 1996 ci chiedemmo quale significato potesse avere cercare di organizzare la collezione secondo le scuole o il secolo di appartenenza in un palazzo barocco che ancora mantiene intatta tutta la ricchezza di arredi e tessuti coevi e che è stato ideato per impressionare e stupire più che per far conoscere e spiegare. Decidemmo di perseguire la strada difficile di tentare di ricostruire l'aspetto degli ambienti così come si presentava a un visitatore antico: la fortuna ci assistette, regalandoci una scoperta eccezionale. Casualmente ritrovammo in archivio un vecchio catalogo manoscritto della galleria (un vero e proprio progetto architettonico di tutte le pareti del piano nobile del palazzo con indicate le misure in scala dei quadri, il loro autore e il soggetto) che si dimostrò, a dispetto dell'attribuzione tradizionale al Cavalcaselle (1819-1897), invece un documento del 1769.

Così, in breve tempo, verificando con l'ausilio di un software di grafica la presenza di quasi tutte le opere del Settecento ancora nella collezione, potemmo ricostruire l'aspetto di ciascuna parete della Galleria con una approssimazione al centimetro! Le condizioni che hanno permesso questa entusiasmante ricostruzione filologica sono assolutamente eccezionali e in primo luogo vanno imputate alle straordinarie capacità secolari dei Doria (l'allestimento del catalogo è il progetto dell'architetto Nicoletti per l'allestimento della nuova Galleria del Principe Doria appena trasferitosi da Genova a Roma), che in tanti secoli di storia hanno saputo conservare non soltanto i grandi capolavori della collezione, ma anche opere minori e di arti decorative che normalmente vengono disperse a ogni cambiamento del gusto. Cercammo di capire quale fosse l'idea guida dell'antico allestimento e ne uscì una testimonianza di gusto e di collezionismo centrale per una storia delle gallerie italiane. In breve, il criterio di allestimento antico che guidò l'architetto partendo dalle misure dei quadri irreggimentati in infinite file sovrapposte tese a coprire ogni centimetro di muro con grandissima cura per la simmetria e i pendant, si basava sul principio di varietà, esattamente opposto a quello odierno di omologazione. Non solo, quindi, i quadri erano costretti a essere accoppiati e sistemati in file regolari a costo di essere modificati nelle misure originarie, ma si tentava di accostarne sempre di diversi per soggetto e scuola e si dava pochissimo peso all'autografia.

Si profilò così chiaramente non solo quale collocazione restituire ai quadri, ma anche quale immagine darne all'esterno per la promozione e lo sviluppo. Puntammo quindi ogni mezzo possibile al fine di mettere in rilievo l'eccezionalità di un luogo che mantiene ancora tutte le caratteristiche di un antico palazzo aristocratico, compresa la famiglia residente.

D'accordo con la famiglia ripristinammo il più antico e importante ingresso sulla piazza del Collegio Romano, inserendo così nella visita quattro nuove sale con importanti capolavori sia di pittura che di scultura.

Purtroppo i limiti economici, ultimati i lavori di restauro a spese della società, ci evidenziarono subito l'impossibilità di promuovere direttamente il museo attraverso una campagna pubblicitaria. Dopo alcune perplessità decidemmo di investire tutto il possibile su una campagna stampa, sperando che l'importanza storica della galleria potesse attirare comunque l'opinione pubblica. Ci rivolgemmo a un ottimo professionista, che riuscì in poche settimane a moltiplicare gli interventi dei media e quindi l'interesse del pubblico. Non accade spesso che si cambi radicalmente una collezione così importante: il pubblico infatti, compresa l'importanza culturale dell'avvenimento, quintuplicò le presenze, passando da una media annuale di diciannovemila a una attuale di centomila. Le prime settimane avemmo addirittura problemi di sicurezza per l'eccesso di frequenze, che superarono le mille giornaliere.

2.2.4 Mostre e promozione

Durante il 1996, a causa dei lavori di restauro, dovemmo smontare parte della collezione anche se, per ragioni soprattutto economiche, ci sforzammo di non chiudere mai tutto al pubblico. Nacque allora l'idea di finanziare parte dei lavori attraverso un prestito a pagamento a strutture espositive dei capolavori. Scegliemmo quindi due temi, uno per una mostra a livello nazionale che poi realizzammo a Genova, Palazzo Ducale, e una internazionale con i dieci maggiori capolavori della collezione, che ha avuto come tappa il Prado a Madrid, la National Gallery di Londra, la National Gallery di Washington e infine la Fondazione Arte e Cultura a Milano. In realtà, fin dall'inizio delle prime trattative ci rendemmo conto che, a parte l'Istituzione milanese che finanziò per cento milioni i restauri, le altre non avrebbero potuto in ogni caso sostenere sostanzialmente restauri tanto onerosi. Decidemmo però di tentare lo stesso, per lanciare sul piano internazionale il museo (gli utenti della Galleria sono per il quarantacinque per cento stranieri) e ci riuscimmo sfruttando di nuovo anche la potenza di immagine del nome di una collezione familiare così antica e prestigiosa per le mostre.

Fu un successo in tutte le capitali. Riuscimmo, malgrado fosse stato organizzato tutto in due mesi, ad attirare la presenza di circa cinquecentomila visitatori tra Spagna, Inghilterra, America e

Italia. Andò meno bene invece la mostra a Genova sul tema della pittura fiamminga, per incapacità organizzative del Comune.

Quando chiamammo l'ufficio stampa per organizzare l'informazione sull'apertura della galleria a Roma esso quindi si trovò la strada già preparata dall'attenzione della stampa internazionale e nazionale sulle mostre e da un'idea guida di immagine da dare al grande pubblico per la nuova galleria.

Tornate le opere a Roma per l'inaugurazione della galleria nel dicembre 1996, stabilimmo, dopo alcune complesse vicende di prestiti, di definire delle regole precise alla partecipazione alle mostre internazionali e nazionali.

Per prima cosa, dato per ovvio il controllo sull'affidabilità e sulla serietà scientifica dell'Ente organizzatore, decidemmo di imporre sempre alcune ditte di nostra fiducia di assicurazione e trasporto. Infatti era costume inveterato della direzione della galleria di discriminare la serietà e affidabilità soltanto dei musei organizzatori, lasciandosi imporre invece gli altri dettagli. Essendo praticamente impossibile controllare l'affidabilità di qualunque ditta di trasporto nel mondo o assicurazione, restringemmo la scelta di queste ultime a una rosa di ditte con le quali avevamo avuto buone esperienze. Ponemmo fine poi alle estenuanti trattative di scambio di prestiti o di interventi di restauro che tradizionalmente accompagnano l'organizzazione di una mostra in Italia, decidendo di non organizzare mostre nella galleria almeno fino alla fine dei lavori di adeguamento al nuovo progetto. Inoltre, invece di chiedere il restauro che va alla mostra, abituale forma di scambio culturale con l'Ente richiedente l'opera, stabilimmo una cifra in percentuale sul valore dell'opera richiesta e formammo un fondo di finanziamento generale di restauro delle opere mobili, al fine di dare agli interventi di restauro un ordine indipendente dalle occasioni di esposizione.

2.3 Servizi aggiunti e didattici al pubblico

Nel 1995, oltre a progettare i lavori di restauro e di riallestimento della galleria, proposi di studiare il pubblico frequentante il museo per avere maggiori dati obiettivi sul livello di apprezzamento della collezione. Promossi quindi una indagine statistica, che diede sorprendenti risultati.

Risultò infatti molto falsata la percezione della famiglia di una maggioranza di turisti stranieri e in particolare extraeuropei. Al contrario, rivalutammo la presenza di italiani non residenti a Roma. Rilevammo infine con stupore un mancato apprezzamento in generale da parte del pubblico della possibilità di avere servizi commerciali all'interno del museo. La ricerca mise in evidenza come il pubblico non desse molta importanza al difetto del nostro museo di non avere un buon punto vendita e di non avere affatto un servizio di caffetteria. Ciò è probabilmente dovuto alla centralità del museo nella città di Roma.

Piuttosto l'interesse del pubblico sembrò più diretto verso il miglioramento del servizio culturale primario, quindi agli aspetti didattici. Prima di tentare l'avventura di impiantare una caffetteria dentro il Palazzo, decidemmo di dedicare uno spazio proprio al punto vendita e di migliorare i servizi didattici. Superate le difficoltà dell'inaugurazione e dell'eccesso di presenze ci preparammo a una migliore accoglienza e facemmo stampare un nuovo catalogo breve della galleria in cinque lingue, un cd-rom sulla storia della famiglia accessibile liberamente nel punto vendita e, infine, un nuovo sistema interattivo di audioguide in tre lingue. Si tratta di una specie di telefono mobile a cui, attraverso la digitazione di numeri indicati con cartellini in sala, si possono chiedere tutte le informazioni che si desidera. Si optò per la voce del giovane Principe Doria Pamphilj che, introducendo personalmente la storia della collezione attraverso la storia anche recente della propria famiglia, emozionasse gradevolmente i visitatori. Data la difficoltà di esposizione dei quadri sia per rarità degli autori (eccetto una cinquantina di opere celeberrime da Velasquez a Tiziano e Caravaggio, la collezione comprende centinaia di autori minori poco noti), sia per collocazione sulle pareti, separammo una piccola sezione del museo dove raccogliere le opere per secolo e per autore e vi ponemmo dei tradizionali cartellini in due lingue. Contemporaneamente firmammo un accordo con la società Acousticguide perché aumentando il biglietto di ingresso fino a tredicimila lire potessimo offrire apparentemente senza costi aggiuntivi il telefono *acousticguide* a tutti i visitatori.

2.4 Palazzo del Principe

Contemporaneamente alla riorganizzazione del museo di Roma fin dalla fine del 1995 ci ponemmo il problema di decidere il futuro anche di un'altra importante dimora storica dei Doria Pamphilj, Palazzo del Principe a Genova.

Il palazzo è in realtà la più antica residenza del ramo principesco dei Doria essendo stato edificato da Andrea Doria I (1466-1560) come villa e reggia fuori dalle mura medievali della Repubblica nel 1530. Si tratta di uno dei più insigni esempi di architettura e decoro rinascimentali, conservando il più importante ciclo di affreschi di Perin del Vaga e costituendo il più compiuto esempio di villa marittima in Italia.

Anche la villa in realtà era aperta al pubblico, se pur solo poche ore di domenica mattina (bastava lasciare una mancia al portiere), e conservava all'interno alcuni degli arredi originali se pur la maggior parte delle opere d'arte mobili sono state trasferite a Roma già dalla fine del secolo scorso. Inoltre metà del piano nobile, l'appartamento della principessa, era stato affittato dal 1991 a una ditta di catering per un'attività di ristorazione.

Lo stato di conservazione del complesso si trovava in pessime condizioni, eccetto la parte architettonica esterna; si pose perfino il dubbio di cedere la proprietà, essendo ormai più di duecento anni che la famiglia Doria si era trasferita a Roma a seguito del matrimonio con i Pamphilj (Giovanni Andrea Doria sposa Anna Pamphilj nel 1672, ma il trasferimento avviene un secolo dopo, in seguito all'estinzione dei Pamphilj a Roma). Era già più di un secolo che la famiglia non aveva più un appartamento di sua pertinenza nel palazzo e le sale del piano nobile mancavano totalmente di servizi igienici, energia elettrica, ecc.

Fortunosamente proprio in quei mesi fummo confortati dal finanziamento economico del Ministero dei Beni Culturali per la galleria di Roma e così decidemmo di restaurare anche metà del piano nobile del palazzo di Genova al fine di aprirlo al pubblico.

La maggiore difficoltà che si è presentata, al contrario del museo di Roma, è stata la mancanza di pubblico, avendo avuto nel primo anno di apertura soltanto ottomila visitatori; infatti, oltre a essere poco noto, il palazzo soffre di una infelice posizione, schiacciato come risulta, nel porto, tra la stazione ferroviaria e quella marittima, e confinando infine con l'omonimo quartiere urbano "Principe", che si è molto degradato negli ultimi anni. Bisogna inoltre considerare che la città di Genova è fuori dai grandi circuiti turistici delle altre città d'arte italiane e che quindi in ogni caso il bacino di utenza turistico è molto limitato.

Avevamo previsto ovviamente delle difficoltà e quindi pur dando la possibilità di prenotare al telefono visite per gruppi a qualunque ora del giorno, abbiamo aperto soltanto sei ore settimanali (dalle 15 alle 18 il sabato e dalle 10 alle 13 la domenica), con una sola persona responsabile delle pubbliche relazioni e segreteria e due custodi, tutti part-time.

2.5 Conclusioni

Solo molto recentemente si sta ponendo il problema di assumere un consulente di gestione aziendale per la società, che abbia la preparazione adeguata per controllare più dettagliatamente il bilancio di quanto non riesca a fare l'amministratore. Fino a ora la Società si è appoggiata alla consulenza sporadica di uno studio commercialista per quanto concerne la gestione economica annuale e si è proceduto più a vista che per pianificazioni pluriennali. Essendo cresciuti sia il volume di affari che il genere di contratti e problemi legati alla gestione economica, sarebbe infatti necessario non soltanto avere un maggiore controllo delle entrate e delle uscite, ma prevedere con una buona approssimazione l'andamento economico del bilancio, per poter distribuire al meglio le risorse negli anni futuri.

Abbiamo trovato molte difficoltà nel reperire un professionista adeguato, perché manca qualsiasi esperienza del genere in Italia; perfino l'agenzia internazionale a cui mi sono rivolto si è trovata in difficoltà, essendo la prima volta che le capitava una richiesta simile.

Non è possibile infatti, a mio avviso, reperire la giusta figura professionale per la Arti Doria Pamphilj convertendo semplicemente un professionista con esperienze di gestione aziendale ordinaria, ma è necessario infatti un non comune grado di conoscenza e di interesse per la Storia e per l'Arte.

Si è optato quindi solo molto recentemente per un neolaureato che, pur mancando di esperienza, abbia almeno gli strumenti necessari per affrontare tecnicamente i problemi e per una stretta collaborazione con lo studio commercialista che fino a oggi ha seguito la

Società. Spero che ciò consenta tra un anno di delegare alcune funzioni che il vertice svolge ora con molta approssimazione, e dedicarsi meglio alla strategia. Se la persona designata poi si dimostrerà capace di responsabilizzarsi, non escludo in futuro di delegare anche l'amministrazione, riservando alla proprietà un ruolo di controllo (peraltro più consono alle mie attitudini e capacità professionali).

In conclusione, sono convinto che sia assolutamente necessario assorbire all'interno della gestione quotidiana dei musei in Italia una mentalità imprenditoriale ed economica oltre che scientifica. La mia breve esperienza alla Doria Pamphilj quale storico costretto a convertirsi ad amministratore, mi ha reso particolarmente evidente quanto la gestione dei musei in Italia sia arretrata e inefficiente rispetto alle potenzialità del settore e quanto il caso della Doria Pamphilj così importante per centralità e dimensioni sia destinato però a rimanere a lungo un caso isolato nel contesto nazionale.

3 Il management di un museo civico: l'Archeologico di Bologna*

Luca Zan

In generale descrivere un museo è reso difficile dalla molteplicità di chiavi di lettura che possono utilizzarsi, posta la multidimensionalità di ogni museo, anche qualora si privilegi – come in questo caso – una indagine di tipo gestionale, in prospettiva economico-aziendale. Piuttosto che proporre un ennesimo modello *ex novo*, l'idea è quella di partire da uno schema già disponibile in letteratura (Bradford, 1994) per sistematizzare i materiali raccolti, con l'innegabile vantaggio di predisporsi già per un confronto a livello internazionale.

Sviluppato in via interattiva sulla base di interviste con museologi inglesi, nella sua forma originaria lo schema individua tre tipi di variabili, che ruotano intorno alla figura centrale del *curator* (qui inteso come direttore) di un museo: (1) la *gestione del museo*,

* L'analisi si basa su una serie di interviste in profondità condotte con operatori del Museo nel periodo aprile 1997/marzo 1998 (dr.ssa Cristiana Morigi Govi, direttore; dr.ssa Paola Giovetti, curatore; dr.ssa Sonia Sorbi, responsabile dell'amministrazione; dr. Roberto Franchi, insegnante preposto all'attività didattica; per un totale di una quindicina di incontri) e dell'Assessorato alla cultura del Comune di Bologna (nelle seguenti figure: Assessore, prof. Roberto Grandi; direttore del settore cultura, arch. Giordano Gasparini; responsabile del Controllo di gestione, dr.ssa Stefania Storti; e con una serie ripetuta di incontri, anche in questo caso dell'ordine della quindicina) e sull'analisi della documentazione interna, del museo e dell'Assessorato. Si ringrazia per la collaborazione e per la autorizzazione a rendere pubblici i dati e le informazioni qui contenute. Si ringrazia la dr.ssa Giovanna Galasso per l'aiuto in termini di raccolta e prima analisi dei dati.

che si articola in quattro variabili: obiettivi, risorse umane, programmi espositivi e collezioni; (2) la *gestione della reputazione del museo*, articolata nei rapporti con la comunità locale, i visitatori, gli uffici turistici, i media; (3) la *gestione delle relazioni con i patron*, in termini di *trust* e altri finanziatori; autorità locali e sponsor.

Pur tenendo conto delle diversità di situazioni istituzionali e di prospettiva di analisi sono vari i motivi che inducono a utilizzare questo schema:

- l'individuazione di tre aspetti *distinti* nel processo gestionale del museo (la gestione fisica e diretta cui si accompagna un più complesso processo di gestione della reputazione verso la domanda e verso i finanziatori), e quindi la natura intrinsecamente pluridimensionale dei processi di gestione di un museo;
- l'attenzione alla natura interrelazionale delle attività di gestione diretta (scientifica, espositiva, didattica) che si dimostrano particolarmente interconnesse, difficilmente separabili;
- peraltro, se sono articolate le attività del museo, saranno a loro volta articolati i "pubblici" a cui il museo si rivolge (pubblico generale, scuole, comunità professionale).

Tuttavia, qualora si abbandoni l'originaria impostazione di Bradford – molto orientato in senso funzionale ai profili di marketing dei musei – e si voglia utilizzare lo schema come traccia per una ricostruzione del museo in chiave economico-aziendale e come impalcatura per una sistematizzare dei materiali raccolti nella ricerca sul campo, si rendono necessarie alcune modifiche in relazione sia alle prospettive d'indagine che si vogliono qui adottare, sia ad alcuni caratteri del contesto istituzionale dei musei italiani, e civici in particolare. Quanto al primo aspetto, ad esempio, se si vuole utilizzare una prospettiva di indagine di tipo olistico (almeno rispetto a sotto-specializzazioni nel campo degli studi di management) non è ben chiaro dove e come si possa inserire l'analisi della dinamica economica finanziaria e il tema del controllo economico nello schema originario di Bradford. D'altra parte, la non totale autonomia del museo civico italiano rispetto all'Assessorato è elemento specifico che forza in parte la "pulizia" – logica e organizzativa – dello schema di partenza.

Si è dunque presa la libertà di strutturare in maniera lievemente differente le variabili di dettaglio di ciascuno dei tre nodi in modo da incorporare le modalità di presentazione delle performance (*figura 3.1*), in particolare riaccorpando all'interno della "Gestione della reputazione" tutta l'analisi – sia in termini sostantivi, di merito, che procedurali – delle prestazioni verso i diversi pubblici con cui il museo interagisce; e all'interno della "Gestione delle relazioni coi patron" tutta l'analisi della variabile economico-finanziaria (allocazione, performance e rendicontazione).

FIGURA 3.1 **UNO SCHEMA D'ANALISI DEL MUSEO**

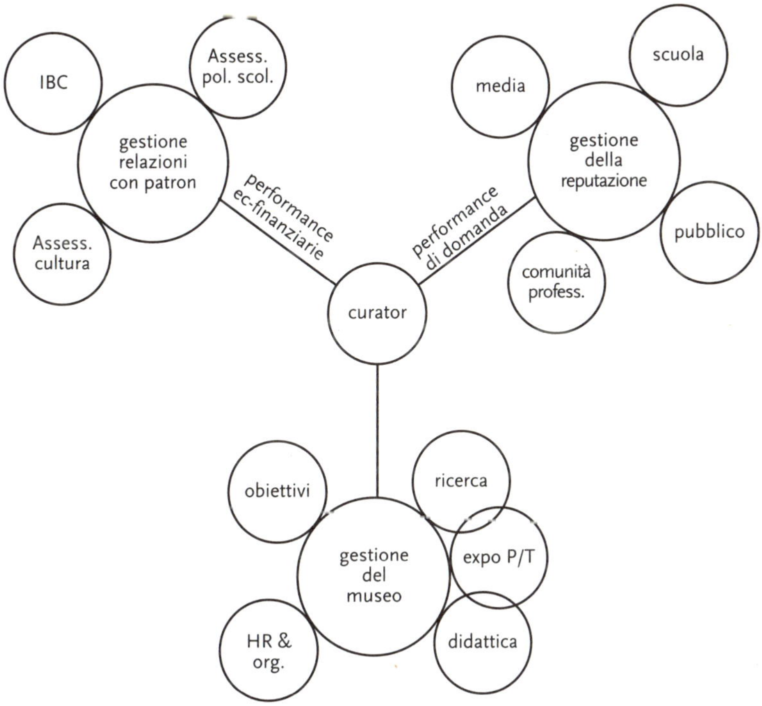

Fonte: ns elaborazione su Bradford, 1994

3.1 La gestione del museo

3.1.1 Gli obiettivi

Per quanto non esista un documento che in via formale espliciti gli obiettivi del museo, questi si possono facilmente ricostruire, posto che in via orale sembrano chiaramente presenti almeno nello staff della direzione, con la seguente priorità:

- il ricovero delle collezioni permanenti, vale a dire la ristruttura-

zione delle sezioni del museo in funzione di nuove teorie espositive e di nuove conoscenze scientifiche;
- la prosecuzione della ricerca, in termini di catalogazione e conservazione dei pezzi;
- l'attività didattica, iniziata dagli anni settanta ed elemento di vanto di questo museo;
- l'attività espositiva temporanea, sia per allargare l'utenza, che per ampliare gli argomenti trattati dal museo.

Chiaramente, una simile struttura di obiettivi si riconnette alle peculiarità di questo tipo di museo, di antica costituzione (1881) come gran parte dei musei civici, ma soprattutto con una forte rilevanza di materiale antico. Nonostante l'ordine di priorità, non è però così facile rintracciare in questo caso la contrapposizione tra "conservazione e fruizione" di cui spesso si sente parlare nel dibattito più generale: se certamente l'attività di esposizione temporanea è strumentale alla più complessiva offerta del museo – in primo luogo e in via antecedente "determinata" dal patrimonio delle collezioni – il concetto di fruizione e di orientamento alla fruizione si lega anche alle esposizioni permanenti e alla loro valorizzazione, in un quadro di insieme di attività.

3.1.2 Le attività

Se le attività che si svolgono all'interno del Museo Archeologico vengono descritte nel linguaggio degli operatori del museo (e dell'Assessorato) in termini di attività di ricerca scientifica, espositiva e didattica, è interessante notare che viene sottolineata sia l'ineliminabilità di ciascuna di queste, sia il loro legame di tipo interattivo, in relazione al tipo di museo in questione.

a. La ricerca scientifica

L'attività di ricerca comprende diversi elementi: il restauro, la catalogazione, lo studio vero e proprio delle collezioni. Se la funzione di tutela e manutenzione propria del restauro ha una relazione evidente con la valorizzazione del patrimonio del museo, non meno importanti per la valorizzazione delle collezioni si dimostrano gli altri due aspetti.

La catalogazione infatti rende disponibile la *conoscenza* del patrimonio stesso, come condizione di una sua organizzazione e ri-organizzazione secondo le diverse esigenze sia interne (una più sistematica esposizione, permanente o temporanea), che esterne (sotto forma di possibili prestiti), e si pone come passaggio necessario anche per le attività di studio, sia all'interno del museo, che nella comunità scientifica. Ad esempio, è in corso di ultimazione la catalogazione del medagliere, composto da circa 100.000 esemplari di monete greche, romane e via fino a quelle rinascimentali e papali: utilizzando le moderne tecnologie informatiche, tale opera di catalogazione verrà traslata e resa disponibile sulla *home page* del museo (*http://www.comune.bologna.it/bologna/musei/Archeologico/index.html*), consentendo l'accesso (virtuale) a studiosi e curiosi di tutto il mondo. In questo caso catalogazione e fruizione (per quanto in forme particolari) sembrano prodotti congiunti, non separabili, e per lo studioso (e il curioso) esterno si presentano come diretta e diversa forma di fruizione.

L'attività di studio delle collezioni viene intesa al Museo Archeologico come primo passo del processo erogativo (ricerca, presentazione, catalogo). Se da questo punto di vista non si tratta di una ricerca in "esclusiva",[1] due aspetti sembrano caratterizzanti: da una parte l'innegabile funzione di "coordinamento" intorno agli oggetti museali e ai materiali documentali qui disponibili (in tal senso si veda lo studio scientifico delle collezioni che caratterizza la collana *Cataloghi delle collezioni*, svolta talora da interni o da studiosi esterni: cfr. *home page*); dall'altro il carattere finalizzato di alcune di queste ricerche. In realtà, non c'è mostra che non si basi su una specifica attività di studio, e in questo senso lo studio stesso delle collezioni si dimostra condizione necessaria per proporre occasioni di fruizione più "dinamiche". Attraverso lo studio delle collezioni si arriva a definire la logica e i contenuti principali della mostra, evidenziando altresì le carenze di reperti che portano a proposte di integrazione ai fini espositivi (come nel caso del coinvolgimento della soprintendenza di Pompei per quanto riguarda la mostra *Lanterne romane*, che ha fatto seguito alla predi-

1. È da tempo dibattuto se il museo sia il posto ideale per fare ricerca, quale parte intrinseca della *mission* del museo (Wilson, 1993; Cannon-Brookes, 1998), o se questa non debba concentrarsi in altri istituti, ad esempio l'università: in tal senso si veda "storicamente" il forte ridimensionamento operato dal governo Thatcher, a fronte di organici di notevoli dimensioni, ad esempio al Natural History Museum, o al Victoria and Albert Museum (Smith 1993).

sposizione dei cataloghi scientifici sulle lanterne pubblicati dalla soprintendenza di Pompei e dall'Archeologico di Bologna).

Tale attività di ricerca viene svolta in parte dai curatori e dal direttore del museo, in parte utilizzando risorse esterne, solitamente sotto forma di collaborazioni professionali, in funzione del budget e dei tempi disponibili.

In sintesi, ciò che sembra emergere dal quadro descritto è una relazione più composita tra conservazione e fruizione (presentazione al pubblico di collezioni e mostre) che non la semplice contrapposizione: da questo punto di vista, sia il restauro che soprattutto la catalogazione e lo studio si presentano come attività di *back office* per la fruizione vera e propria.

b. ***L'attività espositiva***

L'attività espositiva si collega innanzitutto alle collezioni, che in un museo archeologico sono forse più importanti che in altre realtà museali. In particolare, l'Archeologico di Bologna si caratterizza per una importante *collezione egizia*, e una sezione di notevole rilievo sulla Bologna *villanoviana* ed *etrusca*. A queste due principali, si affiancano altre collezioni: preistorica, con materiali del territorio di Bologna; greca; romana; gipsoteca e medagliere (si rimanda alla *home page* del museo per una illlustrazione).

Nel complesso, su un totale di 9959 metri quadrati, 5500 sono spazi espositivi, di cui 4483 dedicati alle esposizioni permanenti e 1017 alle temporanee. Esula dai nostri scopi (e competenze) una descrizione delle strutture tecnico-museologiche: ci limitiamo a un "nulla da segnalare" rispetto a tante situazioni di inagibilità così spesso riscontrate nel nostro paese (il museo è aperto 314 giorni l'anno, è dotato d'impianto di regolazione termoigrometrica, dispone di impianti a norma, di magazzino e camera blindata, impianto antifurto, ecc.).

Aspetto caratterizzante in questo tipo di museo, posta la normativa vigente sulla tutela di beni archeologici (e quindi i limiti al commercio dei reperti), è tendenzialmente il contenuto tasso di nuove acquisizioni, che possono derivare o da acquisti (ma non si è verificata l'opportunità di acquisire pezzi di significativo contributo all'integrazione delle collezioni esistenti), o da scavi, diretti o comunque regolati dalla Soprintendenza. In effetti, negli ultimi anni sono stati acquisiti al museo alcuni importanti reperti (una delle tombe del Verucchio e alcune stele etrusche rinvenute negli scavi dello Stadio). Peraltro è stata siglata una importante convenzione con il Ministero per il deposito presso il museo dei materiali emersi negli scavi del Comune di Bologna (l'Acropoli di Villa Casarini degli anni settanta; e i più recenti Teatro Romano e gli scavi dell'ex Sala Borsa); in aggiunta, è stata ottenuta la concessione di scavo per ricerche su un periodo dell'archeologia bolognese poco documentato dalle raccolte esistenti.

Posto comunque il contenuto tasso di acquisizioni, ciò vuol dire che i margini di discrezione per apportare innovazione nel museo sono abbastanza ridotti, in sé: certamente si potrebbero attirare donazioni, ma soprattutto è nel modo di presentare le collezioni esistenti, nella proposta di esposizioni temporanee, e principalmente nelle modalità di fruizione di collezioni ed esposizioni e in alcuni minori dettagli che si può giocare.

Quanto alla ri-esposizione delle collezioni esistenti, va segnalata la nuova esposizione egizia realizzata nel 1994, su oltre 1000 mq in sostituzione del precedente allestimento, che ancora risentiva dell'impostazione originaria, ottocentesca, poco funzionale secondo gli odierni dettami museologici alla valorizzazione della raccolta di 3500 oggetti: la logica è cioè quella di "far vedere tutto", riducendo la proporzione di collezione non accessibile al pubblico. Attualmente è in corso di rifacimento la collezione preistorica, che tra l'altro utilizzerà supporti informatici per facilitare la lettura degli oggetti.

Ma è nelle mostre, che seguono l'attività di ricerca, che si riesce a ravvivare l'offerta di un museo del genere: e da questo punto di vista è necessario distinguere vari tipi di mostra in relazione alla diversa natura (*tabella 3.1*). Un primo tipo di mostre riguarda i materiali del museo (eventualmente con integrazioni da prestiti di altri musei: ad esempio *Sepolcreto villanoviano Benacci*; *Il dono delle Eliadi*), con una interpretazione e organizzazione proprie, con lo scopo di valorizzare il patrimonio. Anzi, da questo punto di vista la mostra viene intesa come occasione per presentare la ricerca (ad esempio le *Lucerne romane*: "le abbiamo ristudiate, e *poi* fatta mostra"). Un secondo tipo persegue un ampliamento della proposta propria del museo, in settori più o meno legati: in questo caso i materiali sono in prevalenza di altre istituzioni museali, con ideazione e organizzazione svolta dai curatori dell'Archeologico (ad esempio *Gli architetti italiani a San Pietroburgo*). Solitamente si tratta di mostre di maggior respiro, che in linea di massima mirano a un bacino di utenza meno locale. In aggiunta a quelle organizzate direttamente, vengono inoltre ospitate mostre organizzate da altri enti nei locali espositivi del museo: in questo caso il museo è puro contenitore, in cui la logica è semplicemente quella di un utilizzo intensivo degli spazi espositivi qui disponibili, e che altri istituzioni non hanno. Come si evince dalla tabella 3.1, mentre il numero e l'importanza delle mostre da ospitare (e il successo o meno di queste) varia, e non dipende dalla responsabilità della direzione del museo, per quanto concerne la gestione diretta negli ultimi tempi l'orientamento è quello di organizzare una mostra l'anno, del primo o del secondo tipo: il che conferma ancora una volta una certa prevalenza delle collezioni permanenti sulle esposizioni temporanee, che hanno comunque un loro spazio. Si potrebbe definire questo un comportamento "moderatamente dinamico" – senza alcuna accezione di valore, anzi probabilmente in coerenza con la natura del museo – in cui il temporaneo affianca il permanente.

Infine va segnalato un intenso programma di incontri col pubblico, sotto forma di visite guidate e conferenze, rivolte alla conoscenza delle antiche civiltà documentate dalle raccolte permanenti del museo e alle mostre temporanee, che si effettuano ogni domenica e nei giorni festivi, sia alla mattina che al pomeriggio, per un totale di 72 incontri nel 1997. Si tratta di un notevole sforzo organizzativo, che sembra però importante per mantenere in essere quel rapporto di vicinanza con la propria utenza, anche a prescindere dalle quantità (del servizio – erogato a titolo gratuito – usufruiscono circa 3500 persone nel 1996, pari a circa il 10% del totale dei visitatori, escluse le scuole).

c. **La didattica**

Di enorme importanza per il museo è l'investimento nella didattica, che rappresenta la metà degli ingressi del museo, rivolta alla scuola dell'obbligo. Al di là dei semplici servizi di prenotazione e di visite guidate, è soprattutto nei cosiddetti *percorsi didattici* che si gioca un'offerta qualificata, sviluppata internamente al museo nel corso degli anni: i discenti vengono condotti in una serie di aule didattiche nelle quali il personale specializ-

TABELLA 3.1 **ESPOSIZIONE TEMPORANEE ORGANIZZATE E OSPITATE (1990 - 1997)**

data	titolo mostra	con materiali propri	su oggetti di terzi	ospitate	presenze
20/9-21/10/90	Odissey			13.454	13.454
24/3-15/7/90	Il senso dell'arte nell'antico Egitto	73.500			73.500
10/12/90-6/1/91	VI centenario di fondazione della basilica di S. Petronio			9.117	9.117
29/1/-24/2/91	Guidone			678	678
30/11-28/12/91	Gli animali specchio dell'uomo			1.957	1.957
8/3/91-7/7/91	Dipinti barocchi			8.224	8.224
25/4/91-30/6/91	Tesori reali del Benin		14.658		14.658
7/9/91-10/11/91	Il Guercino			68.457	68.457
25/1/92-1/3/92	Fotografia e Fotografi a Bologna			5.272	5.272
30/3/92-30/6/92	Prima dell'America		20.025		20.025
13/11/92-14/2/93	Viaggio a Rossini			20.487	20.487
20/3-15/5/93	Incisioni tedesche e fiamminghe			4.851	4.851
20/9-12/12/93	Ludovico Carracci			37.919	37.919
19/12/93-30/6/94	Immagini musicali nella ceramica greca		n.d.		
23/12/93-27/2/94	Cari compagni posteri			5.698	5.698
12/3-1/5/94	Me stessi noi stesso			7.296	7.296
13/5 12/6/94	Invitation au voyage			2.173	2.173
1/10-4/12/94	Lavinia Fontana 1552-1614			13.235	13.235
16/12/94-19/2/95	Tarocchi arte o magia			6.558	6.558
27/11/94-10/1/95	Archeologie			7.749	7.749
12/4-3/12/95	Il dono delle Eliadi	39.733			39.733
23/4-21/5/95	Matrimonio in brigata			12.256	12.256
3/6-30/7/95	Le stagioni del teatro			1.140	1.140
19/11-17/12/95	Mostra dell'INU			445	445
25/2-28/4/96	Gli architetti italiani a San Pietroburgo		7.568		7.568
30/5-28/7/96	Magnum cinema			2.269	2.269
15/3-4/5/97	Venturi arte. L'anima e le forme			3.838	3.838
25/3-9/11/97	Lucerne romane	41.585			41.585
11/5-22/6/97	Gli arcangeli			1.868	1.868
1/7-31/7; 2/9-28/9	Fantasmi erotici della strada			1.014	1.014
8/11-11/1/97	Il fanciullo di vetro			6.861	6.861
19/9/96-2/2/97	Sepolcreto villanoviano Benacci	27.554		27.554	
5/10-6/1/97	Pelagio Palagi pittore		8.846	8.846	

zato intrattiene le scolaresche costruendo dei percorsi conoscitivi su alcuni oggetti o temi, con l'ausilio di materiali dimostrativi, fatti per essere guardati, usati, toccati: la visita al museo si pone come ultima tappa di questa esperienza conoscitiva, la cui durata complessiva si aggira intorno alle due ore e mezza (il che dà un'idea sia dell'impegno richiesto nell'erogazione del servizio, sia dell'abilità necessaria nel progettarlo in modo da non stancare gli allievi, specie i più giovani). "Le attività dell'aula didattica si articolano in visite guidate tematiche, precedute dalla visione di diapositive, utili all'inquadramento storico degli oggetti raccolti nelle diverse sezioni (preistorica, villanoviana, etrusca, romana, greca, egiziana) e in itinerari didattici che propongono ai ragazzi e agli insegnanti un metodo di lettura del museo sui seguenti temi: aspetti della cultura materiale nell'età della pietra, la capanna villanoviana, la vita quotidiana presso gli antichi etruschi, visita alla capanna villanoviana dei Giardini Margherita [una capanna ricostruita *ad hoc* con finalità didattiche], un oggetto dell'antico Egitto e la casa romana" (dalla *home page*).

A questo si affiancano una serie di brevi pubblicazioni specificamente dirette all'attività didattica, sia per gli insegnanti (con testo comunque abbastanza diretto e ricco di figure, eventualmente fruibile anche dagli studenti) e per i bambini delle elementari, questi ultimi comprendenti una serie di "giochi" intorno ai temi della visita. Si tratta di materiali di notevole valore, e che vanno nella direzione da molti auspicata di rivitalizzazione e dell'insegnamento scolastico e della fruizione museale, soprattutto per i più giovani.

3.1.3 La struttura organizzativa e le risorse umane

La struttura organizzativa è estremamente semplice, con la direzione da cui dipendono direttamente le varie posizioni: non sembra di potere individuare un'articolazione interna ulteriore. Del resto le risorse umane sono contenute in 18 unità.

Se a livello generale è stato notato (Valentino, 1993) che la composizione del personale dei musei italiani è sbilanciata su professionalità "povere", forse nel caso in esame ciò avviene in misura minore, almeno apparentemente (il direttore, quattro curatori, tre restauratori e un'amministrativa rappresentano circa la metà delle risorse umane); la presenza di tre addetti alla biglietteria si dimostra peraltro indispensabile vista la forte vocazione alla didattica di questo museo (si immagini cosa succede all'ingresso delle mattinate scolastiche!); infine ci sono un operatore di museo, due segretarie, un custode, un centralinista, un commesso. In realtà questo quadro è almeno in parte falsato dalle politiche di *outsorcing* perseguite (dal Comune e/o dal museo).

Innanzitutto l'attività di vigilanza e guardasala è (era fino al 1997) sostanzialmente esternalizzata a una cooperativa esterna, sulla base di appalti triennali gestiti direttamente dal Comune, a parte il custode che abita all'interno del museo. Si fa inoltre uso di volontariato organizzato – cioè non individuale – tramite i servizi offerti dal Comune, in particolare attraverso l'Assessorato alle politiche sociali. In secondo luogo l'attività di ricerca è condotta facendo leva su collaborazioni esterne, con contratti temporanei connessi alla predisposizione di singole ricerche o di singole esposizioni. La stessa attività di visite guidate utilizza anche risorse esterne, così come la didattica alle scuole, si avvale di una decina di collaboratori selezionati, oltre a quattro insegnanti messi a disposizione dell'Assessorato alle politiche scolastiche.

Se per quanto riguarda queste ultime attività si tratta di una scelta deliberata del museo (sarebbe estremamente costoso soddisfare la "domanda" di didattica con personale proprio), per quanto riguarda la guardiania tali processi di *outsorcing* sembrano derivare piuttosto da notevoli vincoli in termini quantitativi nel reclutamento del personale del Comune: da un punto di vista complessivo non esiste una pianta organica del museo, per cui eventuali uscite di personale rischiano spesso di tradursi in posizioni non più coperte; comunque si persegue decisamente una politica di esternalizzazione. Questo orientamento nel caso specifico dei musei si dimostra molto controverso: si rischia infatti di perdere un importante elemento di contatto con il visitatore, allorquando ci si trova con personale esterno scarsamente identificato con il museo, che non conosce la realtà specifica delle collezioni per formazione o per la continua rotazione cui viene sottoposto nella logica dell'economia dell'impresa cooperativa di appartenenza (il che sembra suggerire la necessità di una più precisa definizione degli standard di prestazione in caso di ricorso a terzi per questo genere di servizi).

Curiosamente, al di là di una qualche carenza in termini numerici dei livelli intermedi (assistenti e operatori di museo), l'aspetto più problematico che si rileva è nei meccanismi stessi di gestione del personale, gelosamente mantenuti a livello centralizzato nel Comune. Innanzitutto non ci sono possibilità di scelta e selezione nei processi di "reclutamento", qualora si verifichino, con personale che viene selezionato dall'Amministrazione centrale del Comune in base a logiche proprie, non necessariamente coincidenti con i desiderata del museo (aspetto questo noto e più volte criticato). Per il personale di maggior livello (i curatori), si entra poi nella logica dei concorsi nazionali.

Problema del tutto particolare è quello degli insegnanti del Comune che lavorano nella sezione didattica, mantenendo però livello, stipendio, orario e prerogative da insegnanti (24 ore settimanali, con vacanze estive, invernali, pasquali), con notevoli difficoltà di miglior integrazione e inquadramento nell'organizzazione del lavoro del museo, ad esempio in termini di predisposizione e aggiornamento di materiali didattici, oltreché di aggiornamento individuale.

Punto critico – e anche questo più che noto – i livelli di retribuzione del personale (un curatore con 25 anni di esperienza guadagna 2.1 milioni al mese su tredici mensilità), con una assenza di meccanismi di incentivazione economica rilevanti, mentre altri meccanismi di supporto ai processi di motivazione si dimostrano ancor più inefficaci. In sostanza, da questo quadro vanno sottolineati alcuni aspetti critici:

- la più che ridotta autonomia della direzione del museo nella gestione delle risorse umane, sia nella loro definizione quali-quantitativa che nei meccanismi operativi di amministrazione del personale;
- l'uso di *outsorcing* come necessità più che come scelta, nel caso della custodia;
- la profonda ambiguità di ogni informazione su numerosità del personale e costi connessi, in presenza di politiche di *outsorcing* non omogenee e/o non costanti. Da questo punto di vista, ogni discussione sugli addetti e sui costi (del personale, ma anche delle prestazioni derivanti da attività esternalizzate) necessita di enormi cautele, e richiederebbe piuttosto la costruzione di una informativa di carattere economico che definisse i costi per destinazione, a prescindere dalle forme che il museo volesse/dovesse attivare in termini di *make or buy* (ad esempio, riproponendo i costi per la sorveglianza, al di là del fatto che siano stipendi di dipendenti o prestazioni di esterni).

3.2 La gestione della reputazione

L'aspetto caratterizzante dello schema di Bradford è che, dopo aver diretto l'attenzione alla struttura delle attività e delle risorse umane che stanno dietro al processo erogativo del servizio, costringe a interrogarsi sugli interlocutori esterni del museo, sul "mercato", focalizzando dunque il rapporto con l'utente in modo sistematico. Anzi, più che con un utente solo, costringe a trattare in modo approfondito i vari "segmenti" del mercato, diverse tipologie di utilizzatori dei variegati output del museo, indagandone relazioni e, su questa base, costruendo delle griglie di valutazione coerenti.

L'utilizzo del termine "reputazione" nello schema, ben più forte e sottile del normale concetto di immagine, va ricondotto al carattere estremamente complesso, multidimensionale, di difficile modellizzazione e apprezzamento del "mestiere" del museologo, con una forte presenza di elementi di controllo di tipo clanico (Ouchi, 1981), così come in molte professioni intellettuali. E del resto, per le stesse caratteristiche di costruzione, lo schema dovrebbe risultare meno "estraneo" di altri agli operatori museali.

3.2.1 Comunicazione e relazioni con gli interlocutori

La scelta degli interlocutori in realtà altro non è che il risvolto delle strategie "di mercato" di una determinata organizzazione. Nel caso dell'Archeologico sembrano individuabili tre principali categorie di soggetti, vale a dire il mondo della scuola, il pubblico in generale, la comunità scientifica e professionale. Rispetto al modello di Bradford il rapporto con le autorità locali nella figura dell'Assessorato alla cultura è talmente forte – e assume carattere istituzionale – tale da farlo assumere a "rapporto con i patron"; restano sullo sfondo i rapporti con i media e con le agenzie turistiche per i motivi che vedremo.

a. Il pubblico in generale

Oltre al valore delle proprie collezioni, mostre e attività offerte, e al non irrilevante aspetto rappresentato dalla collocazione nel cuore di Bologna, a un passo da piazza Maggiore (elemento non sempre discusso ma certamente di peso nei processi d'acquisto del consumatore di offerta museale), alcuni elementi del rapporto con il pubblico ordinario meritano attenzione.

L'accoglienza al cliente si gioca innanzitutto in termini di orari del museo, e da questo punto di vista la situazione dell'Archeologico non è certo delle peggiori (*tabella 3.2*), con 314 giorni di apertura l'anno, dalle 9 alle 14 dal martedì al venerdì, e con apertura anche pomeridiana il sabato e i festivi (9.30-13: 15.30-19), e in alcuni pomeriggi limitatamente alla sezione egizia per il periodo marzo-maggio per venire incontro alle esigenze delle scuole, e con un monte ore annuo di apertura in crescita (+ 15% dal 1996 al 1997).

TABELLA 3.2 **L'ACCESSIBILITÀ AL MUSEO: GIORNI E ORE DI APERTURA (1993-1997)**

	1993	1994	1995	1996	1997
n° gg di apertura museo	311	311	314	313	314
n° gg apertura mostre	n.d.	586	351	268	409
n° ore di apertura museo	1826	1834	1831	1957	2246
n° ore apertura mostre	n.d.	3866	2458	1988	3329
visitatori/giorno	319	246	251	248	261

Fonte: Assessorato

Se la segnaletica all'accoglienza sembra sufficientemente ben articolata, con ausilio di guide e piantine (mancano per ora le audioguide), gli altri servizi accessori si può notare quanto segue.

Esiste un bookshop interno, dove si possono acquistare libri sul museo o editi dal museo, oltre che materiali vari (cartoline, diapo, ecc.). Dal 1990 si è cominciato a offrire oggetti di riproduzione di pregio (compreso recentemente un calco della testa della *Atena Lemnia* – che è anche associata con il logo del museo – eseguito dal laboratorio interno di restauro), e su questa linea ci si intende muovere nel futuro. Esiste in realtà qualche problema logistico, ad esempio con libri sotto vetrina non accessibili al "cliente", per cui il tutto mantiene ancora un innegabile aspetto "serioso", che poco concede alla voglia di spesa del potenziale compratore.

Non esiste invece il bar interno: al di là dell'annosa questione di quale volume di visitatori sia necessario per rendere economica una tale attività, ci viene fatto osservare che nell'isolato in cui è collocato il museo sono presenti ben 11 bar (oltre al fenomeno del "museo diffuso" esiste dunque anche quello del "bar diffuso"), per cui forse sarebbe ridondante un esercizio interno.

Piuttosto esiste una biblioteca a disposizione di insegnanti e studiosi, mentre per l'utente corrente è stata predisposta una saletta attrezzata con alcuni PC, in cui il visitatore può consultare *off-line* la *home page* del museo, oltre che un cd-rom specifico sull'Archeologico appena prodotto, e il cd-rom che l'Assessorato alla cultura ha preparato per il sistema museale di Bologna.

Con riferimento all'utente "remoto" (Galluzzi, Valentino, 1997), è da segnalare la predisposizione di una *home page* del museo di notevole fattura, sia in italiano che in inglese, che fornisce all'utente un'esaustiva serie di informazioni e conoscenze sul museo. Oltre a informazioni di carattere generale (ubicazione, orari, prezzi, caratteristiche), si trova un'illustrazione delle attività didattiche e delle esposizioni temporanee, con relativo commento, oltre al calendario degli incontri e conferenze e altre iniziative. A questo seguono, riccamente dotate di materiale fotografico, una incisiva illustrazione della collezione egizia, e una ancor più generosa della collezione etrusca, con alcuni itinerari tematici (*Il rituale funerario, La produzione ceramica, La produzione metallica, La scultura*), e approfondimenti vari. Segue inoltre una lista delle pubblicazioni del museo, ordinabili via internet, e infine un libro degli ospiti, che consente di costruire un ulteriore elemento di monitoraggio e dialogo con l'utente, italiano o straniero, attuale o potenziale, fortemente stimolato dalla "navigazione" su un sito di notevole e piacevole struttura (e che sarà ancora migliorato quando anche le altre collezioni saranno accessibili, compreso il medagliere).

Così come per gli altri musei civici, il prezzo è anche in questo caso stabilito dal Consiglio comunale, e si colloca sulla fascia media (8000 lire gli interi, 4000 i ridotti, gratuito sotto i 14 anni, tariffe aumentate nel novembre 1996). A livello di sistema ("Bologna dei Musei": vedi capitolo 10) si sta pensando a forme cumulate di biglietto per i vari musei, in modo da integrare l'offerta, e nella speranza di stimolare la domanda. Questo si spera avrà effetti positivi in termini di ingressi, anche se da un punto di vista gestionale non porterà questa leva sotto il controllo della direzione del museo. Sono allo studio altre forme (tipo abbonamenti) per gli utenti più "fedeli".

Da un punto di vista della composizione dei visitatori, alcune valutazioni possono essere espresse sulla base dei dati a disposizione, pur con qualche problema, dovuto a una certa eterogeneità intrinseca dei dati. Le presenze al 1997 ammontano a 81.908 visitatori, e oscillano attorno a un ordine di grandezza che colloca l'Archeologico tra i più importanti musei archeologici italiani (anche in termini di collezioni).

Più difficile giudicare il trend, posto che l'articolazione di figura 3.2 risente della diversa modalità con cui vengono seguiti in modo specifico le diverse mostre, a volte con biglietto *ad hoc*, a volte senza, talora organizzate dal museo, altre solo ospitate. Ove si volesse "misurare lo sbigliettato" di pertinenza dell'Archeologico bisognerebbe scorporare le mostre ospitate. Se, da un punto di vista metodologico, è interessante rilevare che il dato così come servirebbe non è disponibile, si possono evidenziare alcune particolarità dei dati riportati in figura 3.2: se un osservatore distratto potrebbe parlare di calo dal 1991 al 1997, in realtà è il 1991 a essere anomalo come dato, posto il successo di cui ha risentito con la mostra *Il Guercino* (qui ospitata), oltre a quella dei tesori del Benin. Sulla stessa linea, se il successo delle esposizioni temporanee nel 1992 è dovuto a una mostra qui organizzata (*Prima dell'America*), quello del 1993 deriva soprattutto da mostre ospitate (*Viaggio a Rossini* e *Ludovico Carracci*). Si dimostrano allora opportune le seguenti osservazioni, in parte di merito e in parte di metodo:

- sembra essere in crescita il trend delle visite alle collezioni permanenti e alle mostre organizzate internamente (anche se il dato da 40.334 del 1991 a 78.329 del 1997 tende a sovrastimare questo fenomeno);
- per canto loro, le mostre dimostrano una forte eterogeneità (vedi tabella 3.1), coi successi elevati di alcune (*Il senso dell'arte dell'Antico Egitto, Il dono delle Eliadi, Lucerne Romane* tra quelle organizzate, e *Il Guercino* e il *Carracci* tra quelle ospitate, su organizzazione della Soprintendenza di Bologna), buona posizione delle altre organizzate internamente o ospitate se organizzate da enti del settore (Soprintendenza: *Lavinia Fontana*; IBC: *Matrimonio in brigata*; GAM: *Pelagio Palagi pittore*) o estremamente ridotti in altri casi;
- l'ordine di grandezza complessivo su cui fare riferimento per analisi di maggior dettaglio si aggira intorno agli 80.000 visitatori negli ultimi quattro anni, a livello aggregato e considerando i dati grezzi così come da *figura 3.2*, cioè non distinguendo tra mostre organizzate e ospitate;

FIGURA 3.2 **INGRESSI PER ESPOSIZIONI PERMANENTI E TEMPORANEE (1991-1997)**

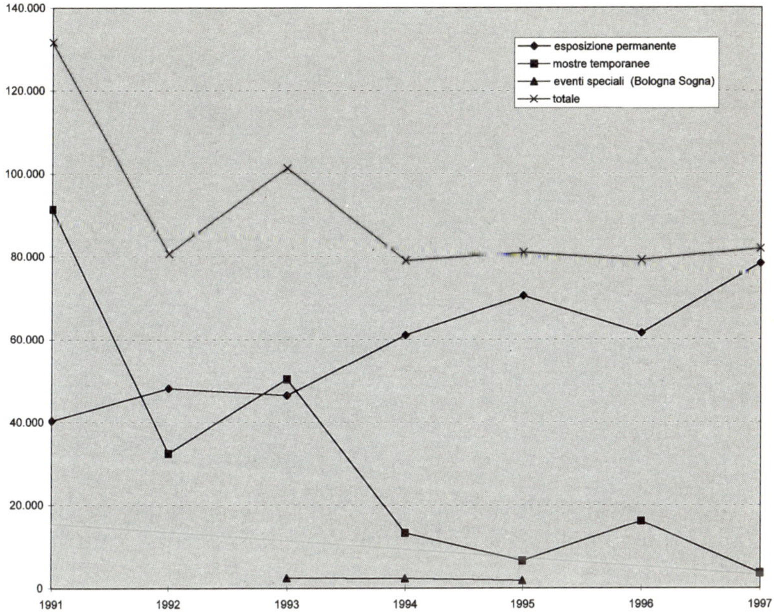

Fonte: Assessorato

- giudizi più precisi sarebbero ottenibili se si partisse da una considerazione delle diverse tipologie di esposizioni temporanee nella loro natura gestionale (organizzate/ospitate), e sarebbero ricostruibili se a livello locale (del singolo museo) se ne avesse il tempo; con una qualche difficoltà e fatica abbiamo rielaborato in tal senso i dati a disposizione (tenendo conto degli ingressi di competenza di ciascun anno delle mostre distinte tra organizzate e ospitate), e dalla *tabella 3.3* si può così evidenziare un ordine di grandezza intorno ai 70.000 visitatori di pertinenza (cioè imputabile alle attività gestionali dirette del museo), con un trend in progressione, salvo le inevitabili oscillazioni;
- a meno che l'Archeologico non costituisca una peculiarità nel panorama italiano, il tutto suggerisce che qualsiasi analisi (specie se comparata) sullo "sbigliettato" richiederebbe una serie notevole di cautele pena l'incomprensione dei reali processi economici sottostanti a numeri che si compensano nelle loro tendenze (e incostanze di rappresentazione), e specie qualora questi parametri venissero presi a base di meccanismi di incentivo e di misura delle prestazioni.

TABELLA 3.3 **INGRESSI PER PERTINENZA ORGANIZZATIVA (1991-1997)**

dati per pertinenza	1991	1992	1993	1994	1995	1996	1997
esposizione e mostre in proprio	40.334	48.168	46.446	61.050	70.527	61.501	78.329
mostre ospitate	91.337	32.431	50.371	13.235	6.558	16.118	3.579
eventi speciali (Bologna Sogna)			2.377	2.262	1.776		
totale presenze	131.671	80.599	99.194	76.547	78.861	77.619	81.908
alunni alla capanna villanoviana			1.020	1.160	1.300	920	
alunni in visita solo aula didattica			1.040	1.260	800	560	
totale	131.671	80.599	101.254	78.967	80.961	79.099	81.908

Fonte: Assessorato

Interessanti informazioni possono cogliersi anche disaggregando questi dati, da cui si evince come gli ingressi "normali", cioè escluse le scolaresche, rappresentano solo il 35% degli ingressi, e il 38% se invece si considerassero anche tutte le esposizioni. Inoltre, la crescita degli ingressi è dovuta in modo particolare all'incremento di peso degli studenti sul totale degli ingressi.

Se si analizza poi l'andamento stagionale degli ingressi (*figura 3.3*), al di là del prevedibile profilo degli ingressi delle scolaresche si evidenzia un ulteriore elemento, vale a dire come il turismo estivo sia estremamente poco rilevante nella spiegazione degli ingressi, anzi potendosi registrare il minimo proprio nei mesi di giugno e luglio.

Quanto alle condizioni di biglietto (*tabella 3.4*), si può vedere il peso esiguo dei biglietti interi (20%) sul totale degli ingressi, e soprattutto il loro peso calante, ulteriore conferma del fatto che lo sviluppo degli ingressi è basato soprattutto sulle visite di studenti che usufruiscono di ingresso gratuito o ridotto. Va ribadito, qualunque sia il giudizio che si voglia esprimere circa la gratuità o meno dell'ingresso – aspetto che, come noto, continua a sollevare notevoli discussioni nel dibattito, non solo italiano (Giornale dell'Arte, 1996) – che tale variabile è fuori dal controllo della direzione del museo: la leva del prezzo non ricade sotto le sue competenze.

FIGURA 3.3 **INGRESSI 1997 E STAGIONALITÀ**

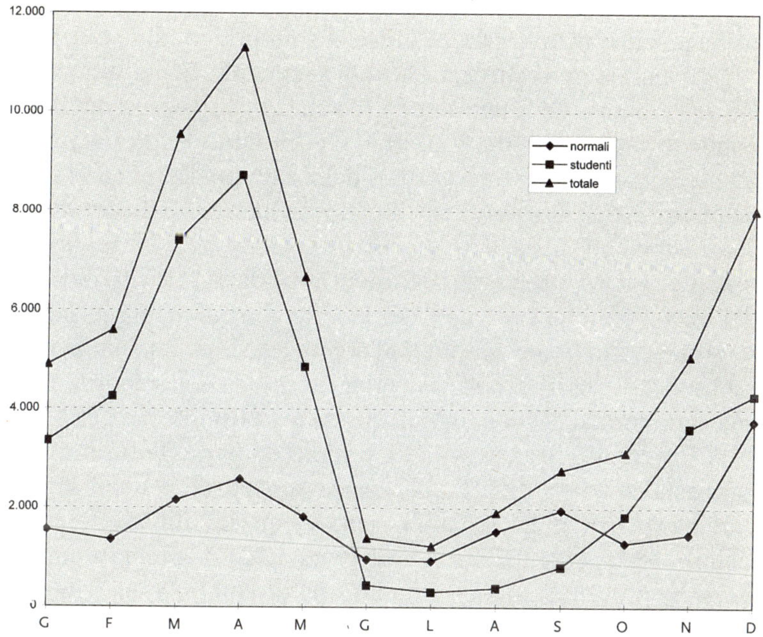

Fonte: Assessorato

TABELLA 3.4 **INGRESSI PER TIPO DI BIGLIETTO (1993-1997)**

	1993	1994	1995	1996	1997
interi	13.200	22.356	26.795	17.213	15.719
ridotti	5.295	11.954	12.708	12.238	18.879
gratuiti	27.951	26.740	31.024	32.050	43.731
	46.446	61.050	70.527	61.501	78.329

Fonte: Assessorato

b. ***La scuola***

La scuola rappresenta dunque un segmento cruciale per il Museo Archeologico, anzi il primo per ordine di importanza, posto che le circa 1800 classi di aula didattica del 1996 hanno coinvolto ben 50.997 studenti, su un totale di 81.908 (incluse le mostre), o di 78.329 (escluse).

Il rapporto col mondo della scuola si dimostra articolato: se gli studenti rappresentano in questo ambito il "cliente finale", gli interlocutori diretti sono gli insegnanti delle scuole di vario grado i quali decidono secondo proprie preferenze e orientamenti se e come inserire alcune visite ai musei nel proprio modulo didattico.

Su questo il museo interviene indirettamente, soprattutto attraverso i rapporti da lungo tempo instaurati con l'Assessorato alle politiche scolastiche del Comune, che promuove questa attività tra gli insegnanti per tutti i musei della città (tra l'altro con la predisposizione di un opuscolo illustrativo ben fatto sulle diverse aule didattiche: *Come dove perché. Una scuola nella città una città nella scuola*). Va precisato che, mentre laddove l'attività didattica dei musei è meno cruciale l'Assessorato alle politiche scolastiche interviene anche nel merito dell'organizzazione del servizio alle scolaresche, nel caso dell'Archeologico invece si lascia una notevole autonomia, posto il forte interesse già esistente "in periferia".

A fronte di questa attività di stimolo da parte del Comune la "risposta" tende a essere abbastanza soggettiva, a quanto pare, con insegnanti molto sensibili e aperti a questo utilizzo dei materiali museali per la didattica, e altri meno. Circa la metà delle scolaresche proviene dalle elementari, ma un quarto a testa interessa anche le medie inferiori e superiori (vedi *tabella 3.5*).

Del resto, il museo non ha svolto di recente attività promozionale in via diretta, su questo segmento di mercato, anche perché ci si trova in situazione di trend di crescita (da 1413 a 2004 scolaresche dal 1993-1994 al 1996-1997), che si riflette anche su una crescita dei servizi offerti (visite guidate e percorsi didattici). Inoltre, si presentano fenomeni al limite della saturazione nei periodi di marzo-aprile (vedi figura 3.3), con punte di 27 scolaresche al giorno, per cui si porrebbe il problema di tentare di "diluire" nei mesi gli afflussi (su 200 giorni di scuola le 2000 classi rappresenterebbero una media giornaliera di 10).

Interessante ancora notare che sul totale, le classi provenienti da fuori regione (circa 9000, soprattutto da Lombardia, Marche e Trentino) rappresentano un quarto del totale, dando idea di un bacino di utenza ben più vasto di quello meramente cittadino.

Quanto agli aspetti economici, il servizio di assistenza erogato in tale contesto dal museo direttamente attraverso i quattro insegnanti dell'aula didattica (sia tutta l'attività dei "percorsi didattici", che quella parte delle visite guidate svolte dagli stessi insegnanti del Comune) è ritenuto parte stessa della *mission* del museo, e non si chiede alcun contributo, potendo comunque contare sul contributo

TABELLA 3.5 **ATTIVITÀ DIDATTICA**

ANNO SCOLASTICO	1993/94	1994/95	1995/96	1996/97	cumulato
totale visite	1.413	1.778	1.846	2.004	7.041
con servizio museale	1.115 79%	1.333 75%	1.384 75%	1.544 77%	5.376 306%
senza servizio museale	298 21%	445 25%	462 25%	460 23%	1.665 94%
provenienza					
Bologna	395	382	793	461	2.031
provincia di Bologna	311	373	648	375	1.707
altra provenienza	707	1.023	405	1.168	3.303
ordine di scuola*					
materne	1	2	11	3	17
elementari	756	870	898	970	3.494
medie	323	486	426	544	1.779
superiori	333	402	459	445	1.639
università		18	27	16	61
servizio scelto					
percorsi didattici	268	260	237	278	1.043
visite guidate al museo	743	985	1.116	1.232	4.076
visite guidate a mostre	95	80	24	19	218
visite Lab. di restauro	9	8	7	15	39

* *Ulteriori 26 gruppi di visitatori adulti hanno usufruito del servizo didattico*

Fonte: Museo Archeologico

"in natura" rappresentato dalla disponibilità dei quattro insegnanti distaccati del Comune messi a disposizione dall'Assessorato alle politiche scolastiche per supportare questa iniziativa del museo. Devono invece pagare il servizio alle guide esterne – L. 75.000 a scolaresca, direttamente – quelle scolaresche che ne usufruiscono, una volta "saturati" i turni degli insegnanti del Comune: in effetti la disparità di trattamento non è elegantissima, ma il continuo trend di crescita porterà presto a dedicare totalmente i quattro insegnanti ai percorsi didattici, lasciando totalmente agli esterni le visite al museo; peraltro questi "esterni" sono comunque una risorsa qualificata, archeologi già coinvolti nei processi di ricerca del museo, con effetto "sinergico" nell'erogazione del servizio. Come si è detto, per il resto gli studenti non pagano il biglietto fino ai 14 anni.

In termini sostantivi, ciò che preme piuttosto segnalare è come oltre a essere importante nella funzione didattica propria dei musei – consentendo nelle scuole un approccio assolutamente più fresco, incisivo e efficace allo studio della storia, dell'arte, della scienza, ecc. – quest'attività viene ritenuta cruciale perché instaura un rapporto con i consumatori del domani, in un contesto che vorrebbe superare quel senso di ostilità che spesso i musei incutono soprattutto ai bambini, in una situazione che si avvicina al concetto di "*edutainment*", a metà tra *l'education* e *l'enterteinment*.

c. *La comunità scientifica e professionale*

Inserire in modo esplicito la comunità scientifica e professionale come elemento centrale nella gestione della reputazione del museo è importante per una serie variegata di ragioni. Innanzitutto ciò vuol dire riconoscere che l'attività scientifica è parte integrante della gestione museale, almeno in questo tipo di musei e secondo le linee descritte in precedenza: attività di *back office*, per certi aspetti almeno, ma comunque profondamente connessa all'attività espositiva e didattica. In secondo luogo, tale reputazione è essa stessa "merce di scambio", indispensabile nei processi di collaborazione e prestiti per l'organizzazione di mostre temporanee. Infine, elemento cruciale, la reputazione si basa su elementi di *special knowledge*, difficilmente strutturabili e verificabili dall'esterno, da non specialisti, come in molti contesti professionali (tipico è il caso dell'università, in cui le regole e norme di validazione dei comportamenti e della ricerca costituiscono un sistema estremamente complesso, di difficile accesso a "estranei", spesso anche solo di discipline limitrofe). Per quanto tutto ciò sia di difficile "operazionalizzazione" e traduzione in dati concreti, è certo che un museo (così come un docente) che godesse di non buona reputazione incontrerebbe prima o poi ostacoli non irrilevanti anche nella gestione corrente: non troverebbe collaborazioni significative, non avrebbe accesso ai prestiti, non avrebbe accesso alle ricerche di colleghi durante il loro svolgimento, prima che diventino pubbliche con qualche anno di ritardo, e si condannerebbe sempre più a un ruolo marginale, assente dai dibattiti e dagli avvenimenti rilevanti (da questo punto di vista la reputazione rappresenta una sorta di investimento a lungo termine su un *asset* intangibile, richiedendo atteggiamenti accorti e che non ammettono fenomeni *short-termism*, di eccessivo orientamento al breve).

Da questo punto di vista, è difficile (specie, ma non solo, da non museologo) cercare di determinare la reputazione dell'Archeologico rispetto all'*audience* degli "esperti" in generale (salvo ipotizzare che la dotazione a norma e l'impianto di regolazione termoigrometrica di per sé costituiscono elementi di fiducia, e di non costruzione di reputazione "in negativo" tra addetti al settore). Certo però che su due aspetti in particolare ciò è meno difficile da ricostruire: la didattica e la relazione con il pubblico via internet.

Sulla didattica il museo vanta presso gli operatori (insegnanti, addetti alle attività didattiche di altri musei) di una reputazione di lunga data, testimoniata dalla serie innumerevole di relazioni a convegni alle quali vengono invitati esponenti dell'Archeologico, con citazioni diffuse e ricorrenti. Oltre alle pubblicazioni di carattere didattiche del museo, è indicatore significativo anche il coinvolgimento in corsi di aggiornamento per insegnanti (si veda *tabella 3.6*, in cui in via assolutamente "sperimentale" abbiamo chiesto alla direzione del museo di predisporre una lista – una sorta di CV del museo – che possa dare rappresentazione di questi aspetti).

Quanto all'approccio con le tecnologie multimediali (con tutto ciò che questo comporta in termini di approccio all'utente: cfr. Galluzzi, Valentino, 1997), il museo si è effettivamente mosso presto e bene con la predisposizione della citata *home page* su internet, risultando il secondo museo italiano inserito sulla *Virtual Library of Museums* di cui parla Galluzzi (1997, p. 24), e con un sito che è senza dubbio di notevole fattura, certamente tra le migliori dei musei italiani per livello (Trevisan, 1997). Anche in questo caso la continua partecipazione a congressi (cfr. ad esempio Giovetti, 1995 in tabella 3.6) testimonia di una posizione di considerazione presso gli esperti del settore. Come già ricordato, sono in corso di elaborazione altri strumenti, sia cd-rom di presentazione, che utilizzo di elementi di multimedialità per l'allestimento della sezione preistorica.

Infine, il museo svolge attività di segreteria del "Coordinamento dei direttori, curatori e tecnici dei musei italiani", una iniziativa di auto-organizzazione degli operatori su questioni connesse alla professionalità specifica, che gli conferisce anche sotto questo profilo un ruolo di riferimento nel panorama della comunità professionale italiana.

d. ***I rapporti coi media***

Non disponendo di dati sistematici a questo riguardo, ci si limiterà a segnalare due aspetti, prevalentemente a carattere locale.

TABELLA 3.6 **CONVEGNI, ATTIVITÀ, PROGETTI**

convegni				
1995:	**gennaio**	Convegno 'Antica età del bronzo in Italia'	poster	Tovoli
	marzo	Giornata di Studio 'Le collezioni di Numismatica', Varese	relazione	Giovetti
	settembre	Convegno internazionale 'La monetazione dei Gonzaga', Mantova	relazione	Giovetti
	novembre	Corso sull'attività didattica, Mestre	lezione	Tovoli
	dicembre	VII Ciclo di lezioni sulla Ricerca applicata in Archeologia, Pontignano, Siena	lezione	Giovetti
1996:	**maggio**	Convegno 'La didattica nei Musei archeologici', Varese	relazione	Tovoli
	settembre	Congresso Internazionale di Scienze preistoriche e protostoriche', Forlì	relazione	Govi; Tovoli; Mazzeo
	ottobre	Correlatore alla tesi di laurea 'Il sepolcreto villanoviano Cortesi' c/o Università 'La Sapienza', Roma		Morigi Govi
	ottobre	I° Corso di formazione per operatori museali, Ravenna	lezione	Tovoli
	novembre	Convegno Associazione Nazionale dei Musei Italiani, Bergamo	intervento	Morigi Govi
1997:	**marzo**	La città di Bologna come documento storico, Bologna	lezioni	Tovoli;
	marzo	Convegno 'L'archeologia a scuola: strumenti, metodi e percorsi', Lecce	relazione	Morigi Govi; Tovoli
	giugno	Membro della giuria 'Rassegna del film archeologico', Nuoro		Morigi Govi
	settembre	Congresso Internazionale di Numismatica, Berlino	relazione	Giovetti
	ottobre	Corso di formazione per operatori museali, Belluno	relazione	Tovoli
	ottobre	Convegno di didattica, Padova	relazione	Morigi Govi
	ottobre	Esperto nella discussione di dottorato di ricerca di Etruscologia, Università di Padova		Morigi Govi
	ottobre	Convegno internazionale 'La tradizione classica nella medaglia d'arte dal Rinascimento al Neoclassicismo', Udine	relazione	Giovetti
	dicembre	'Salone dei Beni Culturali', Venezia	relazione	Giovetti
1995-1998		Dal 1995 in poi la dott.ssa Meconcelli ha partecipato a numerosi convegni sul vetro in qualità di Presidente dell'Associazione Internazionale del Vetro		Meconcelli

(segue)

attività

1995	**marzo**	Stand del Museo al Salone del restauro di Ferrara
dal 1995		Creazione del Coordinamento per i direttori, curatori e tecnici dei Musei Italiani
1997		Convenzione tra Museo e Soprintendenza Archeologica dell'Emilia Romagna per il deposito dei materiali archeologici rinvenuti nel territorio di Bologna
1998		Realizzazione del corso universitario 'Materiali metallici e loro alterazioni' per il Diploma Universitario per operatore di Beni Culturali Università di Bologna, sede di Ravenna
1996-1998		Attività di ricerca all'interno del progetto finalizzato Beni Culturali del CNR
1993-1998		Attività di coordinamento per il settore conservazione dei metalli all'interno di un'iniziativa della Federazione delle Società Chimiche Europee (FECS). Pubblicazioni scientifiche sull'attività di ricerca, promozione e progettazione

progetti

1997-1998	Partecipazione al progetto europeo 'VR_EARNES' per la didattica museale
1997-1998	Progetto su 'Il ripostiglio di San Francesco' in collaborazione con il CNR e ICR di Roma
1997-1998	Progetto di pubblicazione della necropoli villanoviana Benacci con supporto informatico appositamente elaborato
1997-1998	Progetto di pubblicazione della necropoli della Certosa con supporto informatico appositamente elaborato
1997-1999	Progetto di informatizzazione e digitalizzazione del medagliere, costituito da circa 100.000 monete e medaglie

Fonte: ns elaborazione su dati Museo Archeologico

Innanzitutto, il fitto panorama di incontri e conferenze domenicali nel periodo novembre-maggio consente un contatto settimanale con la stampa locale, in cui vengono richiamate le iniziative della domenica cittadina.

In secondo luogo, in presenza di un Assessorato che gioca attivamente il proprio ruolo, si hanno certamente effetti di "gruppo" anche nella gestione con i media, alcuni di innegabile effetto positivo, altri talora negativo. Tra i primi basti ricordare tutto il processo di comunicazione su *Bologna dei Musei* messo in piedi dall'Assessorato, che dovrebbe dare una maggiore visibilità al sistema di musei bolognesi, del quale anche l'Archeologico dovrebbe avvantaggiarsi.

Tra gli aspetti negativi si potrebbero verificare elementi di conflitto o comunque sovrapposizioni di interessi e identità diverse. Ad esempio, viene il dubbio che l'uso del contenitore espositivo dell'Archeologico per mostre così eterogenee (quelle ospitate, come da tabella 3.1) possa creare qualche confusione nell'immagine del museo, e non facilitare il successo della mostra stessa: se è vero che ormai a livello cittadino sembra consolidato il ruolo di "contenitore fisico" giocato a questo riguardo, salvo eccezioni si tende come regola a privilegiare esposizioni "storicizzate".

O, ancora, per un museo "relativamente forte" nel panorama cittadino, la stessa promozione di sistema potrebbe tradursi in un offuscamento della propria identità distintiva nella mente del consumatore, che il museo potrebbe avere interesse a "fidelizzare" individualmente.

3.2.2 Il monitoraggio delle performance di domanda

L'analisi che precede si è basata in un modo o nell'altro, direttamente o con ulteriori elaborazioni, su una massa significativa di dati esistenti, in parte generati dal museo, in parte prodotti dal servizio Controllo di gestione dell'Assessorato: ci troviamo cioè di fronte a una realtà relativamente a altre evoluta, specie nel settore pubblico, con un processo di perfezionamento notevole negli ultimi anni.

Sotto il profilo informativo – in termini di contenuto dell'informazione – il monitoraggio delle performance di domanda in realtà si struttura su tre livelli, coerentemente alla definizione delle attività del museo, con una serie di informazioni e indicatori relativi a attività espositiva, didattica, scientifica. Soprattutto i primi dimostrano una buona profondità e articolazione (ad esempio, oltre a quanto usato nelle tavole precedenti, esiste l'informazione sullo "sbigliettato" settimanale, sia per mostre che per esposizioni permanenti; il riepilogo anche per giorni della settimana e ulteriori dettagli su aperture, ecc.), con un solo punto critico che abbiamo già rilevato e sulla cui valenza organizzativa torneremo più oltre: la rilevazione delle visite *all'*Archeologico e non *dell'*Archeologico (cioè si misurano gli ingressi senza tener conto della diversa natura delle mostre, organizzate o semplicemente ospitate, come da noi suggerito). I dati relativi all'attività didattica riprendono quanto già elaborato a livello di museo con notevoli livelli di articolazione (tipo di servizio utilizzato, tipo di classi, provenienza, ecc.). Il punto critico riguarda piuttosto gli indicatori dell'attività scientifica, brutalmente quantificati in termini di *numero* dei restauri, di catalogazioni/inventariazioni, e pubblicazioni.

Il problema è cruciale, qui e in tutto il dibattito sulla managerializzazione dei musei: l'accanimento degli esperti di management sullo "sbigliettato" nasconde in realtà una incapacità a comprendere elementi significativi dell'azione gestionale (manageriale) degli operatori museali, o perlomeno a tradurli in una qualche forma di sistematica rappresentazione, per "renderne conto". Se le attività del museo sono composite (espositiva, scientifica, didattica), le stesse performance non possono che essere multidimensionali, e occorrerebbe trovare indicatori di prestazioni coerenti con le attività svolte. Anche in questo va dato atto al Controllo di gestione dell'Assessorato di non aver appiattito gli indicatori di performance sul solo dato di ingresso e di aver lavorato nella direzione di indicatori compositi, ma la soluzione individuata non è certo in grado di rappresentare la produzione di reputazione presso la comunità scientifica. In questa ricerca abbiamo tentato, *in collaborazione* con gli attori diretti, di sviluppare una sorta di CV del museo, a livello di provocazione. Certamente quanto contenuto in tabella 3.6 è più che perfettibile: l'idea è comunque quella di cercare di individuare elementi significativi di reputazione scientifica *tra* gli addetti, riportando elementi che sono necessari per descrivere e rappresentare il ruolo, la posizione e le prestazioni di questo museo nella comunità di studiosi, ad esempio sul tema della multimedialità o della didattica (va detto che la letteratura in merito – specie anglosassone: per tutti cfr. Ames, 1994b – potrebbe aiutare in questo processo, ma esula dagli intenti quello di risolvere il problema sotto il profilo logico, quanto piuttosto interessa mettere il punto al centro dell'attenzione).

E a questo proposito si individuano alcuni elementi di debolezza nello sviluppo del discorso manageriale (nel museo e nell'Assessorato) cui occorre prestare attenzione, specie in termini di *processo*. Perché se è difficile sul piano logico individuare indicatori di performance in organizzazioni reputazionali (il museo come l'università), ciò è ancora più vero se in questo non si coinvolgono gli stessi attori: ad esempio, nessuno si sognerebbe di definire gli standard di produttività scientifica di un ricercatore *dal di fuori* della comunità scientifica, e anzi del particolare segmento specialistico cui questi appartiene. E questo non tanto per problemi di motivazione e consenso – pure importanti – ma perché se il sapere è specialistico gli stessi criteri di indirizzo e validazione dell'attività di ricerca ne presuppongono l'appartenenza (su questi aspetti sul piano generale delle organizzazioni reputazionali si rimanda a Whitley, 1984). Piuttosto che presumere (per ingenuità o arroganza) di poter individuare criteri e indicatori di prestazioni da non esperti, forse soluzione organizzativa più efficace sarebbe quella di sedersi attorno a un tavolo e in via interattiva e partecipativa provare a dialogare tra una astratta idea di performance (che l'esperto di management ben governa, mentre nel suo significato di generalizzazione è più lontana dalla mente degli operatori) e una più concreta idea di azione gestionale (posseduta dai diretti interessati).

D'altra parte una più profonda attenzione agli aspetti di processo rappresenta forse il prossimo passo nell'evoluzione del controllo di gestione nei musei di Bologna, sempre con riferimento al tema degli indicatori di performance di domanda. La situazione attuale infatti è che il centro tende a produrre una mole notevole – e in effetti potenzialmente utile – di dati, che poi non vengono però utilizzati al meglio, anche perché l'utente probabilmente non è stato oggetto di attenzione formativa e di acculturamento alle tecniche di analisi manageriali in alcuna misura. In fondo, l'analisi contenuta nelle pagine precedenti si basa su dati che "non vivono" in senso organizzativo, e che non vengono commentati in modo sistematico né in periferia né al centro (al limite come passaggi iniziali, a livello di "pedagogia" del management); ma che comunque sono già esistenti, all'interno del sistema, e disponibili per usi più diretti ed efficaci. L'impressione – da verificare empiricamente – è cioè che da questo punto di vista al Comune di Bologna si sia fatto molto rispetto ad altre realtà di musei civici.

Ma senz'altro qualche scollamento rispetto alle esigenze di

documentazione nella periferia è concausa di questa difficoltà al cambiamento, e in effetti l'analisi svolta in queste pagine a partire da un'analisi della gestione ha richiesto non piccoli sforzi di uso selettivo e creativo delle informazioni grezze disponibili. Tale (relativa) perdita di rilevanza interessa innanzitutto la citata mal-rappresentazione dei livelli di responsabilità del vertice del museo nei risultati di "sbigliettato", che va a ledere uno dei principi guida di tutto il controllo di gestione, vale a dire il principio di controllabilità (per cui, nel gioco del controllo budgetario, un attore "intelligente" si sente responsabilizzato solo su risultati che dipendono dalla propria azione). Il che è ancora più grave se, come vedremo, il dato sui biglietti costituisce informazione base (e quasi l'unica) nel sistema di controllo di gestione a livello del Comune.

3.3 La gestione delle relazioni coi patron

3.3.1 Le relazioni istituzionali

Se si vuole applicare lo schema di Bradford alla realtà dei musei civici, evidentemente figura centrale e assolutamente prioritaria tra i patron è rappresentata dal Comune, e in via diretta dall'Assessorato alla cultura: anzi, a ben guardare, la forzatura consiste proprio nel tentativo di considerare il museo come ente in sé definito, che manifesti una *accountability* sua propria. In realtà, le risorse in termini quantitativi e talora in termini anche di gestione, nonché le procedure contabili e le regole di rappresentazione economica sono per larga parte "eterodirette" – se ci si colloca nella visuale del singolo museo –, inserite e determinate all'interno dei processi di cambiamento dell'Amministrazione comunale (si pensi solo agli effetti della nuova normativa sull'ordinamento degli enti locali e ai problemi di cambiamento che attivano/richiedono: per tutti cfr. Farneti, 1995, 1997; Marcon, 1996; Mussari, 1996; Donna, 1997; Morigi, 1997). D'altra parte, questa tensione tra periferia e centro è elemento esso stesso di tutto il dibattito sul controllo nei Comuni, per quanto qui ci interessa, vale a dire nel complesso rapporto tra Comune, Assessorato e museo. Per questo l'attenzione si focalizzerà esclusivamente su questi interlocutori, tralasciando il rapporto con altri non irrilevanti attori istituzionali (eventuali sponsor privati, a tutt'oggi non presenti a livello di Archeologico, e IBC che viceversa è interlocutore in termini di finanziamento di singoli progetti di restauro e catalogazione).

3.3.2 Le risorse finanziarie

Due sono gli aspetti che vogliamo indagare con riguardo alle risorse economiche in rapporto alle relazioni con il patron istituzionale (il Comune), e cioè aspetti di metodo (in termini di iter procedurale, di logiche di assegnazione delle risorse e rappresentazione dei risultati e di controllo economico), e gli aspetti di merito (con una riflessione sull'ordine di grandezza dei problemi economici nella logica di controllo e di allocazione delle risorse): il tutto semplificando al massimo il discorso, evitando tecnicismi e con un focus particolare sui processi di cambiamento in atto rispetto al problema dell'autonomia del museo Archeologico.

a. Il processo amministrativo

L'aspetto più importante delle recenti innovazioni nelle pratiche amministrative comunali è rappresentato da una relativa semplificazione rispetto alle rigidità tipiche dell'Amministrazione comunale. Alla fine di un complesso processo di definizione dei fabbisogni e degli stanziamenti per l'anno a venire, nel *Bilancio di previsione* vengono assegnate le risorse per le diverse attività e articolazioni dell'Amministrazione comunale: ad esempio, per quanto riguarda la cultura, l'aggregazione all'interno del preventivo comunale è su due voci: biblioteche, musei e pinacoteche; teatri, attività culturali e servizi diversi nel settore culturale.

Da questo documento sintetico approvato dal Consiglio comunale prende forma un secondo documento, il *Piano Esecutivo di Gestione* approvato dalla Giunta comunale, che definisce analiticamente a livello di capitolo di spesa gli stanziamenti dell'anno, con relativa delega ai responsabili "di settore", e tra queste l'Assessorato alla cultura (su questi aspetti in generale si rimanda a Mastrogiuseppe, 1993; Collevecchio, 1995; Pessina, 1998. Cfr. anche Galasso, 1998). Tale documento peraltro è di lettura estremamente difficile dal punto di vista gestionale, riportando semplicemente la lista ordinata per capitoli di spesa non riassunta per centro di imputazione o di spesa.

A loro volta, i dirigenti di settore (nel nostro caso il vertice amministrativo dell'Assessorato alla cultura) possono girare tale delega ai responsabili dei diversi istituti (i direttori dei musei), in connessione ai contenuti di un ulteriore documento di programmazione del Comune, il *Programma delle attività* (*tabella 3.7*), in cui sono stati definiti gli obiettivi e le attività da perseguire per le diverse articolazioni dell'Amministrazione comunale. Per quanto interessa qui, nel caso dei musei oltre a una serie di obbiettivi di tipo qualitativo, vengono anche definiti gli stanziamenti dei cosiddetti "Consumi specifici" (acquisto beni, acquisto beni durevoli, acquisto servizi) rispetto ai quali il direttore del museo ha delega di spesa dal dirigente dell'Assessorato. A livello di rapporto tra Assessorato e museo, tali stanziamenti vengono ulteriormente allocati a diverse classi di macroattività all'interno di ulteriori documenti di budget, ma tale articolazione rimane un fatto "interno" all'Assessorato, non ha rilevanza cioè nei rapporti con l'Amministrazione centrale.

È questa l'innovazione – per certi versi banale ma assolutamente "liberatoria" rispetto alla precedente situazione – tale per cui una volta definiti gli stanziamenti annuali a livello di Comune e Assessorato, è possibile al direttore del museo gestire con relativa flessibilità le spese in questione, effettuando anche variazioni, purché in accordo con quanto già contenuto dal Programma delle Attività (in questo senso "andare in Giunta" – espressione che evoca scoramento tra gli addetti – diventa un'eccezione allorquando le variazioni intervenute non erano contemplate nel programma delle attività).

Ma resta da evidenziare che la delega al direttore del museo è assolutamente parziale, relativa ai soli "Costi specifici", mentre le altre spese relative al museo (a partire dal personale, ma anche quanto definito "consumi" e utenze nel linguaggio del Comune) non sono gestite dal direttore, ma da altri centri di responsabilità o entità del Comune.

b. Il processo di budgeting *e la rappresentazione contabile del museo*

Rispetto a quanto detto sopra, è utile soffermarsi se pur velocemente su alcuni aspetti informativi e organizzativi connessi ai processi di *budgeting* e di rappresentazione contabile del Museo Archeologico nell'ambito dell'Assessorato alla cultura.

Per quanto attiene i processi di preventivazione, da un punto di vista informativo la predisposizione del budget del Comune avviene – almeno formalmente – con una logica *bottom up*: aggregando i budget dei singoli musei, con adeguate negoziazioni interne e limitatamente ai consumi specifici, l'Assessorato si presenta a negoziare il proprio budget complessivo "in concorrenza" con altri settori comunali, e in base alle assegnazioni

TABELLA 3.7 **LE ASSEGNAZIONI ALLA CULTURA NEL PIANO ESECUTIVO DI GESTIONE DEL COMUNE DI BOLOGNA**

PROGRAMMA DI ATTIVITÀ 1997	**SETTORE**	Cultura	**PROGRAMMA/I**	1.4	Museo Civico Archeologico
			RESPONSABILE		dott. ssa Cristiana Govi Morigi
	Linea di report	Museo Archeologico Amministrazione/Altro	**Unità Organizzativa Intermedia**		Museo Civico Archeologico

DIPENDENTI COINVOLTI	**CONSUMI SPECIFICI**	**890.000.000**	**INVESTIMENTI**	**ENTRATE**	**247.000.000**
16	ACQUISTO BENI	70.000.000		PROVENTI	247.000.000
	ACQUISTO BENI DUREVOLI	190.000.000	590.000.000	CONTRIBUTI	
	ACQUISTO SERVIZI	630.000.000		ALTRO	
	di cui per INCARICHI PROFESSIONALI	90.000.000			
	ALTRO (specificare)				
	CONTRIBUTI A LIBERE FORME ASSOCIATIVE				

OBIETTIVO / RISULTATO

A	Risistemazione, restauro e adeguamento tecnologico delle sale storiche del Museo	REALIZZATA

	MACRO ATTIVITÀ	Produttiv.	SCADENZA prevista	REALIZZATO	STIMA a finire	SLITTAMENTO	ALTRI SETTORI	NOTE / PROBLEMI / MOTIVAZIONI
1	lavori di sistemazione muraria ed impiantistica della Sala I dove si collocherà la rinnovata sezione preistorica			70%	giugno		Lavori Pubblici (resp. primaria)	
2	realizzazione dell'allestimento della sezione preistorica	X	dicembre 96	30%	dicembre			PPI 590 ml, di cui 90 coperti da contributo regionale LR 20/90

OBIETTIVO / RISULTATO

B Attività ordinaria del Museo Civico Archeologico — REALIZZATO

	MACRO ATTIVITÀ	Produttiv.	SCADENZA prevista	REALIZZATO	STIMA a finire	SLITTAMENTO *	ALTRI SETTORI	NOTE / PROBLEMI / MOTIVAZIONI
1	"Domenica Appuntamenti al Museo": visite guidate alle collezioni e conferenze	X	1/11/96-25/5/97	30%				per tutte le macroattività si segnala l'urgenza di sostituire il commesso d'ufficio in pensione dal 1/1/97
2	"Introduzione alla Storia dell'arte dell'antico Egitto": ciclo di conferenze	X	27/11/96-5/3/97	30%				in collaborazione con l'Università e A.S.P.R.E.A.
3	inaugurazione della mostra "Illuminazione nell'età imperiale romana"	X	feb-giugno					in collaborazione con la Soprintendenza Archeologica di Pompei
4	preparazione della mostra "Gli Ungheresi nel periodo della conquista"	X	febbraio 98					in collaborazione con il Consorzio Università Città e con il Museo Civico Archeologico di Milano
5	predisposizione del piano di fattibilità della mostra "I principi etruschi", da realizzare nel 2000	X						
6	apertura straordinaria pomeridiana	X						
7	collaborazione all'allestimento di mostre ospitate nelle sale espositive:" Gli Arcangeli"	X	maggio-giugno					a cura dell'Istituto dei Beni Culturali della Regione Emilia Romagna
8	collaborazione all'allestimento di mostre ospitate nelle sale espositive:" Stili e tecniche della scultura contemporanea attraverso i bronzi della Fonderia Venturi Arte"	X	1/3-20/4					a cura dell'Assessorato alla Cultura Comune di Bologna
9	pubblicazione del catalogo "Le lucerne in bronzo del Museo Civico Archeologico di Bologna"	X	dicemb 96	70%	marzo 97			XII volume della Collana "I cataloghi del Museo Civico Archeologico di Bologna"
10	progetto di informatizzazione del Medagliere	X						richiesta di finanziamento alla Regione Emilia Romagna: LR 20/90 Piano 199
11	restauri, campagna fotografica delle collezioni, proseguimento lavori preparatori dei corredi del Sepolcreto Benacci	X						
12	progettazione di un CD-ROM sulle collezioni del Museo Civico Archeologico nell'ambito del programma di valorizzazione del Sistema Musei della Città di Bologna	X						cfr programma n. 10

Fonte: Comune di Bologna

effettivamente spuntate si ritorna a ridefinire verso "il basso" gli stanziamenti finali.

Sotto il profilo organizzativo, parlare di *budgeting* è forse eccessivo, o comunque prematuro (del resto è noto che siano necessari alcuni anni anche in aziende private per "far girare" sul serio processi del genere): certamente ciò comporta – in andata – uno sforzo di pianificazione delle attività a livello di singolo museo, costringendo a pensare con un certo anticipo a iniziative e possibilità, oltreché, almeno in parte, fattibilità delle iniziative. Ma già a livello di consolidamento in Assessorato, non sembra individuabile una logica di tipo performativo nell'assegnazione di risorse, ad esempio in base a un qualche parametro di prestazione – non necessariamente lo "sbigliettato", ma comunque qualcosa di predefinito e che costituisca regola del gioco interno che disciplini le relazioni tra politica e amministrazione – ; del resto la complessità tecnica delle singole proposte non trova una sede di discussione di opportunità e ordine di priorità tra proposte nel merito. In misura ancora maggiore, in caso di "tagli" su quanto proposto dall'Assessorato al Comune, non sembrano individuabili logiche di tipo organizzativo, quanto piuttosto i tagli vengono ridistribuiti a pioggia. È il caso del budget 1997, già approvato, e che nel mese di marzo ha risentito di una riduzione complessiva di 300 milioni, di cui 20 interessanti l'Archeologico, più altri nel periodo successivo: il tutto, come nel 1997, a esercizio già iniziato (addirittura l'ultimo taglio all'Archeologico di altri 30 milioni si è verificato a ottobre, sull'impegnato), determinando una situazione di incertezze sugli stanziamenti oltremodo fastidiosa visto i "tempi tecnici" necessari per predisporre iniziative tipo mostre, eventi, ecc., e con un incidenza non certo irrilevante sulla consistenza dei costi discrezionali su cui si può agire (posto che comunque vigilanza, pulizia, utenze, ecc. continuano a sostenersi). In tal senso siamo ben lontani dalla situazione di autonomia e programmabilità descritte con riferimento al modello olandese (cfr. Angioni, 1998).

Per quanto riguarda la rappresentazione contabile del Museo Archeologico, questa si colloca nel quadro del sistema di *reporting* messo in piedi da un apposito Controllo di gestione dell'Assessorato, che oltre ai dati sulla domanda che abbiamo già avuto modo di utilizzare in precedenza, presenta una serie di tabelle su aspetti economici dei musei civici, e tra questi dell'Archeologico. Ci si limita qui a riportare alcune considerazioni di massima, pur precisando che ci si trova di fronte a una realtà in continua evoluzione, con miglioramenti e affinamenti proposti "in tempo reale" mentre analizziamo e scriviamo queste pagine.

Innanzitutto i musei sono un centro di costo nella contabilità analitica dell'Assessorato, e non esiste (ancora) un vero e proprio rendiconto economico di museo, e il dato direttamente prodotto è quello dei costi di museo (*tabella 3.8*). In via extracontabile, e con tutte le difficoltà del caso, si possono integrare i dati sui costi con quelli sulle entrate (il problema deriva, tecnicamente, dall'essere informazioni che pescano da porzioni diverse e separate del complessivo sistema informativo). Se questa operazione verrà tentata nel prossimo paragrafo, intendiamo qui evidenziare alcuni problemi non irrilevanti in tema di *accountability*,[2] che a loro volta richiedono opportune elaborazioni prima di poter esprimere giudizi "di merito" sulle grandezze economiche.

A parte la parzialità dei dati di tabella 3.8 (solo costi), si tratta di una aggregazione puramente "virtuale", una sorta di finzione contabile, di scarso valore organizzativo: sono cioè i costi riferiti *al* museo, ma non gestiti *dal* museo; non esiste cioè sotto il profilo organizzativo una coerenza di delega rispetto all'informazione prodotta. E, d'altra parte, non esistono meccanismi di responsabilizzazione economica e di incentivo diretto, per cui le eventuali entrate per bookshop, biglietti e altro confluiscono alle casse del Comune, semplicemente riducendo l'onere per finanziare il singolo museo, ma senza tradursi in una assegnazione diretta di maggiori risorse. Detto in altri termini, anche in questo caso il museo come entità autonomamente definita esiste solo in via informativa, non organizzativa. Questo crea non pochi fraintendimenti, come ci è capitato di rilevare nel corso delle interviste, con gli operatori dell'Assessorato che parlavano per il 1996 di costi dell'Archeologico per 2.4 miliardi, e direzione del museo che parlava invece di costi di sua pertinenza di circa 900 milioni (i consumi specifici), se non addirittura di quella parte che rappresenta in effetti le sole scelte possibili dell'anno, i circa 390 milioni di costi discrezionali. Per i restanti, non sembra esserci qual-

2. È il caso di ricordare che il problema di *accountability* si pone per i musei italiani in modo ben più consistente e "radicale" che nel mondo anglosassone. In quel contesto la discussione è talora su modi più o meno adeguati di rappresentare le performance in relazione alle attività proprie del museo, evitando di snaturarne la missione specifica a seguito delle semplificazioni di certe visioni efficientiste o economicistiche (per tutti cfr. Carnagie, Wolnizer, 1996). Da noi spesso si tratta in primo luogo di ricostruire un'informazione di base che è dispersa in varie parti del corpo organizzativo di cui il museo è parte (il Comune, la Provincia, il Ministero), non enucleata in modo compiuto.

cuno che se ne senta direttamente (e legittimamente) responsabile: il che è comprensibile se fino alla fine di marzo l'ammontare dei restanti costi (personale, consumi, utenze) dell'esercizio precedente è ignoto agli amministratori del museo.

D'altra parte, la non focalizzazione di questo report nella logica del museo è sottolineata da altri elementi:

1. il ribaltamento dei costi comuni dell'Assessorato sui singoli musei (in base a logiche che non sembrano chiarissime ai direttori, per quanto abbiamo potuto verificare) dimostra – oltre a un certo "accanimento contabile" per certe rifiniture che in termini di processo forse potevano essere posticipate – che le finalità principali di tali elaborazioni non sono quelle di dare uno strumento di governo al direttore del museo, quanto piuttosto esigenze prioritarie del Comune per finalità di controllo aggregato;

2. tale ribaltamento, oltre a distogliere attenzione da operatori (i direttori) che tutto sono e possono essere fuorché dei tecnici contabili, è organizzativamente irrilevante anche in altro senso: non pone al centro dell'attenzione nel discorso sul management e sul controllo la difficile relazione Assessorato/musei, "demotivando" i direttori su un dato di costo da essi non controllabile (la quota parte dei costi generali dell'Assessorato), per di più connessi a un aspetto che crea conflitto anche sotto il profilo prettamente scientifico-professionale (ad esempio per quanto concerne l'attività espositiva organizzata direttamente dall'Assessorato);

3. l'informazione presenta in sé livelli di aggregazione che la rendono irrilevante a livelli inferiori (un direttore di museo sarebbe interessato a capire meglio la composizione di queste voci, al limite anche di quelle fuori dal suo controllo come i consumi, le utenze, ecc.), mentre mantiene un qualche significato a livello di Assessorato, ad esempio in termini di comparazione *tra* musei;

4. l'ulteriore tentativo di elaborazione e calcolo di costi per attività (ribaltando cioè i costi totali su attività espositiva, scientifica e didattica), di per sé interessante, è però condotto (almeno fino a oggi) con modalità poco sistematiche o comunque poco percepite/condivise a livello di singolo museo, ancora una volta suggerendo una prevalenza di visione dal centro piuttosto che disegnato sulle conoscenze e per le esigenze conoscitive della periferia. Dal punto di vista sostantivo, non è certo che i costi generati dall'attività scien-

TABELLA 3.8 **I COSTI DEL MUSEO ARCHEOLOGICO**

(in migliaia di lire)

SETTORE: **CULTURA**

C.D.C.: **Museo Civico Archeologico**

RISORSE ASSORBITE	1995	1996	1997	Variazione '96-'97	
				Var. ass.	%
N° ADDETTI	21	18	19	1	5,6%
A/U	21	18	17,8		
personale	1.015.837	940.034	1.019.722	79.688	8,5%
consumi	132.594	187.742	170.347	-17.395	-9,3%
utenze	258.304	258.607	215.136	-43.471	-16,8%
consumi specifici	732.753	979.667	868.950	-110.717	-11,3%
affitti					
altre spese					
manutenzione					
oneri finanziari					
ammortamenti					
TOTALE COSTI DIRETTI	2.139.488	2.366.050	2.274.155	-91.895	-3,9%
COSTI DI SETTORE RICEVUTI	57.251	40.036	44.429	4.393	11,0%
TOTALE COSTO DI C.D.C.	2.196.739	2.406.086	2.318.584	-87.502	-3,6%
COSTI RICEVUTI ESTERNI AL SETTORE	0	0	0	0	
COSTI C.D.C. TOTALI	2.196.739	2.406.086	2.318.584	-87.502	-3,6%

ATTIVITA'/COSTO DEL C.D.C.	1995		1996		1997		Variazione '96-'97	
	(% a.r.)		(% a.r.)		% a.r.)		Var. ass.	%
1) Attività espositiva	**52%**	**1.135.626**	**52%**	**1.259.153**	**54%**	**1.259.600**	**447**	**0,0%**
n. visitatori		78.861		77.619		81.908	4.289	5,5%
n. giorni di apertura museo		314		313		314	1	0,3%
n. ore di apertura museo		1.831		1.957		2.246	289	14,8%
n. giorni di apertura mostre		351		268		409	141	52,6%
n. ore di apertura mostre		2.458		1.988		3.329	1.341	67,5%
n. musei		1		1		1	0	0,0%
2) Attività scientifiche	**33%**	**725.499**	**33%**	**792.689**	**32%**	**740.491**	**-52.198**	**-6,6%**
n. restauri		220		250		615	365	146,0%
n. catalogazioni/inventariazioni		4.619		13.025		25.756	12.731	97,7%
n. pubblicazioni		1		2		3	1	50,0%
3) Attività didattica e promozionale	**15%**	**335.614**	**15%**	**354.245**	**14%**	**318.493**	**-35.752**	**-10,1%**
n. classi sezione didattica		1778		1846		2.004	158	8,6%
n. presenze visite guidate del museo		2.691		3.536		4.099	563	15,9%
totale	**100,0%**	**2.196.739**	**100,0%**	**2.406.087**	**100,0%**	**2.318.584**	**-87.503**	**-3,6%**

Fonte: Assessorato

tifica siano poi così separabili dalle altre attività (viceversa secondo quanto appare da tabella 3.8 il lettore potrebbe pensare che un terzo delle risorse – 792 dei 2.406 milioni sempre con riferimento al 1996 – è dedicato a attività di ricerca, e che al limite si tratti di costi eliminabili); dal punto di vista procedurale, il coinvolgimento degli stessi musei nella definizione di questi aspetti potrebbe risultare elemento di riduzione dei rischi e di totale estraneità degli attori locali verso queste manipolazioni.

In sostanza sembra potersi evidenziare una contraddizione seria nei processi di cambiamento delle pratiche amministrativo-contabili e nei loro risvolti organizzativi, vale a dire una tensione circa modalità e logiche del controllo: un vero e proprio "conflitto di rilevanza" rispetto ai diversi usi di diverse (e alternative) informazioni nella visuale del museo, dell'Assessorato, del Comune. In realtà la differenziazione interna alla variegata articolazione di un Comune tende a essere mortificata nel complessivo sistema di controllo comunale, che non sembra in grado di percepire e individuare indicatori rilevanti per la gestione del museo. Secondo la logica che domina il discorso sul controllo nel Comune di Bologna, all'Amministrazione centrale interessa un solo parametro, in particolare i costi per visitatore: quasi che la composita gestione di un museo fosse riconducibile a uno; e per di più basato su dati di non rilevanza organizzativa (i costi non sono quelli che rispondono a un principio di "controllabilità" di alcun responsabile; lo "sbigliettato" non è solo quello dovuto ad attività organizzate dal museo ma comprende anche quelle ospitate). Secondo l'ottica dell'Assessorato (e dell'apposito ufficio di controllo) l'ottica sarebbe quella di una comparazione tra istituti museali, a un livello intermedio di aggregazione, che però ancora non risolve gli stessi problemi di rilevanza (costi gestiti e biglietti per mostre organizzate) in termini di responsabilità economiche dei direttori di museo. A livello dei singoli musei, il già complesso dialogo tra cultura "tecnica" (storico-artistica a seconda dei casi) e problemi di gestione trova così un contesto che non aiuta a superare diffidenze e resistenze.

Ma mentre in termini di "dialogo" una qualche forma di maggior integrazione e comprensione potrebbe essere sviluppata tra livello dell'Assessorato e livello del singolo museo (specie lavorando sulla costruzione di una comune piattaforma e matrice culturale), i problemi più consistenti sembrano interessare la relazione tra i due livelli maggiori.

c. *Le performance economico-finanziarie*

In *tabella 3.9* è stato ricostruito il "bilancio di fatto" del Museo Archeologico (l'espressione è mutuata da Besta, 1903, che lo applicava al tentativo di simulare i bilanci della Repubblica Veneta "come se" questi venissero redatti): ancora una volta, prima di evidenziarne alcuni tratti salienti è interessante di per sé sottolineare che si tratta di una elaborazione non già disponibile.

L'analisi delle entrate evidenzia alcuni aspetti non così intuitivamente percepibili. Si può notare che nel 1997 le entrate procurate direttamente "sul mercato" si aggirano intorno all'11%: il bookshop contribuisce per 53 milioni, i biglietti apportano circa 200 milioni. Si noti che se il prezzo medio effettivo è dunque contenuto (circa 2500 lire a ingresso) a causa del forte peso di studenti tra i visitatori, in termini percentuali "l'autofinanziamento da biglietti" dell'Archeologico non è certo dei peggiori.

TABELLA 3.9 **IL "BILANCIO DI FATTO" DEL MUSEO ARCHEOLOGICO (1997, 1996) PARTE A**

		1997			1996		differenze	
	parziali	totali	%	parziali	totali	%	ass.	%
ENTRATE								
biglietti	201,3		8,9	126,4		5,3	74,9	59,3
bookshop	52,7		2,3	34,8		1,5	17,9	51,5
altro	1,3			3,9			-2,6	-67,7
sponsorizzazioni	0,0			0,0				0,0
totale entrate proprie		255,3	11,2		165,1	7,0	90,2	54,7
finanziamento Comune		2.018,8	88,8		2.200,9	93,0	-182,1	-8,3
totale entrate		**2.274,1**	**100,0**		**2.366,0**	**100,0**	**-91,9**	**-3,9**
USCITE	25,0							
acquisto beni	59,0							
acquisto beni durevoli	125,1							
acquisto servizi	684,9							
di cui incarichi professionali	94,3							
consumi specifici		869,0	38,2		980,0	41,4	-111,0	-11,3
personale		1.019,7	44,8		940,0	39,7	79,7	8,5
consumi		170,3	7,5		187,0	7,9	-16,7	-8,9
utenze		215,1	9,5		259,0	10,9	-43,9	-16,9
totale uscite		**2.274,1**	**100,0**		**2.366,0**	**100,0**	**-91,9**	**-3,9**

TABELLA 3.9 **IL "BILANCIO DI FATTO" DEL MUSEO ARCHEOLOGICO (1997, 1996) PARTE B**

1997 rettificato	parziali	totali	%
ENTRATE			
biglietti	201		7,5
bookshop	53		2,0
altro	1		0,0
Assess. politiche scolast.	200		7,5
Regione per medagliere	32		1,2
totale entrate proprie		487	18,2
finanziamento Comune		2.190	81,8
totale entrate		**2.677**	**100,0**
USCITE:			
acquisto beni	59		
acquisto beni durevoli	125		
acquisto servizi	685		
di cui incarichi profess.	94		
consumi specifici		869	34,7
personale		1.020	40,7
consumi		170	6,8
utenze		215	8,6
costo personale didattico		200	8,0
costi per medagliere		32	1,3
totale uscite		**2.506**	**100,0**

Fonte: Museo Archeologico

Inoltre, il grado di dipendenza del museo dall'ente principale (Assessorato alla cultura, 89%) è in questo caso sovrastimato da due aspetti connessi alle modalità di rappresentazione:

- da una parte infatti l'Archeologico usufruisce di risorse "in natura" da parte dell'Assessorato alle politiche scolastiche (quattro insegnanti, per un costo orientativo di 200 milioni) che non transitano nei costi, e quindi neanche nella determinazione delle entrate nelle rappresentazioni contabili dell'Assessorato;
- ottiene adeguata rappresentazione la capacità di attrarre risorse dall'esterno nel caso dei 66 milioni che nel biennio 1996-1997 l'Archeologico è riuscito a reperire dalla Regione quale cofinanziamento per la catalogazione del medagliere, o gli ulteriori 220 milioni a vario titolo per cofinanziamento dei restauri dal 1993 al 1995.

Il che per inciso solleva un problema di più generale portata, vale a dire la necessità di "far transitare tutto" nei prospetti di rendicontazione economica dei singoli musei. Questi ultimi importi infatti non appaiono nei prospetti ancora una volta per la parzialità delle rappresentazioni contabili in questione, dove l'attività straordinaria di restauro e valorizzazione delle collezioni – nel suo tipico andamento "a ondate", con finanziamenti in conto capitale – rischia di non essere adeguatamente rappresentata, nonostante un impiego non indifferente di risorse, per un totale di oltre due miliardi nel quinquennio 1993-1997.

Per rendere possibile apprezzare il peso delle correzioni apportate, queste correzioni sono riportate separatamente in *tabella 3.9b* (anche ai fini di comparazione, in *tabella 3.10* è stata aggiunta una colonna con le percentuali che tengono conto di questa correzione: cfr. "Archeologico rettificato"; viceversa per l'analisi longitudinale occorre trascurare tali rettifiche per mancanza di dati e fare riferimento alla tabella 3.9a).

In via dinamica – anche qui sfortunatamente i dati disponibili sono solo quelli degli ultimi due anni – l'aspetto più interessante è l'aumento di "autofinanziamento" da biglietto (dal 5,3 all'8,9 %), dovuto però in grossa parte a un effetto prezzo più che all'aumento degli ingressi (curiosamente, in termini di controllo di gestione questo è un risultato imputabile, più che all'amministrazione del museo, al Consiglio comunale nel suo complesso, che aveva aumentato i biglietti di tutti i civici nel novembre 1996). Dal lato dei costi si può notare un contenimento quella parte di costi "discrezionali" e che rientrano nel budget nel museo, i "consumi specifici", che nell'anno si riducono di centoundici milioni, pari all'undici percento: ma anche qui, più che essere questo il risultato di una più efficiente azione del management del museo, tale dato è in parte la conseguenza della logica dell'emergenza con cui il budget è stato "tagliato" due volte nel corso del 1997. Calano anche altri consumi e utenze, mentre lievitano i costi del personale, tale che nell'aggregato si riscontra una riduzione complessiva di costi per circa 90 milioni (-3.9%).

Sfortunatamente non sono molte le ricerche disponibili per poter fare comparazioni con riferimento alla realtà italiana: tra le poche quella di Fuortes (1994) viene spesso citata, e i musei in essa compresi sono diventati una sorta di *benchmarking* tra gli aziendalisti italiani. Tuttavia, posto che la ricerca in questione datava 1990, abbiamo provveduto ad aggiornare questa indagine richiedendo le necessarie informazioni ai diretti interessati: su questa base abbiamo ricostruito i conti economici semplificati per l'anno 1997 (tabella 3.10), riservandoci ulteriori analisi in altra sede[3]. In realtà la stessa costruzione di questa tabella si scontra con notevoli problemi: da una parte un faticoso processo per ottenere i dati, posta la debole tradizione di *information disclosure* che caratterizza la situazione nel comparto; ma dall'altra soprattutto le conseguenze derivanti dall'eterogeneità delle forme istituzionali dei vari musei e dei connessi regimi di rendicontazione che li caratterizza (ad esempio nel caso della Galleria Nazionale di Arte Moderna il costo del personale è semplicemente non disponibile agli stessi amministratori: ogni ricostruzione per stima – le cui ipotesi comunque correttezza vorrebbe venissero esplicitate – rischia peraltro di incorporare margini di errore estremamente rilevanti).

TABELLA 3.10 **STRUTTURA DELLE ENTRATE: UN CONFRONTO DI MASSIMA CON ALTRE REALTÀ**

ENTRATE E COSTI	**GAMN**	**Storia della Scienza**	**Provinciale di Lecce**	**Poldi Pezzoli**	**Archeologico di Bologna**	**Archeologico di Bologna rettificato**
trasferimenti da ente principale	n.d.	60,4	98,2	0,0	88,8	80,6
altri trasferimenti pubblici	n.d.	21,7	0,0	24,9	0,0	9,3
trasferimenti da privati	n.d.	5,2	1,8	33,2	0,0	0,0
biglietti	n.d.	8,6	0,0	13,9	8,8	0,0
bookshop	n.d.	0,0	0,0	7,1	2,3	2,1
altro	n.d.	4,1	0,0	21,0	0,0	0,1
totale entrate	n.d.	100,0	100,0	100,0	100,0	100,0
personale	n.d.	24,0	75,6	55,9	44,9	38,1
varie altre correnti	n.d.	71,1	24,4	44,1	49,6	57,2
in conto capitale	n.d.	4,9	0,0	0,0	5,5	4,7
totale costi	n.d.	100,0	100,0	100,0	100,0	100,0

3. Cogliamo l'occasione per ringraziare della collaborazione i nostri interlocutori, spesso oberati da richieste simili proprio per essere diventati, loro malgrado, punto di paragone in molte ricerche: la dr.ssa Alessandra Mottola Molfino del Museo Poldi Pezzoli di Milano, il prof. Paolo Galluzzi del Museo di Storia della Scienza di Firenze, il dr. Antonio Cassiano del Museo Provinciale di Lecce, il rag. Mario Schiano Lomoriello della Galleria Nazionale d'Arte Moderna di Roma.

Ciò premesso, se si confrontano (tabella 3.10) i dati dell'Archeologico con le percentuali della ricerca Fuortes aggiornata si evidenzia un elemento controintuitivo, vale a dire che il peso delle entrate per biglietti sia in linea con il Poldi Pezzoli e il Museo di Storia della Scienza come ordine di grandezza.

Meno facile trarre qualche indicazione sulla composizione dei costi, e la stessa comparazione si dimostra per larga parte inconsistente. Tecnicamente il problema è rappresentato dal fatto di avere rendiconti (cfr. ad esempio Fuortes, 1994; Valentino, 1993; Migale, 1995; e tabella 3.10) che solitamente presentano i costi per natura e non per destinazione. In realtà ciò che interesserebbe comparare è eventualmente il costo per sorveglianza, o pulizia, ecc. a prescindere che questo sia connesso a costi del personale (perché svolto con addetti) o a prestazione di servizi (perché "comprato" da terzi). Piuttosto, i dati di tabella 3.10 al massimo danno una qualche misura dell'intensità dei processi di esternalizzazione, senza con questo però riuscire a dare un giudizio di merito: sarebbe necessaria un'analisi più approfondita per spiegare il dato così basso di costo del personale dell'Archeologico, che curiosamente supera (è più contenuto) quello del Poldi Pezzoli.

A titolo di pura esercitazione – basandosi su una visione dall'esterno per gli altri musei, dopo aver sperimentato dall'interno con l'Archeologico l'estrema problematicità di simili dati – a partire dalla ricerca di Fuortes da noi aggiornata in *tabella 3.11* si sono ricalcolati alcuni degli indicatori di prestazione per Archeologico, confrontando con i dati originari. Pur con tutte le cautele del caso, in via comparativa si può affermare quanto segue:

- un costo per metroquadro (circa 490.000 lire) tra i più contenuti, a conferma di un certo effetto di "economia di scala" legato alla dimensione non piccolissima del museo (in termini assoluti in linea con il Provinciale di Lecce, e maggiore del Poldi Pezzoli e di quello di Storia della Scienza);
- un costo per ora (1.190.000) più elevato, salvo il museo di Storia della Scienza, che curiosamente non è connesso a un orario inferiore (solo verso il Provinciale di Lecce), ma dunque a "costi intrinseci" più elevati (dal che non risulta poi chiarissimo il senso di questo parametro: tanto varrebbe ragionare sulle ore);
- un costo per visitatore contenuto (32.700), inferiore solo nel caso di Lecce, anche con riferimento al privato;

- una produttività fisica del lavoro dipendente decisamente elevata, visto il numero di visitatori generati in media da ogni dipendente (4550), ben al di sopra di tutti gli altri casi (ancora una volta, incluso il Poldi Pezzoli);
- infine, introducendo un nuovo indicatore nel rapporto *costo medio per dipendente* (che sintetizza la massa di costi movimentata in media da ogni dipendente) si ha conferma di quanto prima si accennava, vale a dire di una misura dei processi di contenimento dei costi all'Archeologico di Bologna e in primo luogo del personale impiegato, anche con ricorso a consistenti processi di esternalizzazione (simile fenomeno sembrerebbe individuabile anche nel caso di Firenze).

TABELLA 3.11 **INDICATORI SINTETICI: UN CONFRONTO DI MASSIMA CON ALTRE REALTÀ**

	GAMN	Storia della Scienza	Provinciale di Lecce	Poldi Pezzoli	Archeologico di Bologna rettificato
costi (milioni)	n.d.	3.834	2.266	2.144	2.677
visitatori	118.037	48.219	75.000	52.853	81.908
mq espositivi	9.400	1.200	7.000	1.038	5.500
ore di apertura	n.d.	1.600	3.016	n.d.	2.246
dipendenti	170	19	35	18	18
visitatori per dipendente	694	2.538	2.143	2.936	4.550
costo per visistatore (lire)	n.d.	79.512	30.215	40.567	32.683
costo per mq (milioni)	n.d.	3,20	0,32	2,07	0,49
costo per ora (milioni)	n.d.	2,40	0,75	n.d.	1,19
costo per dipendente (milioni)	n.d.	201,79	64,75	119,12	148,72

Dunque una simile situazione, prendendo qualche rischio connesso alla non robusta attendibilità del confronto su dati eterogenei, sembrerebbe confermare il sospetto che l'enfasi ossessiva sull'aumento delle entrate da biglietto sia malposta: certamente la situazione dell'Archeologico potrebbe essere migliorata introducendo un prezzo – anche contenuto – per le scolaresche; il che peraltro non sposterebbe di molto il problema, se un prezzo di 4000 applicato agli attuali 43.000 gratuiti genererebbe circa 160 milioni di ulteriori entrate, ipotizzando una domanda assolutamente inelastica.[4] Se questo si può in qualche misura fare, ciò che l'Archeologico conferma è che anche a queste dimensioni (di grande tra i piccoli) sarebbe velleitario aspettarsi contributi rilevanti, per non dire il pareggio. Piuttosto, i dati di tabella 3.10 sembrano suggerire la necessità di una varietà di sponsor, di un allargamento di "offerta" a diversi *stakeholders* come misura di riduzione del rischio e di aumento del radicamento nel tessuto sociale ed economico del singolo museo. Questa sembra la priorità di fondo, cui l'azione sui biglietti e sul bookshoop può certamente contribuire (poco, certo, ma direttamente aumentando la capacità di spesa degli oggi ridotti costi discrezionali), più che un'ulteriore riduzione dei costi o esternalizzazione dei processi.

A livello di prima approssimazione dunque sembra poter riscontrare livelli di efficienza (e efficacia) "in linea" con realtà a diverso carattere istituzionale, segno che costi e risorse sono stati gestiti nel "pubblico" in modo non così difforme dal "privato".[5]

3.4 Conclusione

Senza alcuna intenzione di riassumere quanto esposto, concludiamo questo capitolo con un commento finale sulle caratteristiche di fondo e sui processi di cambiamento di un museo civico.

4. È questa un'ipotesi spesso implicita in tale discussione, mentre sembra accertato dall'esperienza inglese che l'introduzione di prezzi d'ingresso abbia comportato una decisa riduzione delle visite, come confermano i dati riportati da Linklater (1997); dal 1986 al 1996 gli ingressi dei musei che hanno introdotto il biglietto si sono ridotti drasticamente (da 4.8 a 1.5 lo *Science Museum* di Londra; da 3.2 a 1.8 il *Natural History Museum*), mentre sono aumentati – notevolmente – quelli di musei che non hanno introdotto il biglietto (da 3.9 a 6.7 il *British Museum*; da 3.2 a 5 milioni la *National Gallery*).

5. La contrapposizione "pubblico/privato" è qui intesa secondo i consueti significati e sfumature proprie del dibattito tra economisti e aziendalisti, e in questo senso vengono usati i dati di tabella 3.11. Del resto è abbastanza curioso sentire il Direttore di un museo privato affermare "Libertà ... non vuol dire privatizzazione; ma anzi sollievo dall'incubo della redditività che è logica del privato" (Mottola Molfino, 1998). Si veda analogamente la posizione critica espressa da Salvatore Settis, direttore presso il Paul Getty Trust, istituzione privata (Settis, 1998).

Quella descritta è certamente una situazione relativamente "sana", in termini di collezioni, accessi, servizi, e performance (tecnico-scientifica, di mercato, ed economiche), e che si colloca in una situazione in cui si è investito parecchio (certamente rispetto a molte altre realtà di musei civici) pur all'interno di una rete di rapporti istituzionali complessa e intricata. Se le performance non costituiscono assolutamente situazioni drammatiche come spesso si legge sui giornali, la complessa dinamica dei processi e delle relazioni museo/Comune sembra aver raggiunto soluzioni di un qualche valore in termini di semplificazione amministrativa, risultati ancora intermedi e precari in termini di rappresentazione dell'economia del museo, ma soprattutto sembra presentare tuttora una situazione contraddittoria in termini di *accountability*, di controllabilità e responsabilizzazione coerenti ai reali processi di delega. In realtà su una massa non irrilevante di costi (personale, utenze, consumi) e su leve non indifferenti (prezzi, gratuità, ecc.) non esiste responsabilità attribuibile a una figura che si "faccia carico", e costituisca il perno – così come il *curator* nello schema di Bradford – ; e le stesse logiche del controllo economico della gestione sembrano sfuggire per larga parte ai problemi intrinseci della gestione di un museo.

Detto in altri termini, e avendo a riferimento altre realtà di musei civici, certamente si è fatto un grosso balzo in avanti in termini di produzione dell'informativa rilevante, sia con riferimento alle prestazioni di mercato che a quelle più direttamente economico-monetarie: ma la rappresentazione economica del museo, al di là di alcuni aspetti di parzialità sottolineati, resta per larga parte rappresentazione "virtuale" a cui non corrispondono deleghe e responsabilità in modo conseguente.

Certamente ci si trova di fronte a una situazione in movimento, in cui comunque viene generata innovazione organizzativa: ma forse si rendono necessarie soluzioni – anche istituzionali – più radicali e coraggiose, che liberino e responsabilizzino a un tempo la gestione dei musei in una logica di autonomia, non solo – come spesso si evince nel dibattito – con riferimento ai grandi musei statali. E, tantomeno, con una discussione sul "decentramento" dei musei statali che rimane latitante sui reali problemi e le concrete condizioni per lo sviluppo di un discorso sul management dei musei italiani.

4 La Galleria d'Arte Moderna di Bologna tra dinamica imprenditoriale e l'innovazione "istituzione"*

Cristina Boari e Luca Zan

4.1 Una breve ricostruzione del contesto

4.1.1 I musei d'arte moderna e contemporanea

Le ricerche condotte sui musei hanno evidenziato alcuni tratti caratteristici dei musei d'arte moderna e contemporanea rispetto ai musei d'arte antica (van Mensch, 1993).

Un primo elemento riguarda la natura dei visitatori: si tratta di un gruppo relativamente ridotto di clienti, per lo più di giovane età, ad alto grado d'istruzione e capace di realizzare un'attenta critica delle opere esposte. Il cliente tipo è un cliente abituale che torna al museo attratto dalle mostre che questo organizza. Al contrario, negli altri musei d'arte la maggior parte dei visitatori sono occasionali.

* La presente indagine si basa su una serie di interviste in profondità condotte con operatori della Galleria nel periodo maggio 1997/agosto 1998 (dr. L. Sassoli, presidente; prof. D. Eccher, direttore; dr.ssa D. Aureli e dr. C. Poppi, curatori; rag. A. Tosarelli Tassinari, direttore amministrativo; dr. U. Zanetti componente della segreteria organizzativa; dr. P. Minghetti dell'unità didattica, per un totale di circa 16 incontri) e dell'Assessorato alla cultura del Comune di Bologna (nelle seguenti figure: Assessore, prof. Roberto Grandi; direttore del settore cultura, arch. Giordano Gasparini; responsabile del Controllo di gestione, dr.ssa Stefania Storti, e con una serie ripetuta di incontri, anche in questo caso dell'ordine della quindicina) e sull'analisi della documentazione interna, della Galleria e dell'Assessorato. Si ringrazia per la collaborazione e per l'autorizzazione a rendere pubblici i dati e le informazioni qui contenute.

Questo primo aspetto ha un'importante conseguenza sull'elevato numero di mostre che mediamente i musei d'arte moderna e contemporanea organizzano annualmente (si parla di una media di sei mostre all'anno) per creare e soprattutto per conservare la clientela. L'enfasi sulle mostre temporanee, i *blockbuster*, favorisce l'incremento del numero di visitatori, eleva il fatturato del museo (attraverso le vendita dei biglietti e dei servizi accessori, quali bar, ristoranti e negozi interni), ma si traduce per l'organizzazione in un incremento dei costi e comunque in un aumento dell'attività del museo sotto il profilo organizzativo, tecnico (realizzazione e gestione degli allestimenti) e di marketing (Blattberg, Broderick, 1991). Osserviamo che lo spostamento di focus dalla collezione permanente alle mostre temporanee porta la struttura museale a destinare una crescente attenzione al pubblico degli esperti (critici, curatori e direttori di musei) e degli artisti, rispetto a quanto avviene nei musei d'arte antica, dove prevalentemente ci si rivolge al pubblico dei patron (interessato alla conservazione delle opere).

Un ulteriore elemento caratterizzante i musei d'arte moderna o contemporanea riguarda la minaccia rappresentata da altre organizzazioni capaci di organizzare mostre analoghe, quali le gallerie d'arte di tipo commerciale, i centri culturali, le università, i centri commerciali, le librerie, ecc. Alcune ricerche hanno mostrato che solo una percentuale che va dal 25 al 40% delle mostre di questo tipo si tiene in strutture museali (van Mensch, 1982, 1993). Tutte le organizzazioni alternative possono attrarre i clienti abituali dei musei. Questo fenomeno, assai diffuso a livello internazionale, ha portato alcuni musei a perseguire obiettivi di allargamento del proprio gruppo di clienti, fino a comprendere un numero crescente di clienti occasionali.

Soprattutto in Europa, ma anche in altri contesti, si assiste a un'esplosione nella creazione di musei d'arte e tra questi una cospicua parte è rappresentata da musei d'arte moderna o contemporanea (van Mensch, 1993). Questi ultimi si caratterizzano per la dimensione, che spesso è assai elevata. Solo nel 1997 sono stati aperti al pubblico due nuovi musei internazionali: il Getty Center di Los Angeles e il Guggenheim Museum di Bilbao. Una caratteristica di molti di questi nuovi musei è la ridotta consistenza delle collezioni iniziali. Queste ultime sono destinate a espandersi proprio grazie alle dimensioni dei nuovi musei che favorirebbero, secondo alcuni critici, l'incremento delle dimensioni delle opere stesse e contemporaneamente dei loro prezzi di mercato (Beaucamp, 1993).

Con i musei storici, i musei d'arte moderna e contemporanea sembrano invece condividere la crisi di finanziamenti, e quindi il bisogno di ricorrere a fonti di finanziamento alternative (Thompson, 1986, Temin, 1991), e la sfida posta da quello che sembra essere il nuovo imperativo della moderna museologia che prevede per i musei un coinvolgimento nello sviluppo delle comunità di riferimento e quindi un maggiore impegno sociale (van Mensch, 1993).

4.1.2 Le origini della Galleria d'Arte Moderna di Bologna e il Museo Morandi

La Galleria d'Arte Moderna di Bologna (GAM), nella sua nuova sede all'interno del Fiera District, viene inaugurata in occasione dei festeggiamenti del primo maggio del 1975; in precedenza aveva potuto contare su una piccola sede a Villa delle Rose, la cui costituzione risale al lontano 1926.

Il trasferimento nel nuovo edificio di Leone Pancaldi costruito per ospitare la Galleria testimonia la volontà da parte del Comune di Bologna di dotare la città di un museo civico d'arte moderna e contemporanea adeguato. L'ambizioso edificio era peraltro incompleto: infatti solo gli spazi espositivi erano ultimati, mentre gli uffici e i depositi avrebbero dovuto essere costruiti in un secondo tempo.

Ai limiti fisici della nuova GAM, cui si fa fronte ricavando uffici e magazzini negli spazi destinati alle esposizioni, si sommano da subito alcuni problemi di carattere organizzativo-gestionale in gran parte attribuiti al regolamento, che prevede un direttore a tempo illimitato chiamato a governare la Galleria avvalendosi del parere non vincolante di un Comitato direttivo composto di critici e intellettuali. Nel 1984 il Comune di Bologna con la revisione del regolamento istituisce la figura del direttore a tempo determinato.

Nel 1995 lo Statuto viene rivisto nell'ambito dell'applicazione della normativa sulle Istituzioni che il Comune di Bologna decide di sperimentare congiuntamente in GAM e nella Cineteca Comunale.

In parallelo, nell'ottobre del 1993, era stato inaugurato il "Museo Morandi", come sede distaccata della Galleria, in seguito alla donazione di 100 opere di Giorgio Morandi da parte della sorella dell'artista. Il Comune di Bologna aveva destinato una parte del Palazzo d'Accursio ad accogliere la collezione. Nel Museo Morandi venne trasferita tutta la preesistente raccolta di opere del pittore esposte nella Galleria (tranne una). Di conseguenza, la collezione della Galleria venne fortemente ridimensionata e secondo alcuni, perdendo le opere di Morandi, venne meno la parte della collezione che avrebbe consentito di avvicinare il pubblico all'arte contemporanea, assai rappresentata nel museo.

L'indebolimento sul piano delle collezioni si affianca a una sostanziale duplicazione di alcune strutture di gestione, quali ad esempio l'amministrazione e l'ufficio tecnico che sono presenti in entrambe le localizzazioni. Inoltre, il Museo Morandi viene dotato di un Responsabile della progettazione artistica del museo e della sua gestione (alle dipendenze del direttore della Galleria).

Le dimissioni, nel dicembre del 1994, del direttore vennero in gran parte imputate alla definitiva parziale separazione del Museo Morandi e al mancato trasferimento della Galleria in aree dimensionalmente più adeguate.

Con la trasformazione della Galleria di Arte Moderna in istituzione, lo statuto riconoscerà una forte autonomia alla "sezione Morandi" della Galleria, con problemi di attribuzione di responsabilità non sempre risolti.

Comunque sia, dopo le dimissioni di Castagnoli e in relazione alla nuova forma istituzionale, il difficile processo di trasformazione è innazitutto gestito dal nuovo Consiglio di Amministrazione, presieduto da Lorenzo Sassoli. Per tutto il 1995 il presidente si occupa direttamente della gestione del museo, fino a quando – su indicazione del Consiglio di Amministrazione – viene individuato il nuovo direttore nella figura di Danilo Eccher. Questi, messosi in aspettativa dalla precedente posizione lavorativa, opererà inizialmente (gennaio 1996) con un contratto di consulenza ma già svolgendo nei fatti la funzione di direttore, e verrà formalmente nominato nell'ottobre del 1996.

4.2 La gestione del museo

La chiave di lettura impiegata è quella di una combinazione della *resource-based view* e *competence-based view*, basate sul ruolo delle risorse e competenze ai fini delle performance di un'organizzazione (cfr. Barney, 1991; Grant, 1991; Wernerfelt, 1984; Mahoney, Pandian, 1992), con la prospettiva relazionale, che assegna un valore potenziale al set di relazioni che caratterizza la stessa organizzazione (per tutti cfr. Granovetter, 1985).

Sul piano dell'impostazione dello studio troviamo utile avvalerci di un modello che si basa sull'individuazione di diverse tipologie di pubblico dei musei d'arte (pur nelle differenze: cfr. Di Maggio, 1991; Bradford, 1994). C'è il pubblico dei "patron", e quindi di quanti contribuiscono a sostenere il museo attraverso finanziamenti e donazioni (nei musei civici si tratta per lo più degli enti locali), e c'è il pubblico inteso come visitatori del museo, attuali o potenziali. A queste due categorie di pubblico se ne possono aggiungere altre, come ad esempio il pubblico degli artisti per un museo d'arte contemporanea e il pubblico che potremmo definire degli "esperti", e quindi dei museografi, dei critici d'arte, dei responsabili, curatori e direttori, delle altre strutture museali. Ciò che è rilevante è la diversa attività che ogni pubblico può richiedere e conseguentemente la diversa natura delle risorse, competenze e relazioni che debbono essere attivate dal museo. Ad esempio il pubblico dei "patron" tende a sostenere l'attività di conservazione delle opere del museo rispetto alla quale diviene cruciale il ruolo del curatore, così come alcune risorse tangibili quali i depositi, gli spazi espositivi e le tecnologie di sicurezza e di manutenzione. Il pubblico dei visitatori stimola le attività espositive ed educative rispetto alle quali altre risorse e competenze possono divenire critiche: la professionalità e competenza di curatori e responsabili delle strutture educative, risorse tangibili quali laboratori e biblioteche e le relazioni con le istituzioni che possono fornire ad esempio gli insegnanti e le opere da esporre. Il pubblico degli artisti richiede attività espositiva e impegna prevalentemente i curatori del museo. Il pubblico degli "esperti", oltre a stimolare l'erogazione di attività espositiva, attiva risorse tangibili come le biblioteche, le fototeche e i cataloghi e, oltre che dell'attività dei responsabili di tali strutture, fruisce dell'attività di ricerca dei curatori.

4.2.1 Obiettivi e linee strategiche

Una delle prime attività del nuovo Consiglio di Amministrazione è quello di fissare nel maggio del 1995 gli indirizzi generali per la gestione, che il nuovo direttore si impegnerà poi a seguire nell'accettare il mandato. Le linee guida, poi ribadite negli anni successivi, possono essere così riassunte:

- offrire una testimonianza dei fenomeni artistici moderni e contemporanei;
- realizzare attività didattica, in collaborazione con altre istituzioni educative e offrendo servizi didattici;
- sostenere la produzione artistica regionale e la sua valorizzazione (particolarmente nei confronti di artisti locali);
- valorizzare le collezioni permanenti attraverso attività di conservazione e di acquisizione (solo per la collezione di arte contemporanea);
- migliorare l'ospitalità nei confronti del pubblico;
- comunicare costantemente con i diversi pubblici della Galleria (visitatori attuali e potenziali, Amici della GAM, *opinion leader*);
- relativamente al Museo Morandi, se ne ribadisce l'autonomia, pur nel rispetto di un'integrazione con la GAM, e si fissano tra le priorità l'attività didattica e quella espositiva.

Le linee strategiche descritte contribuiscono a delineare le tipologie rilevanti di pubblico della GAM: i "patron" (gli enti pubblici sostenitori e gli Amici della Galleria), i visitatori (compresi gli utilizzatori di attività didattica), il pubblico degli artisti, che può trovare nella Galleria una testimonianza sulle tendenze nell'arte contemporanea e al tempo stesso una possibile collocazione e un veicolo alla divulgazione della propria produzione, e infine il pubblico degli "esperti" (direttori di altri musei, museografi e critici).

L'implementazione del progetto di cambiamento strategico (Pettigrew, 1987; Burgelman, 1983) passa con la nuova direzione attraverso l'affermazione di una priorità, quella di trasformare la Galleria in uno dei due o tre riferimenti italiani di arte contemporanea nel mondo. La volontà di fare della GAM un museo internazionale d'arte contemporanea trova concretezza in alcune decisioni-chiave che riguardano, come vedremo di seguito, numerose attività del museo (l'attività espositiva temporanea, l'attività scientifica e le attività di supporto), unitamente alle risorse, competenze e relazioni con altre organizzazioni che vengono a essere mobilitate.

4.2.2 Le attività

a. L'attività espositiva

L'attività espositiva della Galleria si fonda su tre elementi: le mostre temporanee, la collezione permanente e – elemento distintivo di un museo di arte contemporanea – la promozione dell'arte giovanile. Mentre per le prime due il pubblico di riferimento è per lo più quello dei visitatori attuali e potenziali delle Galleria, per l'ultima un pubblico significativo è rappresentato anche dalle comunità degli artisti. Per tutta l'attività espositiva ovviamente anche il pubblico degli "esperti" rappresenta un pubblico rilevante, ancorché dimensionalmente più circoscritto.

Le mostre temporanee. La volontà di affermare la GAM a livello internazionale ha trovato nella promozione e nella gestione di mostre temporanee un'attività cruciale dell'attuale gestione. Tale scelta appare in linea con i comportamenti in uso nei musei d'arte contemporanea e trova una precisazione nella priorità fissata dalla direzione di conseguire prestigio internazionale, sul "come" si organizzano e gestiscono le mostre, prima ancora che sul "cosa" viene organizzato. È opinione del direttore che nell'arte contemporanea sia molto più importante il prestigio della struttura museale che la collezione permanente, e che sia indispensabile affermarsi come organizzazione affidabile e capace di organizzare e gestire con professionalità mostre importanti.

Nella prima fase quindi si sono privilegiate mostre su artisti stranieri famosi all'estero, ma mai presentati prima al pubblico italiano. Si è deciso che si sarebbero organizzate mostre su artisti italiani solo quando si fossero raggiunti gli obiettivi di prestigio internazionale. Queste scelte hanno portato a rivolgersi, per i prestiti, a otto grandi musei europei. Come conseguenza si è dovuto ricorrere a operatori altamente internazionalizzati per le varie attività di supporto alle mostre (assicurazioni, trasporti, ecc). In linea con la strategia di affermazione di prestigio internazionale è stata data priorità alla capacità di riuscire a dare prova di professionalità alle più importanti istituzioni in Europa.

La volontà di affermare la reputazione della struttura museale, impegnandosi al tempo stesso su un progetto artistico critico e innovativo per il contesto italiano, ha portato l'attuale direzione a privilegiare fin dall'inizio la programmazione di mostre progettate internamente: nel corso del 1996 e 1997 (*tabella 4.1*) sono state interamente curate dal direttore del museo importanti mostre su

Gilbert&George, Sean Scully, Julian Schnabel e George Baselitz. Per tutti questi artisti, presenti da tempo in prestigiosi musei internazionali, si tratta della prima mostra significativa organizzata in un museo italiano. Per GAM rappresentano mostre speciali, e quindi non finalizzate a valorizzare la collezione permanente, ma a influenzare l'immagine del museo.

TABELLA 4.1 **MOSTRE TEMPORANEE E SPAZIO APERTO**

MOSTRE TEMPORANEE			visitatori	giorni	visite/die
1996	27.1/3.3	Transfer 96			
"	27.1/3.3	Collezioni della GAM dal 1950 al 1994			
"	18.5/8.9	Gilbert & George			
"	31.5/1.9	Sean Scully			
"	20.9/20.10	Architettura per lo Spazio Sacro			
"	5.10.96./6.1.97	Pelagio Palagi pittore (1)	8.846	78	113
"	6.10.96./6.1.97	Collezioni Storiche GAM (2)	246	72	3
"	22.11.96/30.1.97	Julian Schnabel	14.059	61	230
1997	28.2/4.5	Arte italiana. Ultimi quarant'anni. Materiali anomali	5.822	59	99
"	24.4./11.5	Versace Beauty Icons			
"	30.5/7.9	George Baselitz	3.742	88	43
"	30.5/7.9	Christian Boltanski (2)	1.769	80	22
"	15.9/15.10	La pietra del design - Sala Conferenze			
"	4.10./2.11	La Rete Emilia Romagna presenta: Officina Italia	1.020	31	33
"	28.11.97/8.3.98	Arte italiana. Ultimi quarant'anni. Pittura iconica	1.409	32	44
"	29.11.97/11.1.98	La triennale (2)			
1998	23.1/22.3	Salvo (2)			
"	21.3/28.6	Juliao Sarmento			
"	21.5/5.7	Marisa Merz (2)			
"	15.7/27.9	Nuove acquisizioni			
"	7.11/14.2.99	Arte italiana. Ultimi quarant'anni. Pittura aniconica			
SPAZIO APERTO					
1997	19.3/13.4	Alessandra Tesi e Vincenzo Izzo			
"	30.5/24.8	Cuochi & Corsello e Francesco Bernardi			
"	29.8/21.9	Robert Smithson			
"	25.10/16.11	Art Couture			
"	28.11/8.12.98	Cucchiaro/Renzini			
"	14.12.97/11.1.98	Cuochi/Pellacani			
1998	21.1./8.2	Io. Una Seduzione Personale di Alberti, Aldrovanti, Nappo, Rivola			
"	13.2/8.3	Giovanni Manfredini			
"	20.3/5.4	Maurizio Arcangeli e Yumi Karamasumaru			
"	15.4/10.5	Cristiano Pintaldi			
"	3.6/30.8	Vanessa Beecraft e Shirin Neshat			
"	9.9/4.10	D'arte e d'artificio. Giovanni Albanese e Sabrina Mezzaqui			
"	14.10/8.11	Monica Carocci			
"	11.11/6.12	Raffaella Arpiani, Federico Pagliarini, Gaetano Sgambati, Andrea Sperni			
"	9.12/10.1	Luca Caccioni			

(1) *Mostra effettuata presso il Museo Civico Archeologico* - (2) *Mostra effettuata a Villa delle Rose*

Fonte: GAM

La rilevanza internazionale di alcune mostre organizzate recentemente e la prevalenza di quelle progettate internamente rappresentano le differenze sostanziali rispetto al periodo precedente: mentre negli anni 1994 e 1995 circa il 30% delle mostre risultava organizzato da altri musei e ospitato in GAM, solo una mostra del 1996 rientra in questa categoria e nessuna nel 1997 e 1998.

La collezione permanente. La Galleria raccoglie opere dalla fine del Settecento ai nostri giorni. Si tratta di una collezione fortemente sbilanciata a favore delle opere d'arte moderna (precedenti al 1940), in quanto nel corso del tempo la Galleria ha accumulato opere minori e premi di accademia, per un totale di 2500 opere sulle 3500 complessive. In GAM si ritiene che questa parte della collezione sovraccarichi il deposito, già fortemente sottodimensionato, e impegni in opere di conservazione, senza tradursi nella possibilità di sostenere in modo altrettanto significativo l'attività espositiva della Galleria. In altre parole, come avviene in molte strutture museali italiane, la passata politica di acquisizione di opere e l'attuale difficoltà nell'avviare politiche di alienazione vincola profondamente la gestione della collezione permanente.

Per quanto riguarda le collezioni d'arte contemporanea, oltre ai dipinti di Morandi, conservati all'omonima sezione, la Galleria possiede opere dell'informale italiano, del pop, dell'arte concettuale e povera, e raccoglie opere di autori di fama internazionale.

Come avviene in tutte le realtà museali, esistono anche in GAM interrelazioni tra collezione permanente e mostre temporanee. Se nella letteratura manageriale sui musei si tende a sottolineare il ruolo di stimolo esercitato dalla prima sulle seconde, del tutto in linea con quanto si registra nei musei d'arte antica, nel caso in esame emerge anche la relazione opposta, e quindi si riconosce il ruolo di traino che le mostre temporanee hanno nei confronti dello sviluppo delle collezioni: la mostra temporanea, soprattutto quando dedicata a un singolo artista, diventa un'occasione per ottenere in donazione o acquisire un'opera dell'artista ospitato.

È quanto avviene ad esempio quando l'opera è stata espressamente progettata e realizzata per la mostra temporanea, ma non si escludono acquisizioni di opere create dall'artista ospitato nel corso della sua attività complessiva.

TABELLA 4.2 **AQUISIZIONI E DONAZIONI (1995-1998)**

1995/1996
Carlo Leoni, *Donna seduta*, terracotta
Carlo Leoni, *Ariete*, terracotta
Gabriele Lamberti, *Il mediocre*, 1993, tempera su carta
Pirro Cuniberti, *Bozzetto per il vecchione*, 1994, mista su carta
Emilio Tadini, *Bozzetto per il vecchione*, 1995,olio su carta
Mimmo Paladino, *3 bozzetti per il manifesto commemorativo della strage del 2 agosto 1980*, 1995, matita e acrilico su carta
Mimmo Paladino, *Scudo con fontana*, 1996 bronzo
Giosetta Fioroni, *Bozzetto per il manifesto commemorativo della strage del 2 agosto 1980*, mista su carta
Vittorio Callegari, *Abelardo ed Eloisa*, olio su tela
Lorenzo Mattotti, *Bozzetto per il manifesto commemorativo della strage del 2 agosto 1980*, 1996, matita e pastello su carta
1997
Giuseppe Maraniello, *Senza titolo*, 1997, bronzo (ruota)
Angelo Titonel, *Plastica*, 1973, acrilico su tela
Piero Gilardi, *Tappeto-Natura per non vedenti*, 1997, poliuterano espanso
Giorgio Morandi, *Natura morta*, 1946 ca., olio su tela
Giorgio Morandi, *Natura morta*, 1941, matita su carta, cm 230 X 320
Giorgio Morandi, *Natura morta*, 1941, matita su carta, cm 200 x 283
Giorgio Morandi, *Natura morta*, 1947, matita su carta
Giorgio Morandi, *Paesaggio*, 1961, matita su carta
Filippo De Pisis, *Ritratto di giovane*, 1931, olio su tela
Filippo De Pisis, *Inverno (Natura morta)*, 1940, olio su tela
Filippo De Pisis, *Fiori*, tempera su cartoncino
Filippo De Pisis, *Ritratto di giovane col cappello*, matita su carta
Filippo De Pisis, *Ritratto di bimbo*, 1948, matita su carta
Filippo De Pisis, *Fiori*, 1949, olio su tela
Filippo De Pisis, *Nudo*, matita e acquerello su carta
Graham Sutherland, *Studio per Thorn tree*, 1954, matita, tempera, acquerello su carta
Giorgio de Chirico, *Studio di figura*, 1926, olio su tela
1998
Julian Schnabel, *Regardes mespiedsplats*, 1990, gesso e olio su telone da camion
Julian Schnabel, *Per non dimenticare 2 agosto 1980*, litografia
Enzo Cucchi, *Città immaginaria al buio*, 1985, lacca su tela e neon
Gilberto Zorio, *Stella di terracotta 93*, 1993, ferro, terracotta e gomma
Giovan Battista Grandi, *La pallida*, 1907, olio su tela
Giovan Battista Grandi, *Ritratto del conte Zubov*, 1913, matita e carboncino su cartoncino
Giovan Battista Grandi, *Ritratto di signora seduta*, 1910 ca., olio su tela

Piero Pizzi Cannella, *Senza titolo*, 1986, olio su tela e tavola
Jean Michel Folon, *Bozzetto per il vecchione*, 1996, matita e acquerello e stoffa su carta
Marcello Jori, *E da lontano...*, 1983, colori ad acqua e olio su tela non preparata
Roberto Floreani, *Mondo sensibile*, 1997, tecnica mista su tela, cm 190 x 136
Giovan Battista Grandi, *Studio per un gatto addormentato*, 1910, olio su tela, cm 24 x 34
Mariano Pompili, *Senza titolo*, 1997, vernice molle acquerellata a mano, cm 252 x 173
Mimmo Paladino, *Teste*, s.d., inchiostro su carta intelata, cm 273 x 615
Gilbert&George, *Sleeping*, 1991, photo-piece, cm 253 x 426
Juliao Sarmento, *Ruines recentes*, 1990, tecnica mista su tela, cm 190 x 220
Guidone Romagnoli, *Paesaggio*, 1966, olio su tela, cm 50 x 60
Guidone Romagnoli, *Natura morta*, 1961, olio su tela, cm 40 x 50
Guidone Romagnoli, *Fiori, 1968*, olio su tela, cm 50 x 60

Fonte: GAM

La collezione permanente è oggetto in GAM di una rinnovata attenzione. Si ritiene che una forte campagna acquisti e selezionate donazioni potrebbero aiutare ad arricchire la collezione della Galleria, ed entrambe le modalità hanno preso a essere riutilizzate negli ultimi anni (la tabella 4.2 mostra la lista delle donazioni e acquisizioni di GAM nel periodo 1995-1998). Significativa è stata la donazione di parte dell'eredità di Guido Romagnoli con importanti opere di Morandi, De Chirico, Sutherland e De Pisis. Per gli acquisti la disponibilità è di circa 200 milioni all'anno, importo considerato modesto e, come per gran parte dei musei d'arte contemporanea italiani, fortemente penalizzante rispetto ad altri musei internazionali che, acquistando numerose opere di artisti, possono realizzare nel tempo grandi occasioni.

Alcuni musei d'arte contemporanea incrementano la loro collezione permanente attraverso depositi di opere di vari artisti presso le proprie strutture. Tale modalità viene poco utilizzata dall'attuale direzione del museo secondo la quale il deposito è rischioso e tutto sommato oneroso; infatti inflaziona il valore delle opere e dovrebbe quindi essere utilizzato per completare le collezioni, non come succedaneo alle acquisizioni.

In presenza dei vincoli istituzionali che si oppongono all'alienazione delle collezioni nel caso dei musei pubblici, in GAM si è pensato di rilocalizzare alcune opere della collezione storica presso altre strutture museali civiche: a tutt'oggi però tali progetti non sono stati realizzati[1]. A sottolineare l'importanza e il ruolo specifico della collezione permanente, una delle scelte di fondo della nuova gestione è stata quella di un'apertura continuativa della Galleria, mentre in precedenza questa veniva aperta solo in concomitanza con esposizioni temporanee. In linea con questa scelta e riconoscendo il ruolo di stimolo che la collezione può avere nei confronti delle mostre temporanee, il 15 luglio 1998 è stata inaugurata la mostra *Le nuove acquisizioni* con l'intento di "evidenziare il percorso seguito in questi ultimi tre anni dal museo, ispirato dall'idea guida di presentare le ricerche artistiche più significative e autentiche della contemporaneità" (GAM, 1998, *home page: http://www.galleriadartemoderna.bo.it)*.

La promozione dell'arte giovanile. A partire dal 1997 in GAM è stato inaugurato uno spazio *ad hoc*, "Spazio Aperto", finalizzato a promuovere i giovani artisti. Nel corso degli ultimi due anni sono state tenute numerose mostre (tabella 4.1). Come avviene per altri musei d'arte contemporanea, il pubblico degli artisti rappresenta un elemento importante del pubblico del museo. Rispetto ai giovani artisti, infatti, la possibilità di esporre le proprie opere in una struttura adeguata rappresenta un'importante opportunità. Al tempo stesso, per il museo si prospetta la possibilità di intervenire attivamente nell'individuazione e nella formazione del prestigio di giovani artisti. Nel mercato dell'arte contemporanea infatti, caratterizzato da un eccesso di offerta e da elevate asimmetrie informative, la reputazione e il prezzo delle opere scaturisce dall'interazione tra artisti, galleristi, collezionisti, case d'asta, critici, media e musei (Lazzaro, Mossetto, 1997).

Le linee guida del Consiglio di Amministrazione hanno portato a investire sull'arte giovanile, con l'intento di svolgere un ruolo di rilievo nel processo di formazione di nuovi talenti artistici.

1. Il *deacessioning*, ovvero la cessione di opere appartenenti alla collezione permanente, è una pratica che sul piano logico potrebbe integrarne la gestione, ma rispetto a essa la posizione degli operatori culturali in generale è controversa (Miller, 1991). C'è chi vede nella cessione di opere, considerate duplicazioni o comunque incoerenti rispetto alle caratteristiche della collezione, la possibilità di liberare risorse utili (al limite anche solo gli spazi) per migliorare la qualità delle opere possedute o la loro esposizione; e chi invece sostiene l'inalienabilità del patrimonio museale.

b. L'attività scientifica

Per quanto riguarda l'attività di conservazione, intesa come deposito e restauro delle opere, è possibile affermare che soprattutto per le opere successive agli anni cinquanta si pongono problemi nuovi e per molti versi irrisolti. Con l'impiego di materiali d'uso quotidiano (quali la plastica, gli alimenti, il cartone, ecc.) e l'elevato livello di sperimentazione che hanno caratterizzato gli ultimi decenni, i metodi tradizionali di restauro e di mantenimento delle opere spesso risultano inefficaci. Ad esempio, per alcune opere di Burri, la conservazione dovrebbe realizzarsi al buio, e quindi in condizioni in gran parte in contrasto con le esigenze espositive di un museo. Il deposito avviene nei locali della GAM a ciò destinati, mentre tutta l'attività di restauro, sia per le opere tradizionali che per quelle più sperimentali, viene per lo più affidata all'esterno sotto la supervisione dei curatori. Vista la scarsa disponibilità di restauratori d'arte contemporanea in Italia, in netto contrasto con quanto avviene per l'arte antica, è stata avviata una collaborazione con il Laboratorio di restauro dell'Università di Ferrara. Gli studenti, con la supervisione dei loro docenti, si impegnano in attività di restauro su opere della Galleria, di volta in volta indicate dai curatori. L'esperienza, valutata positivamente, sottolinea la criticità di tale attività e d'altro canto un pericoloso limite all'affermazione dell'arte contemporanea in Italia.

L'attività di ricerca si sostanzia innanzitutto nello studio sistematico e trova applicazione ricorrente nella predisposizione dei cataloghi delle mostre organizzate e nella redazione di saggi critici sulle opere dei diversi artisti che espongono in GAM; non lo stesso può dirsi dell'attività di catalogazione, la cui realizzazione è recente e solo allo stadio iniziale. Nell'intenzione dell'attuale direzione, l'attività di catalogazione, oltre ad assicurare una completa registrazione delle opere possedute da GAM, dovrebbe fare del museo un punto di riferimento internazionale per l'acquisizione di documentazione su alcuni artisti italiani. A tal fine sono già state strette collaborazioni per artisti quali Guidi, Music, Paladino e Zorio.

L'esperienza, già realizzata dagli altri due musei d'arte contemporanea italiani, il Pecci di Prato e il Rivoli di Torino, appare in sintonia con le linee strategiche più sopra evidenziate, e in particolare con l'obiettivo di far diventare la Galleria uno dei riferimenti italiani di arte contemporanea nel mondo.

Appare chiaro che, oltre al pubblico dei visitatori, l'attività di ricerca si rivolge al pubblico eterogeneo degli "esperti": critici d'arte, galleristi, altre istituzioni museali (con le quali è attivo un interscambio dei cataloghi delle mostre) e degli studiosi d'arte che a volte possono trovare in tale attività più interesse che per l'attività espositiva del museo (GAM dispone di una biblioteca aperta al pubblico).

c. ***L'attività didattica***

Numerose indagini svolte a livello internazionale hanno mostrato una forte correlazione tra grado di istruzione dei visitatori e fruizione delle istituzioni museali (per tutti cfr. Lumley, 1989). Se la relazione appare rilevante a fronte di musei d'arte antica o moderna, può apparire ancor più significativa in tema di musei d'arte contemporanea, per loro natura rivolti a un pubblico molto limitato dimensionalmente e fortemente connotato dal punto di vista del grado di istruzione (van Mensch, 1993). La natura delle opere esposte in questi ultimi tende a ridurne la fruizione in assenza di un adeguato livello di conoscenza preliminare. Non stupisce quindi che proprio i musei d'arte contemporanea si siano impegnati a fornire attività educativa, soprattutto in un paese come l'Italia dove nessuna scuola, se non gli istituti specialistici, fornisce nozioni di base in proposito. Dopo un primo periodo di prova a partire dal marzo 1997, in occasione della mostra *Arte Italiana. Ultimi quarant'anni. Materiali anomali*, dal settembre del 1997 la Sezione Didattica della GAM organizza e promuove regolarmente, e in forma stabile, iniziative legate alle mostre temporanee e alla collezione. Così come avviene al Museo Pecci, che ha rappresentato un precedente cui la GAM si è ispirata, e dove tuttora si seguono le idee guida del primo coordinatore dell'attività didattica del Museo, l'artista Bruno Munari, "la metodologia prescelta esclude un apprendimento nozionistico e passivo per incentivare un rapporto creativo con l'universo artistico, attraverso la sollecitazione suscitata dalle opere esposte nelle mostre e nelle collezioni permanenti" (GAM, 1998, *home page*).

Le iniziative comprendono visite e laboratori sulla collezione permanente e laboratori sulle mostre temporanee destinate alle scuole, dalle materne alle medie superiori.

Per le famiglie è stato poi organizzata un'iniziativa dal titolo

"Domenica in Galleria" che prevede ogni ultima domenica del mese, da gennaio a maggio, una visita alla collezione permanente seguita da una serie di attività di laboratorio o di giochi.

Oltre all'attività didattica strutturata nei confronti delle scuole, sono previsti percorsi didattici per insegnanti (corsi di formazione e di aggiornamento), e sono in corso di definizione convenzioni con la Facoltà di Scienze della Formazione dell'Università di Bologna e con l'Accademia di Belle Arti di Bologna per permettere agli studenti di svolgere un periodo di tirocinio presso la GAM. Appare chiaro, quindi, che il pubblico a cui l'attività educativa viene rivolta non si limita all'insieme dei visitatori attuali o potenziali, ma si estende al pubblico degli "esperti", in questo caso potenziali, di arte e di educazione.

Sono infine previste visite guidate e, a partire dall'autunno 1998, delle visite animate (con percorsi a carattere ludico) la cui erogazione avviene in modo personalizzato a seconda delle esigenze dei visitatori interessati.

Alla fine di maggio 1998 è stata inaugurata una mostra dal titolo *Metti l'opera tra virgolette* in cui sono stati esposti lavori prodotti dagli allievi e dagli studenti partecipanti ai laboratori e ai corsi a diretto confronto con le opere degli artisti a cui si sono ispirati.

d. ***Le attività di supporto***

Rientra in questa tipologia un insieme eterogeneo di servizi commerciali destinati al pubblico: caffetteria, negozio interno di libri d'arte, sala incontri. Tali servizi si sono resi disponibili solo con la nuova direzione, dopo che una serie di ristrutturazioni ha reso accessibili spazi sufficienti a contenere servizi utili per l'accoglienza del pubblico. La predisposizione di queste attività di supporto da un punto di vista della domanda ovviamente incrementa il livello di servizio offerto al cliente-visitatore; dal punto di vista dell'offerta si tratta di servizi che sono stati esternalizzati (per questo motivo verranno esaminati più avanti, quando si parlerà di relazioni con altre organizzazioni). Tali servizi vengono pubblicizzati nella *home page* della GAM, dove è possibile, ad esempio, conoscere la natura e il prezzo dei volumi d'arte disponibili presso il punto di vendita interno. I recenti interventi hanno senza dubbio migliorato la fruibilità del museo da parte dei visitatori, che precedentemente, vista la localizzazione decentrata del Museo, non potevano ad esempio contare su alcun tipo di ristorazione.

4.3 Le risorse della Galleria: sviluppo interno e collaborazione

4.3.1 Gli spazi e le strutture fisiche

Dal 1989, dopo il recupero dei locali di Villa della Rose, la Galleria d'Arte Moderna di Bologna dispone di due spazi espositivi che vengono spesso utilizzati in contemporanea per mostre parallele. La *home page* della Galleria, a conferma dell'autonomia del "Museo Morandi", non nomina quest'ultimo tra gli spazi a disposizione. La GAM dispone oggi di 2700 mq di spazi espositivi e di 700 mq di depositi.

La Galleria, nata in gran parte incompleta sotto il profilo strutturale, affronta sotto l'attuale direzione una serie di trasformazioni finalizzate a migliorarne la fruizione da parte del pubblico, ad esempio alcuni interventi sugli spazi espositivi e sulle strutture di accoglienza, l'apertura di un nuovo ingresso per il pubblico che sostituisce il precedente ingresso misto per la GAM e il vicino teatro Europalladium, il bar e il negozio); è stata completata la messa a norma della segnaletica e dell'illuminazione secondo gli standard europei; si sono studiati nuovi percorsi all'interno dello spazio per la collezione permanente e delle mostre temporanee, oltre a ricavare un piccolo spazio a piano terra destinato ad accogliere le mostre sperimentali del nuovo Spazio Giovani. La Galleria è stata inoltre dotata di una sala conferenze e di una biblioteca e dei laboratori didattici.

Altri interventi hanno mirato a garantire lo svolgimento delle attività di conservazione e di ricerca: ad esempio si è proceduto a riorganizzare, a volte ristrutturandoli, i depositi e gli uffici; negli ultimi tempi è stato installato un sofisticato sistema di allarme che ha collocato GAM negli standard europei di sicurezza, accettati dalle grandi compagnie di assicurazione internazionali (pur non riuscendo a impedire il furto di un'opera nel 1997).

Nonostante le opere di riorganizzazione, è opinione del direttore che gli spazi siano in gran parte sottodimensionati, soprattutto per quanto riguarda i depositi e gli spazi destinati alla mostra permanente. D'altronde in questo periodo si sta negoziando per acquisire nuovi spazi in aree urbane che saranno oggetto nei prossimi anni di opere di recupero. Va rilevato in proposito, che la localizzazione principale della Galleria viene spesso indicata come inappropriata perché troppo decentrata rispetto alle aree a maggiore affluenza turistica. L'idea che una rilocalizzazione della GAM potrebbe migliorare i risultati in termini di visitatori, trova parziale rinforzo nei dati presentati nella tabella 4.5 dove l'elevata affluenza registrata negli anni 1995 e 1996 in localizzazioni diverse da quelle consuete riguarda sedi del centro storico. D'altro canto è anche stato sottolineato che una diversa localizzazione della GAM, ad esempio nel centro storico, potrebbe rendere più difficili alcune operazioni di carattere logistico, quali il carico e lo scarico delle opere che essendo in genere molto voluminose, richiedono mezzi di trasporto di grandi dimensioni.

4.3.2 Le risorse umane e l'organizzazione

La *figura 4.1* mostra la struttura organizzativa della GAM al dicembre 1997. In linea con quanto avviene negli altri musei civici, i dipendenti del museo sono dipendenti del Comune di Bologna. Nell'unità Biblioteca/ausiliari troviamo il numero prevalente di dipendenti in gran parte uscieri e centralinisti addetti ai servizi generali della Galleria (6 su 13 dipendenti complessivi). Il resto dell'organizzazione è rappresentato da personale assunto con contratto di prestazione coordinata e continuativa o con contratti a termine.

FIGURA 4.1 **LA STRUTTURA ORGANIZZATIVA (DICEMBRE 1997)**

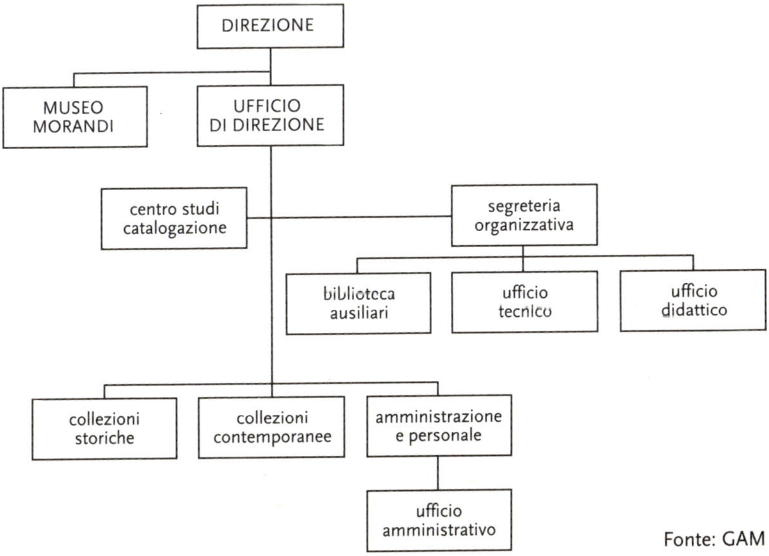

Fonte: GAM

Con l'avvento della nuova direzione, GAM ha acquisito quattro nuovi dipendenti e cinque persone a contratto, a sostegno dell'implementazione della riforma istituzionale avviata nel 1995. Un'unità che ha beneficiato della nuova situazione è l'ufficio amministrativo che oggi può contare su due nuovi addetti, oltre alla responsabile della struttura. Queste nuove risorse hanno sanato una situazione di sostanziale ristrettezza che aveva caratterizzato GAM dopo la costituzione del Museo Morandi, che si era risolta nella sottrazione di alcune risorse umane dell'area amministrativa. Al tempo stesso nuove risorse sono state destinate a sostenere innovazioni organizzative coerenti con le dichiarate priorità strategiche del museo.

Al di là del dimensionamento quantitativo, la qualità delle risorse è elemento centrale, soprattutto ai livelli di vertice: e in questo senso vanno esaminate le innovazioni degli anni recenti.

a. ***La direzione***

La candidatura dell'attuale direttore venne caldamente appoggiata dal Presidente di GAM proprio per l'esperienza che questi aveva accumulato nella creazione della Galleria d'Arte Contemporanea di Trento. L'esperienza non si limitava alla capacità di gestione, ma si estendeva alla possibilità di accedere a una fitta rete di relazioni che il neo direttore poteva trasferire in GAM. Nei ricordi dello stesso direttore riguardo alla sua passata esperienza di Trento: "All'inizio ho sviluppato contatti con i galleristi e con una decina di artisti italiani conosciuti a livello internazionale. Attraverso questi primi contatti è stato facile avviare nel tempo rapporti con i direttori di 20-30 musei internazionali" (intervista con D. Eccher).

I contatti personali con gli artisti, i galleristi e i direttori di altri musei (i due ultimi sono parte di quello che abbiamo definito pubblico degli "esperti"), hanno consentito di sviluppare le relazioni con altre strutture museali (utili per ottenere in prestito le opere da inserire nelle mostre temporanee, per condividere gli oneri relativi all'organizzazione di nuove mostre e per ridurre, attraverso lo scambio di informazioni, l'incertezza che caratterizza il mercato delle opere d'arte contemporanea), con gli artisti (da attrarre nell'organizzazione delle mostre) e con le gallerie d'arte. Ad esempio, la mostra di Gilbert&George, reduci dall'esposizione al Museo Guggenheim di New York, si è potuta realizzare rapidamente perché esistevano rapporti precedenti tra il direttore e gli artisti.

Lo stesso vale per la possibilità che oggi la GAM ha di avere a prestito opere da Gallerie e Musei, in massima parte diverse da quelle con le quali si erano sviluppate relazioni durante la precedente direzione. Questa osservazione solleva una seconda considerazione circa il ruolo della direzione in un'organizzazione museale: si può sostenere l'ipotesi che la direzione eserciti una grande influenza rispetto alla gamma di organizzazioni con le quali si intrattengono rapporti. D'altro canto è anche vero che differenti direttori possono avere, soprattutto se ci si muove nell'ambito dell'arte contemporanea, gusti assai diversi con riferimento alla natura delle opere e agli artisti. Nella triangolazione tra opere (o artisti), musei (e gallerie) e direttori, è possibile pensare che i primi due elementi siano tra loro correlati e che ogni cambiamento nella direzione di un museo possa modificare in modo anche sostanziale la tipologia delle opere in mostra, parallelamente ai musei con i quali relazionarsi nello scambio delle stesse.

L'attuale direttore è consapevole del ruolo che le proprie relazioni personali possono avere per il museo e per i rapporti che questo può sviluppare con le altre organizzazioni simili (musei e gallerie), artisti e critici. La consapevolezza è anche dettata dall'osservazione di quanto è avvenuto in altri musei d'arte contemporanea italiani, come il Rivoli e il Pecci, dove la reputazione che tale organizzazioni hanno raggiunto sembra più influenzata dal prestigio internazionale dei direttori che li hanno gestiti, che dal valore delle collezioni a disposizione[2].

In GAM il direttore tiene personalmente i rapporti con altri direttori, galleristi, artisti e critici d'arte. Le occasioni sono assai diverse e vanno dall'organizzazione di una nuova mostra, allo scambio di opere, agli incontri formali in occasione di convegni, allo scambio di visite in occasione di nuove mostre, alla partecipazione ai comitati scientifici delle varie organizzazioni museali. A tale proposito si rileva che, dietro suggerimento del direttore, il comitato scientifico della GAM, che lo assiste per le acquisizioni (acquisti e donazioni) e la definizione dell'attività espositiva, vanta tra i suoi membri i direttori di alcuni dei più importanti musei

2. Il Museo d'Arte Contemporanea del Castello di Rivoli dal 1984 al 1990 ha potuto contare sulla direzione artistica di un prestigioso Rudi Fuchs. Per quanto riguarda il Museo Pecci di Prato, che ha goduto fin dalla sua apertura nel 1988 della direzione di un altro importante esperto di fama internazionale, la collezione permanente è stata inaugurata il 26 giugno 1998, dopo ben 10 anni dalla nascita del museo.

europei (Stedelijk Museum di Amsterdam, Kunstmuseums di Bonn, Louisiana Museum of Modern Art di Humblebaek e Galleria d'Arte Moderna di Torino).

Un altro tratto caratteristico dell'attuale direzione è l'enfasi sulla comunicazione che, oltre all'impiego di mezzi tradizionali (pubblicità e pubbliche relazioni) e non (la creazione di una curata *home page* su Internet, ora anche in lingua inglese), prevede un intervento significativo e sistematico del direttore in manifestazioni, dibattiti e interazioni con istituzioni italiane ed estere. Rileviamo che tale attenzione appare in linea con le priorità strategiche di prestigio che caratterizzano l'attuale gestione.

b. ***I curatori***

La GAM può contare su due curatori (oltre al curatore cui è affidato il Museo Morandi): uno responsabile per la collezione d'arte moderna (opere fino al 1940) e uno responsabile per la collezione d'arte contemporanea. Entrambi sono dipendenti comunali e operano in GAM già dai tempi della precedente direzione.

Con la nuova direzione hanno visto affiancare alla tradizionale attività di curatori (ricerca, conservazione della collezione, collaborazione nella progettazione dell'attività espositiva e gestione dei prestiti e sviluppo di cataloghi), la supervisione nella realizzazione dei progetti relativi ad attività che hanno assunto un'importanza critica: la catalogazione del materiale della Galleria e la realizzazione dei Laboratori didattici (quest'ultima fino al gennaio 1998, quando si è trasferita dal Museo Morandi l'attuale coordinatrice dell'attività) per il primo curatore e la promozione dell'arte giovanile per il secondo. In aggiunta, si è incrementato il margine di autonomia nella predisposizione di specifiche iniziative espositive sulla base di un processo di delega da parte del direttore.

Entrambi i curatori sono poi coinvolti nell'ufficio di direzione (assieme alla responsabile amministrativa e al direttore) che ogni 20-30 giorni si riunisce per affrontare i diversi problemi relativi alle collezioni e alla gestione del Museo.

I curatori tengono corsi universitari e partecipano ai comitati scientifici di importanti manifestazioni artistiche.

*c. **Le innovazioni organizzative***

Con l'avvio dell'attuale direzione, sono state apportate alcune modifiche all'assetto organizzativo della GAM: la più significativa riguarda la creazione di una segreteria organizzativa che cura l'implementazione delle decisioni prese dall'ufficio di direzione, composto dai curatori e dalla responsabile amministrativa, liberando i curatori da compiti operativi di cui in precedenza erano chiamati a occuparsi. La segreteria organizzativa cura una serie articolata di attività che sono connesse alla programmazione e alla gestione di mostre: l'attività di trasporto, di assicurazione, di allestimento e di interfaccia operativa rispetto agli artisti.

L'unità si fonda per lo più su rapporti di collaborazione professionale. L'unica segretaria di ruolo è stata assunta nel marzo del 1997, ma opera in GAM dal 1989, dove entrò dopo un corso post-laurea. Il sistema di assunzione in vigore ha consentito di assumerla come dipendente comunale di VI livello, qualifica che in gran parte sottovaluta la sua formazione (laurea e corso di specializzazione in storia dell'arte) ed esperienza (compresa la conoscenza di due lingue). Le altre componenti dell'unità sono assunte con contratti di collaborazione coordinata. La loro formazione passata è di tipo universitario, non necessariamente di tipo letterario o artistico. La qualità e quantità delle mostre che sono state organizzate internamente negli ultimi due anni ha messo i membri dell'unità nelle condizioni di acquisire una elevata professionalità nello svolgimento delle attività descritte e nella gestione delle relazioni che a esse si accompagnano.

Sul piano dell'organizzazione del lavoro, nell'unità si è preferito non seguire una divisione del lavoro che favorisca la specializzazione su singole attività, come spesso avviene nei musei tedeschi; al contrario è stato privilegiato un assetto capace di stimolare nel personale – già motivato professionalmente – lo sviluppo di competenze allargate, rendendolo sostanzialmente intercambiabile per quanto riguarda l'implementazione delle mostre.

Un'altra importante innovazione organizzativa, a sostegno dello sviluppo di un'attività ritenuta strategica, quale quella didattica, è la creazione di un ufficio didattico. Si tratta di un'unità organizzativa coordinata da una dipendente della GAM che cura l'organizzazione dell'attività. La responsabilità scientifica è affidata a un docente universitario di pedagogia e a un'insegnante di pedagogia dell'arte dell'Accademia di Belle Arti di Bologna, mentre lo svolgimento dell'attività è affidata anche ad altre tre ragazze, tutte diplomate all'Accademia e specializzate in pedagogia. Tutto il personale esterno è impegnato tramite contratti a termine o contratti di collaborazione coordinata e continuativa, i cui compensi sono coperti grazie al contributo di un'impresa, ART'E' Società internazionale di Arte e Cultura S.P.A.

La nuova direzione ha inoltre promosso la costituzione di un Centro Studi per l'Arte Contemporanea che deve dedicarsi all'attività di catalogazione, e divenire centro di documentazione privilegiato su alcuni artisti. L'unità è coordinata da un contrattista finanziato dalla Regione Emilia-Romagna, ma in prospettiva si vorrebbe potere contare su due nuovi dipendenti della Galleria. L'innovazione organizzativa sancisce la volontà strategica, più sopra evidenziata, di fare di GAM un punto di riferimento internazionale su maestri italiani.

d. ***I limiti dell'attuale assetto organizzativo***

Se rispetto ad alcune attività è stato possibile in un breve lasso temporale attivare dei cambiamenti significativi negli assetti organizzativi e nelle risorse umane coinvolte, per altre attività il processo appare più difficoltoso.

Il caso più emblematico riguarda il cosiddetto ufficio tecnico e quindi l'unità che si occupa della manutenzione ordinaria degli uffici e collabora all'allestimento tecnico e alla manutenzione delle mostre. Con il pensionamento dell'ultimo dipendente, l'ufficio appare del tutto inadeguato, e attualmente si fa fronte agli impegni con un giovane contrattista. La capacità di controllare l'attività delle società di allestimento utilizzate è, secondo il direttore, cruciale per la sicurezza dei materiali esposti e per la riuscita dell'attività degli allestitori. In linea con quanto avviene in altre istituzioni museali d'arte contemporanea, si ritiene che l'attività tecnica (di manutenzione e di allestimento) non possa essere esternalizzata completamente, proprio per la sua criticità e che si debbano esercitare forti pressioni affinché si possano acquisire stabilmente dei tecnici specializzati. In ogni museo d'arte contemporanea, infatti, le opere esposte non solo richiedono una particolare cura nelle attività di carico/scarico, carico e nella conservazione, ma richiedono spesso di essere assemblate o realizzate in loco. Manutenzione e allestimento coinvolgono quindi problemi tecnici e giuridico-legali di ogni tipo. La crucialità di tali attività per la Galleria e la constatazione che è proprio nei musei d'arte contemporanea che si realizzano più mostre, accumulando preziosa esperienza tecnica, hanno portato l'attuale direzione a sollecitare l'Assessorato alla cultura affinché venga istituito presso la GAM un ufficio tecnico strutturato in modo da potere offrire i propri servizi a tutti i musei civici. Per il momento l'iniziativa non si è realizzata.

Più in generale comunque, nonostante l'autonomia della forma-istituzione, il vero problema organizzativo in GAM è la mancanza di libertà nella gestione del personale, dalle decisioni relative al reclutamento, alle modalità di selezione, ecc. A tale situazione si può a malapena supplire con forme contrattuali particolari, che non rappresentano comunque la soluzione ideale che si adotterebbe in presenza di totale ed effettiva autonomia: come afferma il direttore, "...l'attuale sistema di assunzioni consente margini ridotti di selezione delle risorse umane più adatte. Con tutti i limiti dei contratti a tempo determinato e di collaborazione coordinata, queste modalità consentono un migliore controllo del processo di selezione".

4.3.3 L'accesso alle risorse esterne

La letteratura sulle fonti di vantaggio competitivo delle organizzazioni ha più di recente enfatizzato il ruolo che risorse considerate esterne possono giuocare se la singola organizzazione è capace di costruire anche su di esse la propria strategia (Dyer, 1996). Ecco allora che diventa cruciale creare e gestire accordi e collaborazioni numerose e sistematiche con particolari organizzazioni dotate di risorse e competenze ritenute strategicamente utili (Hansen, Hoskisson, Lorenzoni, Ring, 1997, Boschetti, Marzocchi, 1997). La criticità delle relazioni interorganizzative è stata rilevata nelle attività artistiche in generale (Scheff, Kotler, 1996) e suggerisce un esame attento di quanto avviene in GAM, rispetto alla quale analizziamo i rapporti con diverse tipologie di organizzazioni.

a. I rapporti con le organizzazioni museali

È difficile potere pensare a un museo d'arte, e soprattutto a un museo d'arte moderna e contemporanea, che operi con successo senza intrattenere rapporti con altre organizzazioni museali. Rileviamo innanzi tutto che si tratta di rapporti non puramente riconducibili a transazioni di mercato. Si prenda ad esempio la richiesta di prestito di un'opera: difficilmente il prestito potrà essere ottenuto in assenza di reputazione adeguata della struttura ricevente e di rapporti di fiducia tra le due organizzazioni o addirittura di precedenti scambi di opere tra di essi. La letteratura economica classifica queste relazioni come accordi o alleanze *con imprese concorrenti*, relazioni queste ultime non necessariamente adottate da tutte le organizzazioni in ogni settore. Nei musei d'arte in generale, ma soprattutto nei musei d'arte moderna e contemporanea le alleanze con le altre organizzazioni museali sono strutturali. Queste ultime sono parte integrante del sistema del valore del museo, cioè del sistema di organizzazioni che scambiandosi risorse contribuiscono a una sua affermazione. Anche musei estremamente ricchi sotto il profilo delle collezioni e delle risorse, ma giovani o comunque poco conosciuti, prestano le proprie opere ad altri musei prestigiosi, ad esempio, per potere assicurarsi il futuro accesso alle loro opere da esporre in occasione delle mostre.[3]

Le motivazioni delle alleanze che in generale spaziano dalla ricerca di sinergie alla riduzione del rischio, alla ricerca di legittimazione e di potere, al miglioramento dell'efficienza (Oliver, 1990), si possono rintracciare anche nel caso GAM.

In primo lo sviluppo di collaborazioni con otto grandi musei europei ha consentito al Museo di acquisire le opere da collocare all'interno delle mostre temporanee (conseguendo sinergie) e, contemporaneamente, di affermare una propria reputazione di organizzazione affidabile e capace di operare secondo standard internazionali (acquisendo legittimazione).

Un'altra motivazione che rileviamo riguarda la possibilità, attraverso collaborazioni con altri musei, di ridurre l'incertezza che caratterizza il mondo dell'arte contemporanea. Il consiglio di esperti, formato dai direttori di altri musei, può ridurre i rischi di errate valutazioni e stime e l'interazione tra essi favorisce la formazione di pareri allineati. La presenza di direttori di altri musei nei comitati scientifici è una prassi diffusa nel settore e la ritroviamo riproposta nel comitato scientifico di GAM.

3. È il caso del Miho Museum che, costato il doppio del Guggenheim di Bilbao, dotato di una ricchissima collezione e di recente inaugurato nelle vicinanze di Kyoto, ancor prima della sua apertura ha prestato parte della sua collezione al Metropolitan Museum of Art e al Los Angeles County Museum (Lutfy,1997).

Rileviamo inoltre che la collaborazione con altri importanti musei internazionali può avere un effetto sulle relazioni di potere che il museo instaura nel proprio ambiente istituzionale, soprattutto nei confronti del pubblico dei "patron", rispetto ai quali può agevolare la negoziazione riguardo a risorse umane e finanziarie.

L'organizzazione di mostre concertate tra più organizzazioni museali può consentire la condivisione di alcuni costi (di organizzazione, di prestito e di assicurazione delle opere) prevedendo la replica delle mostre presso i diversi musei coinvolti nella collaborazione.

In tal caso si può prefigurare un'ulteriore motivazione delle alleanze, la ricerca di efficienza. È opinione della direzione di GAM, che ha sperimentato simili collaborazioni, che queste si giustifichino soprattutto per la possibilità di acquisire prestigio e visibilità superiori.

*b. **I rapporti con i critici, gli artisti e le altre organizzazioni***

Le collaborazioni non sono limitate alle sole organizzazioni museali, ma coinvolgono una gamma di individui e organizzazioni che rientrano o meno nel sistema del valore tipico delle organizzazioni museali d'arte.

Una significativa tipologia di attori con i quali si intrattengono relazioni è rappresentata dagli artisti italiani e stranieri. Questi appartengono a pieno titolo al sistema del valore di una istituzione museale d'arte moderna e contemporanea perché forniscono direttamente le opere da esporre, ovvero intervengono nell'organizzazione delle mostre che li vedono protagonisti. In tali condizioni, la relazione che si sviluppa tra artisti e musei appare ricca di interrelazioni: le condizioni di successo degli autori contemporanei appaiono determinate dalle relazioni intrattenute con musei e gallerie d'arte commerciali, ma al tempo stesso i musei possono trarre beneficio da un anticipato riconoscimento degli artisti e dalle relazioni che sono state in grado di sviluppare con essi.

Come emerge nella *tabella 4.3* che mostra le relazioni formali tra artisti e GAM in occasione delle mostre organizzate, l'attuale gestione, in linea con quanto avviene in altri musei d'arte moderna e contemporanea, investe significativamente su questa tipologia di relazioni.

TABELLA 4.3 **RELAZIONI INTERORGANIZZATIVE**

	artisti italiani	artisti stranieri	musei italiani	musei stranieri	critici italiani	critici stranieri
1994	39	42	10	5	38	15
1995	27	37	12	41	30	24
1996	105	77	14	18	44	31
1997	74	4	19	21	63	7

Fonte: GAM

Non possono essere ignorate le relazioni con i critici d'arte che, pur essendo attori esterni al sistema del valore dei musei, possono, con il loro intervento, contribuire al successo di un'organizzazione museale, influenzandone la reputazione. Nel caso specifico la collaborazione trova espressione in saggi scritti per i cataloghi promossi dalla Galleria in occasione di mostre: l'attuale gestione pare avere sviluppato un numero superiore di tali collaborazioni, coerentemente alla priorità espressa di volere influenzare positivamente la reputazione della Galleria (*tabella 4.4*).

Con le innovazioni normative che hanno interessato il settore in Italia negli ultimi anni, un numero crescente di musei si è dotato di strutture di accoglienza del pubblico in grado di svolgere una serie di servizi accessori. Anche in GAM è stata seguita questa strada, optando per un'esternalizzazione di tali attività, attraverso collaborazioni con organizzazioni esterne. Per il bar è stato formalizzato un accordo con Camst, che ha valutato positivamente la ricaduta d'immagine che avrebbe potuto ottenere dalla collaborazione e che si è impegnata ad assecondare le esigenze stilistiche di una localizzazione presso un museo d'arte moderna e contemporanea. Per il negozio interno di libri d'arte e oggetti affini si è inizialmente optato per lo sviluppo di collaborazioni con diverse case editrici, affidandone la gestione alla Casa editrice che cura il catalogo relativo alla mostra in corso. Se nel caso precedente la motivazione è prevalentemente la ricerca di sinergie, in questo secondo caso sembra prevalere la volontà di ridurre l'incertezza: grazie alle collaborazioni, GAM non ha cataloghi da acquistare e da conservare e non sostiene pertanto alcun rischio sulla mancata vendita. Dal febbraio 1998 le diverse collaborazioni vengono sostituite da un accordo con un'unica agenzia esterna che gestisce il bookshop, assicurando continuità e coerenza nell'assortimento, pur consentendo a GAM di ridurre l'incertezza connessa all'attività.

Un'ulteriore collaborazione è in corso con l'Istituto dei Beni Culturali della Regione Emilia-Romagna per la catalogazione in rete della collezione della GAM. La collaborazione si inquadra in un progetto di catalogazione del patrimonio artistico promosso a livello nazionale e prevede per GAM la possibilità di avvalersi dell'opera di personale formato (un contrattista finanziato dalla Regione) da impiegare per la catalogazione di tutte le opere possedute (sia per integrarsi con il sistema nazionale che per mettere a punto un più approfondito sistema interno di catalogazione) e un finanziamento di 195 milioni. L'accordo consente l'accesso a risorse scarse (risorse umane dotate dell'adeguata professionalità e denaro) collocandosi per motivazione nella ricerca di sinergie.

Sempre fondamentalmente motivata dalla ricerca di sinergie, troviamo un'altra collaborazione con la Regione Emilia-Romagna che prevede l'erogazione a GAM di un finanziamento di 35 milioni nell'ambito del progetto Coordinamento dei Giovani Artisti dell'Emilia-Romagna. Tale collaborazione appare in linea con la volontà della direzione di sostenere e promuovere giovani artisti attraverso lo svolgimento di una sistematica attività espositiva a essi dedicata "Spazio aperto giovani" e la costituzione di un archivio.

Un altro accordo avviato nel corso degli ultimi due anni riguarda l'Ente Fiera, all'interno della quale ogni anno si svolge l'importante manifestazione "Arte Fiera". È proprio in tale occasione che si esprime l'accordo attraverso l'emissione di un biglietto congiunto che dà diritto a visitare entrambe le organizzazioni. L'iniziativa si è risolta per GAM in un numero significativo di visitatori (10.000 nel 1997 e 12.000 nel 1998). Anche in questo caso la collaborazione evidenzia come motivazione la ricerca di sinergie. Osserviamo inoltre che le fiere non appartengono al sistema del valore tipico del settore. Nel caso in esame, la prossimità fisica tra le due strutture e l'iniziativa della direzione della Galleria hanno consentito di sfruttare sinergie inusuali per i musei d'arte in genere, attraendo presso il museo un numero considerevole di visitatori, molti dei quali avrebbero forse potuto rimanere ancora a lungo potenziali.

In gran parte ancora da definirsi sono gli accordi di collaborazione con istituti superiori (Accademia di Belle Arti, Liceo Minghetti, Istituti d'Arte) e università, prevalentemente locali. Si tratta per ora di relazioni non strutturate che riguardano l'attività didattica del museo. Gli accordi previsti riguardano *stage* di studenti presso la GAM. La sola esperienza maturata riguarda l'utilizzo di studenti dell'Accademia nell'erogazione di visite guidate al museo. L'iniziativa, avviata in modo quasi casuale, si è risolta in modo ritenuto soddisfacente da tutte le parti coinvolte. Gli studenti coinvolti hanno trovato assai gratificante l'esperienza, mentre il museo ha potuto impiegare risorse qualificate e motivate, a fronte di risorse sostanzialmente non disponibili perché già troppo assorbite da altre attività connesse alla didattica.

4.4 L'assetto istituzionale

Uno degli elementi interessanti e distintivi sotto cui leggere l'esperienza della GAM di Bologna è quella dell'assetto istituzionale. Infatti, già dal 1995 e probabilmente costituendo il primo esempio nel nostro paese, la Galleria viene gestita sotto forma di "istituzione", ai sensi dell'art. 22 della legge n. 142/1990 sul riordinamento delle autonomie locali. Orbene, se questa possibile soluzione organizzativo-istituzionale ha destato molti interessi nel generale dibattito sulla gestione dei musei nel nostro paese (per tutti cfr. Bobbio, 1993, 1998; Luther, 1995; Cammelli, 1996; Morigi Govi, 1996; Petraroia, Provenzali, 1996; Angioni, 1998; Santagata, 1998; Mottola Molfino, 1998; Petraroia, 1998; Bagdadli 1998), sono carenti i riferimenti ai reali impatti di questa innovazione istituzionale nel concreto, aspetti su cui si focalizza invece ora la nostra analisi.

Gli aspetti salienti dello statuto dell'istituzione (pubblicato anche in Morigi Govi, Mottola Molfino, 1996) sono sintetizzati in tabella 4.4.[4]

Se questo costituisce il contenitore formale della nuova realtà istituzionale sotto cui viene retta la Galleria, vale la pena di tentare di qualificare gli effettivi processi posti in essere, con una prima valutazione di questa innovazione sulla base dell'impatto in termini "procedurali", di funzionamento delle pratiche gestionali.

4. Va ricordato che lo statuto stesso viene per legge definito dal Comune, rappresentando un elemento di eterodirezione che di per sè limita profondamente "in partenza" l'autonomia del singolo museo (in tal senso cfr. Luther, 1997, p. 58).

TABELLA 4.4 **GLI ASPETTI SALIENTI RINTRACCIABILI NELLO STATUTO DELL'ISTITUZIONE**

risorse finanziarie	L'istituzione gode di un bilancio proprio, le cui entrate sono rappresentate dall'incasso per vendita di biglietti e altri servizi, da contributi e lasciti da terzi, e da uno stanziamento annuo del Comune (art. 5). A fronte di questo deve sostenere le spese per il conseguimento dei fini (art.15).
risorse umane	La Galleria utilizza personale comunale appositamente assegnato, "anche assunto... con contratto a tempo determinato di diritto pubblico o di diritto privato", oltre a personale distaccato da altri enti e volontari. Per il personale comunale, stato giuridico e trattamento economico sono quelli stabiliti per i dipendenti del Comune; per gli assunti con contratto di tipo privato vale quanto stabilito nell'apposito contratto (art. 16).
risorse materiali e dotazioni	Per la gestione la Galleria "dispone" delle Collezioni comunali (Ottocento-Novecento e Contemporanee) e della biblioteca e laboratori specializzati in arte contemporanea (art. 3). Dispone inoltre della donazione Morandi nell'ambito però di una "particolare autonomia" riconosciuta alla sezione "Museo Morandi" confluita nell'istituzione.
organi	Sono istituiti il Consiglio di Amministrazione, il Presidente, il Direttore (art. 7), oltre ad un Comitato Scientifico (art. 14). Il Consiglio di Amministrazione è composto da cinque membri e viene nominato dal Sindaco (col quale decadono); ha poteri di indirizzo e adotta gli atti per la predisposizione del bilancio annuale, del conto consuntivo, del piano programma, da sottoporre ad approvazione della Giunta Comunale, oltre alle tariffe (art. 8 e 9). Propone la dotazione organica dell'istituzione, sentito il Direttore (art. 16). Nomina il Comitato Scientifico (art. 14). Il Presidente è nominato dal Sindaco (e può essere revocato contestualmente dal successore), e rappresenta l'istituzione, sovraintendendone il corretto funzionamento (art. 12). Valuta i risultati conseguiti dal Direttore, sentito il Consiglio di Amministrazione, anche ai fini del trattamento economico accessorio (art. 16). Il Direttore è nominato dal Sindaco, sentito il Consiglio di Amministrazione, per un periodo di quattro anni rinnovabile, anche con contratto a tempo determinato di diritto privato. Ha la responsabilità della gestione scientifica e amministrativa, elabora il piano programma, il bilancio preventivo e consuntivo, sottoscrive contratti, mandati e reversali (art. 13). Determina l'orario giornaliero di lavoro, ed eventuali incentivi di produttività (art. 16).
bilancio e gestione finanziaria (art. 17)	L'attività di gestione si avvale di un piano programma, di un bilancio preventivo e di un bilancio consuntivo. Il piano programma viene presentato dal CdA entro il 30 settembre alla Giunta: sulla base degli stanziamenti effettivi nel bilancio comunale, il CdA apporta eventuali modifiche al piano programma e al connesso bilancio di previsione, redatto in termini di competenza e sottoposto a vincolo di pareggio. Il Direttore elabora poi il conto consuntivo della gestione, con una propria relazione sull'attività svolta, che verrà presentato dal CdA in Giunta, previa relazione del Collegio dei revisori dei conti. Infine, non ultimo, l'iter amministrativo viene precisato sotto tre importanti aspetti: - il contributo comunale viene erogato entro il 31 gennaio dell'anno a cui si riferisce; - l'istituzione deve utilizzare la tesoreria unica del Comune; - il CdA può approvare le variazioni di bilancio che si rendono opportune nel corso dell'anno, dandone comunicazione alla Giunta.

Innanzitutto si può notare che la nuova forma istituzionale costringe gli attori a un più sistematico e strutturato processo gestionale, riscontrabile nell'uso abbastanza approfondito dei principali strumenti di programmazione. Al di là degli aspetti formali, gli indirizzi elaborati dal CdA nel 1995 stabiliscono – in modo sintetico ma già preciso nei contorni – le logiche del processo di rilancio della Galleria: analizzati i motivi di crisi e decadenza storicamente emersi, si definiscono alcune linee guida sulle principali, anche con riguardo ad aspetti concreti come ad esempio gli spazi, i programmi, le politiche in termini di didattica, valorizzazione delle collezioni permanenti, testimonianza dei fenomeni artistici contemporanei, ecc., come accennato nei profili di merito nelle pagine precedenti. Sotto il profilo metodologico, queste indicazioni sono ulteriormente dettagliate e "operazionalizzate" all'interno del preventivo 1996-1997, e successivamente anche nel piano triennale 1998-2000: si assiste cioè alla definizione di piani d'azione che trasformano un'iniziale politica culturale del Comune, il rilancio della Galleria, in un vero e proprio progetto strategico-organizzativo, secondo quanto da noi già descritto nelle pagine precedenti. Aspetto che forse non trova ancora perfetta rappresentazione è la traduzione in termini economici di quanto previsto, in modo articolato e dettagliato, in termini puramente logici: in altri termini, alla parte programmatico-descrittiva segue il vero e proprio conto economico, con una struttura non del tutto efficace, senza che a questo si accompagni un commento sugli andamenti e la dinamica economica generata da quel progetto strategico.

Se peraltro il processo di budgeting prevede un conferimento in unica soluzione all'istituzione proprio per isolarla da orientamenti e accadimenti di breve termine della più complessiva Amministrazione comunale, è curioso sottolineare che nel corso del 1997, a fronte dei gravi problemi di bilancio del Comune, l'istituzione si è dovuta uniformare al taglio dei finanziamenti ai vari musei civici rendendo al Comune 90 milioni dello stanziamento già deliberato. Al di là dell'importo, si tratta di un segnale abbastanza preoccupante che non si inquadra coerentemente nel processo di autonomia e responsabilizzazione economica che la forma istituzione persegue.

La nuova forma organizzativa isola la Galleria da non poche delle incombenze di una burocrazia inutile, dando una flessibilità notevole, elemento sempre rivendicato in effetti da molti operatori nel pubblico. Aspetto fondamentale, vero e proprio uovo di Colombo, è qui rappresentato dal fatto che una volta definite dal piano programma le assegnazioni per i vari capitoli di spesa, il direttore può disporre interamente degli importi all'interno di questi totali, e, soprattutto, in caso di necessità e a seconda delle esigenze, il CdA può variare nel corso d'anno gli importi dei vari capitoli di spesa, semplicemente dandone comunicazione alla Giunta.[5]

Certo uno degli elementi centrali è rappresentato dalla figura del direttore, visto il potere attribuitogli dallo statuto. In questo caso la scelta del CdA alla quale il sindaco si è attenuto, è ricaduta su di un esterno all'Amministrazione comunale, sulla base di una logica professionale, con contratto a tempo determinato di tipo privato. Questo richiama alcune importanti osservazioni. Da una parte si può individuare una "costellazione di ruoli" tra presidente del CdA e direttore nella formazione della strategia di questa organizzazione, non già perché nel bene e nel male il primo è responsabile della qualità (e della progettualità) del secondo proprio in quanto ne determina la nomina, ma anche per il diverso orientamento temporale che li caratterizza, con il direttore "a tempo" (quattro anni, pur se rinnovabili). Se per un verso la situazione potrebbe sollevare qualche rischio di orientamento al breve (quanto noto nella letteratura di management come *short-termism*), lascia comunque irrisolto il problema del futuro sviluppo della struttura interna di questa organizzazione: in termini più crudi, sarà questa "condannata" a ricorrere in modo sistematico a un direttore esterno, o potrà maturare competenze e managerialità proprie della struttura interna?[6]

Dove invece la scelta della forma istituzione non ha trovato piena applicazione è nella gestione del personale, che è totalmen-

5. L'esempio tipico è costituito dalla situazione vissuta nel corso dell'organizzazione della mostra di Schnabel, quando i trasportatori di una importante consegna non erano disposti a sdoganare le opere se non dopo l'effettivo incasso: situazione di emergenza che una tipica struttura civica non avrebbe potuto gestire, e che per i poteri del CdA la Galleria ha invece risolto istantaneamente.

6. A questo proposito è interessante comparare la Galleria con l'altra istituzione di Bologna, la Cineteca, il cui attuale direttore era già dirigente comunale, ed è stato comandato per quattro anni alla Cineteca. Ovviamente i costi delle due soluzioni sono decisamente differenti, posto che nel caso della Galleria il direttore ha dovuto licenziarsi dalla precedente posizione di ruolo in un'altra amministrazione pubblica, dovendosi così "assicurare" rispetto a rischi professionali ben maggiori.

te sotto il controllo dell'amministrazione centrale e delle regole in quella sede stabilite (in termini di reclutamento, carriere, mobilità, ecc.). Si tratta di una rigidità di fondo, non aggirabile, che limita – a parere degli attori coinvolti – la potenzialità di questa innovazione istituzionale, consentendo solamente come soluzione di ripiego un uso più flessibile di contratti professionali.

A questo limite intrinseco, ineliminabile, se ne aggiungono altri due per così dire "locali", connessi allo specifico disegno dello statuto dell'Istituzione GAM di Bologna:

- il primo è rappresentato dal potere del sindaco di designare *a un tempo* il CdA, il presidente e il direttore, con rischi di deresponsabilizzazione a cascata (un Consiglio con un direttore "non gradito" si troverebbe in una posizione di estremo imbarazzo). Se poi nei fatti l'individuazione dell'attuale direttore è stata effettuata dal sindaco avallando gli orientamenti del presidente e del CdA, di per sé il dettato dello statuto non copre l'organizzazione da notevoli rischi di politicizzazione, e di subalternità di tutto l'apparato dell'istituzione alla politica;
- il secondo è rappresentato dal mostro organizzativo creato nel rapporto tra Galleria e Museo Morandi, che se in via logica sembrerebbe già di per sé ambiguo (la "particolare autonomia" di cui parla l'art. 3), nella realtà delle cose ha dato luogo a incredibili conflitti, malintesi, perdite di tempo e di immagine, traducendosi spesso in *querelle* finite sulle pagine dei giornali (il tutto, per fortuna, a livello "provinciale").[7] La persistente identità divisa fa sì che permanga una sostanziale impermeabilità tra i due musei, o così è stato fino a tempi assai recenti, tale per cui da un punto di vista sostantivo il vertice dell'istituzione non si ritiene e non è ritenuto responsabile in termini sostanziali di quanto svolto dalla sezione Morandi in una situazione di rifiuto di ogni forma di collaborazione e dialogo (ragione per la quale la nostra indagine si focalizza sulla Galleria in senso stretto). E al di là delle specifiche ragioni, ciò è interessante come esempio del rischio di cui si è appena parlato, ove *lobbies* e gruppi di pressione dell'ambiente politico locale riescono comunque a far valere proprie ragioni: il che è normale, ma

7. Si veda ad esempio la vicenda connessa alla controversa esportazione di alcuni quadri di Morandi nel marzo 1997, che fece riesplodere la questione delle responsabilità e dei rapporti tra Museo Morandi e Galleria (cfr. *Repubblica*, Cronaca di Bologna, 4.4.97, 15.5.97). Si veda anche in merito la successiva circolare del direttore amministrativo del Comune di Bologna, noto come "lodo Medini" (5.5.97).

sottolinea appunto la debolezza della forma istituzione, così com'è stata definita, a isolare l'organizzazione da conflitti locali.

4.5 I risultati

4.5.1 Le performance di domanda

Il processo di rilancio della Galleria negli ultimi tre anni appare innanzitutto dall'andamento dei visitatori. Dopo quattro anni di diminuzione continua (e pur saltando l'eccezionalità del dato del 1990, centenario di Morandi, che aveva visto ben 60.000 presenze) a partire dal 1995 si nota una crescita sostenuta nel numero di visitatori, che nel triennio complessivamente quasi si triplica (da 16.000 a 40.000: si veda la *tabella* 4.5).

Quanto al tipo di biglietto, è interessante osservare che il forte sviluppo degli ingressi è fortemente determinato dall'aumento degli ingressi gratuiti, e comunque si accompagna a una riduzione degli ingressi normali (tariffe e condizioni sono quelli determinate dalla Giunta comunale e valevoli per tutti i musei cittadini, compresa l'Istituzione GAM). Anzi, a questo proposito esiste una diversa interpretazione tra il management della GAM e l'Assessorato circa il significato da attribuire agli ingressi "liberi", che si hanno prevalentemente in sede di inaugurazione delle mostre, e che non danno luogo a biglietto (e per questo difficilmente "misurabili"). Se questi sono ignorati dall'Assessorato per ragioni di omogeneità e "oggettività", la maggiore rilevanza dell'evento-mostra nel caso dell'arte contemporanea giustifica la considerazione anche degli ingressi liberi (senza voler arrivare a dispute di carattere ideologico che talvolta caratterizzano il dibattito: vedi per tutti la realtà inglese: Linklater, 1997).

TABELLA 4.5 **GLI INGRESSI (1993-1997)**

GAM	1993	1994	1995	1996	1997
interi	7.277	6.205	9.706	9.827	5.556
ridotti	2.847	3.060	2.571	7.411	6.465
gratuiti	1.172	1.234	3.481	5.299	15.293
di cui: in sede	11.296	8.177	7.122	13.390	22.784
fuori sede	1.461	2.322	8.636	9.147	4.530
totale 1 GAM	11.296	10.499	15.758	22.537	27.314
liberi	0	5.701	3.698	7.155	13.593
totale 2 GAM	11.296	16.200	19.456	29.692	40.907
Museo Morandi	32.748	35.870	26.126	35.471	30.249
totale generale	**44.044**	**52.070**	**45.582**	**65.163**	**71.156**

Fonte: ns elaborazione su dati Assessorato e GAM

In effetti, un pubblico di 40.000 visitatori (o anche solo di 27.000 qualora non si volessero considerare i liberi) – cui vanno aggiunti i 30.000 del Morandi – per un "mercato" come quello dell'arte contemporanea, ritenuto di dimensioni modeste, appare un risultato positivo (il Guggenheim di Venezia raggiunge i 200.000, con ben altre collezioni e localizzazione, mentre il Pecci raggiunge i 33.000).

Piuttosto, dall'analisi di tabella 4.5 emergono altri due particolari del rapporto tra GAM e Museo Morandi: da una parte non si evidenzia un effetto di "depauperamento" nel parco visitatori (non si ha "cannibalizzazione" tra visitatori della GAM in favore del Morandi), nonostante un effettivo impoverimento delle collezioni della GAM che hanno visto confluire le quattro opere di Morandi nel museo apposito, quanto un impatto positivo, sinergico; dall'altra si evidenzia un'inversione nella dimensione dei visitatori (considerando anche gli ingressi liberi), o comunque una ben differente dinamica che riequilibria una situazione di partenza che presentava la curiosa anomalia di una "casa-madre" più piccola – in termini di visitatori – dell'"affiliata" (inoltre non va dimenticata la profonda differenza tra le due strutture con il Museo Morandi, museo monografico, sostanzialmente dotato di una propria autonoma capacità di attrazione).

Come si nota da tabella 4.1, tra le varie mostre organizzate esiste una profonda differenza in termini di attrazione, con alcune maggiori (*Palagi*, *Schnabel*, *Arte italiana negli ultimi 40 anni*) cui si affiancano altre minori, oltre all'attività di "Spazio Aperto". Nel complesso, il numero di visitatori giornalieri cresce nel periodo (*tabella 4.6*), se pure questo parametro in termini assoluti non sia un indicatore particolarmente significativo per un museo d'arte moderna, basato su attività temporanee, e quindi discontinue.

TABELLA 4.6 **L'ACCESSIBILITÀ AL MUSEO: GIORNI E ORE DI APERTURA (1993-1997)**

	1993	1994	1995	1996	1997
n° gg di apertura museo	267	313	313	313	388
n° gg apertura mostre	n.d.	n.d.	398	403	368
n° ore di apertura museo	1713	2191	2191	2504	2495
n° ore apertura mostre	n.d.	n.d.	2590	2808	2765
visitatori/giorno	**48**	**34**	**50**	**72**	**70**

Fonte: Assessorato

Con riguardo invece all'attività didattica, i primi risultati conseguiti dall'unità didattica nel periodo settembre 1997-giugno 1998, che coincide essenzialmente con il periodo di apertura delle scuole, sembrano incoraggianti. Appare evidente che l'iniziativa di maggior successo, dopo l'inaugurazione della mostra citata (che ha registrato i 1300 visitatori), è quella dei laboratori; all' attività hanno partecipato 37 classi nonostante l'iniziativa possa dirsi estremamente giovane. Va considerato che trattandosi di un museo d'arte moderna e contemporanea, il pubblico deve essere ricercato attivamente, e non risulta naturalmente attratto come può avvenire per un museo a contenuto storico o scientifico. Un confronto con un altro museo analogo che in Italia ha una stabile attività didattica, ma anche un'esperienza decennale, conferma una prima valutazione positiva dell'attività: nel 1995 il museo Pecci , dopo otto anni di esperienza, ha toccato la sua punta massima di presenze con 7800 visitatori, contro le 3650 presenze attuali di GAM, al suo primo anno di attività.

Un obiettivo che l'attuale direzione ha posto per l'attività didattica è il raggiungimento di risultati analoghi riguardo alle visite guidate, che ancora risultano poco sviluppate. A tal fine si sono avviati contatti con organizzazioni turistiche, provveditorati scolastici, associazioni di anziani, ecc.

4.5.2 Altri risultati della gestione

La valutazione dei risultati dell'attuale gestione sotto il solo profilo del numero dei visitatori, per quanto positiva, tende a sottovalutare una gamma allargata di risultati conseguiti rispetto ad attività non esclusivamente legate direttamente al momento della fruizione.

In termini di accessibilità del museo, va segnalato un crescente livello di servizio, collocandolo a livelli paragonabili agli altri musei civici della città, con un numero elevato di giorni di apertura annui, e di monte ore annuo di esposizioni, con una positiva valutazione dell'esperimento attuato di orario continuato (10-18). I risultati confermano l'interesse della nuova gestione a tenere aperta sempre la Galleria (e quindi non solo durante le esposizioni temporanee), nel tentativo di promuovere le collezioni permanenti.

Un altro importante risultato dell'attuale direzione è il considerevole recupero di spazi, precedentemente non utilizzati, a favore dei diversi pubblici della Galleria (*tabella 4.7*). Nuovi locali sono stati ricavati e adibiti sia ad attività di *back-office* (depositi e uffici), che a spazi espositivi (475 mq su un totale di 2700): ma soprattutto un grosso sforzo è stato attuato sul piano dei servizi al pubblico, con oltre 1000 mq recuperati e destinati a tal riguardo (laboratori didattici, auditorium, biblioteca, bar, ecc.).

Se sul piano quantitativo complessivo di numero di mostre e loro durata media non si rilevano scostamenti significativi rispetto al precedente periodo, il riposizionamento verso l'alto del contenuto delle esposizioni temporanee sembra indirettamente corroborato dall'andamento dei costi tipici, che dal 1994 al 1997 aumentano significativamente: da 154 a 495 milioni i costi di trasporto, facchinaggio e imballo; da 30 a 80 milioni i premi assicurativi pagati.

Infine va segnalato che sotto l'attuale direzione il numero di collaborazioni attive con altre istituzioni museali e critici nel corso dei diversi anni si è andato intensificando notevolmente.

TABELLA 4.7 **RECUPERO SPAZI IN mq (1995-1996)**

spazi espositivi	spazio aperto		310,0
	1° piano		44,5
	2° piano		87,0
			34,0
		totale	**475,5**
spazi pubblici e servizi al museo		ingresso/biglietteria	
		bookshop	
		foyer	
		guardaroba	
		bar	
	totale piano terra		361,0
	sala conferenze		198,0
	biblioteca/sala lettura		168,0
	gabinetto grafico		81,0
	aula didattica		72,0
	laboratorio didattica		76,0
	1° piano sala video		68,0
		totale	**1.024,0**
deposito	spazio cataloghi		83,0
	laborat./magaz. didatt.		11,5
		totale	**94,5**
uffici	ufficio tecnico		38,0
	ufficio didattica		36,0
		totale	**74,0**
		totale recupero spazi	**1.668,0**

Fonte: GAM

4.5.3 Risorse finanziarie

Commentare l'andamento della variabile economico-finanziaria vuol dire in questo caso commentare separatamente aspetto metodologico e aspetto sostanziale, poiché di per sé l'innovazione "istituzione" pone tra i propri obiettivi quello di una forma di rappresentazione economica più trasparente all'interno di un vero e proprio bilancio dell'istituzione, nella logica di una maggiore responsabilizzazione economica.

a. Aspetti metodologici nella rappresentazione dei risultati economici

Le priorità strategiche di rilancio delle attività e della struttura non hanno ancora consentito un efficace adeguamento delle pratiche contabili: l'attenzione è stata infatti rivolta ad aspetti più tipici e caratterizzanti dell'attività museale, posto che il sistema amministrativo garantiva comunque l'espletamento delle funzioni principali nel rispetto delle norme formali.

Il conto economico manifesta due caratteristiche nella struttura di presentazione: è strutturato per sezioni contrapposte, con entrate e rettifiche di costo da una parte, e uscite e rettifiche di entrate dall'altra, tali per cui i totali sono grandezze di scarso significato; le singole voci vengono riferite distintamente ora alla Galleria e ora al Museo Morandi mancando tuttavia una struttura sezionale e i rispettivi totali parziali (nel complesso o per subtotali di voce). Le due cose di per sé non facilitano la lettura dei dati, soprattutto in un settore in cui gli interlocutori non sono esperti contabili, e costringono ad alcune brigose rielaborazioni. Viene peraltro seguita la distinzione tra stanziamenti e somme accertate o impegni, propria della contabilità pubblica, e dei conti residui.

La struttura del piano dei conti, peraltro, non sembra particolarmente incisiva, più attenta alla coerenza contabile che non alla significatività per chi deve gestire. Oltre a una non chiara distinzione tra ricorso al pubblico o al privato (uniti nello stesso capitolo di spesa "Contributi di Enti pubblici e di privati per iniziative diverse") rilevabile nella logica di posizionamento delle singole voci di entrata, nel rendiconto economico non si dà luogo ad aggregati parziali: e peraltro la struttura dello stesso rendiconto è difficilmente comparabile con altre strutture di conto economico di realtà museali.

Infine, se la "Relazione al conto consuntivo per l'esercizio" elaborata dal direttore è tutta focalizzata a un commento degli aspetti qualitativi della gestione, la "Relazione tecnica al conto consuntivo" sembra più tesa all'aspetto formale (variazioni alle previsioni, analisi delle entrate, delle spese, degli impegni) che non a commentare i risvolti economici della gestione: la difficile dialettica tra dimensione professionale-artistica e economico-contabile più volte segnalata in letteratura non trova quindi neanche in questa realtà forme particolarmente sofisticate di integrazione nella difficile sfera del management del museo.

In conclusione, l'aspettativa di un bilancio dell'istituzione chiaro e di facile lettura sotto il profilo delle modalità di rappresentazione viene in larga parte delusa: resta il dubbio se si tratti di un'inevitabile esigenza propria del disegno della forma istituzione, e della relativamente modesta autonomia di questa rispetto all'Amministrazione comunale, o di un eccessivo appiattimento rispetto alle consuetudini precedenti.[8] È peraltro verosimile che, passata la fase più "eroica" del processo di rilancio, una maggiore attenzione in questa direzione venga prestata nel futuro.

Ma se questi aspetti possono essere intesi come segni della difficoltà di un processo di cambiamento e innovazione istituzionale, il limite principale della struttura del conto economico della GAM è nella parziale *accountability* che questo manifesta, posto che i costi del personale non sono in carico al bilancio dell'istituzione se non per la parte gestita direttamente sotto forma di contratti di collaborazione (che al 1997 rappresentano circa il 10% delle spese del personale) coerentemente alla mancanza di una delega nella gestione complessiva del personale. Il che sembra rappresentare un limite ineliminabile della forma istituzione, almeno come disegnata in via "moderata" nel caso di Bologna ma probabilmente in quanto forma debole di autonomia:[9] e da questo

8. A tal proposito tornano in mente le osservazioni di Petraroia e Provenzali (1996, pag. 51): "[Non] si può pensare di poter avviare una seria riforma senza incidere in aspetti quali la gestione del personale: in questo senso la creazione di strutture svincolate dalle pastoie delle leggi della contabilità pubblica e di amministrazione burocratica propria dell'ente pubblico, e aperta a contributi esterni, va considerata con favore se consente di operare con maggior efficienza e flessibilità".

9. Viceversa sembrerebbe avere un carattere transitorio il fatto che alcuni costi non siano "ancora" spesati direttamente sul bilancio dell'istituzione ma gravitino ancora sul bilancio dell'Assessorato in relazione alle modalità operative di svolgimento.

particolare punto di vista di parziale *accountability* la situazione non sembra significativamente diversa rispetto a quella di altri musei civici qualora – come nel caso di Bologna – esista un processo di rielaborazione contabile e di determinazione dei costi dei singoli musei (cfr. capitolo 3).

Commentare gli andamenti economici nel merito richiede dunque di rettificare i dati grezzi di bilancio per superare i limiti evidenziati, stornando le partite di giro e integrando i costi direttamente sostenuti dall'istituzione con quelli sostenuti dal Comune per l'istituzione (*tabella* 4.8), e predisponendo infine una struttura coerente di entrate e uscite complessive all'interno di un "bilancio di fatto" dell'istituzione (vedi *tabella* 4.9).[10] Come sempre nel caso di rielaborazioni e rettifiche effettuate da un osservatore esterno e utilizzando fonti di natura diversa, va precisato che l'attendibilità di questa base di partenza non è totalmente esente da incertezze (diverso sarebbe stato partire dal bilancio di una realtà organizzativa totalmente autonoma, con un proprio bilancio esaustivo).

b. ***Un commento nel merito dei risultati economici***

Lungi dal rappresentare un aspetto tecnico, la riclassificazione proposta sottolinea le distorsioni che caratterizzano il discorso economico sulla Galleria nell'ambito dell'economia dei musei civici, in termini sostanziali (al di là del rispetto delle norme sotto il profilo formale, che qui non si mette in discussione). Soprattutto emerge la misura della parzialità dell'*accountability* della GAM, in coerenza con la responsabilizzazione parziale della gestione: nel dibattito e documenti a livello di Assessorato si parla dei 2.3 miliardi di contributo del Comune, e nel bilancio della istituzione figurano costi per 2.9 miliardi; se si ricostruisse un bilancio complessivo considerando anche i costi non spesati sul bilancio perché gravanti sul bilancio dell'Assessorato (personale, altri consumi, utenze, altre spese),

10. Da un punto di vista tecnico se la tabella 4.8 rettifica i valori delle entrate e uscite direttamente transitate nel conto economico dell'istituzione per l'importo relativo a partite di giro (134 complessivamente nel 1997) e semplicemente evidenzia "a margine" i costi sostenuti per l'istituzione dal Comune, nel bilancio di fatto questi costi vengono direttamente inglobati nel rendiconto tra i costi complessivamente sostenuti, e viene determinato a saldo l'importo di finanziamento sostenuto dal Comune per il totale dei costi non altrimenti finanziati. Tale totale è al netto del rimborso di parte dello stanziamento per l'anno 1997 per 90 milioni.

TABELLA 4.8 **GAM: CONSUNTIVI 1996 E 1997: DATI RICLASSIFICATI (MILIONI DI LIRE)**

titolo		**1996**			**1997**			**differenze**		
	ENTRATE	**GAM**	**MM**	**totale**	**GAM**	**MM**	**totale**	GAM	MM	totale
I	contributi da Regione	0,0	0,0	0,0	35,0	0,0	35,0	35,0	0,0	35,0
I	contributi da Comune x att. istituz.	2.062,0	333,0	2.395,0	2.020,0	325,0	2.345,0	-42,0	-8,0	-50,0
I	da Enti pubb./priv. x iniziative div.	5,0	0,0	5,0	195,0	0,0	195,0	190,0	0,0	190,0
	totale I	**2.067,0**	**333,0**	**2.400,0**	**2.250,0**	**325,0**	**2.575,0**			
II	biglietti	99,0	152,7	251,7	75,7	123,3	199,0	-23,3	-29,4	-52,7
II	proventi bookshop	0,1	9,6	9,7	0,7	36,1	36,8	0,6	26,6	27,1
II	sponsorizzazioni	0,0	16,2	16,2	71,7	0,0	71,7	71,7	-16,2	55,5
II	concorsi e rimborsi	29,2	51,3	80,4	28,3	78,9	107,2	-0,9	27,6	26,8
II	altri	0,5	9,9	10,4	0,8	0,2	0,9	0,3	-9,8	-9,5
	totale II	**128,8**	**239,7**	**368,4**	**177,1**	**238,5**	**415,6**			
III	alienazione beni patrimoniali	0,0	37,8	37,8	0,0	0,0	0,0	0,0	-37,8	-37,8
	totale III	**0,0**	**37,8**	**37,8**	**0,0**	**0,0**	**0,0**	**0,0**		
	totale complessivo	**2.195,8**	**610,5**	**2.806,2**	**2.427,1**	**563,5**	**2.990,6**	**231,4**	**-47,0**	**184,4**
	USCITE	**GAM**	**MM**	**totale**	**GAM**	**MM**	**totale**	GAM	MM	totale
Ia	organi istituzionali	60,0	0,0	60,0	57,9	0,0	57,9	-2,1	0,0	-2,1
Ia	custodia e biglietteria	264,0	142,0	406,0	235,0	143,5	378,5	-29,0	1,5	-27,5
Ia	collaborazioni	159,5	42,2	201,7	90,0	66,0	156,0	-69,5	23,8	-45,7
	totale Ia	**483,5**	**184,2**	**667,7**	**382,9**	**209,5**	**592,4**			0,0

segue

Ib forniture servizi prestazioni	350,0	198,8	548,8	170,0	200,5	370,5	-180,0	1,7	-178,3
totale Ib	**350,0**	**198,8**	**548,8**	**170,0**	**200,5**	**370,5**			0,0
Ic rimborso a Comune	0,0	0,0	0,0	76,0	14,0	90,0	76,0	14,0	90,0
Ic prestazioni e servizi (mcstre)	920,2	131,0	1.051,2	968,6	287,0	1.255,6	48,4	156,0	204,4
Ic prestazione servizi ADV	132,9	0,0	132,9	80,0	0,0	80,0	-52,9	0,0	-52,9
Ic sevizi didattica	0,0	0,0	0,0	65,0	0,0	65,0	65,0	0,0	65,0
totale Ic	**1.053,1**	**131,0**	**1.184,1**	**1.189,6**	**301,0**	**1.490,6**			0,0
Id imposte e tasse	1,0	13,9	14,9	11,9	0,8	12,7	10,9	-13,2	-2,2
totale Id	**1,0**	**13,9**	**14,9**	**11,9**	**0,8**	**12,7**			0,0
II collezioni	182,1	0,0	182,1	284,0	0,0	284,0	101,9	0,0	101,9
II mobili e attrezzature	82,8	82,5	165,3	218,3	6,2	224,5	135,4	-76,3	59,1
totale II	**265,0**	**82,5**	**347,5**	**502,3**	**6,2**	**508,5**			**0,0**
totale complessivo	**2.152,6**	**610,4**	**2.763,0**	**2.256,7**	**718,0**	**2.974,7**	**104,1**	**107,5**	211,7
SALDO	**43,2**	**0,0**	**43,3**	**170,4**	**-154,5**	**15,9**	**127,2**	**-154,5**	**-27,3**
costi personale	638,12	327,21	965,3	900,6	348,7	1.249,3	262,5	21,5	284,0
consumi	8,5	66,1	74,6	12,6	61,1	73,8	4,2	-5,0	-0,8
utenze	81,7	0,1	81,8	77,1	0,1	77,2	-4,6	0,0	-4,6
altre spese	258,8		258,8	267,5		267,5	8,7	0,0	8,7
totale costi imputati da Comune	987,1	393,4	1.380,5	1.257,9	410,0	1.667,8	270,8	16,5	287,3
totale costi rettificati	**3.139,7**	**1.003,9**	**4.143,5**	**3.514,6**	**1.127,9**	**4.642,5**	**374,9**	**124,1**	**499,0**

Fonte: ns elaborazioni su dati Assessorato e GAM

TABELLA 4.9 **GAM: IL "BILANCIO DI FATTO" (1996 E 1997)**

titolo		1996			1997		
	ENTRATE	**GAM**	**MM**	**Totale**	**GAM**	**MM**	**Totale**
II	biglietti	99,0	152,7	251,7	75,7	123,3	199,0
II	proventi bookshop	0,1	9,6	9,7	0,7	36,1	36,8
II	concorsi e rimborsi	29,2	51,3	80,4	28,3	78,9	107,2
II	altri	0,5	9,9	10,4	0,8	0,2	0,9
III	alienazione beni patrimoniali	0,0	37,8	37,8	0,0	0,0	0,0
II	sponsorizzazioni	0,0	16,2	16,2	71,7	0,0	71,7
I	contributi da Regione	0,0	0,0	0,0	35,0	0,0	35,0
I	da Enti pubb./priv. x iniziative diverse	5,0	0,0	5,0	195,0	0,0	195,0
	totale entrate proprie	**133,8**	**277,5**	**411,2**	**407,1**	**238,5**	**645,6**
I	contributi da Comune x att. istituz.	2.062,0	333,0	2.395,0	2.020,0	325,0	2.345,0
Ic	rimborso a Comune	0,0	0,0	0,0	-76,0	-14,0	-90,0
	finanziamento costi imputati da Comune	987,1	393,4	1.380,5	1.257,9	410,0	1.667,8
	finanziamento comunale	3.049,1	726,4	3.775,5	3.201,9	721,0	3.922,8
	totale entrate	**3.182,9**	**1.003,9**	**4.186,8**	**3.609,0**	**959,4**	**4.568,4**
	USCITE						
Ib	forniture servizi prestazioni	350,0	198,8	548,8	170,0	200,5	370,5
Ia	collaborazioni	159,5	42,2	201,7	90,0	66,0	156,0
Ia	organi istituzionali	60,0	0,0	60,0	57,9	0,0	57,9
Ia	custodia e biglietteria	264,0	142,0	406,0	235,0	143,5	378,5
Ic	prestazioni e servizi (mostre)	920,2	131,0	1.051,2	968,6	287,0	1.255,6
Ic	prestazione servizi ADV	132,9	0,0	132,9	80,0	0,0	80,0
Ic	servizi didattica	0,0	0,0	0,0	65,0	0,0	65,0
Id	imposte e tasse	1,0	13,9	14,9	11,9	0,8	12,7
II	collezioni	182,1	0,0	182,1	284,0	0,0	284,0
II	mobili e attrezzature	82,8	82,5	165,3	218,3	6,2	224,5
	totale costi gestiti direttamente	**2.152,6**	**610,4**	**2.763,0**	**2.180,7**	**704,0**	**2.884,7**
	costi personale	638,12	327,21	965,3	900,6	348,7	1.249,3
	consumi	8,5	66,1	74,6	12,6	61,1	73,8
	utenze (telefoni?)	81,7	0,1	81,8	77,1	0,1	77,2
	altre spese (???)	258,8		258,8	267,5		267,5
	totale costi imputati da Comune	**987,1**	**393,4**	**1.380,5**	**1.257,9**	**410,0**	**1.667,8**
	totale costi	**3.139,7**	**1.003,9**	**4.143,5**	**3.438,6**	**1.113,9**	**4.552,5**
	SALDO	**43,2**	**0,0**	**43,3**	**170,4**	**-154,5**	**15,9**

Fonte: ns elaborazioni su dati Assessorato e GAM

emergerebbe un costo complessivo di 4.5 miliardi. Dell'importo di 1.7 miliardi spesati dall'Assessorato per spese della Galleria non è ben chiaro chi se ne dovrebbe far carico[11]; se poi si considera la patologia dei rapporti tra GAM e Museo Morandi emerge come l'Istituzione GAM di fatto controlli solo una massa di costi di 2,180 miliardi, pari al 48%.

Prendendo come punto di partenza il valore complessivo dei costi (4.5 miliardi), e focalizzando l'attenzione prevalentemente sulla Galleria in senso stretto (con costi totali di 3.4 miliardi), escluso quindi il Morandi, in termini di *composizione dei costi* è interessante evidenziare il peso relativamente basso del costo del personale, a fronte di un peso relativamente elevato delle spese per attività: il che riflette la natura propria di un museo in cui prevale il momento di esposizioni temporanee, con costi diretti dell'attività espositiva; ancora, si può evidenziare una discreta incidenza (circa il 10%) delle collaborazioni rispetto ai costi del personale, a conferma di una ricerca di forme più flessibili nelle politiche del personale; per la natura del museo hanno una certa consistenza le spese in conto capitale per acquisizione di collezioni; restano notevoli le spese di custodia (se si considerassero anche quelle del Morandi si arriverebbe a un totale di 380 milioni: il che meriterebbe una qualche discussione, specie a fronte di vere e proprie diseconomie di scala nel processo di parcellizzazione di musei e sedi espositive – su costi di custodia, di affitto e condominio, collaborazioni, acquisti, ecc. – mai inserito come tema di discussione nell'agenda della gestione del sistema museale cittadino).

In termini di *dinamica dei costi*, nel 1997 nel complesso si evidenzia un aumento netto di circa 300 milioni[12]. È curioso sottoli-

11. Il problema, vale la pena ribadirlo, non è formale, ma sostanziale: non rientrando questi costi nei profili di delega del management della Galleria, è normale che essi non vengano gestiti né contabilizzati nel bilancio della Galleria. Peraltro, in via "virtuale", l'Assessorato elabora alcuni dati di pertinenza logica (più che di responsabilizzazione economica) dei vari musei, ma spesso si può evidenziare una totale estraneità di queste determinazioni contabili rispetto ai processi manageriali dei direttori dei musei civici (cfr. in tal senso anche l'analisi di cui al capitolo 3.

12. In dettaglio: si riducono le collaborazioni (-70), dovute al fatto che nel 1996 il rapporto con l'attuale direttore veniva temporaneamente gestito sotto forma di collaborazione professionale), si riducono notevolmente gli acquisti (-180 milioni), oltre a costi promozionali (-53) e di custodia (-29) e altri minori. A fronte di costi che si riducono comples-

neare a fronte di quest'importo che l'aumento dei costi che transita in bilancio dell'Istituzione è solo pari a 28 milioni, per quanto riguarda la Galleria in senso stretto: se il bilancio dunque evidenzia in parte la diversa composizione dei costi quale segno di una notevole flessibilità della gestione (l'aumento netto di 28 milioni è a fronte di riduzioni per 333 e aumenti per 361), non coglie però gli aspetti salienti della dinamica economica di questo periodo, tutta extra-bilancio. Se poi si volesse anche considerare il Morandi, si tratterebbe di un aumento complessivo di costi di 409 milioni, di cui solo 121 transitano nel bilancio dell'Istituzione.

In termini di dinamica dei costi va osservato che queste variazioni in parte sorprendono il lettore di bilancio, non potendosi riscontrare neanche nei documenti programmatici una tale indicazione del complessivo impatto economico del progetto di crescita della Galleria. Sotto il profilo procedurale poi, è decisamente paradossale che per avere una idea più complessiva della massa dei costi connessi a tale crescita l'analista di bilancio sia costretto a ritornare alle informazioni elaborate dalla contabilità analitica dell'Assessorato che, pur se eterogenee e con differenze rispetto ai dati qui illustrati, rendono meglio tale dinamica. Nel triennio, dunque – se le rielaborazioni sono corrette –, dai 2.9 miliardi del 1995 (dato riportato dal report dell'Assessorato per l'anno 1995 in cui l'istituzione non era ancora operativa) si arriva ai costi attuali di 4.5 miliardi, con un incremento di 1.6 miliardi.

Quanto alle *entrate*, focalizzando il discorso sulla Galleria in senso stretto si deve notare un peso assai limitato dei biglietti (76 milioni, 2.1 % delle entrate), un pareggio sul bookshop (nel 1997 connesso alla politica di esternalizzare totalmente la gestione, secondo quanto evidenziato in precedenza), e un peso crescente nell'ultimo anno delle entrate da altre fonti: sponsorizzazioni per circa 72 milioni, contributi dalla Regione Emilia-Romagna per 230 milioni (35 milioni più 195 milioni), dunque per un totale di circa 300 milioni. Le entrate proprie (non coperte da finanzia-

sivamente per 338 milioni, altre voci di spesa aumentano per un totale di 637 milioni, ricalcando le scelte di gestione in precedenza discusse: aumentano i costi dell'attività espositiva (+48), si sostengono costi per l'attività didattica (65), aumentano le spese in conto capitale (circa 102 milioni in più di collezioni e 135 di mobilio) e altri costi vari (per un totale di 24 milioni): ma soprattutto è il costo del personale che aumenta considerevolmente (+262 milioni), in parte per il contratto di tipo privato con il direttore, e in parte per l'irrobustimento della struttura.

menti del Comune) assommano così a 407 milioni, pari all'11 % del complessivi valori del "bilancio di fatto" da noi rielaborato: dato non molto elevato, ma che segnala una positiva dinamica[13]. Se da una parte i contatti per un incremento delle sponsorizzazioni dirette verranno sviluppati, su iniziativa del direttore sta inoltre sorgendo il Club dei Sostenitori della Galleria che dovrebbe essere costituito da imprese interessate a finanziare l'attività con contributi annuali di 10-20 milioni. Come già avviene per altri Club dei Sostenitori di altre istituzioni museali, in cambio i finanziatori otterrebbero ingressi e cataloghi gratuiti, unitamente alla possibilità di utilizzare alcune aree della Galleria per finalità che non contrastino con la sua missione. Anche all'associazione Amici della Galleria d'Arte Moderna di Bologna, costituita nel 1991, verrà chiesto uno sforzo in tale direzione.

Allo stato attuale comunque, in realtà dunque il Comune finanzia per importi consistenti (3.6 miliardi + 0.9 per il Morandi) la complessiva attività, sia a titolo di contributo all'istituzione che per copertura di altri costi, con dinamica crescente (+147 milioni nel 1997): questo al di là del rimborso di finanziamento nel 1997, e al di là di un'apparente riduzione dello stanziamento ordinario che potrebbe percepirsi dalla lettura del bilancio dell'istituzione. Certo, ancora una volta, tutto questo è celato e mal rappresentato dalla parziale *accountability* di cui si è detto in precedenza.

Infine, se si volesse tentare un esercizio di analisi di economicità comparata, in *tabella 4.10* si riportano alcuni dati raccolti (cfr. capitolo 3) aggiornando la precedente ricerca di Fuortes (1994). Da questa comparazione si può segnalare la grossa eterogeneità interna all'istituzione (che un reporting aggregato farebbe invece perdere), con Galleria in senso stretto e Morandi che presentano profili assai diversi: con un rapporto visitatori per dipendenti contenuto per la Galleria (ma ben superiore all'unico dato riferito e disponibile per un altro museo di arte contemporanea, la Galleria Nazionale), e decisamente elevato per il Morandi; con costi

13. Con un maggiore significato delle collezioni permanenti, il Morandi si finanzia in misura maggiore sui biglietti (123 milioni, pari al 13%), e con introiti da bookshop (36 milioni, pari al 3.8%): per correttezza metodologica, tuttavia, da questi ultimi andrebbero decurtati i costi di gestione del bookshop stesso, il che probabilmente evidenzierebbe l'antieconomicità del bookshop gestito direttamente.

TABELLA 4.10 **INDICATORI SINTETICI: UN CONFRONTO DI MASSIMA CON ALTRE REALTÀ**

dati fisico-tecnici	**GAMN Roma**	**Storia della Scienza**	**Provinciale di Lecce**	**Poldi Pezzoli**	**Archeologico di Bologna rettificato**	**GAM Bologna**	**Museo Morandi**	**GAM + Museo Morandi**
costi (milioni)	n.d.	3.834	2.266	2.144	2.677	3.609	959	4.569
visitatori	118.037	48.219	75.000	52.853	81.908	27.314	30.249	57.563
mq espositivi	9.400	1.200	7.000	1.038	5.500	3.002	1.000	4.002
ore di apertura	n.d.	1.600	3.016	n.d.	2.246	2.495	2.527	5.022
dipendenti	170	19	35	18	18	15	6	21
visitatori per dipendente	694	2.538	2.143	2.936	4.550	1.821	5.042	2.741
costo per visitatore (lire)	n.d.	79,512	30,215	40,567	32,683	132,145	31,710	79,367
costo per mq (milioni)	n.d.	3,20	0,32	2,07	0,49	1,20	0,96	1,14
costo per ora (milioni)	n.d.	2,40	0,75	n.d.	1,19	1,45	0,38	0,91
costi per dipendente (milioni)	n.d.	201,79	64,75	119,12	148,72	240,63	159,87	217,55

Fonti: per GAMN Roma, Storia della Scienza, Poldi Pezzoli e Provinciale di Lecce: ns elaborazione e aggiornamento ricerca Fuortes, 1994
per Archeologico e GAM Bologna: ns elaborazione su dati Assessorato

per visitatore elevati per la Galleria, a conferma di una minore economicità in sé dell'attività espositiva rispetto alle collezioni permanenti (in effetti il Morandi è da questo punto di vista in linea con altre realtà), con costi per ora che non si discostano dai valori di altre realtà, con costi per metro quadro. Ancora, si ha conferma degli accentuati processi di esternalizzazione segnalati dalla massa di costi per dipendente, specie nel caso della Galleria.

4.6 Conclusioni

L'indagine sul campo rileva una realtà empirica estremamente articolata, caratterizzata da processi di cambiamento compositi, dove fattori e dinamiche istituzionali si intersecano a fattori e dinamiche più strettamente manageriali.

Sul piano istituzionale una politica di sviluppo sufficientemente chiara e delineata di rilancio della Galleria di Arte Moderna e Contemporanea da parte dell'Amministrazione si è combinata con l'adozione dell'innovazione della forma di *governance* (appunto la forma istituzione). Quest'ultima ha rappresentato certamente un elemento che ha facilitato il processo di sviluppo, dando nuove responsabilità al CdA e al presidente. Questi hanno dovuto e potuto strutturare il disegno iniziale in un vero e proprio piano strategico, un elemento del quale è stato senza dubbio l'individuazione del nuovo direttore.

Sul piano manageriale il progetto strategico è stato tradotto con la nuova direzione in scelte a esiti assai positivi, soprattutto in termini di incremento dei visitatori, di promozione della reputazione di GAM, di recupero di spazi, e di inizio di raccolta di finanziamenti "sul mercato", al di fuori del finanziamento dell'Amministrazione comunale.

Senza dubbio l'implementazione della forma istituzione ha prodotto in GAM effetti positivi: tuttavia si può sostenere che avrebbe potuto produrre effetti ancor più significativi, se la sua implementazione a opera dell'Amministrazione comunale fosse stata a tratti meno ambigua, meno politicizzata e più decisa nella volontà di sfruttare le opportunità che la forma consente. Di fatto, la realizzazione della forma istituzione ha portato con sè una serie di contraddizioni e di implementazioni parziali da parte dell'Amministrazione comunale. Una valutazione *ex ante* dei costi-benefici di tale sviluppo non sembra esserci stata, elemento particolarmente critico in situazioni di ristrettezze della finanza pubblica, ove incrementare una spesa implica ridurre e tagliare altrove. Le stesse modalità di disegno della forma istituzione hanno sollevato notevoli perplessità circa la pre-costituzione di una adeguata informativa per "rendere conto" delle attività e dello sforzo della comunità locale relativo a questa organizzazione. Peraltro, il grado di "emancipazione" che questa innovazione conferisce al museo è comunque decisamente contraddittorio, scarsamente liberato dalle instabilità e contingenze della politica, proprio per la timidezza con cui il centro ha perseguito la strada dell'autonomia alla periferia: si pensi al rimborso dello stanziamento già ricevuto, alla gestione dei conflitti con la sezione Morandi, ai possibili rischi di politicizzazione connessi al ruolo del sindaco nella definizione di *tutti* gli organi dell'istituzione, e, non ultimo e forse il più importante, alla gestione vincolata delle risorse umane.

Paradossalmente quelle che di solito si considerano risorse *interne*, e quindi direttamente controllate – le risorse umane e le opere della collezione – di un'organizzazione museale, nel caso specifico lo sono assai poco (ante e post istituzione): basti pensare all'impossibilità di scegliere, trasferire e motivare il personale, se non limitatamente ai contrattisti a termine, e all'indisponibilità delle collezioni, sia in termini di una loro alienazione o dismissione ad altre strutture pubbliche (posto il valore non eccezionale di alcune opere che generano solo oneri e obblighi di mantenimento) che di impossibilità ad accrescerle in modo significativo a fronte di forti ristrettezze finanziarie (ad esempio rispetto a quanto potrebbe fare un museo privato).

Sul piano generale del dibattito sulla gestione dei musei, da questo punto di vista resta da verificare se modalità più decise e incisive di implementazione della forma istituzione potrebbero risolvere alcuni dei problemi individuati, nella direzione di una più compiuta autonomia del museo, o se viceversa si rendano necessarie forme di ridisegno istituzionale più innovative (fondazioni o altro).

Al di là di questi aspetti istituzionali, la ricerca consente di apprezzare il ruolo di fattori più squisitamente manageriali nella realizzazione dei risultati evidenziati.

A fronte di un possesso parziale o negato di risorse e competenze chiave, il caso mostra come un'organizzazione museale può comunque accedere *attraverso accordi e collaborazioni* alle risorse e alle competenze di altre organizzazioni. Ecco allora che la capacità di scelta e di gestione delle relazioni con tali organizzazioni diventa cruciale. Per il momento tutto il processo appare in gran parte governato e accentrato in un numero estremamente limitato di persone, con il direttore presente sia nella definizione dell'architettura delle relazioni chiave che nella loro gestione. L'esito è un significativo controllo realizzato rispetto a uno spettro allargato di risorse esterne. Forse è proprio questa capacità di relazione esterna che ha dato i risultati più significativi.

Tale capacità relazionale si esprime solo in parte con i pubblici più tradizionali dei musei civici (i visitatori, i patron pubblici). Oltre agli altri patron (altri finanziatori pubblici e privati), riguarda il pubblico degli esperti (critici, curatori e direttori dei musei) e il pubblico degli artisti, pubblici cioè estremamente rilevanti per i musei d'arte moderna e contemporanea, e con i quali un museo di arte contemporanea intrattiene un rapporto di quasi "co-determinazione", di co-produzione dell'evento e del fenomeno artistico.

5 Pompei e la Soprintendenza autonoma: problemi e aspettative*

Luca Zan

Nel quadro del più generale processo di estensione del discorso economico-gestionale alle organizzazioni culturali e in particolare museali, Pompei si presenta, come da più parti riconosciuto, come realtà particolarmente significativa, addirittura emblematica. La normativa di recente introdotta (L. 352/97) sperimenta qui una forma nuova di Soprintendenza, nella direzione dell'autonomia, aprendo possibili sviluppi futuri al cambiamento del sistema museale, almeno statale. La stessa legge sembra recepire a pieno il vento della "managerializzazione", con l'istituzione di una nuova figura di *city manager*, così come normalmente definito dal Ministro e dai giornali (per quanto non manchino seri problemi di implementazione di questa nuova figura di direttore amministrativo). Il tutto si accompagna a un più complessivo processo di rilancio, che ha posto Pompei al centro dell'attenzione (ha costrui-

* Una prima discussione del caso Pompei è in Zan e Paciello (1998 e 1999). L'analisi si basa su una serie di numerose interviste in profondità condotte con operatori della Soprintendenza di Pompei nel periodo ottobre 97/maggio 98 (relative a 15 posizioni rilevanti e rappresentative all'interno di Pompei Scavi e delle altre aree, spesso con interviste ripetute, soprattutto con il Soprintendente ed esponenti della funzione amministrativa, ivi compreso il nuovo direttore amministrativo, installatosi nel frattempo, verso la fine della ricerca), e sull'analisi della documentazione interna della Soprintendenza e di pubblico dominio. Si ringrazia vivamente per la fattiva collaborazione e per l'autorizzazione a rendere pubblici i dati e le informazioni qui contenute. Si ringrazia Lucia Paciello per il contributo nella strutturazione dei dati e delle tabelle.

to il problema della crisi di Pompei) a livello internazionale.

La nuova legge dunque arriva e irrobustisce un progetto strategico di recupero di Pompei, coraggioso; dà strumenti nuovi (a partire dalla nuova figura del direttore amministrativo, dall'introduzione del consiglio di amministrazione, ecc.), ma poi occorrerà vedere come attivare comportamenti concreti.

Da questo punto di vista tale situazione rappresenta un laboratorio sociale ideale per verificare l'impatto della cultura e della retorica manageriale nell'indirizzare l'attenzione e mobilizzare l'azione collettiva. Tuttavia, come primo suggerimento dalla stessa letteratura di management, si rende necessario come punto di partenza comprendere a pieno gli antecedenti, il passato e il presente del funzionamento di questa organizzazione, se si vuole che le attese verso il cambiamento abbiano qualche probabilità di riuscita: del resto, ogni progetto di cambiamento si qualifica per come vuole incidere e rompere col passato.

Senza una circostanziata ricostruzione, infatti, si rischierebbe di non cogliere a fondo necessità e ampiezza del cambiamento richiesto e le condizioni necessarie per una sua gestione. Uno degli errori in cui si potrebbe incorrere è quello di considerare tutto quanto sopra descritto come effetto perverso di una situazione passata che è comunque automaticamente superata dall'innovazione della nuova forma della Soprintendenza autonoma. Viceversa, il passaggio tra situazione passata e situazione futura è esso stesso un processo, sulla cui dinamica occorre soffermarsi per comprendere ulteriori condizioni in cui si può collocare il recupero e il rilancio di Pompei: da una parte indagando il processo organizzativo di visibilizzazione del degrado, dall'altra verificando alcuni limiti intrinseci dell'innovazione istituzionale introdotta.

Per questo la ricerca si è focalizzata sulla ricostruzione dell'evoluzione di Pompei dalla costituzione della Soprintendenza territoriale nel 1982 (D.M. 9.3.82) fino all'acquisizione del nuovo status di Soprintendenza "autonoma". In particolare si sono analizzate le caratteristiche distintive delle attività compositite – tutela, ricerca, conservazione e fruizione – di questa entità multiterritoriale (par. 5.1); i problemi di inefficienza e perdita di conoscenze connesse alle pratiche di gestione delle risorse umane di questa organizzazione "arcaica" (par. 5.2); i problemi connessi alla gestione delle risorse finanziarie e alla loro rappresentazione, con tutti i limiti delle procedure budgetarie e le conseguenti lentezze nell'esecuzione dei lavori (par. 5.3). Sulla base di queste analisi si può vedere il degrado di Pompei come risultato di una complessità non gestita, con una prima valutazione della congruenza delle innovazioni introdotte – nella loro contraddittorietà – rispetto al fabbisogno di cambiamento per uscire dalla crisi di Pompei (par. 5.4). Seguono alcune implicazioni generali sul dibattito (par. 5.5).

In termini teorici e di complessivo dibattito il presente capitolo tende a porre al centro dell'attenzione una questione scarsamente indagata anche da coloro che rivendicano una maggiore autonomia e un'enfasi sul problema dell'autonomia dei musei: vale a dire il tema della *accountability* quale elemento cruciale nel processo di managerializzazione dei musei (in particolar modo in Italia, e non solo con riferimento ai grandi musei statali). Rispetto ad altri paesi, la situazione da noi è ben più drammatica, e il caso di Pompei è veramente emblematico: non si tratta di disquisizioni di dettaglio, se e quanta enfasi dare alla misurazione di un fenomeno piuttosto che un altro. Anche in questo caso non si hanno informazioni basilari, delle spese del personale, delle risorse assorbite nel complesso e analizzate e strutturate secondo logiche contabili di generale accettazione. E se fino all'istituzione della Soprintendenza autonoma non c'era nemmeno qualcuno chiamato a rendere conto, si evidenzierà come il complessivo disegno di innovazione istituzionale sembra comunque rispondere solo parzialmente a una compiuta nozione di *accountability*.

La stesura completa del capitolo sarà disponibile gratuitamente via Internet sui siti della RCS-Etas (http://www.rcs.it/etas/) e dell'Università di Bologna (http://www.daziend.unibo.it/address/lzan/)

6 La Soprintendenza di Pisa e il museo nazionale di San Matteo: legami economici e gestionali

Cecilia Chirieleison

6.1 Introduzione

Nell'ambito della varietà tipologica degli oltre 3000 musei esistenti in Italia, una parte non indifferente è costituita dai musei statali che sono quasi il 15% del totale, concentrati soprattutto nell'Italia centrale (Primicerio, 1991). La Toscana, in particolare, tra le regioni italiane, è anche quella con il maggior numero di musei sia in valore assoluto, sia in rapporto alla densità abitativa. In provincia di Pisa ne sono presenti ben 35, di cui 19 solo nel Comune di Pisa. Tra questi 19 però solo sei possono essere considerati musei d'arte: la collezione "Antonio Ceci" di Palazzo Reale, la Gipsoteca dell'Università, il museo del Camposanto Monumentale, il museo dell'Opera della Primaziale Pisana, il museo delle Sinopie e il museo nazionale di San Matteo.

Il museo di San Matteo, che accoglie la raccolta dell'ex museo civico e altre opere di provenienza pisana, si caratterizza per la presenza di oltre 200 dipinti su tavola, molti dei quali a fondo oro. Raccoglie inoltre, oltre a sculture di Nicola Pisano e della Scuola di Donatello, dipinti di autori italiani dei secoli XIV e XV che vanno da Masaccio a Beato Angelico, dal Ghirlandaio a Benozzo Gozzoli. Si tratta, evidentemente, di una collezione di opere d'arte unica al mondo, probabilmente l'unica di rilievo esistente a Pisa e provincia, se si escludono i musei di pertinenza del complesso di Piazza dei Miracoli.

Il museo di San Matteo dipende dalla Soprintendenza ai Beni Ambientali, Architettonici, Artistici e Storici di Pisa e ben si presta, quindi, a rappresentare quali siano in Italia i tipici assetti istituzionali del binomio museo statale-Soprintendenza. L'obiettivo del presente studio è appunto di illustrare le caratteristiche della gestione del museo di San Matteo, con particolare riguardo ai legami con la Soprintendenza e il Ministero dei Beni Culturali e ai vincoli che ne condizionano l'autonomia, al fine di individuare quali siano le potenzialità di sviluppo e quali le vie da seguire per una politica di valorizzazione economica del museo stesso e del territorio.[1]

Stante l'attuale normativa, infatti, la Soprintendenza di Pisa risulta essere un attore fondamentale nella determinazione dei processi gestionali del museo di San Matteo, il quale ne è una mera ripartizione interna: non gode né di autonomia giuridico-formale, né tantomeno di autonomia gestionale.[2] Non è dunque possibile procedere a uno studio focalizzato sulla gestione del museo senza aver prima chiarito alcuni aspetti fondamentali dei compiti, dell'organizzazione e del funzionamento della Soprintendenza, che in maniera così pregnante ne condiziona le operazioni, attraverso forti legami di tipo operativo-organizzativo (Causi, 1998).

6.2 Gli assetti istituzionali della Soprintendenza di Pisa

6.2.1 La struttura organizzativa

La Soprintendenza ai Beni Ambientali, Architettonici, Artistici e Storici di Pisa ha competenza per la tutela, la conservazione e il restauro dei beni culturali e ambientali presenti sul territorio delle

1. L'indagine si è sviluppata attraverso una serie di colloqui con la Soprintendente reggente di Pisa dott.ssa Clara Barachini, la direttrice del museo di San Matteo dott.ssa Giulia Burresi e con i funzionari direttivi della Soprintendenza di Pisa. Si è anche analizzata tutta la documentazione d'archivio disponibile, comprendente relazioni interne all'amministrazione della Soprintendenza, circolari ministeriali, dati e contabilità. Si è infine ritenuto opportuno acquisire le testimonianze dei responsabili delle istituzioni chiamate a pianificare, insieme al museo, le politiche culturali locali, quali ad esempio l'Azienda di Promozione Turistica di Pisa e l'Assessorato alla cultura del Comune di Pisa. Si ringrazia per la collaborazione e per l'autorizzazione a rendere pubblici i dati raccolti.

2. "Particolarità del contesto italiano è che il museo-istituto, ovvero un'entità distinta dalle collezioni e raccolte in essa racchiuse, non esiste. Il museo è considerato dal legislatore soltanto come insieme di beni soggetti a norme sulla proprietà. In particolare per quelli di proprietà dello Stato, valgono le norme che regolano la gestione del patrimonio pubblico" (Bagdadli, Valotti, 1994: 108-109).

Province di Pisa, Lucca, Livorno, Massa Carrara. Dipendono inoltre da essa, oltre al museo di San Matteo, altri sei musei: il museo nazionale di Palazzo Reale, situato a Pisa all'interno della sede centrale della Soprintendenza, il quale è in attesa del riconoscimento formale, da parte del Ministero per i Beni Culturali, della qualifica di museo statale,[3] il museo Storico Artistico della Certosa di Calci (in provincia di Pisa), il museo di Villa Guinigi e il museo di Palazzo Mansi a Lucca, e i due musei napoleonici dell'Isola d'Elba: quello di Villa San Martino e quello della Palazzina dei Mulini.

Per ricostruire l'organizzazione interna della Soprintendenza è indispensabile fare riferimento alla sua pianta organica che, definita insieme a quella di tutte le altre Soprintendenze a livello centrale dal Ministero dei Beni Culturali (come noto i dipendenti della Soprintendenza, infatti, formalmente sono dipendenti appunto del Ministero, che gestisce anche le assunzioni), contiene l'indicazione delle dotazioni di personale che teoricamente dovrebbero essere presenti e il relativo inquadramento. Recentemente, con il Decreto del Presidente del Consiglio dei Ministri 8/1/97, si è avuta la rideterminazione delle dotazioni organiche, delle qualifiche dirigenziali, delle qualifiche funzionali e dei profili professionali del personale del Ministero per i beni culturali e ambientali, e quindi anche della Soprintendenza di Pisa. La *tabella 6.1* riporta un confronto tra l'organico effettivo della Soprintendenza di Pisa e la nuova pianta organica.

Si possono esprimere ragionevoli dubbi sulla congruità della pianta organica, così come determinata dal Ministero, rispetto agli obiettivi, peraltro estremamente ampi, dell'azione della Soprintendenza. In particolare si osserva che il personale direttivo, che costituisce solo l'8% del totale, è verosimilmente sottodimensionato in confronto alle reali esigenze.[4] I sette storici dell'arte, ad esempio, dovrebbero non solo provvedere alla tutela di un territorio comprendente quattro province, oltretutto particolarmente ricche di patrimonio culturale meritevole di protezione, ma anche alla direzione di ben sette musei statali.

---

3. Dal momento che il Ministero non ha ancora formalmente riconosciuto lo status di museo a Palazzo Reale, attualmente l'ingresso è gratuito.

4 Tale sottodimensionamento è in realtà un fenomeno diffuso a tutta la struttura organizzativa, centrale e periferica del Ministero dei Beni Culturali: "I funzionari tecnico-scientifici delle carriere direttive e dirigenziali del Ministero dei Beni Culturali e Ambientali sono in tutto soltanto 2646, su un totale di 24.726 dipendenti: 335 archeologi, 391 storici dell'arte, 403 architetti, 95 ingegneri, 47 biologi, 55 chimici, 18 fisici, 16 geologi, 596 archivisti, 690 bibliotecari" (Mangani, 1996: 88).

TABELLA 6.1 **LA PIANTA ORGANICA E L'ORGANICO EFFETTIVO DELLA SOPPRINTENDENZA DI PISA**

qualifica	nuova pianta organica	%	organico effettivo	% sul totale	carenze
qualifiche dirigenziali	19	8%	14	7%	5
dirigente (storico dell'arte o architetto)	1		0		1
direttore amministrativo	1		0		1
architetto direttore coordinatore	6		5		1
storico dell'arte direttore	7		6		1
architetto direttore	4		3		1
qualifiche tecniche specifiche	38	16%	31	15%	7
capo tecnico	10		11		(-1)
architetto	6		1		5
bibliotecario	0		1		(-1)
collaboratore bibliotecario	4		7		(-3)
collaboratore storico dell'arte	5		0		5
assistente tecnico	12		11		1
assistente restauratore	1		0		1
qualifiche amministrative e ausiliarie	32	13%	21	10%	11
collaboratore amministrativo	2		0		2
collaboratore amministrativo contabile	1		1		0
analista	1		0		1
assistente amministrativo	1		2		(-1)
ragioniere	2		1		1
operatore amministrativo	19		14		5
stenodattilografo	0		1		(-1)
coadiutore	2		0		2
dattilografo	4		2		2
qualifiche operative	20	8%	13	7%	7
autista meccanico specializzato	1		0		1
elettricista specializzato	1		1		0
muratore specializzato	1		0		1
falegname specializzato	2		0		2
operatore tecnico specializ. di lab.	3		1		2
addetto ai personal computer	1		0		1
autista meccanico	2		2		0
addetto alle lavorazioni	6		6		0
addetto alle lavorazioni agrarie	3		3		0
custodi	132	55%	125	61%	7
capo addetto ai servizi di vigil. e cust.	5		0		5
addetto ai servizi di vigilanza	121		120		1
add. ai servizi ausiliari e di anticamera	6		5		1
totale	**241**	**100%**	**204**	**100%**	**37**

Fonte: Soprintendenza di Pisa

Tra l'altro non sono previsti ingegneri, a nessun livello gerarchico, mentre il loro apporto sarebbe presumibilmente importante, visto che la competenza della Soprintendenza di Pisa si estende anche ai monumenti e agli edifici storici. Appare superfluo, inoltre, sottolineare l'assenza totale nella pianta organica di Pisa, come del resto in quella di tutte le altre Soprintendenze italiane (tranne che per il "progetto pilota" di Pompei previsto dalla legge 8/10/97 n. 352), di figure manageriali, capaci di esprimere una professionalità specifica nell'ambito della direzione e organizzazione delle risorse, in particolare di quelle museali (sulle ragioni storiche della predominanza di professionalità tecniche e della conseguente assenza di profili manageriali si veda Sicoli, 1978).

I ruoli operativi sono estremamente vari, ma almeno apparentemente carenti di professionalità specifiche (solo undici tra architetti e storici dell'arte), in particolare di quelle connesse ai restauri: la previsione di un unico assistente restauratore fa emergere la netta preferenza ministeriale per la delega all'esterno dell'esecuzione degli interventi sulle opere d'arte, comprese quelle contenute nei musei statali. Sembra probabile, comunque, che una sola persona non sia in grado di effettuare almeno la funzione di controllo tecnico sui restauri eseguiti da ditte esterne, funzione alla quale la Soprintendenza non dovrebbe comunque rinunciare.

Anche l'assegnazione dei ruoli più operativi presenta delle incongruenze, come ad esempio la previsione di ben quattro dattilografi a fronte di un unico addetto ai personal computer, circostanza che certo non favorisce l'automatizzazione della Soprintendenza. Colpisce inoltre che la pianta organica preveda che vi debbano essere ben due autisti, soprattutto in un contesto di mobilità dei funzionari sul territorio piuttosto contenuta ed effettuabile, con mezzi propri, dietro rimborso delle spese.

Si stabilisce infine che ben il 55% del totale del personale sia costituito da addetti ai servizi di custodia, ruolo che, così come definito attualmente dai mansionari, si presenta povero di contenuti e di dubbia utilità anche ai fini della mera vigilanza sulle opere, a garanzia delle quali è ormai indispensabile porre impianti di allarme adeguati. La totale mancanza di professionalità specifiche, infatti, oltre alle norme contrattuali, impedisce di valorizzare questo potenziale umano (come potrebbe avvenire invece utilizzandolo, ad esempio, per fornire ai visitatori le informazioni basilari sulle opere contenute nel museo o per i servizi di accoglienza, di cui il museo in pratica è attualmente sprovvisto), generando da un lato uno spreco di risorse, dall'altro demotivazione e disaffezione per un lavoro noioso e ripetitivo.

La struttura organizzativa disegnata dalla pianta organica, già in partenza squilibrata, è oltretutto coperta da dotazioni effettive diverse da quelle previste. Mancano infatti ben 44 delle 241 unità previste (oltre il 18%), solo in parte compensate dagli esuberi di personale presenti (sette unità). Se sostanzialmente i custodi sono nel numero atteso, i dirigenti sono in difetto per quasi il 30% (basti ricordare che la mancanza del Soprintendente si è protratta per diversi anni: la nomina del nuovo Soprintendente è avvenuta nei primi mesi del 1999, mentre il posto era vacante dal 1996). Di particolare rilevanza sono anche le carenze tra le qualifiche tecnico/professionali specifiche, come gli storici dell'arte e gli architetti: rispetto alla pianta organica, tra le diverse qualifiche, ne mancano più del 30% (anche considerando gli esuberi, tale rapporto non scende sotto il 18%). I ruoli dirigenziali e tecnico/professionali, tra l'altro, non possono neppure essere coperti, dall'interno, con personale assunto con compiti diversi, data l'elevata e specifica preparazione culturale necessaria, al contrario di quanto accade invece spesso ai livelli più bassi della gerarchia. Quasi del tutto scoperta risulta anche l'area amministrativa, dove da più di 10 anni manca il direttore amministrativo (il regolamento prevede che, in caso di vacanza del posto, tali funzioni siano svolte dal Soprintendente, affiancato dal ragioniere), a fronte di un organico di tale area già caratterizzato da numerose vacanze. Lavorare con un organico anche fortemente sottodimensionato, del resto, è ormai diventato normale, dal momento che per tutte quelle qualifiche la cui dotazione effettiva è inferiore alla pianta organica la Soprintendenza non può autonomamente procedere alle assunzioni, che avvengono solo per concorso nazionale; può solo fare una segnalazione al Ministero, con la rassegnata consapevolezza delle scarse possibilità di risposta. Anche in casi di emergenza assoluta in genere il Ministero non bandisce un concorso ma trasferisce personale da qualche altra amministrazione pubblica recuperando delle domande di trasferimento e/o disponendo l'utilizzazione coatta temporanea di personale dislocato altrove (con evidenti problemi dovuti alla mancanza di formazione specifica).

Da sottolineare, infine, la presenza all'interno della Soprintendenza di risorse umane extra-organico: si tratta di numerosi obiettori di coscienza (al momento circa 50 divisi tra la sede centrale e i sette musei) che vi prestano il loro servizio. Emergono tuttavia delle forti perplessità rispetto alla loro effettiva capacità di apportare professionalità. In genere si tratta di studenti universitari, ancora privi di qualsiasi preparazione specifica, o con una preparazione inadeguata, che vengono impiegati nell'informatizzazione della Soprintendenza o nei diversi servizi ausiliari, principalmente di segreteria e di accoglienza al pubblico. Sono tuttavia emersi nel tempo problemi in relazione alla loro motivazione, in genere piuttosto scarsa (in relazione ai problemi legati alla motivazione dei volontari, si veda Bagdadli, 1994) e alle obiettive difficoltà dei dirigenti della Soprintendenza a coordinarne il lavoro, anche in funzione dell'impossibilità di procedere a un'adeguata formazione interna, visto anche l'elevato *turn-over*.

Il Ministero, come abbiamo visto, si limita a definire la pianta organica della Soprintendenza, senza formalizzare un vero e proprio organigramma che permetta di individuare le linee di responsabilità e l'effettivo combinarsi dei ruoli in funzioni e delle funzioni in uffici, né la Soprintendenza ha mai provveduto ad autoorganizzarsi in questo senso, dotandosi autonomamente di una struttura interna ben definita. L'organigramma proposto nella *figura 6.1*, dunque, è un organigramma "reale" e non formale, frutto di una nostra elaborazione.

La ricostruzione delle funzioni della Soprintendenza e dell'effettiva allocazione del personale alle diverse funzioni è stata particolarmente complessa, basandosi essenzialmente su colloqui diretti con il personale. Di conseguenza è stato indispensabile un notevole lavoro di rielaborazione dei dati disponibili, che ha privilegiato appunto un criterio sostanziale piuttosto che formale, facendo riferimento al tipo di mansione svolta prevalentemente. Frequentemente, tuttavia, le persone non sono state in grado di individuare di quale funzione in concreto si occupino, o a quale ufficio facciano capo, indicandone a volte più di uno. A volte, invece, sono state individuate delle funzioni per le quali non è stato possibile trovare del personale specifico. Si è inoltre consapevolmente scelto, nell'allocazione del personale agli uffici, di ignorare le qualifiche formali della pianta organica, dal momento che molto spesso chi svolge un determinato compito ha in realtà formalmente una qualifica del tutto diversa. Ciò in conseguenza di una serie di fattori: in primo luogo la Soprintendenza, come abbiamo visto, non ha l'autonomia per assumere il proprio personale e le scelte del Ministero spesso negli anni si sono dimostrate inadeguate rispetto alle effettive necessità professionali della Soprintendenza stessa, che si è trovata costretta a una riallocazione interna secondo i bisogni reali. In secondo luogo il personale che va in pensione non viene tempestivamente sostituito con un

FIGURA 6.1 **L'ORGANIGRAMMA DELLA SOPRINTENDENZA DI PISA (NOV. 1997)**

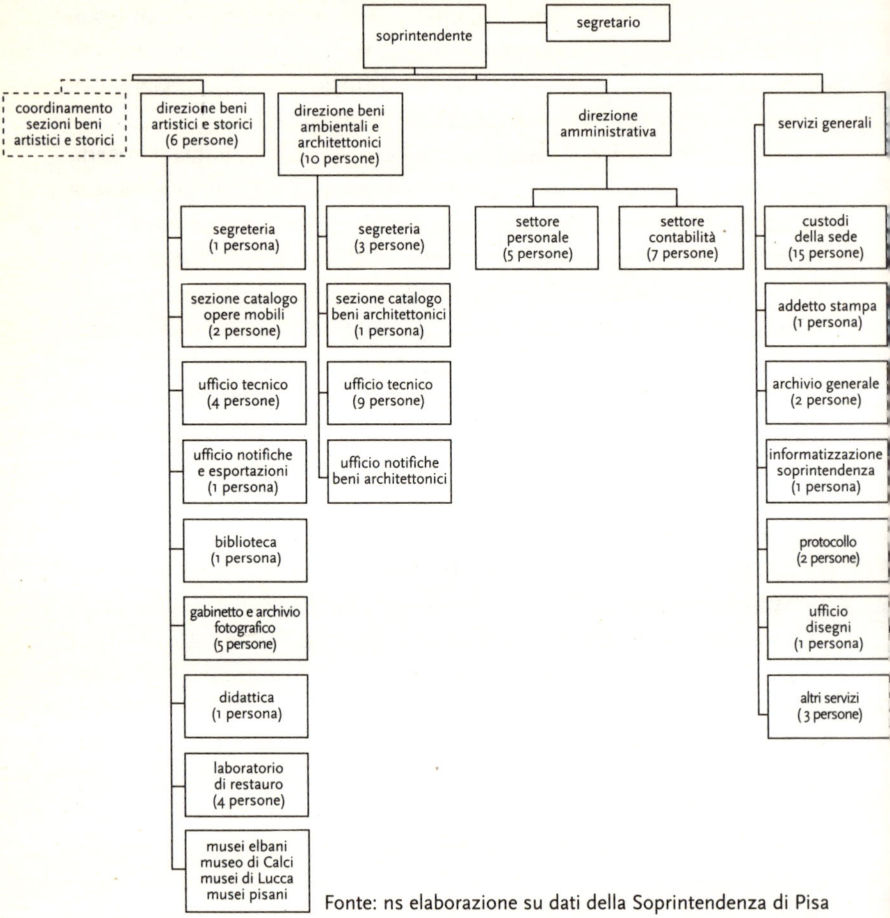

Fonte: ns elaborazione su dati della Soprintendenza di Pisa

nuovo concorso nazionale, per cui nel tempo si sono accumulate diverse falle, che si è tentato di tappare con soluzioni di emergenza le quali, di fronte all'inerzia perdurante del Ministero, dovuta a ormai cronici problemi di mancanza di risorse finanziarie nel bilancio dello Stato, sono diventate pressoché definitive e stabili. In terzo luogo è praticamente impossibile ricorrere a una sanatoria formale di tali situazioni anomale, dal momento che la procedura relativa, ovviamente passante dal Ministero, è estremamente burocratizzata e talmente lenta da scoraggiare qualsiasi tentativo in proposito. Tutto ciò ha determinato il formarsi di una struttura organizzativa effettiva completamente diversa da quella delineata dalla pianta organica, permanentemente sbilanciata e inadeguata, basata su un largo impiego di personale con una formazione inadeguata, poiché assunto per coprire un tipo di incarico diverso.

Venendo più nel particolare alla struttura organizzativa, così come da noi ricostruita, troviamo al vertice, ovviamente, il Soprintendente con funzioni direttive, di coordinamento e di rappresentanza; a lui è affiancato un dattilografo con funzioni di segretario personale. Nel periodo dal 1996 al 1999 l'incarico di Soprintendente di Pisa è rimasto vacante, pertanto i relativi compiti sono stati assolti da uno storico dell'arte direttore che ha accumulato le proprie funzioni specifiche a quelle di reggente, con evidente sovraccarico di lavoro.

La ripartizione interna delle funzioni tiene conto del fatto che la Soprintendenza di Pisa ha una duplice natura (mista). Tutto l'impianto di tutela italiano, infatti, si basa ancora oggi su "la tripartizione, introdotta all'inizio del secolo, tra i beni affidati alla cura degli architetti, quelli di competenza degli storici dell'arte, e quelli che rientrano nella sfera di competenza degli archeologi" (Bobbio, 1992), tripartizione che caratterizza sia la struttura del Ministero, sia le strutture periferiche che appunto si dividono in tre tipologie di Soprintendenze:

- Archeologiche,
- per i Beni Artistici e Storici,
- per i Beni Ambientali e Architettonici.

Quella di Pisa è una Soprintendenza "mista", nel senso che riunisce sia la seconda che la terza tipologia. La Soprintendenza Archeologica per lo stesso territorio è invece quella di Firenze, che ha competenza sull'intera Regione.

Più in particolare, è possibile individuare quattro aree funzionali principali:

- una Direzione Beni Artistici e Storici,
- una Direzione Beni Ambientali e Architettonici,
- una Direzione Amministrativa,
- un insieme di servizi generali.

1. ***La Direzione Beni Artistici e Storici*** si occupa, oltre che dei musei statali, di tutto quanto attiene alla conservazione, alla tutela e al restauro di beni mobili, come dipinti, sculture, arredi e oggetti (controversa, anche a livello legislativo, è la competen-

za sugli affreschi[5]) presenti sul territorio, sia di proprietà pubblica, che di proprietà privata se "vincolati" in base alla legge 1089/39 (in relazione ai contenuti della legge si veda Alibrandi-Ferri, 1997). La direzione è affidata a sei storici dell'arte direttori (uno dei sette storici dell'arte presenti nell'organico è in aspettativa e quindi non svolge nessun compito) che svolgono funzioni molto composite, sia tecniche, sia gestionali, sia burocratico-amministrative. La divisione del lavoro tra di essi si basa in genere su un criterio territoriale, individuando in linea di massima una competenza per provincia, che si può sovrapporre alla direzione di uno o più musei o di altri uffici. Così, uno storico dell'arte direttore si occupa della provincia di Livorno e del museo di Calci; uno, della provincia di Pisa e del museo di San Matteo e di Palazzo Reale; uno, delle province di Massa Carrara e Lucca e dell'ufficio catalogo, insieme a un collaboratore bibliotecario e a un custode; uno, dei musei elbani; uno, dei musei di Lucca; uno, insieme a un operatore amministrativo, dell'ufficio esportazioni, a cui è delegato il controllo dei movimenti delle opere d'arte con l'estero, compresi gli adempimenti burocratici collegati all'imposizione fiscale su tali movimenti. La maggior parte degli altri uffici dipendenti dalla Direzione Beni Artistici e Storici sono composti da poco più di una persona: basti pensare che per didattica, compito di particolare rilevanza strategica per i rapporti tra la Soprintendenza e i suoi *stakeholder*, c'è una sola persona, la cui qualifica formale per di più è di bibliotecario. Anche il laboratorio di restauro, che ha sede nel museo di San Matteo, ma è unico per tutta la Soprintendenza, ha solo un capo tecnico con funzioni di restauratore (in realtà dovrebbero essere due, ma l'altro è in distacco sindacale) e tre assistenti tecnici con funzione di assistenti restauratori. Colpisce in questo contesto che al gabinetto fotografico siano assegnate ben cinque persone: due assistenti tecnici, un collaboratore bibliotecario, un operatore tecnico specializzato di laboratorio e un operatore amministrativo con il compito di archiviare i negativi. Da sottolineare, infine, che tutti gli storici dell'arte sono anche riuniti nel Coordinamento Sezione Beni Artistici e Storici, che con riu-

5. La legge stabilisce che tale competenza venga fissata di volta in volta con decreto del Ministero dopo aver sentito la conferenza dei capi degli uffici delle Soprintendenze. D.P.R. 1975/805, art. 31.

nioni periodiche cerca di definire direttrici di intervento comuni nelle diverse sfere di competenza, stabilendo priorità e modalità esecutive omogenee, soprattutto per quanto riguarda la tutela e i restauri.

2. ***La Direzione Beni Ambientali e Architettonici*** è competente per tutte le funzioni burocratico-amministrative e di tutela relative a quei beni che sono affidati alla cura degli architetti: si occupa cioè dei monumenti, dei vincoli sul patrimonio immobiliare e dei vincoli ambientali, di cui coordina e gestisce anche i progetti di restauro e tutela. Tale direzione, costituita da nove architetti e un capotecnico svolgente attività di architetto, presenta una struttura più semplice rispetto alla precedente. Gli uffici da essa dipendenti, infatti, sono solo quello tecnico e la sezione catalogo relativa ai beni architettonici, oltre, naturalmente, alla segreteria. In realtà, da un punto di vista funzionale, è possibile individuare anche un ufficio che si occupa delle notifiche *ex lege* 1089, ma il personale che se ne occupa è indistintamente quello della direzione.

3. ***La Direzione Amministrativa*** si occupa della contabilità della Soprintendenza e dei musei che da essa dipendono e di tutte le problematiche relative al personale. Dal momento che il ruolo di direttore amministrativo, come abbiamo visto, è scoperto da anni, in realtà non esiste un coordinamento forte ed efficace di questa area. Le sue veci, a prescindere da quanto stabilito dalle procedure, sono di fatto esercitate dal collaboratore amministrativo contabile (il quale, peraltro, per la maggior parte del proprio tempo non svolge affatto funzioni contabili), impiegato nel settore del personale. Del resto in tutta l'area amministrativa, per far fronte alle carenze esistenti, si riscontra personale utilizzato in maniera anomala: un custode, ad esempio, svolge il compito di collaboratore amministrativo e un dattilografo quella di coadiutore. In un quadro di tali e tanto gravi carenze non stupisce la pur grave assenza di una segmentazione funzionale di competenza per sotto-aree, ad esempio per singoli musei, che invece sarebbe opportuna sia nel settore contabile sia nel settore personale.

4. Sono infine individuabili una serie di ***altri servizi generali***, di supporto per tutta l'attività tecnica e burocratica della Soprintendenza: un addetto stampa, due addetti all'archivio

generale e uno al cosiddetto archivio intermedio, che coordina l'informatizzazione della Soprintendenza, due addetti al protocollo, uno ai disegni, i custodi della sede, che poi sono quelli del museo di Palazzo Reale, dove si trovano appunto gli uffici, e gli "altri servizi" tra cui rientrano: un addetto ai servizi ausiliari che fa il centralinista, un elettricista specializzato per il minuto mantenimento e un operaio specializzato in attesa dei documenti necessari per assumere formalmente la qualifica di autista che già di fatto esercita (la persona che, come da pianta organica, ha la qualifica di autista, si occupa invece dei giardini come tecnico agrario!).

Da quanto esposto risulta evidente che l'attività di gestione dei musei costituisce solo una parte dell'insieme delle attività che caratterizzano l'operare della Soprintendenza, anche se da un punto di vista numerico assorbe la maggior parte dell'organico, che è appunto costituito da custodi. Il personale destinato specificatamente ai musei, infatti, come emerge dalla *tabella 6.2*, è in pratica unicamente quello di vigilanza, mentre i livelli gerarchici più alti si dividono tra la direzione dei musei e le altre funzioni burocratico-amministrative loro assegnate (sono stati infatti indicati ricorrendo alle frazioni).

TABELLA 6.2 **ORGANICO DELLA SOPRINTENDENZA SPECIFICAMENTE DESTINATO AI MUSEI**

	Musei Elbani	Museo di Calci	Musei di Lucca	Museo San Matteo	Museo di Palazzo Reale
direttore	1	1/2	1	1/3	1/3
addetti alla didattica	0	0	1/2	1/2	0
custodi	30	12	42	25	15
giardinieri e addetti alle lavorazioni	2	1	3	4	0

Fonte: ns elaborazione su dati della Soprintendenza di Pisa

Nessun museo ha un direttore che si occupi unicamente della sua gestione (Mangani, 1996). Anche per i musei dell'Isola d'Elba e di Lucca si ha un responsabile unico per due musei: il museo di Villa Guinigi e il museo di Palazzo Mansi a Lucca, e il museo di Villa S.Martino e quello della Palazzina dei Mulini all'Elba. Il direttore del museo Storico Artistico della Certosa di Calci è responsabile, come abbiamo visto, anche per tutto quanto concernente la provincia di Livorno, mentre il responsabile della provincia di Pisa si occupa contemporaneamente anche del San Matteo e di Palazzo Reale. Risulta dunque evidente il sovraccarico di lavoro, oltretutto aggravato dalle numerose emergenze che ogni anno si presentano sul territorio, richiedendo interventi di restauro *ad hoc*, da monitorare con attenzione.

I musei non hanno neppure personale specificatamente destinato alla didattica, tranne un bibliotecario che si divide tra Pisa e Lucca; per il resto le carenze vengono colmate, come possibile, dall'assistente bibliotecario che si occupa della didattica in generale per tutta la Soprintendenza. Ne emerge una notevole penalizzazione della capacità delle strutture museali di dialogare con il proprio pubblico, in particolare con quel segmento di visitatori che più avrebbe bisogno di una intermediazione del linguaggio delle opere, al fine di una sua comprensione e contestualizzazione. Si è creato nel tempo, dunque, un progressivo inaridimento del rapporto con i fruitori attuali e il mancato incoraggiamento di fruitori potenziali, nonché una progressiva astrazione dei musei dal contesto culturale toscano.

Manca del tutto, infine, un coordinamento di qualsiasi genere tra i vari musei che possa sviluppare sinergie, definire strategie comuni e promuovere percorsi tematici. All'interno della Soprintendenza, infatti, non esiste un responsabile dei musei, visti come area omogenea di attività, ma ogni direttore assume le proprie scelte nella più completa autonomia, vanificando così i vantaggi che potrebbero derivare dallo sfruttamento di risorse condivise e dalla creazione di competenze interscambiabili.

6.2.2 Le modalità di finanziamento e i connessi processi decisionali

Le condizioni operative della Soprintendenza dipendono strettamente, oltre che dalla quantità e qualità del personale in organico, dalla disponibilità di fondi di cui essa dispone e dei vincoli imposti dal Ministero dei Beni Culturali alle modalità di spesa e alla destinazione di tali fondi.[6]

6. In relazione alle modalità di finanziamento della Soprintendenza ci si soffermerà soltanto sugli elementi di fondo necessari alla comprensione delle condizioni operative e gestionali del museo di San Matteo. Per ulteriori approfondimenti si rimanda a Zan (capitolo 5); cfr. anche Narduzzo, Zan (capitolo 10).

Per poter analizzare come in concreto si sviluppa questo vincolo è necessario, dunque, comprendere attraverso quale procedura la Soprintendenza ottiene i propri finanziamenti. Sono ovviamente esclusi dall'analisi i fondi necessari al pagamento degli stipendi dei dipendenti, i quali essendo formalmente dipendenti del Ministero vengono direttamente retribuiti da quest'ultimo, senza che tali fondi passino in alcun modo dalla Soprintendenza che, di conseguenza, non ne conosce nemmeno approssimativamente l'ammontare.

Il processo di assegnazione dei finanziamenti parte orientativamente nel mese di luglio con la circolare con cui il Ministero chiede alla Soprintendenza la predisposizione del Piano di Spesa annuale per l'anno successivo.[7] La programmazione annuale (cioè la specificazione anno per anno delle spese previste, integrata con le richieste presunte dei due anni successivi) è stata pensata come strumento per conferire organicità a tutti gli interventi sul territorio nazionale e unitarietà di indirizzi sotto il profilo concettuale e metodologico. Teoricamente il piano dovrebbe essere formulato in base alle previsioni di spesa per la copertura dei costi di funzionamento della Soprintendenza e di tutte quelle iniziative necessarie per la tutela e la valorizzazione del territorio di competenza, compresi i musei che da essa dipendono. In realtà invece la circolare impone, ormai da diversi anni, di non superare globalmente nelle richieste la misura delle assegnazioni dell'anno precedente, circostanza che ovviamente condiziona in misura rilevante l'operatività della Soprintendenza e soprattutto la sua possibilità di realizzare realmente uno sviluppo pluriennale dei progetti. In realtà tale vincolo non va inteso in senso assoluto, ma come indicazione di massima: negli ultimi anni gli stanziamenti a favore della Soprintendenza di Pisa, oscillando attorno a un valore centrale di circa otto miliardi, sono variati di un 10% in più o in meno, a seconda delle contingenze. In ogni caso resta un limite molto restrittivo al tetto massimo dei finanziamenti ottenibili.

La circolare richiede inoltre per i singoli interventi di cui si richiede il finanziamento una documentazione estremamente

7. A tale circolare segue l'invio da parte della Soprintendenza al Ministero del piano di spesa annuale richiesto, accompagnato dalla relazione del Soprintendente. Intorno a dicembre di norma giunge l'approvazione del piano di spesa da parte del Ministero, che ovviamente può variare le somme concesse rispetto a quelle richieste dalla Soprintendenza.

precisa e dettagliata, aumentando ulteriormente la burocratizzazione delle procedure con evidenti conseguenze negative.[8] In primo luogo si impone ai funzionari di predisporre voluminose pratiche burocratiche, che comprendono un iter che va dalla preparazione dei progetti alla raccolta dei preventivi, con evidente impiego di risorse e di tempo, che potrebbe anche risultare perfettamente inutile nel caso in cui il Ministero poi non approvasse la spesa, come accade nella maggior parte dei casi (su una decina di progetti presentati ne vengono in media finanziati due o tre). In secondo luogo costringe a definire con più di un anno e mezzo di anticipo rispetto all'effettiva realizzazione anche i dettagli dei progetti, che diventano così immodificabili: non viene lasciata alla Soprintendenza nessuna discrezionalità per cambiamenti o adeguamenti dei lavori in corso d'opera, neppure se necessari per esigenze tecniche.

Una volta approvato il piano di spesa annuale, questo diventa vincolante per il suo importo totale: risulta cioè assolutamente impossibile effettuare spese non previste, salvo quelle di cui sia dimostrata (con una particolare procedura) l'urgenza assoluta. Le modifiche invece, fermo restando l'importo globale, sono consentite solo se adeguatamente motivate e autorizzate dal Ministero, procedimento che però si presenta lungo e farraginoso e che quindi in genere si cerca di evitare.

Non solo: sia le richieste di finanziamento che gli stanziamenti effettivi sono rigidamente divisi per capitoli di spesa predeterminati e fissati a livello nazionale; all'interno dei vari capitoli vengono poi individuate le voci di spesa e i progetti a cui vengono specificatamente riferiti gli importi analitici. Tra i diversi capitoli, come in tutte le amministrazioni pubbliche, non esiste permeabilità: non sono cioè possibili né spostamenti di fondi da un capitolo a un altro, né all'interno dello stesso capitolo tra progetti diversi (per una breve ma efficace analisi dei principi che sovrintendo-

8. Per ogni progetto devono infatti essere presentati una relazione storico-artistica dei beni oggetto di intervento, una relazione tecnico-descrittiva delle caratteristiche, dei contenuti dell'intervento e dei tempi di attuazione dei lavori, la documentazione fotografica e il quadro di massima delle categorie di spesa previste. Per le proposte di finanziamento delle mostre vanno trasmessi anche i progetti culturali e l'elenco delle opere scelte per il percorso espositivo, oltre all'elenco delle mostre sponsorizzate da altri con indicazione dell'ente finanziatore, delle mostre progettate da enti e comitati in cui ci sia un coinvolgimento scientifico e operativo della Soprintendenza e infine delle mostre ospitate in sedi statali.

no al sistema contabile degli enti pubblici si veda Zangrandi, 1992). Tale situazione complessivamente comporta una forte rigidità dello stanziamento.

Il Ministero accredita i fondi attraverso la Banca d'Italia.[9] Tutti i pagamenti da parte della Soprintendenza, dunque, avvengono solo attraverso la Banca d'Italia. Ne consegue l'impossibilità di movimentazione diretta del denaro o di utilizzazione di un conto corrente bancario, il che genera nella gestione finanziaria della Soprintendenza diverse inefficienze, che vanno dalla lentezza delle procedure di pagamento dei fornitori all'impossibilità di ricevere sovvenzioni direttamente da attori privati e pubblici esterni a questa dinamica.

Le somme che alla fine dell'anno non sono state spese, come accade per le altre amministrazioni pubbliche, tornano indietro al Ministero, senza possibilità di accantonarle o di sommarle allo stanziamento dell'anno successivo, circostanza che costituisce un incentivo a spendere tutta la cifra disponibile a qualsiasi condizione, nell'ambito però dei pesanti vincoli esistenti. Qualora infatti si ottenga uno sconto da una ditta appaltatrice di lavori, in genere, l'unica possibilità di impiego risiede nel commissionare alla stessa ditta altri lavori sullo stesso progetto per l'importo scontato, anche se non necessari o prioritari, in quanto le somme "risparmiate" non possono essere spostate su altri progetti. Appare ovvio che ciò determina un forte disincentivo al perseguimento di economie nello svolgimento dei lavori.

Può accadere infine che intervengano provvedimenti straordinari a ridurre l'ammontare dei finanziamenti disponibili anche dopo che questi siano già stati approvati. Nel 1997 ad esempio il Decreto Legge 31/12/96 n. 699, convertito in Legge n. 30/97 ha disposto il blocco totale della spesa pubblica. Di conseguenza le somme già assegnate alla Soprintendenza non potevano più essere spese. Nonostante a questo provvedimento ne sia seguito un altro di deroga parziale al blocco, che autorizzava a spendere parte

9. I primi di gennaio, successivamente all'approvazione del piano di spesa annuale, perviene dal Ministero l'autorizzazione all'impegno di spesa, con cui vengono trasmessi alla Ragioneria centrale i primi ordini di accreditamento (40% circa della spesa totale). L'ulteriore apertura di credito per ciascuno dei capitoli e per l'importo che la Soprintendenza assicurerà di poter estinguere entro l'anno finanziario può essere disposta solo appena la Soprintendenza comunichi il completo utilizzo delle somme già accreditate. Prima che arrivi lo stanziamento può essere speso un decimo della somma approvata.

della cifra inizialmente stanziata, su base annua i fondi della Soprintendenza hanno subito una forte decurtazione, creando notevoli problemi gestionali e organizzativi, dal momento che in molti casi i lavori erano già stati appaltati ed erano cominciati.

La *tabella 6.3* riporta le somme richieste dalla Soprintendenza di Pisa per il 1997 e quelle effettivamente stanziate, con la relativa differenza percentuale. Si è poi evidenziato quali sono state le cifre effettivamente disponibili a seguito del blocco della spesa pubblica.

Come linea di tendenza si verifica che il Ministero concede alla Soprintendenza circa l'80% dei fondi richiesti (una percentuale più o meno simile si riscontra anche negli anni precedenti). Nel 1997, invece, lo stanziamento si è ridotto quasi alla metà, ma a motivo di un provvedimento che si può considerare straordinario, quale il blocco della spesa pubblica. I tagli però non avvengono uniformemente su tutti i capitoli: in genere vengono, infatti, approvate tutte le spese riguardanti i restauri, mentre si cerca di contenere le spese per interventi urgenti e imprevisti. In caso di necessità possono essere richiesti al Ministero fondi ulteriori (seppur entro il ristrettissimo limite di 50 milioni) per lavori di pronto intervento non inseriti nel piano di spesa approvato, allegando il verbale di somma urgenza e quello di inizio lavori; sarà poi il Ministero a provvedere alla copertura finanziaria.

Vengono poi anche raramente approvate nella loro interezza le spese di funzionamento, quelle telefoniche e quelle di catalogazione con delle decurtazioni che oscillano dal 30 al 40%. Altra voce che di consueto viene fortemente penalizzata (–82,2% nel '97) è quella della didattica, pubblicazioni e mostre il cui importo, anche prima del blocco degli impegni, risulta essere totalmente inadeguato alla promozione di quattro province e numerosi musei.

Confrontando la dinamica dei finanziamenti negli ultimi tre anni (*tabella 6.4*) si nota che nei finanziamenti alla Soprintendenza di Pisa non si sono avute grosse variazioni né nell'importo globale, né nella composizione tra le diverse voci.

Si osserva anche che la voce restauri, considerandovi compresi anche i fondi per interventi urgenti e imprevisti, in pratica non ha subito nel tempo alcuna decurtazione e da sola assorbe circa il 75% dei fondi stanziati, mentre la voce didattica, pubblicazioni e mostre (a cui possono in qualche maniera farsi risalire le spese per la valorizzazione del patrimonio culturale) presenta un importo irrisorio e costantemente decrescente.

TABELLA 6.3 **I FINANZIAMENTI MINISTERIALI ALLA SOPRINTENDENZA DI PISA NEL 1997 (MILIONI DI LIRE)**

capitolo e tipo di spesa	richieste	stanziate	diff. %	disponibili
2034 spese di funzionamento	1.680	980	-41,6%	980
2035 spese per missioni	130	130	-	67
2035 interventi urgenti e imprevisti	150	150	-	150
2035 macchinari attrezzature antifurto antincendio (manutenzione)	342	342	-	342
2035 macchinari attrezzature antifurto antincendio (acquisto)	130	130	-	130
2035 inventariazione precatalogazione catalogazione	650	455	-30,0%	455
2035 didattica pubblicazioni e mostre	450	80	-82,2%	41
2047 spese telefoniche	120	80	-33,3%	80
2102 restauro opere d'arte non statali Pisa	222	222	-	125
2102 restauro opere d'arte non statali Lucca	178	178	-	101
2102 restauro opere d'arte non statali Livorno	31	31	-	18
2102 restauro opere d'arte non statali Massa	46	46	-	26
2102 opere d'arte non statali: interventi urgenti e imprevisti	92	0	-100,0%	0
8005 restauro opere statali: interventi urgenti e imprevisti	150	150	-	87
8005 restauro opere statali	2.710	2.410	-11,0%	1.397
8019 adeguamento strutturale e funzionale locali di musei statali	1.400	1.400	-	830
8103 restauro e valorizzazione monumenti non statali	1.675	1.675	-	984
8103 restauro e valorizzazione monumenti non statali, interventi urgenti	150	0	-100,0%	0
totale	**10.306**	**8.459**	**-17,9%**	**5.813**

Fonte: ns elaborazione su dati della Soprintendenza di Pisa

TABELLA 6.4 **I FINANZIAMENTI MINISTERIALI ALLA SOPRINTENDENZA DI PISA 1995-1997 (MILIONI DI LIRE)**

tipologia di spesa	1995	% 1995	1996	% 1996	1997	% 1997
spese di funzionamento	1.200	13,3%	1.150	14,5%	1.190	14,1%
interventi urgenti e imprevisti	50	0,5%	650	8,2%	300	3,6%
acquisto e manutenzione impianti e macchinari	162	1,8%	372	4,7%	472	5,6%
catalogazione	600	6,6%	203	2,5%	455	5,4%
didattica, pubblicazioni e mostre	160	1,8%	145	1,8%	80	0,9%
restauri	6.873	76,0%	5.437	68,3%	5.939	70,4%
totale	**9.045**	**100,0%**	**7.957**	**100,0%**	**8.436**	**100,0%**

Fonte: ns elaborazione su dati della Soprintendenza di Pisa

Si può ipotizzare, dunque, che il processo di allocazione dei fondi da parte del Ministero abbia carattere prettamente politico e tenda a mantenere il ruolo della Soprintendenza anacronisticamente limitato alle sole funzioni di conservazione e restauro (alle quali afferiscono peraltro le uniche competenze specialistiche esistenti all'interno della Soprintendenza), rendendo di fatto impossibile lo sviluppo di qualsiasi attività di valorizzazione o di gestione innovativa e cercando di mantenerne l'operatività nei limiti dello stretto indispensabile. Del resto, la riduzione delle voci di spesa relative al restauro e alla conservazione del patrimonio artistico potrebbe comportare critiche da parte dei mass-media e di altri attori pubblici e privati; al contrario, le voci relative al funzionamento della struttura burocratico-amministrativa della Soprintendenza, avendo esclusivamente rilevanza interna, possono essere drasticamente decurtate dal Ministero, come di fatto accade.

Nonostante l'immensa mole di pratiche compilate, peraltro, esiste una forte asimmetria informativa tra il Ministero e la Soprintendenza (dovuta tra l'altro all'assenza totale di procedure per la misurazione e per la valutazione delle performance di queste ultime) che disincentiva la concessione di fondi non strettamente necessari all'operatività delle unità periferiche. In realtà tale problema non è altro che il riflesso degli inadeguati assetti istituzionali e organizzativi attualmente esistenti, all'interno dei quali mancano attribuzioni precise di ruoli e definizioni chiare di responsabilità.

Per inciso si osserva che il sistema della contabilità pubblica certo non aiuta a rendere trasparenti le operazioni compiute, né permette un'agevole ricostruzione della dinamica economico-finanziaria. In questo contesto, è del tutto fuori luogo anche solo pensare che sia realistico puntare all'implementazione di una pur utilissima contabilità analitica dei costi per singoli centri di imputazione (ad esempio i diversi musei).

6.3 Il ruolo del museo di San Matteo all'interno della Soprintendenza

Il museo di San Matteo non è che una delle ripartizioni interne della Soprintendenza di Pisa, un "ufficio" piuttosto marginale, senza alcuna rilevanza organizzativa autonoma, che assorbe una parte tutto sommato limitata delle risorse personali e finanziarie a disposizione.

Come abbiamo visto (tabella 6.2), in pratica il museo non dispone di personale specificatamente dedicato, oltre a quello di custodia. Né tanto meno esistono risorse umane qualificate da impiegare specificatamente per politiche di promozione e valorizzazione. Le uniche risorse esistenti in questo ambito, evidentemente insufficienti, infatti, sono due obiettori di coscienza che si occupano di rispondere al telefono, di fornire informazioni ai visitatori e di condurre le visite guidate su richiesta. Si tratta però di personale in numero chiaramente insufficiente a sviluppare le potenzialità del San Matteo, soggetto a un elevato *turn-over* e non sempre qualificato e motivato. Non stupisce che in questa situazione non sia attribuibile direttamente al museo alcuna attività se non quella di "esistere". Il San Matteo non organizza conferenze, non promuove convegni, non allestisce mostre: tutto ciò viene gestito direttamente dalla Soprintendenza, nei limiti delle risorse disponibili.

Considerando, più in particolare, i flussi finanziari in entrata e in uscita che lo caratterizzano, si osserva che esso trae praticamente la totalità dei suoi fondi dalla Soprintendenza e quindi indirettamente dal Ministero. Una prima quota delle risorse finanziarie, in particolare quella destinata a coprire le spese riguardanti i restauri, gli allestimenti museali e gli impianti, viene richiesta dalla Soprintendenza al Ministero specificatamente per il museo, esplicitando singole voci analitiche all'interno dei capitoli, così come riportato sinteticamente nella *tabella 6.5*.

TABELLA 6.5 **I FINANZIAMENTI OTTENUTI DALLA SOPRINTENDENZA PER IL MUSEO DI SAN MATTEO (MILIONI DI LIRE)**

tipologia di spesa	**1995**	**1996**	**1997**
restauri opere d'arte	40	60	0
allestimento impianti	300	200	1.000
totale	**340**	**260**	**1.000**

Fonte: ns elaborazione su dati della Soprintendenza di Pisa

Si osserva, anche semplicemente dall'analisi dell'ultimo triennio, che gli importi di tali stanziamenti variano notevolmente da un anno all'altro, in funzione delle specifiche necessità del museo, ma anche delle priorità stabilite dalla Soprintendenza: a fronte di un finanziamento globale più o meno costante negli anni, l'assegnazione di una percentuale maggiore al museo riduce le possibilità di impieghi alternativi per altri musei o per altri interventi sul territorio.

Per tutte le altre tipologie di spesa non esiste alcuna specificazione all'interno dei singoli capitoli ed è dunque impossibile determinare a priori quale sarà la parte che la Soprintendenza destinerà al museo. L'unica imputazione possibile, dunque, è quella a posteriori, sulla base dei pagamenti effettivamente posti in essere, purché in essi sia precisato che si tratta di spese per il San Matteo, circostanza non sempre verificata (la contabilità della Soprintendenza, infatti, non presenta alcuna ripartizione interna per i singoli musei).

Da ciò si deduce che il processo di allocazione dei finanziamenti al museo di San Matteo dipende da due fattori. Innanzitutto dal finanziamento che lo Stato concede alla Soprintendenza, e quindi dalle scelte del Ministero e poi, in secondo luogo, dalle politiche della Soprintendenza, alla quale spetta di formulare le richieste di voci specifiche per il San Matteo, come ad esempio i restauri (lo Stato non darà mai più di quanto richiesto, semmai meno), nonché decidere all'interno dei fondi stanziati per i capitoli comuni quanto destinare al museo.

Bisogna poi precisare che i costi per il personale risultano essere *hidden-costs*, poiché non compaiono in alcuna maniera nella contabilità della Soprintendenza, che non ne conosce nemmeno l'importo (cfr. anche Zan, Paciello, 1998). Essi sono infatti coperti direttamente dal Ministero dei Beni Culturali (dato che, come abbiamo già sottolineato, i dipendenti formalmente sono appunto dipendenti del Ministero e non della Soprintendenza, né tanto meno del museo), circostanza che se da un lato allenta il vincolo finanziario, dall'altro comporta problemi connessi all'impossibilità di perseguire una propria e autonoma politica del personale e rende complesse le ricostruzioni economico-finanziarie.

La struttura delle entrate e delle uscite afferenti al museo di San Matteo effettuata per il 1996 (*tabella 6.6*) è dunque frutto di una ricostruzione virtuale, peraltro piuttosto complessa, da noi effettuata in base ai dati disponibili.

Per quanto riguarda le uscite, i valori deducibili dal piano di spesa approvato dal Ministero sono stati integrati con quelli della contabilità della Soprintendenza e opportunamente rielaborati, procedendo, sulla base della documentazione disponibile, a scorporare dalle voci di spesa comuni la parte riferibile al museo e provvedendo all'integrazione con i dati sugli stipendi degli addetti al museo di San Matteo e, in particolare, 26 custodi, tre giardinieri e un operaio. A questi andrebbero aggiunti lo storico dell'arte direttore e il documentalista addetto alla didattica (vedi tabella 6.2), che però non si occupano del museo a tempo pieno e che quindi si è preferito tralasciare. Si osserva inoltre che non sono stati computati i "costi amministrativi": gli operatori che si occupano dell'amministrazione tecnico-contabile del museo sono infatti quelli della Soprintendenza ma, non esistendo personale dedicato, è estremamente complesso effettuare stime su quanto sia il tempo che viene dedicato da essi specificatamente al museo e quindi a maggior ragione effettuarne una valutazione. In conclusione, dunque, le spese per il personale sono da considerarsi in larga misura sottostimate.

TABELLA 6.6 **LE ENTRATE E LE USCITE DEL MUSEO DI SAN MATTEO NEL 1996 (IN MILIONI DI LIRE)**

	importo	%
entrate:		
incassi da biglietti	39	48%
sponsorizzazioni	25	30%
entrate aggiuntive	18	22%
totale entrate	**82**	**100%**
uscite:		
energia elettrica	30	2%
acqua	6	1%
pulizie	40	3%
riscaldamento	30	2%
tasse comunali	8	1%
restauri	60	5%
allestimento museale	200	15%
mostre, didattica, pubblicità	0	0%
spese per il personale	933	71%
totale uscite	**1.307**	**100%**
sbilancio competenze	1.225	94%

Fonte: ns elaborazione su dati della Soprintendenza di Pisa

Per quanto riguarda, invece, le entrate sono stati considerati gli incassi da biglietti (veramente limitati, dal momento che, come vedremo meglio oltre, il numero dei visitatori del museo è estremamente ridotto) e sono state aggiunte le altre risorse finanziarie che il museo è stato in grado di autogenerare attraverso sponsorizzazione e vendite di diritti di concessione.

Si osserva che lo sbilancio tra entrate e uscite, come ci si poteva ragionevolmente attendere, è enorme: le entrate autogenerate riescono a coprire poco più del 6% del totale delle uscite. Anche considerando unicamente le uscite relative alla produzione del servizio espositivo (escludendo quindi i restauri, gli impianti e gli allestimenti) tale percentuale arriva solo al 7,8%. L'autosufficienza economico-finanziaria del museo, dunque, è estremamente limitata. Non solo; ma, dato il limitatissimo afflusso di pubblico, a fronte del quale il museo deve comunque sostenere le spese per tenere aperte le sale, il costo del servizio espositivo per visitatore è estremamente elevato e supera le 100.000 lire a persona.

Considerando che il biglietto di ingresso è fissato a L. 8000, si ha che per ogni visitatore lo Stato attualmente fornisce al museo un sussidio pari circa a L. 92.000.

Tale squilibrio non appare neppure facilmente riducibile nel breve periodo. Dal lato delle uscite, infatti, troviamo una rigidità quasi totale: sia le spese per il personale (che da sole sono più del 70%) che quelle per le utenze non sono attualmente comprimibili. Dal lato delle entrate il problema principale sta nella sostanziale irrilevanza degli incassi derivanti dalla vendita di biglietti, che non sono in grado di coprire neppure le spese di pulizie.[10]

A fronte di ciò colpisce che vi siano ben 18 milioni di lire di entrate aggiuntive. Si tratta di proventi derivanti dalla vendita dei diritti di utilizzo delle immagini del museo di San Matteo contenute nell'archivio fotografico della Soprintendenza, in base a quanto previsto dalla Legge Ronchey n. 4/93. Pur senza procedere a nessuna iniziativa promozionale, i proventi hanno rappresentato circa la metà di quanto ricavato nello stesso periodo dalla vendita di biglietti, anche se i tempi per l'effettiva disponibilità di tali somme non sono brevi. Gli importi, infatti, non vengono

10. Tale circostanza è in realtà meno anomala di quanto potrebbe sembrare. Se le entrate derivanti dalla vendita di biglietti del museo di San Matteo coprono il 3% delle uscite totali, nel museo di Capodimonte a Napoli si arriva appena all'1%, (Bagdadli, 1997). Nei musei della provincia di Firenze tale percentuale sale circa al 9% (Carlini, 1996), mentre al museo Poldi Pezzoli di Milano, che può essere considerato una punta di eccellenza, arriva fino al 13,9% (cfr. anche capitolo 3).

riscossi direttamente dal museo o dalla Soprintendenza, ma vengono versati dagli "acquirenti" direttamente allo Stato, che deve a sua volta versarle alla Soprintendenza.

Attualmente non sono presenti né un *bookshop*, né una caffetteria, anche perché il bacino di utenza del museo potrebbe ragionevolmente essere considerato troppo limitato per permettere al gestore il raggiungimento del *break-even point*. Tale possibilità, tuttavia, dovrebbe essere attentamente vagliata, qualora attraverso adeguate iniziative si riuscisse ad aumentare in misura significativa gli ingressi.

Vi sono infine le sponsorizzazioni che, pur configurando minori uscite e non maggiori entrate, si è preferito sommare alle entrate per chiarezza espositiva, dal momento che determinano una disponibilità di risorse finanziarie ulteriore rispetto a quella proveniente dal finanziamento ministeriale. La ricostruzione degli importi ha causato notevoli problemi, dal momento che qualsiasi intervento di sponsorizzazione o donazione al museo non viene assolutamente contabilizzato (né tanto meno esistono delle registrazioni extra-contabili, se non nella memoria delle persone), in quanto la Soprintendenza, non avendo un proprio conto corrente, può ricevere fondi solo dal Ministero. In pratica quindi le sponsorizzazioni possono avvenire unicamente tramite il pagamento diretto da parte dello sponsor delle spese che intende accollarsi (con tutti gli adempimenti burocratici conseguenti), che vanno a configurare dei minori costi per la Soprintendenza o permettono il sostenimento di spese che altrimenti non avrebbero trovato copertura: situazione che, oltre a rendere la contabilità non rappresentativa delle operazioni del museo, contribuisce a disincentivare qualsiasi iniziativa di questo tipo. Negli ultimi anni infatti l'unica sponsorizzazione al museo è arrivata da un esercizio commerciale di Pisa che ha pagato L. 1.500.000 per il restauro di una piccola tavoletta lignea. Assimilabile a una sponsorizzazione può anche essere considerato il contributo della Provincia di Pisa alle spese per la didattica (25 milioni di lire annui), che avviene attraverso il pagamento diretto di professionisti esterni alla Soprintendenza che istruiscono gli insegnanti e gli studenti sul percorso espositivo del San Matteo.

Del resto le possibilità per il museo di San Matteo di riuscire a trovare sponsor privati è fortemente condizionata dal limitato numero di visitatori. Qualsiasi iniziativa, infatti, allo stato attuale delle cose, potrebbe produrre un ritorno di immagine per lo sponsor molto limitato, tale da non rendere conveniente nella maggior parte dei casi l'impegno finanziario. A ciò bisogna aggiungere la constatazione che sono mancate e mancano all'interno della Soprintendenza sia le energie e la volontà organizzativa per cercare soluzioni innovative convenienti per tutti i soggetti coinvolti, sia la capacità di promuovere iniziative, anche a livello locale, capaci di garantire un'adeguata visibilità agli eventuali sponsor.

6.3.1 Il problema degli ingressi e la *mission* del museo

Il museo di San Matteo si caratterizza per un numero di visitatori estremamente ridotto: nel 1996 sono stati solo 10.445, divisi in 4909 paganti e 5536 gratuiti, pur a fronte di un bacino di utenza potenzialmente assai ampio, sia per le dimensioni della città di Pisa (circa 100 mila abitanti), sia soprattutto per il suo essere tra le città d'arte soggette ai più intensi flussi di turismo in Italia (Mossetto, 1992), come si evince non tanto dagli arrivi e dalle permanenze negli alberghi, quanto dalle migliaia di *day-tripper* che quotidianamente affollano Piazza dei Miracoli. Ciò evidenzia chiaramente le grosse difficoltà di cui soffre il museo nello svolgimento della propria azione. Appare indubbio, infatti, che i musei debbano caratterizzarsi principalmente per il loro ruolo di intermediazione nella trasmissione di un messaggio culturale (in relazione ai beni artistici come beni semiofori si veda Santagata, 1998), di ricerca e di divulgazione scientifica. Nell'ambito di questi obiettivi di fondo, ogni museo (date le peculiarità della propria collezione, che lo rendono un'entità unica e irripetibile) dovrebbe definire una propria e personale *mission*, che possa porsi quale riferimento per le strategie e le politiche poste in essere (Bertini, 1991). Sulla base della propria *mission*, il museo dovrebbe poi individuare il proprio pubblico-target, per segmentarlo sulla base di adeguati criteri e individuare il contenuto concreto dei diversi servizi da produrre e distribuire. In ogni caso si dovrebbe tendere, oltre che a un progressivo aumento della qualità dell'offerta, anche alla massimizzazione del numero dei visitatori, non solo per poter ripartire il costo del servizio espositivo su un maggior numero di ingressi e diminuirne quindi il costo unitario migliorando l'efficienza del museo, ma soprattutto perché in questa maniera si valorizza l'efficacia dell'azione del museo stesso.

Risulta evidente, infatti, che gli aspetti reddituali sono in questo contesto del tutto secondari: la massimizzazione dei visitatori non deve essere perseguita per cercare di raggiungere un improbabile miglioramento delle condizioni di equilibrio economico-finanziario, ma per far sì che il sostenimento dei costi necessari per tenere in vita il museo sia effettivamente giustificato da una sua effettiva utilizzazione come mezzo di diffusione della cultura e non solo come contenitore di opere. Nel rapporto con il pubblico, infatti, il museo trova la sua legittimazione ed è proprio tale legittimazione che avalla l'intervento pubblico a sostegno dell'attività espositiva:[11] un museo vuoto è un museo che non riesce a porsi quale intermediario di cultura ed è condannato a essere solo un deposito di materiali.

Anche nel caso specifico del museo di San Matteo, dunque, la limitatezza del pubblico è rilevante non solo e non tanto per l'enorme sbilancio tra entrate e uscite che ne consegue da un punto di vista economico-finanziario, quanto per l'espressione di una sottostante inadeguatezza del museo nel proprio ruolo di intermediario culturale.

Né tale situazione può essere attribuita a circostanze episodiche: se consideriamo la dinamica degli ingressi negli ultimi dieci anni (*figura 6.2*) osserviamo un continuo calo di quelli paganti, solo parzialmente compensato da un aumento di quelli gratuiti, aumento dovuto alla notevole e crescente efficacia (supportata finanziariamente anche dalla provincia) dell'azione didattica del museo nei confronti delle scuole: la maggior parte dei biglietti gratuiti emessi, infatti, sono relativi a visitatori con meno di 18 anni e quindi a studenti.

Il progressivo calo nel numero dei visitatori paganti sembra riferibile ad almeno due fattori.

In primo luogo la chiusura della Torre di Pisa nel 1990 che ha drasticamente ridotto le presenze di turisti a Pisa (secondo i dati dell'APT pisana, nella città si è rilevata una sostanziale e continua contrazione nel numero delle presenze negli esercizi alberghieri passando da 409.476 nel 1989 a 334.409 nel 1995 con una caduta di oltre il 18% in soli 6 anni). Ciò denota che le strutture museali pisane in genere sono fortemente dipendenti, per quanto attiene al numero dei visitatori, da un'economia esterna non controllabile, ossia dall'attrazione turistica esercitata dalla Torre Pendente.

11. I vantaggi che derivano dall'esistenza dei musei e dalla loro apertura al pubblico non si possono ridurre unicamente a quelli goduti dai visitatori. In relazione alla complessa problematica delle esternalità delle attività museali, che non è possibile affrontare in questa sede, si veda, tra gli altri, Causi e Bariletti, 1998.

FIGURA 6.2 **LA DINAMICA DEGLI INGRESSI DEL MUSEO DI SAN MATTEO (1986-1996)**

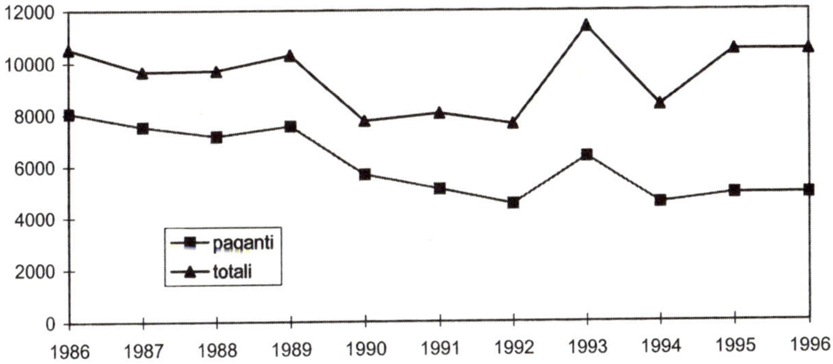

Fonte: ns elaborazione su dati della Soprintendenza di Pisa

Tuttavia la chiusura della Torre non sembra, da sola, poter spiegare il calo degli ingressi al museo che nel periodo 1989-95 è stato di quasi il 35%, a confronto del –18% delle presenze. Anche se il parallelismo tra il numero delle presenze turistiche nella città di Pisa e il numero dei visitatori paganti nel museo di San Matteo non è immune da difetti metodologici, esso può essere tuttavia considerato accettabile, dal momento che è ragionevole ipotizzare che i visitatori del museo siano soprattutto turisti. Vi sono dunque altre circostanze che hanno inciso negativamente sulla performance del museo. Tra queste, i pesanti lavori di ristrutturazione del museo, partiti nel 1988-89 e non ancora terminati, che si è scelto di effettuare senza ricorrere alla chiusura del museo, causando però disagi ai visitatori che hanno indubbiamente manifestato una certa disaffezione.

La ricerca delle vie per incrementare il pubblico del museo è un problema dalla soluzione tutt'altro che semplice.

Non sembra che le condizioni di accessibilità costituiscano attualmente una variabile critica. Il San Matteo è visitabile dalle 9.00 alle 19.00 dei giorni feriali e dalle 9.00 alle 13.00 dei giorni festivi, e rimane chiuso solo l'1/1, l'1/5, il 15/8 e il 25/12. Il numero di ore di apertura è perciò notevole e anche la fruibilità durante il fine settimana è sostanzialmente in linea con la media dei musei statali.[12] Non sembra neppure che

12. L'aumento dei tempi di apertura, d'altra parte, sarebbe impossibile, date le attuali dotazioni di personale e le vigenti norme del contratto nazionale. Già ora la domenica si può tenere aperto sono facendo visite "accompagnate": i visitatori, cioè, possono entrare solo una volta

sia il prezzo del biglietto di ingresso a limitare l'afflusso di pubblico: la domanda appare sostanzialmente rigida rispetto alle variazioni del prezzo unitario (Dickenson, 1997), per lo meno entro dati intervalli di variazione.[13]

L'esperienza recente del museo di San Matteo, infatti, è stata contrassegnata da un aumento del prezzo del biglietto che, rimasto costante a L. 3000 fino alla fine del 1990, è passato a L. 6000 nel 1991 e a L. 8000 nel settembre 1994. Nonostante ciò, il volume degli incassi totali negli stessi anni è andato progressivamente aumentando (*figura 6.3*) e non pare che siano osservabili sostanziali diminuzioni nel numero degli ingressi paganti a seguito di tali modifiche tariffarie. In effetti la caduta drastica degli ingressi paganti sembra riferibile soprattutto al periodo precedente alla prima modifica tariffaria. Si può dunque ragionevolmente ritenere che, anche se il museo avesse un ingresso gratuito, in assenza di mutamenti strutturali di altro tipo, le presenze non sarebbero molte di più (Anthony, Young, 1992: 91).

In realtà è possibile individuare almeno due specifici problemi che rendono l'afflusso di pubblico così limitato, uno di natura "endogena" e l'altro di natura "esogena" rispetto al museo.

Il problema endogeno è legato alla notorietà del museo che è generalmente molto bassa non solo a livello nazionale e internazionale, ma anche a livello locale, determinando così una scarsa attrattività del museo stesso. Si tratta, a ben vedere, di una situazione niente affatto anomala nel contesto italiano. Una ricerca svolta nel 1987 in Italia dalla società Rimarko per conto del Ministero dei Beni Culturali su un campione stratificato di 15 mila adulti, considerando i 30 musei italiani più visitati, ha mostrato che questi erano conosciuti in media soltanto dal 9% degli intervistati, dei quali il 3,6% vi avevano già effettuato una visita e l'1,7% era intenzionato a farlo. Anche se in questi anni la situazione è in parte cambiata, sicuramente il tasso di notorietà dei musei di piccole dimensioni è senz'altro molto più basso del 9%, anche tra la popolazione della comunità sul cui territorio insistono. Ed è

all'ora e vengono accompagnati di sala in sala da un custode. In questo modo sono sufficienti solo tre persone di custodia e un obiettore. Del resto, in questa situazione, da un aumento degli orari di apertura non sarebbe ragionevole attendersi degli aumenti nel numero dei visitatori, ma soltanto nei costi.

13. "*It is encouraging to know that imposing charges does not greatly reduce attendance, but is discouraging to reflect that for the same reason, holding the price down does not greatly increase it*" (Heilbrun, Gray, 1993: 179. Nello stesso senso anche Frey, Pommerehne, 1991: 59).

indubbio che la notorietà possa avere un notevole peso sia nell'incoraggiare all'ingresso i visitatori potenziali (principalmente turisti, ma anche residenti), sia nel raggiungere quel segmento di pubblico che, avendo scarsa confidenza con il mondo dei beni culturali, presenta una bassa propensione alla visita. In Italia, più che nel resto d'Europa, peraltro, vi è un forte divario tra coloro che sono visitatori abituali dei musei e coloro che non li frequentano per niente: si stima che, negli ingressi totali a livello nazionale, il rapporto tra visitatori frequenti e non frequenti sia di circa 30 a 1 (dati Ministero dei Beni Culturali).

FIGURA 6.3 **LA DINAMICA DEGLI INGRESSI PAGANTI E DEGLI INCASSI DEL MUSEO DI SAN MATTEO (1986-1996)**

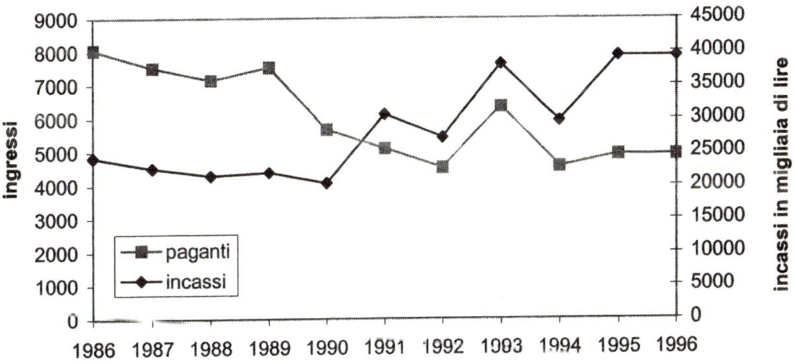

Fonte: ns elaborazione su dati della Soprintendenza di Pisa

Gli strumenti utilizzabili per migliorare la notorietà di un museo, pur con tutte le cautele del caso, sono sostanzialmente gli stessi che per le imprese: forme di pubblicità istituzionale, ma anche relazioni con la stampa e le tv locali. Sono estremamente importanti a tale scopo anche le iniziative e gli eventi posti in essere, come conferenze, mostre (Moretti, 1997a) e così via, che aumentano la riconoscibilità del "marchio" e contribuiscono ad attirare più visitatori.[14] Per i musei più piccoli che, come il San

14. Qualsiasi tipo di iniziativa può rispondere a questo scopo: Il museo Guggenheim, ad esempio, ha istituito da diversi anni il *Premio Guggenheim Impresa & Cultura*, unico in Italia nel suo genere, destinato ogni anno alle aziende che si siano distinte nell'utilizzo della cultura come strategia di comunicazione. L'iniziativa ha assunto progressivamente una notevole visibilità e può contare sul sostegno delle Poste Italiane, dell'Associazione Bancaria Italiana, di Confindustria, del Sole 24 Ore, della Philip Morris e della regione Veneto (Rylands, 1998: 92).

Matteo, non possono contare su risorse finanziarie da investire, può essere utile anche una buona cartellonistica: la presenza di (molti) cartelli stradali che segnalino la presenza del museo e indichino la strada per raggiungerlo è già di per sé una forma di "pubblicità". In proposito è da osservare che una cartellonistica stradale a segnalazione del museo, pur se ancora inadeguata, è stata introdotta solo nell'ultimo anno e continua a non essere presente alcun tipo di indicazione in Piazza dei Miracoli, il posto di Pisa dove si ha il maggior afflusso di turisti e quindi di potenziali visitatori: molti di essi non si recano al museo semplicemente perché non ne conoscono l'esistenza. Potrebbero essere utili a questo scopo anche dei pieghevoli da lasciare negli alberghi, nonché l'acquisto di veri e propri spazi pubblicitari (magari sponsorizzati dal Comune o dalla Provincia) nei punti di maggior transito, in particolare nella stazione ferroviaria e nell'aeroporto: probabilmente un poster di uno dei magnifici fondi oro contenuti nel museo, collocato in posizione strategica, attirerebbe più persone di molti articoli sulla stampa locale.

Ciò potrebbe aiutare ad aumentare la percentuale di turisti che entrano al San Matteo, attualmente limitatissima. Su 103.897 arrivi nel comune di Pisa nel primo semestre del 1996 (dati Azienda di Promozione Turistica di Pisa), infatti, gli ingressi al museo (compresi i gratuiti) sono stati solo 5363, circa il 5%: che tuttavia è una percentuale presumibilmente di gran lunga sovrastimata: anche se il museo non dispone di dati precisi sul proprio pubblico, è ragionevole comunque presumere infatti che gli ingressi gratuiti siano in gran parte riconducibili a visite scolastiche e che quindi solo gli ingressi a pagamento siano effettivamente di turisti.

La percentuale poi si riduce drasticamente se computiamo nel numero anche i turisti che hanno pernottato in zone limitrofe e soprattutto quello dei *day-tripper*. Un aumento anche di solo pochi punti percentuali dei turisti che visitano il museo, dunque, vorrebbe dire migliaia di ingressi in più.

Il problema esogeno, invece, è legato alla bassa permanenza media dei turisti. La visita a Pisa, infatti, fa parte del tipico pacchetto "Venezia, Firenze, Roma, Pompei" che viene venduto ai turisti di tutto il mondo per visitare l'Italia, ma rappresenta solo una tappa giornaliera con andata e ritorno da Firenze, dove in genere i turisti si fermano per qualche giorno. Il fatto che la maggior parte dei turisti siano *day-tripper*, inoltre, ne rende estremamente difficile una rilevazione quantitativa; le stime dell'Azienda di Promozione Turistica parlano di circa 100.000 persone ogni anno.

Osservando i dati su arrivi, presenze e permanenza media nel 1995 (*tabella 6.7*), si osserva, infatti, che la permanenza media negli alberghi della provincia è solo di 2,4 giorni per gli italiani e di 2,6 per gli stranieri, dati che si abbasserebbero notevolmente qualora si considerassero anche gli arrivi di coloro che non si fermano neppure una notte. Si può ragionevolmente ritenere, invece, che la permanenza media per gli altri esercizi sia notevolmente più elevata per il peso assunto dai campeggi nei prolungati soggiorni balneari sul litorale di Pisa (Marina di Pisa e Tirrenia), fenomeno dunque non riconducibile al turismo d'arte.

Se depuriamo i dati dall'influenza delle permanenze sul litorale, considerando i dati sul primo semestre del 1996, unicamente negli alberghi del Comune di Pisa, osserviamo, infatti, che la permanenza media scende a meno di due giorni (179.485 presenze su 95.951 arrivi).

TABELLA 6.7 **GLI ARRIVI, LE PRESENZE E LA PERMANENZA MEDIA IN PROVINCIA DI PISA NEL 1995**

		arrivi	presenze	permanenza media
alberghi	*italiani*	243.459	584.837	2,4
	stranieri	160.266	416.190	2,6
	totale	403.725	1.001.027	2,5
altri esercizi	*italiani*	40.807	580.399	14,2
	stranieri	62.584	285.275	4,6
	totale	103.391	865.674	8,4

Fonte: ns elaborazione su dati APT

In questa situazione, i turisti che visitano Pisa hanno tempo solo per una visita al complesso monumentale di Piazza dei Miracoli e naturalmente trascurano quanto altro la città possa offrire, anche da un punto di vista culturale, compreso il museo di San Matteo. Il museo allora, di fronte a questo specifico problema, dovrebbe agire contemporaneamente in due direzioni. Da un lato, oltre a svolgere un'azione diretta di promozione verso i potenziali visitatori, dovrebbe cercare di istituire dei rapporti diretti con i *tour-operator*, al fine di incoraggiare l'inserimento del museo nei pacchetti turistici, magari studiando appositamente degli incentivi adeguati. Dall'altro lato, dovrebbe attivarsi, congiuntamente agli altri operatori della filiera turistico-culturale, per aumentare il tempo di permanenza media in città.

La costituzione di network di attori pubblici e privati (APT, Assessorati al turismo, associazioni di albergatori, camere di commercio, musei, ecc.), tuttavia, presenta notevoli difficoltà: mancano spesso, infatti, le capacità organizzative per identificare e perseguire obiettivi comuni di valorizzazione dei beni culturali, reperendo risorse finanziarie su scala locale, nazionale e comunitaria. La frammentazione istituzionale, la numerosità dei soggetti potenzialmente coinvolti e la carenza di una progettualità unitaria nella promozione strategica del territorio pisano hanno comportato sinora un forte ritardo nell'attivazione di queste logiche di sviluppo.

Bisogna poi sottolineare che la totale mancanza di autonomia finanziaria e i vincoli legislativi alla gestione, unitamente all'assenza di risorse organizzative e manageriali, non hanno permesso alla Soprintendenza di porsi né come partner di iniziative di valorizzazione, né tanto meno come soggetto-guida nella sperimentazione e nell'implementazione di tali iniziative, nonostante gli indubbi vantaggi che potrebbero derivarne anche per il museo di San Matteo. Per i vertici della Soprintendenza, peraltro, anche a prescindere da problemi di cultura e formazione, non è stato possibile svolgere adeguatamente un'attività di progettazione strategica volta alla valorizzazione, a causa della già enorme mole di lavoro quotidiano necessario a sbrigare l'ordinaria amministrazione. D'altra parte anche l'attuale sistema dei finanziamenti ministeriali, prescindendo del tutto da considerazioni di merito e assicurando sempre e comunque solo il minimo necessario per garantire l'operatività al museo, determina scarsi se non nulli incentivi alla produttività e all'efficienza e al miglioramento delle performance economico-gestionali dei musei (in relazione alle possibilità di misurazione di tali performance si veda Modina, 1996).

6.4 Considerazioni conclusive

Gli assetti istituzionali del museo di San Matteo configurano l'esistenza di specifici vincoli alla gestione.

In primo luogo è possibile individuare un vincolo di tipo operativo-organizzativo: il museo dipende totalmente dalla Soprintendenza, la quale a sua volta ha margini di autonomia, da molti punti di vista, limitati rispetto al Ministero. Per quanto riguarda la definizione dell'organico, infatti, le scelte sono completamente accentrate a livello ministeriale, per cui la definizione di numeri e qualifiche potrebbe non essere (e di fatto non è) aderente alle effettive necessità. Si assiste anche all'impossibilità per la Soprintendenza di procedere a integrare le assunzioni per i posti vacanti, con il conseguente effetto di imporre al personale di lavorare quotidianamente in condizioni di emergenza e di sovraccaricare di lavoro soprattutto i livelli gerarchici più elevati. L'attribuzione degli specifici ruoli ai diversi musei, inoltre, ha un rilievo solo di ripartizione interna del lavoro: non è infatti possibile individuare alcuna struttura istituzionalmente definita. Anche la definizione delle responsabilità, in una tale situazione, non può che essere incerta e di conseguenza inefficace. In questo contesto bisogna sottolineare che la gestione dei musei, in particolare del San Matteo, che è solo una delle innumerevoli incombenze della Soprintendenza, non può contare su personale specificatamente dedicato, escluso quello di custodia.

In secondo luogo vi è un vincolo economico-finanziario. In pratica la totalità dei fondi per il museo vengono stanziati dal Ministero che, attraverso la Soprintendenza ne decide direttamente o indirettamente anche la destinazione. Non solo: le procedure burocratiche rendono di fatto estremamente difficoltoso il reperimento di finanziamenti aggiuntivi, anche in presenza di un interesse da parte di privati per eventuali sponsorizzazioni.

In terzo luogo si identifica un vincolo legislativo-giuridico, dovuto a una normativa farraginosa e anacronistica che impone notevolissimi limiti all'autonomia gestionale; si pensi ad esempio alla definizione degli orari di apertura e del prezzo del biglietto.

Risulta evidente come la contemporanea presenza di tali vincoli comporti grossi limiti all'efficienza e all'efficacia gestionale del San Matteo, solo in parte compensabili dalle pur notevoli professionalità tecniche dei dirigenti (che comunque hanno permesso, tra l'altro, di raggiungere ragguardevoli risultati nell'attività didattica, nonché di porre in essere un completo riallestimento delle sale, volto a una migliore comunicazione dei valori culturali di cui il museo è depositario).

Sarebbe dunque opportuno cercare di affermare, attraverso opportune politiche culturali, un paradigma basato sulla valorizzazione (Solima, 1998), fondato sul recupero di un dialogo tra il pubblico e le opere e capace di superare la logica della mera conservazione. Necessari a questo scopo sono peraltro notevoli mutamenti di tipo strutturale e istituzionale, volti all'ottenimento di una maggiore autonomia sia del museo dalla Soprintendenza, che di questa dal Ministero – è proprio in questa direzione, peraltro, che si sta muovendo anche il progetto pilota per l'autonomia di Pompei (cfr. Zan, capitolo 5) – bilanciata dalla definizione di un assetto istituzionale maggiormente definito e adeguato alle esigenze, presupposto per una effettiva responsabilizzazione del museo sui risultati.

7 L'innovazione possibile: la Soprintendenza archeologica di Roma e la gestione dei servizi

Rosanna Friggeri

7.1 Introduzione

L'esperienza della Soprintendenza archeologica di Roma, al pari di quella di altre Soprintendenze e musei ormai divenuti numerosi su tutto il territorio nazionale (attualmente 50 librerie con servizi di accoglienza, secondo i recenti dati forniti dall'Ufficio Servizi Aggiuntivi del Ministero), scaturisce da un nuovo contesto normativo, caratterizzato da importanti innovazioni legislative, che si sono succedute in poco più di un quinquennio. Le trasformazioni più profonde tuttavia sono maturate negli ultimi due anni e sono tuttora in atto.

In particolare le leggi recanti i nuovi principi di gestione dei musei statali sono la legge 14 gennaio 1993 n. 4 (legge Ronchey) e l'art. 47 quater della L. 22 marzo 1995 n. 85 (Finanziaria 1995); pure rilevante in tal senso la legge 25 marzo 1997 n. 78.[1]

7.1.1 La legge Ronchey

Alla pubblicazione, nel gennaio 1993, della ormai famosa legge n. 4 nota come "legge Ronchey", l'attenzione degli Istituti periferici

1. La successiva Legge 8 ottobre 1997 n. 352 all'art. 3 introduce modifiche non sostanziali alla legge 4/93: la sua maggiore novità risiede soprattutto nell'art. 9 relativo ai "Provvedimenti a favore delle aree archeologiche di Pompei", con il quale si è istituito un inedito e unico modello di gestione autonoma (capitolo 5).

si concentrò soprattutto sui primi tre articoli relativi alla sicurezza nei musei, alla gestione del personale, al prolungamento dell'orario di apertura con l'inserimento di organizzazioni di volontariato (Buzzi, 1993, 1997; cfr. anche Rizza, 1993; Petraroia, 1993) aventi finalità culturali.

La novità più notevole, tuttavia, è enunciata nell'articolo 4 della legge, che prevede l'istituzione di servizi definiti "aggiuntivi" offerti al pubblico a pagamento e affidati a privati. Questi sono identificati nel servizio editoriale e di vendita riguardante le riproduzioni di beni culturali e la realizzazione di cataloghi e di altro materiale informativo, e il servizio di caffetteria, ristorazione e guardaroba. Lo stesso articolo (comma 5bis) prevede che gli introiti derivanti da tali attività debbano almeno per il 50% essere riaccreditati alle Soprintendenze di provenienza. Infine il comma 5 ter dell'articolo 5 affida al Ministero la concessione di uso dei beni demaniali in consegna.

Un anno dopo, il 31 gennaio 1994 è stato emanato il Regolamento di applicazione dell'art. 4 della legge, il D.M. n. 171 attualmente abrogato, con il quale si davano istruzioni in merito ai criteri e le modalità dell'affidamento e della gestione dei servizi. Nel titolo III dello stesso Regolamento si fornivano istruzioni sulla concessione di uso dei beni culturali in consegna e si annunciava l'emanazione di un tariffario.

Quando nell'aprile del 1994 è stato pubblicato il Tariffario con D.M.8 aprile 1994 relativo all'uso dei beni in consegna enunciato dal comma 5 ter, subito si accese una viva polemica tra gli addetti ai lavori. Curiosamente a suscitare sconcerto era soprattutto l'aspetto in fondo meno nuovo della prescrizione, quello del pagamento delle riprese fotografiche, cui però si aggiungeva la previsione del pagamento anche della documentazione fotografica fornita dagli Istituti periferici. Tale documentazione era soprattutto destinata agli studiosi; pertanto numerose e autorevoli furono le proteste avanzate dal mondo universitario e dagli editori, sostenuti anche dai tecnici dell'Amministrazione che assistevano a uno sconvolgimento dei rapporti di collaborazione esistenti da sempre (Costabile, 1991).

Ma l'aspetto che suscitò maggiori polemiche fu la possibilità di eseguire calchi con finalità di produzione per la vendita. Fino ad allora erano abbastanza rari i casi di richiesta di esecuzione di calchi, che erano comunque destinati a rimanere in unica copia, effettuati da istituzioni private. L'iter burocratico piuttosto lungo inoltre fu notevolmente semplificato dalla circolare ministeriale n. 133 del

10 novembre 1995. In realtà in contrasto con le spesso catastrofiche previsioni che prevedevano lo svilimento del valore dell'originale e un danno all'integrità culturale del bene nel proliferare di copie, le richieste di calchi per produzione sono state molto scarse; ad esempio la Soprintendenza Archeologica di Roma non ha ancora rilasciato alcuna concessione a tale riguardo e in generale anche nelle librerie museali quasi mai compaiono riproduzioni 1:1 di opere, contrariamente a quanto avviene nei musei stranieri (cfr. ad esempio il catalogo del Museo di Atene).

L'inserimento dell'aspetto venale e commerciale in un ambiente in cui il bene culturale è visto esclusivamente come oggetto da tutelare, evidentemente appariva e continua ad apparire come una perdita di missione e gli addetti ai lavori si sentono quasi sminuiti nel loro ruolo, dovendo tenere in considerazione anche l'aspetto economico nelle loro decisioni e programmazioni.

Ulteriore aspetto di innovazione si può cogliere nel titolo VII del tariffario, che regola la concessione di uso di spazi, per fini anche di natura non culturale, la cui gestione è affidata agli Istituti periferici.

L'applicazione del tariffario nella Soprintendenza archeologica di Roma ha prodotto un introito di 221 milioni di lire nel primo anno e di 229 nel secondo, che è risultato superiore agli altri. La Soprintendenza è stato il primo Istituto periferico a istituire un Ufficio per i servizi aggiuntivi, la cui direzione è affidata a un archeologo.

I commi 1-5 bis dell'art. 4 della legge 4/93 e i relativi Titoli I e II del regolamento, riguardanti l'istituzione dei servizi aggiuntivi, rimase invece pressoché ignorata per quasi un biennio. La stessa definizione di "aggiuntivi" riferita ai servizi comunque sembra sottolineare la non essenzialità degli stessi. La resistenza alla creazione di tali servizi derivava, oltre che dalla complessità dell'iter di gara, soprattutto dalla novità e dallo scarso interesse dettato dalla lettura che gli addetti ai lavori potevano fare della norma. Fino ad allora i tecnici non si erano occupati direttamente delle librerie e delle caffetterie spesso presenti nelle sedi museali e nei monumenti, poiché la locazione dello spazio era affidata al ministero delle Finanze e la gestione e la scelta del target di vendita non coinvolgeva minimamente le Soprintendenze. Il servizio di guardaroba era gestito dal personale di custodia ed era limitato alle grandi borse e zaini in quanto visto come controllo per la sicurezza delle opere. La possibilità di pubblicazione era garantita dall'attività del Poligrafico dello Stato e da accordi occasionali con editori.

7.1.2 La finanziaria 1995

Quando appena gli Istituti periferici cominciavano ad avviare le gare per l'affidamento dei servizi sopra citati (nel 1995 è stata bandita la prima gara per la concessione di servizi aggiuntivi dalla Soprintendenza Speciale per l'Arte Contemporanea per il servizio editoriale e di vendita della Galleria Nazionale di Arte Moderna), veniva inserito nella legge finanziaria n. 85 del 1995 l'art. 47 quater, con il quale si ampliava in modo radicale il numero dei servizi da poter dare in concessione a privati. Questo articolo costituisce certamente un superamento della legge Ronchey ma soprattutto inserisce una nuova problematica. Con la legge 4/93 si poneva l'esigenza di offrire al pubblico i servizi aggiuntivi di libreria, guardaroba e ristorazione, oltre quelli riguardanti i beni librari e archivistici, per portare i musei italiani al passo con i musei stranieri; con l'art. 47 quater si pone l'accento soprattutto sull'affidamento a privati della gestione di servizi anche primari e consuetamente compito diretto degli Istituti periferici pubblici. La qualità e quantità dei servizi (accoglienza, guida e assistenza didattica, biglietteria, vigilanza, gestione di raccolte discografiche, diapoteche e biblioteche, pulizie, mostre e altre iniziative promozionali) è tale che, se posti a gara nella loro globalità, configurano la totale gestione privata del museo. Il Regolamento di applicazione dell'articolo, la cui elaborazione ha compreso anche l'articolo 4 della legge 4/93 abrogando il precedente D.M. 31 gennaio 1991, n. 171, emanato con D.M. 24 marzo 1997, n. 139, prevede un esemplificazione delle procedure di aggiudicazione, ma soprattutto prevede che i servizi possano essere affidati in concessione, qualora risulti finanziariamente conveniente per l'Amministrazione. Il regolamento inoltre precisa all'art. 2 comma 2 che "sono finanziariamente convenienti le attività e i servizi che, da soli ovvero abbinati ad altri, producono all'Amministrazione concedente aumenti di proventi, nuovi proventi o minori costi."

7.1.3 La soppressione della tassa di ingresso

Per rendere possibile la concessione a privati da parte del Ministero del servizio di biglietteria sono stati necessari due essenziali provvedimenti normativi, stabiliti dalla legge 25 marzo 1997, n. 78: la soppressione della tassa d'ingresso in vigore e l'istituzione del biglietto per l'accesso ai monumenti, musei, gallerie e scavi di antichità dello Stato. La stessa legge sancisce il principio di affidare al Ministero per i Beni e le Attività Culturali la gestione della politica tariffaria dei biglietti di ingresso.

Il Regolamento di applicazione, D.M. 11 dicembre 1997, n. 507, prevede tre diverse tipologie di biglietto: unico, integrato e cumulativo, offrendo la possibilità di prevedere l'accesso con lo stesso titolo a più musei e siti statali e anche non statali. La determinazione delle tariffe è affidata alla Direzione per i Beni Artistici, Archeologici e Storici del Ministero e sottoposta al parere di un Comitato per i biglietti di ingresso. Qualsiasi modifica sulle tariffe deve essere approvata dalla Corte dei Conti e diviene oggetto di un decreto pubblicato nella Gazzetta Ufficiale.

7.2 Le tappe del rinnovamento

La Soprintendenza Archeologica di Roma ha iniziato le procedure di gara per l'affidamento di servizi aggiuntivi nel 1996, pubblicando il secondo avviso di gara, dopo quello della S.A.C.S., nella G.U.C.E e nella G.U. del 18 ottobre 1996 n. 245. Analogamente all'esempio della precedente concessione della Galleria Nazionale d'Arte Moderna, in un primo disegno della Soprintendenza si era ritenuto di dover provvedere all'attivazione della libreria di Palazzo Massimo alle Terme, già predisposta e arredata secondo quanto previsto nel progetto di ristrutturazione del palazzo.

Nel corso della compilazione del progetto di editoria ci si rese ben presto conto che avendo la sede museale, soltanto parzialmente aperta al pubblico, un numero di visitatori esiguo, l'oggetto del bando di gara non sarebbe risultato sicuramente conveniente dal punto di vista economico (non sembra sia ipotizzabile una gestione al di sotto dei 120.000 visitatori annui; e l'intera gestione integrata di servizi non risulta conveniente con meno di 300.000; cfr. Valentino, 1993). Inoltre un progetto editoriale limitato soltanto alla sede di Palazzo Massimo, che è solo una parte del sistema museale del Museo Nazionale Romano, che si articola nelle sedi di Palazzo Altemps, Terme di Diocleziano, *Crypta* di Balbo, S. Croce in Gerusalemme, ex Arsenale Pontificio a Ripa Grande, era concettualmente impossibile, anche se tutte le altre sedi erano ancora in fase di ristrutturazione. Inoltre per soddisfare tutte le esigenze editoriali della Soprintendenza era opportuno pensare alla globalità dell'intera attività, prevedendo una linea editoriale unitaria diretta sia al grande pubblico che agli specialisti. Si progettò allora un unico sistema inserendo nel programma anche l'area centrale, comprendente il Colosseo, il Foro Romano, il Palatino, la Domus Aurea e le Terme di Caracalla, e tutto il territorio di pertinenza della Soprintendenza coincidente con il confine del Comune di Roma. Si decise quindi di creare per la gara un pacchetto che compensasse l'onere editoriale e consentisse di attivare il servizio di libreria in una sede meno frequentata dal pubblico con l'offerta di istituire lo stesso servizio in aree e monumenti di grande affluenza. Si erano a questo punto configurate le linee progettuali di un grande sistema di servizi di accoglienza che potessero raccogliere sotto un unico messaggio di comunicazione tutta l'attività di valorizzazione della Soprintendenza. In forza dell'art. 47 quater della l. 85/95 si richiese nel bando l'offerta di altri servizi e l'eventuale istituzione degli stessi servizi anche in altre sedi, nella valutazione che sarebbe stato più conveniente, a fronte di una gestione unitaria della Soprintendenza, avere un unico concessionario per i servizi aggiuntivi con il quale portare avanti strategie globali di comune interesse.

La situazione al momento della gara era la seguente:

- Museo Nazionale Romano in Palazzo Massimo alle Terme: aperto al pubblico il piano terreno (un quarto dell'intera area espositiva, attualmente di mq. 2500); orario: 9-14, festivi 9-13; costo del biglietto L. 12.000;
- Terme di Diocleziano: aperti al pubblico solo l'Aula Ottagona ex Planetario, il giardino, il chiostro di Michelangelo e due sale; visitabile con lo stesso biglietto e nello stesso orario di Palazzo Massimo;
- Colosseo: ingresso libero al piano terreno; piani superiori costo L. 10.000; orario 9-1 ora prima del tramonto, mercoledi 9-14, festivi ore 9-13;
- Foro Romano e Palatino (unico complesso archeologico): aperta al pubblico l'area archeologica, aperto parzialmente l'Antiquario forense, chiuso il Museo Palatino, la Loggia Mattei, l'Aula Isiaca, la casa di Augusto, la casa dei Grifi; orario 9-1 ora prima del tramonto, martedi chiuso, festivi ore 9-13; libreria presso l'ingresso di via di S. Gregorio (Portale del Vignola);
- Terme di Caracalla: orario 9-1 ora prima del tramonto, mercoledi 9-14, festivi ore 9-13.

Tutte le altre sedi, aree e monumenti e le zone chiuse al pubblico erano in fase di ristrutturazione o restauro; rimaneva aperta a ingresso libero la Tomba di Cecilia Metella.

Il servizio di biglietteria era svolto dal personale di custodia. Esistevano, gestite autonomamente da privati su concessione del Ministero delle Finanze, una piccola libreria al Palatino presso l'ingresso del Portale del Vignola, un banco all'aperto di noleggio audioguide al Foro Romano e tre posti per venditori ambulanti di oggetti ricordo all'interno del Colosseo.

Evidentemente i lavori in corso limitavano notevolmente le potenzialità dell'intero sistema, tuttavia si è ritenuto opportuno procedere alla concessione dei servizi aggiuntivi in considerazione dell'esigenza di effettuare un necessario periodo di rodaggio e di organizzazione soprattutto in vista dell'aumento dei flussi turistici previsti per il Giubileo dell'anno 2000. Per la stessa ragione si pensava inoltre necessario editare un congruo numero di guide e strumenti didattici e produrre una linea di oggettistica.

Si è dovuto affrontare il comune problema dell'identificazione degli spazi per i servizi aggiuntivi, che, se si presenta di difficile soluzione per le sedi museali in genere in quanto solitamente ospitate in palazzi e ambienti storici, appare quasi insormontabile per i monumenti archeologici e gli scavi. Pertanto per il Palatino si mantenne l'ubicazione della libreria presso l'ingresso del Portale del Vignola effettuando soltanto l'inversione dei locali tra la biglietteria e la libreria esistente; per il Foro Romano si scelse una porzione della biglietteria presso l'ingresso sulla via dei Fori Imperiali e per il Colosseo si ritenne unica soluzione possibile prevedere una struttura autoportante e trasparente da collocare in uno dei fornici del piano terreno. Quest'ultima decisione, benché la struttura fosse di piccole dimensioni e occupasse uno dei fornici ricostruiti, non fu esente da polemiche, dettate da supposti timori che la struttura alterasse l'immagine esterna del monumento. Si aggiunse anche un piccolo spazio da utilizzare in via provvisoria per la libreria in Palazzo Altemps, di cui era prevista la prossima apertura, in attesa di disporre di spazi più ampi già destinati ma ancora in corso di ristrutturazione.

Il progetto finale quindi, prevedendo la realizzazione di servizi di accoglienza al Colosseo, Foro Romano e Palatino, e le sedi del Museo Nazionale Romano in Palazzo Massimo alle Terme e in Palazzo Altemps, si presentava per la prima volta come un sistema integrato con componenti dalle caratteristiche peculiari diverse, proprie di un monumento, di un'area archeologica di ben 44 ettari con annessi musei e inserita all'interno di una città e di sedi museali interconnesse.

Con la concessione, scaturita dall'offerta presentata in sede di gara, si è affidata a un raggruppamento di imprese private, Elemond-CNS, la gestione di tutti i servizi di accoglienza per il pubblico.

A causa dei lavori di restauro e di riallestimento in corso si è prevista l'attivazione non contemporanea dei servizi in tutte le sedi. Le tappe principali vengono qui di seguito ripercorse.

Il *7 ottobre 1997* si sono inaugurati i primi servizi al Colosseo e al Palatino in concomitanza con l'apertura del Museo Palatino, della Loggia Mattei e dell'Aula Isiaca e l'avvio di una importante trasformazione nel percorso di visita per l'area centrale. Si è introdotto infatti il biglietto di ingresso al piano terreno del Colosseo e si è adottato il libero ingresso al Foro Romano, mantenendo la biglietteria soltanto per l'area del Palatino. In questo modo si è garantito alla città un percorso pedonale che collega in linea retta la via dei Fori Imperiali con l'area del Foro Boario. La decisione è stata supportata dalla valutazione preventiva che gli introiti della biglietteria del Colosseo avrebbero abbondantemente compensato la perdita presumibile della biglietteria limitata ormai al solo comprensorio del Palatino. Si è dunque aperta al Colosseo una biglietteria elettronica con quattro postazioni più una per gruppi, adottando anche in questo caso la soluzione di una struttura autoportante e il più possibile trasparente. Il manufatto in ferro e cristallo ha la forma di un grande cubo polifunzionale dotato, oltre che della biglietteria, di sportello informazioni, noleggio audioguide e prenotazione visite didattiche. Sono state attivate contemporaneamente le biglietterie elettroniche ai due ingressi al Palatino. Immediatamente dopo si è attivato anche al Foro Romano il servizio di libreria, informazioni, noleggio audioguide, prenotazione e meeting point per visite didattiche; esiste anche una postazione di biglietteria per l'acquisto di biglietti per il Palatino e il Colosseo.

Il *16 dicembre 1997* si è aperta la sede di Palazzo Altemps con la piccola libreria provvisoria. Circa un anno dopo si è allestita l'area di accoglienza più ampia con la nuova biglietteria, sportello audioguide e visite didattiche, libreria, guardaroba.

Il *25 giugno 1998* si sono aperti al pubblico gli altri tre piani espositivi di Palazzo Massimo alle Terme e si è presentata la libreria in una veste rinnovata, operando lievi cambiamenti agli arredi al fine di rendere l'ambiente più funzionale alla vendita. Attualmente è attiva, alle Terme di Caracalla, anche la biglietteria elettronica, gestita dal concessionario, che può fornire ai visitatori la piccola guida.

Il *24 giugno 1999* si è aperta al pubblico, dopo quasi un ventennio di chiusura, la Domus Aurea Neronis, per la quale è previsto l'accesso a gruppi contingentati con prenotazione.

Carattere di assoluta novità nell'ambito dei beni culturali gestiti dallo Stato riveste un Centro Servizi per l'intero sistema denominato "Archeologia a Roma", aperto contemporaneamente al nuovo allestimento di Palazzo Massimo alle Terme in ambienti posti su strada lungo la recinzione del museo. Si tratta di un ufficio di *front office* che svolge la funzione di orientamento per i turisti, per i residenti e per le scuole, fornendo ogni tipo di informazione riguardo alle sedi della Soprintendenza, agli eventi, ai programmi didattici e dove è possibile prenotare o acquistare qualsiasi tipo di servizio. Lo spazio informativo e di servizio, non a caso progettato nel cuore della città presso la stazione Termini, è disponibile ad accogliere la comunicazione anche di iniziative di carattere archeologico e culturale promosse da altre Soprintendenze o Enti in Italia e all'estero. Da pochi giorni, a seguito di un accordo con la Soprintendenza Archeologica del Lazio, è possibile acquistare nel centro servizi anche i biglietti di ingresso dell'area archeologica di Villa Adriana presso Tivoli e del Museo Archeologico di Palestrina.

Si deve comunque segnalare che notevole impulso all'apertura di nuove sedi in tempi stretti, oltre alla tendenza della politica ministeriale, è derivato dall'assegnazione alla Soprintendenza dei fondi speciali per Roma Capitale e per il Giubileo e recentemente quelli derivati dal gioco del lotto, che hanno consentito l'apertura al pubblico di sempre nuove aree. In ogni inaugurazione anche il concessionario ha contribuito con mezzi tecnici ed economici all'organizzazione dell'evento.

7.3 I contenuti del processo di innovazione

Lavorando in collaborazione con il concessionario, si è potuto in occasione di ogni nuova apertura offrire al pubblico, oltre ai servizi di biglietteria elettronica e di libreria, tutti gli strumenti informativi e didattici per la migliore fruizione. Di seguito si illustrano le principali innovazioni introdotte.

Il logo

L'esigenza strategica di comunicare unità del sistema archeologico integrato ha guidato in via prioritaria alla realizzazione di un logo, che è stato il primo frutto della collaborazione tra la Soprintendenza e il concessionario. È stato scelta la stilizzazione grafica di uno dei monumenti più noti del Foro Romano, le tre colonne superstiti del Tempio dei Càstori. Il simbolo compare su tutta la produzione della Soprintendenza.

Servizio informazioni

Oltre al già citato centro "Archeologia a Roma" adiacente alla sede di Palazzo Massimo alle Terme, è a disposizione del pubblico un *call center* con 15 linee telefoniche per informazioni e prenotazioni, attivo con due numeri, uno dei quali riservato ai gruppi ed alle scuole.

È stato predisposto dal concessionario anche un sito Internet della Soprintendenza, che è attualmente in corso di risistemazione. Il sito è gestito in collaborazione con il CED, che si occupa delle informazioni e delle notizie sull'attività istituzionale della Soprintendenza.

Entro breve sarà possibile attivare il commercio elettronico dei prodotti della Soprintendenza e la prenotazione e la vendita i biglietti.

Servizio editoriale e di produzione di oggettistica

La progettazione della linea editoriale, contraddistinta dal logo, risponde alle esigenze di diverse categorie di visitatori, procedendo in livelli di approfondimento sempre maggiori dalle piccole guide ai testi scientifici diretti agli studiosi. Sono offerte al pubblico nelle librerie le guide in formato tascabile, tradotte in lingua inglese, francese, tedesca, spagnola, di tutti i siti aperti alla visita, le grandi guide delle sedi museali (Museo Palatino, Palazzo Altemps, Palazzo Massimo) con schede e illustrazioni della quasi totalità dei reperti esposti, in lingua italiana ed inglese, le guide tematiche che illustrano gruppi di rilevanti reperti museali o monumenti di particolare rilievo compresi nelle aree archeologiche, cataloghi di mostre e studi scientifici specialistici.

La linea di oggettistica è ispirata alle opere più notevoli esposte nei musei; sono stati realizzati soprattutto prodotti di cartoleria, cartoline, ma anche oggettistica artigianale. Poche sono ancora le riproduzioni d'arte, tra le quali nessuna ottenuta da riproduzione a calco. Gli oggetti sono generalmente di qualità medio-alta e come i primi dati sembrano confermare più adatti ai frequentatori dei musei. Se, come è stato osservato (Berger, 1993), l'oggettistica del museo dovrebbe avere anche un valore educativo e di diffusione della conoscenza, diviene doveroso mantenere una buona qualità in qualsiasi tipo di riproduzione dell'opera originale.

La Soprintendenza mantiene i pieni diritti sull'intera produzione.

Servizio di libreria

Sono aperte attualmente cinque librerie che offrono al pubblico esclusivamente titoli di carattere artistico con particolare attenzione all'archeologia, oltre che oggettistica e riproduzioni. Si è operata una distinzione in base alle diverse categorie di visitatori presenti nei siti; al Colosseo e al Foro Romano è disponibile una scelta orientata alla grande divulgazione; al Palatino l'offerta è più ampia, nelle sedi museali e in particolare a Palazzo Massimo è disponibile anche una discreta scelta di testi scientifici e di oggettistica di valore.

Presso le Terme di Caracalla e la Domus Aurea è possibile acquistare le guide del monumento.

Audioguide

Presso le biglietterie del Colosseo, Foro Romano, Palazzo Altemps e Domus Aurea è disponibile il noleggio di guide acustiche su supporto con tastiera per la selezione delle informazioni o con cuffia, in lingua inglese, francese, tedesco, spagnolo (Palazzo Altemps in italiano e inglese).

Assistenza didattica e visite

In tutte le sedi è attivo un servizio didattico con visite guidate da archeologi a orari fissi in italiano e in inglese e, su prenotazione, in altre lingue. Il servizio didattico è strutturato tendendo conto sia delle caratteristiche generali del museo o monumento e dei contenuti che si vogliono trasmettere, sia delle tipologie di pubblico interessato alla visita e delle sue aspettative.

In funzione delle diverse fasce di pubblico sono stati progettati tre tipi di attività:

- le visite guidate ordinarie sopra citate, offerte ai singoli visitatori alle biglietterie e ai gruppi su prenotazione;
- programmi divulgativi di carattere straordinario;
- servizio didattico per le scuole.

I programmi straordinari sono solitamente strutturati secondo temi precisi (ad esempio la pittura romana) e comprendono visite con approfondimento sia a zone espositive dei musei e monumenti aperti al pubblico sia a luoghi e siti chiusi, nei quali si può prevedere l'accesso a piccoli gruppi organizzati. Il calendario delle visite è comunicato con un pieghevole edito con cadenza trimestrale, in 10.000 copie, nel quale compare il consueto logo e sono indicate tutte le informazioni sugli orari e i servizi dei monumenti, musei e aree archeologiche della Soprintendenza. I programmi sono studiati con l'intento di offrire all'attenzione soprattutto del pubblico residente itinerari meno noti, e sono indirizzati a categorie di appassionati con cultura medio-alta. Questa attività consente di suscitare l'interesse di una cerchia sempre più vasta di frequentatori consueti, che possono promuovere con il "passaparola" l'attività della Soprintendenza. Allo stesso tipo di pubblico sono rivolti inoltre alcuni cicli di conferenze o visite-lezioni tenute da studiosi di chiara fama nelle varie sedi museali. Naturalmente la scelta dei temi didattici è soprattutto connessa con le pubblicazioni di carattere tematico.

Il servizio didattico per le scuole comprende sia le visite guidate ordinarie solitamente richieste dalle scuole stesse, interessate alla visita al monumento o museo, sia cicli di visite tematiche nelle sedi museali differenziate per livello scolare, guidate da operatori in grado di comunicare con un linguaggio tarato sui destinatari. La comunicazione è espressa attraverso differenti tipologie di approccio, visite con animazione interattiva per classi elementari, visite-laboratorio con introduzione su supporto informatico, appositamente realizzato, per le classi medie e infine visite su temi più generali connessi all'archeologia per le classi superiori.

Lo scopo dei programmi didattici, che sono comunicati a tutte le scuole di Roma e Provincia attraverso inviti a partecipare annualmente alla presentazione dei programmi, è di sviluppare nei bambini e nei giovani l'interesse per l'archeologia e di rendere loro consueta la visita ai musei e ai luoghi di cultura. Recentemente il servizio di visite con animazione è offerto anche nei giorni festivi ai bambini accompagnati dai genitori.

I percorsi didattici sono stati dettati soprattutto dall'esperienza acquisita nel corso delle visite ordinarie. Si è infatti constatato che difficilmente i ragazzi riescono a mantenere viva l'attenzione durante l'intero percorso museale; si è scelto pertanto di trattare un tema specifico e di accompagnare le scolaresche alla visita della sola parte del museo relativa all'argomento.

Alle scuole, per una migliore gestione dei flussi di pubblico, è richiesta la prenotazione obbligatoria gratuita e le visite sono offerte a prezzi ridotti (L. 4000 visite ordinarie; L. 5000 visite speciali).

Il personale addetto alla didattica è composto da archeologi e storici dell'arte, la cui formazione è curata per la parte della comunicazione e della gestione del gruppo dal concessionario, per la parte dei contenuti e del messaggio dalla Soprintendenza.

Il servizio per la sua specialistica connotazione non risulta essere in concorrenza con le visite svolte dalle guide turistiche autorizzate. Permane, anche se in modo non macroscopico, soprattutto per l'area centrale, il fenomeno dell'attività di guide abusive più o meno improvvisate. Presso il Colosseo notevolmente più rilevante appare la presenza di venditori ambulanti senza licenza.

Servizio di biglietteria, prenotazione e prevendita

Il servizio di biglietteria elettronica è stato attivato in tutte le sedi della Soprintendenza con ingresso a pagamento. Il servizio comprende anche il controllo degli accessi effettuato con tornelli informatici, che consentono la vidimazione di vari tipi di biglietti codificati, la gestione e il controllo dei flussi di visitatori per fasce orarie e la produzione di informazioni statistiche. Questa tecnologia ha consentito la realizzazione di un orologio Swatch, che funziona come *citypass* per il Colosseo, il Palatino e Palazzo Massimo.

Le postazioni di biglietteria sono collegate tra di loro e ad un server centrale, a sua volta collegato con il CED della Soprintendenza. Questo sistema, permettendo l'emissione remota dei biglietti, offre al pubblico la possibilità di acquistare in ciascuna sede il biglietto di ingresso, valido nello stesso giorno per tutte le altre sedi del circuito. Il sistema permette di stampare automaticamente biglietti con l'orario di accesso nelle zone museali a flusso contingentato, con la programmazione di turni anche per gruppi organizzati e visite didattiche della Soprintendenza. In questo modo è stato possibile per la sede di Palazzo Massimo alle Terme, dove al secondo piano ragioni di sicurezza e conservazione degli affreschi hanno imposto di prevedere la visita solo per gruppi accompagnati, organizzare l'accesso offrendo al pubblico un biglietto con l'indicazione dell'orario di entrata al piano espositivo, che semplifica non poco il lavoro del personale di custodia. In questo piano, personale del concessionario con il compito di esercitare un controllo accessi remoto accompagna anche il gruppo di visitatori presentando brevemente le sale espositive.

Gli sportelli di biglietteria sono 18 in tutto il sistema; si sta predisponendo un ulteriore incremento delle postazioni al Colosseo.

È attualmente in atto una sperimentazione trimestrale di un biglietto cumulativo del circuito archeologico, di validità tre giorni, che consente l'ingresso al Colosseo, al Palatino, e alle sedi del Museo Nazionale Romano in Palazzo Massimo alle Terme e in Palazzo Altemps, ed è offerto al costo di L. 20.000. Il biglietto è pensato soprattutto per i visitatori stranieri e mira a promuovere soprattutto il museo.

Per incentivare alla visita i giovani di età compresa tra i diciotto e i ventisei anni, fascia di pubblico che risulta notoriamente la più scarsa, si sta sperimentando anche una tessera valida per sei mesi che offre a L. 25.000 un numero illimitato di ingressi ai siti sopracitati.

È possibile preacquistare e prenotare i biglietti di ingresso e i servizi di tutti i siti della Soprintendenza. Il servizio, impostato come scelta facoltativa, è offerto nel centro "Archeologia a Roma" e attraverso i numeri telefonici dedicati. Usufruiscono del servizio soprattutto gruppi organizzati e agenzie turistiche, per i quali è previsto attualmente il pagamento tramite bonifico o deposito bancario a scalare e la disponibilità dei biglietti direttamente a domicilio o allo sportello (al Colosseo esiste una cassa riservata esclusivamente ai gruppi).

È in crescita la banca dati di grandi clienti, per i quali si è prevista l'applicazione di tariffe differenziate di prevendita in base al numero dei visitatori.

Si sta inoltre predisponendo un ampliamento della rete di prevendita attraverso l'accordo con un importante gruppo bancario.

Il servizio ha consentito una diminuzione del tempo di attesa alla biglietteria del Colosseo, dove comunque è previsto entro l'anno un incremento degli sportelli.

Per la recentissima apertura della Domus Aurea si è potuto usufruire del servizio di prenotazione già avviato, dal momento che le imprescindibili esigenze di conservazione impongono di prevedere la prenotazione obbligatoria. Sono state comunque aperte due nuove postazioni di biglietteria del monumento, dove, a seguito di prenotazione, si potrà acquistare il biglietto di ingresso prima della visita.

Il sistema elettronico di biglietteria ha in conclusione consentito di migliorare il servizio al pubblico, usufruendo dei vantaggi della standardizzazione e consentendo tuttavia le variazioni necessarie alle caratteristiche particolari della gestione del servizio nei diversi siti.

Servizio di guardaroba

Il servizio di guardaroba per le sedi museali, gestito dal concessionario, è offerto gratuitamente al pubblico.

Promozione

Solo da poco tempo l'Amministrazione si adopera per richiamare l'attenzione del grande pubblico sui monumenti e musei di nuova apertura, al fine di incrementare in modo anche consistente il numero dei visitatori. In occasione di ogni apertura inoltre il concessionario ha realizzato manifesti, locandine e depliant, sempre contrassegnati dal logo della Soprintendenza.

Tuttavia rimane l'esigenza di rilanciare periodicamente in modo particolare le sedi museali consuetamente non inserite nei grandi circuiti turistici. Per questo compito del tutto nuovo per le Soprintendenze è necessario il supporto del concessionario, che solitamente è disponibile a investire in promozione in funzione anche di un incremento del volume di affari con un maggiore flusso di pubblico. Per ravvivare l'interesse del pubblico verso la sede museale di Palazzo Altemps sono stati realizzati concerti offerti gratuitamente ai visitatori. Si sta avviando anche un programma di piccole mostre da comprendere nel percorso museale.

Per la promozione dell'intero sistema della Soprintendenza, oltre alla distribuzione capillare dei programmi trimestrali, si è predisposto materiale informativo per operatori turistici che è stato distribuito direttamente dal concessionario in occasione della B.I.T. di Milano e sarà divulgato anche nelle fiere internazionali del turismo.

Oltre alla sopra citata iniziativa intrapresa con la Swatch, che ha garantito l'affissione di locandine in negozi del centro, si è promossa un'iniziativa di collaborazione promozionale, diretta alle scuole e al pubblico giovanile, con il ristorante della catena Mc Donald's situato nelle immediate vicinanze di Palazzo Massimo.

7.4 I risultati

Il processo di innovazione – pur se tuttora in corso – ha già prodotto dei risultati, che possono essere esaminati sotto vari punti di vista.

Visitatori

L'andamento dei visitatori negli ultimi anni conferma l'efficacia del complessivo processo di ristrutturazione organizzativo-erogativa operato dalla Soprintendenza (*tabella 7.1*). I dati vanno comunque interpretati anche alla luce degli effetti generati dalle innovazioni introdotte in termini di informazioni disponibili. Nella lettura della tabella si devono infatti tenere presenti la liberalizzazione del Foro Romano con lo spostamento della biglietteria del Colosseo al piano terreno (prima fruibile gratuitamente, e quindi mancante di dati sui visitatori) avvenuta il 4 ottobre 1997, e l'apertura di tutti i piani espositivi di Palazzo Massimo alle Terme il 25 giugno 1998. Inoltre, il numero dei visitatori di Palazzo Altemps tra il 16 ed il 31 dicembre 1997 (23.443) è registrato nel totale riferito all'intero complesso del Museo Nazionale Romano. La diminuzione del numero di visitatori alle Terme di Caracalla è molto probabilmente da imputare alla parziale chiusura di alcuni ambienti per lavori di restauro.

TABELLA 7.1 **VISITATORI DEL POLO ARCHEOLOGICO DELLA SOPRINTENDENZA ARCHEOLOGICA DI ROMA (1995-1998)**

	Anfiteatro Flavio	Palatino	Palazzo Altemps (1)	Palazzo Massimo (2)	Terme di Caracalla	Totali
1995	420.925	948.831		47.783	182.990	**1.600.529**
1996	420.101	997.063		44.788	190.618	**1.652.570**
1997	723.282	974.972		52.665	217.262	**1.968.181**
1998	2.300.000	512.441	202.335	119.370	188.704	**3.332.870**

(1) Palazzo Altemps è stato inaugurato il 16 dicembre 1997
(2) I dati si riferiscono al Museo Nazionale Romano nel suo complesso

Editoria

Si sono finora editati 26 volumi (inclusi i due recentissimi sulla Domus Aurea), ai quali si devono aggiungere le edizioni in varie lingue.

Librerie

I risultati conseguiti nel primo anno di attività, mentre appaiono nel complesso buoni per le librerie museali, dove si registra una propensione media al consumo per Palazzo Massimo superiore alle L. 6700 nei mesi da giugno a dicembre 1998 e per Palazzo Altemps intorno a L. 3600 nell'intero anno (il servizio è stato fino alla metà di dicembre svolto nel piccolo locale provvisorio), risultano piuttosto scarsi nell'area centrale, in cui la propensione al consumo scende vertiginosamente. L'analisi delle motivazioni, imputabili a diverse ragioni interne ed esterne, operata dal concessionario, ha indotto a programmare una risistemazione dei servizi, anche alla luce delle variazioni di percorsi e di flussi generati dalla liberalizzazione dell'ingresso al Foro Romano. La vendita delle guide presso la Domus Aurea nei primissimi giorni dall'apertura risulta superiore a ogni previsione, anche in considerazione della promozione legata all'evento; si registra infatti una propensione media al consumo superiore alle L. 7000.

Noleggio audioguide

Nel corso del 1998 sono state noleggiate 97.377 audioguide. Le percentuali di noleggio delle audioguide nelle diverse lingue (*tabella 7.2*) forniscono indicazioni sulla nazionalità dei visitatori, che appaiono in massima parte stranieri. Il dato va comunque recepito con una certa cautela poiché il pubblico italiano è scarsamente abituato all'uso di audioguide e in genere al consumo dei servizi in considerazione della novità dell'offerta.

TABELLA 7.2 **NOLEGGIO AUDIOGUIDE: DISTRIBUZIONE TRA LE LINGUE**

	Foro Romano	Colosseo	Altemps
inglese	38,6	41,5	
tedesco	16,6	15,2	
francese	13,8	11,8	
spagnolo	11,9	17,6	
giapponese	2,0	2,9	
totale lingue straniere	83,0	88,9	67,3
italiano	17,0	11,1	32,7
	100,0	**100,0**	**100,0**

Visite didattiche

Nel 1998 sono state effettuate 76.773 visite guidate da archeologi. Nel primo semestre del 1999, il necessario collaudo organizzativo e il maggiore impegno di comunicazione ha consentito di incrementare in modo notevole l'attività didattica per le scuole: nel periodo dal 7 gennaio all'8 maggio 1999 sono stati interessati 10.427 alunni (scuole elementari 13,8 %; medie 24,7 %; superiori 61,5%).

Introiti

A seguito dell'attivazione dei servizi, nel periodo dall'ottobre 1997 al febbraio 1999, l'Amministrazione ha registrato un introito complessivo di L. 1.477.108.390. Nello stesso periodo il bilancio del concessionario, a fronte dei rilevanti investimenti iniziali, risulta passivo, con prospettive di redditività a regime, al di là dei benefici attesi per il Giubileo.

7.5 Discussione

L'attivazione dei servizi aggiuntivi ha messo per la prima volta le amministrazioni periferiche, impegnate in massima parte nei compiti di tutela, di fronte all'esigenza di porsi dalla parte dei visitatori e di cercare di soddisfare i loro bisogni (Grillo, 1995). Ha costretto i tecnici a rivalutare il loro compito di valorizzazione dei beni e a ripensare il significato più ampio del termine, non limitato solamente al restauro, alla sistemazione, all'adeguamento e all'allestimento delle sedi museali, dei monumenti e dei siti, ma comprendente soprattutto la finalità della fruizione del pubblico.

La legislazione consente un cambiamento tanto più profondo e rapido di quanto non solleciti la normale maturazione dei tempi. Ai tecnici è richiesto, con il mutamento dell'ottica, di trasformare il metodo di lavoro progettuale per raggiungere insieme con quello della pura conservazione, nuovi obiettivi e traguardi. Non solo prevedere e progettare gli spazi ma anche organizzarne il corretto funzionamento, studiando le possibilità di flussi di pubblico e la quantità e la qualità dei servizi da offrire.

È evidente che in queste nuove attività è utile e necessaria la collaborazione con diverse professionalità non presenti nell'organico ministeriale e che attualmente possono essere messe a disposizione dai concessionari privati. Pertanto, se la collaborazione con il concessionario può dare buoni risultati, rimane all'Amministrazione il compito arduo di conciliare il ruolo istituzionale di servizio pubblico con la legittima aspettativa di lucro dell'impresa privata. In tale impegno si cerca di mantenere il giusto equilibrio tra il diritto dei visitatori di fruire dei beni di pubblica proprietà e la possibilità degli stessi di fare uso dei servizi, in tal senso definiti aggiuntivi.

L'esperienza, accumulata in circa un anno e mezzo di gestione dei servizi congiunta tra pubblico e privato nella Soprintendenza, ha evidenziato come il lavoro non si esaurisca nelle necessarie riunioni periodiche di programmazione, ma come ogni dettaglio organizzativo debba essere concordato e discusso tenendo presente quanto sopra esposto e nel contempo anche l'interesse dell'Amministrazione a produrre comunque un utile introito. La possibilità di poter usufruire, per il funzionamento dell'Ufficio o per la conservazione dei beni, dei fondi introitati dai servizi contribuisce a creare una sorta di giustificazione dell'impiego di forze ed attenzione all'aspetto venale, letto, come si è detto, ancora diffusamente come perdita di missione. Si deve comunque osservare che l'Amministrazione centrale non incentiva attualmente in modo rilevante questo nuovo e ulteriore impegno delle soprintendenze, poiché al riaccredito dei fondi introitati dai servizi è corrisposta una diminuzione dei fondi ordinari per il funzionamento.

È evidente come la situazione muti quando, come nel caso di Pompei, sia concessa all'Istituto periferico con l'autonomia l'opportunità di gestire anche i fondi introitati dalle biglietterie.

Quindi in generale l'applicazione della legge ha portato alle soprintendenze un incremento e una diversificazione del lavoro, ma specialmente sta progressivamente ponendo in evidenza l'esigenza di rivedere l'organizzazione generale.

In particolare la creazione, realizzata senza incremento di personale, di un apposito ufficio per i servizi aggiuntivi della Soprintendenza, che segua da vicino la corrispondente gestione del concessionario, comporta una responsabilità diversa e principalmente un assiduo lavoro di collaborazione con altri uffici e con le direzioni dei monumenti e musei.

L'onere maggiore è costituito dalla gestione corrente e dalla risoluzione dei problemi fisiologici in una organizzazione dagli assoluti caratteri di novità, accentuati in alcuni casi dal comprensibile atteggiamento del personale interno. Il fatto che compiti prima svolti all'interno dell'ufficio siano ora affidati al concessionario, produce almeno nella fase iniziale lo svilupparsi di un distorto spirito di emulazione, che trascina il personale al continuo confronto tra il "noi del pubblico" e il "loro del privato" . Compito dunque dell'ufficio servizi aggiuntivi diviene anche quello di informare il personale e di comunicare un messaggio di collaborazione per il concomitante interesse del corretto funzionamento dei servizi, investendo il personale stesso anche della funzione di controllo e di segnalazione di eventuali disfunzioni nei servizi.

L'affidamento al concessionario dei servizi e in particolare di quelli di biglietteria e guardaroba, oltre al miglioramento del servizio per i vantaggi anche tecnologici sopra espressi, ha prodotto un risparmio del personale di custodia, che ha potuto essere destinato alla sorveglianza delle aree e delle sale museali, soprattutto in concomitanza con l'apertura di nuove sedi.

L'attivazione dei servizi aggiuntivi nella Soprintendenza ha prodotto nuova occupazione. Sono fino a oggi impegnati nella gestione 109 addetti. Si tratta in gran parte di laureati o diplomati con conoscenza di almeno una lingua straniera. Il personale è destinato ovviamente ad aumentare con la prossima apertura di nuove sedi e con il previsto incremento dei servizi.

Si è voluto disegnare in modo sintetico un quadro della situazione, segnalando come il progetto sia nato sperimentando una normativa fortemente innovativa e ancora in evoluzione, con l'intento di consentire una prima valutazione dei risultati di un lavoro comunque ancora *in fieri* e destinato a ulteriore trasformazione ed evoluzione.

8 Oltre la fruizione: l'Opificio delle Pietre Dure di Firenze tra conoscenze distintive e sopravvivenza*

Alessandro Narduzzo e Luca Zan

8.1 Profilo storico: dall'alluvione all'attuale gestione

8.1.1 Gli antecedenti

L'Opificio delle Pietre Dure di Firenze ha un'origine antica, che può farsi risalire alle Botteghe Granducali istituite nel 1588 dal Granduca Ferdinando I dei Medici. Per i primi tre secoli si dedica all'attività produttiva, come il nome stesso suggerisce. Con l'avvento dell'Unità d'Italia l'Opificio tenta di mantenersi sul mercato con questa attività, i cui costi proibitivi non riescono però a trovare prezzi remunerativi. È così che già verso gli anni ottanta/novanta del secolo scorso esso viene trasformato in laboratorio di restau-

* L'analisi si basa su una serie di interviste non strutturate, condotte con funzionari dell'Opificio delle Pietre Dure nel periodo ottobre 1997 – settembre 1998, e di una serie di momenti di osservazione partecipante in alcuni laboratori di restauro in Via degli Alfani e alla Fortezza da Basso e nei cantieri del Battistero e presso la Chiesa di Santa Maria del Fiore a Firenze. La nostra gratitudine va al Soprintendente dell'Opificio Giorgio Bonsanti e a coloro che ci hanno concesso disponibilità e attenzione: Alfredo Aldrovandi, Carlo Biliotti, Paola Bracco, Fabio Burrini, Antonia Cassatella, Ottavio Ciappi, Marco Ciatti, Clarice Innocente, Mauro Matteini, Anna Maria Giusti, Sirio Lupi, Mauro Parri, Giancarlo Raddi delle Ruote, Patrizia Riitano, Cristina Samarelli, Andrea Santacesaria, Oriana Sartiani, Grazia Scarafile. Cogliamo l'occasione per esprimere la nostra riconoscenza agli allievi che abbiamo incontrato, in particolare a Bettina, Camilla, Cesare, Francesca e Sara. Si ringrazia per la collaborazione e per la autorizzazione a rendere pubblici i dati e le informazioni qui contenute. La responsabilità di eventuali errori è esclusiva degli autori.

ro, disciplina allora nascente, con una iniziale specializzazione sui materiali lapidei, e diventa istituto statale.

L'oggetto delle nostre indagini è tuttavia lo sviluppo recente dell'Opificio, la nuova realtà che prende corpo con la L. 44 del 1975, unificando sotto un unico ombrello alcune delle organizzazioni presenti in Firenze e particolarmente attive nel recupero del patrimonio artistico danneggiato dall'alluvione del 1966.

Si tratta di uno dei primi atti del neonato Ministero, comprensivo di numerosi provvedimenti urgenti. Le poche righe dell'art. 11 definiscono in modo scarno alcuni elementi di fondo del nuovo Opificio: la specializzazione nelle attività del restauro; la forma istituzionale della Soprintendenza, alle dipendenze della Direzione Generale Antichità e Belle Arti del Ministero; la funzione didattica dell'insegnamento del restauro (specie per arti minori e in coordinamento con l'ICR), che poi verrà effettivamente attivata nel 1978.[1]

Gli antecedenti di questa decisione vanno ricercati (riprendiamo diffusamente da Paolucci, 1986: 135-152) nel particolare contesto della Firenze post-alluvione, con un effetto tutto particolare (e per molti aspetti inatteso) derivante da una scelta politica: quella di accettare sì aiuti e collaborazioni che la comunità internazionale metteva a disposizione a fronte della drammaticità dei rischi di distruzione irreversibile al patrimonio artistico, ma mantenendo in città tutte le opere. La finalità di questa decisione è di carattere sostantivo, volta a mantenere una omogeneità dei metodi e degli interventi: le conseguenze sono anche organizzative, nel senso di trasformare per lunghi anni Firenze e i suoi laboratori in un immenso crogiolo di esperienze, unico al mondo per quantità e qualità delle sfide poste dagli effetti dell'invasione di acqua, fango e nafta su affreschi, pitture lignee, statue, ecc., e consentendo altresì nel tempo lo sviluppo di conoscenze di avanguardia: "La grande crescita, in termini di dimensioni e di specializzazioni operative ma anche di approfondimento metodologico e scientifi-

1. "L'antico Opificio mediceo delle Pietre Dure, quale istituto specializzato per il restauro di opere d'arte operante sull'intero territorio nazionale è diretto da un soprintendente storico d'arte e dipende direttamente dalla Direzione generale antichità e belle arti. All'opificio compete l'insegnamento del restauro, in particolare di quello relativo ad antiche opere di commesso e di arte minore, in coordinamento con l'Istituto centrale di restauro" (L. 44/1975, art. 11). Tale caratterizzazione viene ulteriormente confermata con il recente decreto istitutivo del nuovo Ministero per i beni e le attività culturali, D.L. 368, 20.10.98, all'art. 9, che di fatto equipara le scuole di alta formazione e studio dell'ICR, OPD e dell'Istituto centrale per la patologia del libro.

co, conosciuta dal laboratorio negli anni settanta, sarà anche una conseguenza di quella stagione cruciale che vide riunite a Firenze le forze migliori del restauro mondiale" (Paolucci, 1986: 136. Si veda anche l'inserto speciale del *Giornale dell'Arte* per il trentennale del novembre 1996).

Passata l'eccezionalità dei primi mesi e anni, l'idea che si fa strada a un certo punto è quella di unificare in un'unica struttura la varietà di enti che stavano collaborando nel processo di recupero del patrimonio fiorentino, in particolare attraverso la fusione del laboratorio della Soprintendenza ai Beni Artistici e l'Opificio, ma comunque accorpando numerose altre strutture e singole botteghe di restauratori nella nuova entità: si apre una stagione di concorsi per il reclutamento definitivo di risorse fino allora usate in condizioni e con finanziamenti di emergenza (CNR, Università, ecc.).

8.1.2 La "business idea" iniziale

Se forse più di altri l'attore chiave in questa idea di fusione sembra essere stato l'allora direttore del laboratorio della Soprintendenza ai beni artistici di Firenze, Umberto Baldini, che assumerà poi in effetti la direzione del nuovo Opificio, è tutta la struttura che risente fortemente dell'*imprinting* iniziale, in cui già si intravvedono – in modo chiaramente percepito dagli attori stessi così come emerge dai documenti dell'epoca – gli ingredienti chiave della logica di questa organizzazione, della sua *business idea* (Normann, 1979, qui intesa nella lata accezione di logica che caratterizza comportamento e struttura di una organizzazione): la pratica del restauro, il "rapporto privilegiato con la scienza" (utilizzando un'espressione di Paolucci), e il ruolo chiave della scuola nei processi di sviluppo e trasferimento del sapere tecnico-scientifico (anche in relazione alle carenze normative in materia, a partire dall'annosa controversia sulla mancanza di un albo professionale).

"L'Opificio si è configurato come un istituto in cui convivevano tre grandi filoni di attività che si integravano: in primo luogo *l'operatività*, l'intervento, che ha sempre distinto questo istituto dagli altri anche in Europa. I nostri restauratori, soprattutto quelli delle precedenti generazioni, provenivano dalla tradizione artigianale e non avevano la preparazione che quelli di oggi maturano attraverso la scuola: però avevano una grande sensibilità per il restauro, per la concomitanza dell'alluvione. In secondo luogo si è andato sviluppando uno stretto contatto tra la parte scientifica e il restauro, a partire dalla costituzione del laboratorio, che, da subito, anziché restare separato dall'operatività, fu in stretto contatto con il mondo operativo. Di conseguenza le competenze accumulate nel laboratorio hanno sempre avuto come caratteristica un'estrema concretezza. In terzo luogo si è sviluppato il rapporto con la didattica, per trasmettere e mantenere la continuità di ciò che veniva acquisito con l'esperienza operativa e la ricerca, e l'assistenza al restauro sotto l'aspetto scientifico" (intervista al dr. Matteini, direttore del laboratorio scientifico, 26.2.98).

In sostanza è possibile rintracciare in questo uno degli elementi di distinzione del nuovo Opificio, la sinergia tra restauro diretto, ricerca e didattica; a ciò si aggiunge l'elevata specializzazione al suo interno su una serie composita di settori, resa possibile dall'accorpamento di precedenti entità portatrici dei rispettivi saperi specialistici, oltre alla particolarità di avere competenze su alcune "arti minori" che altri non hanno[2].

Attualmente all'Opificio esistono dieci laboratori di restauro, classificabili in base al materiale di cui è formata l'opera d'arte (dipinti, affreschi, mosaici, lapidei, bronzi e armi da fuoco, carta, tessuti, arazzi, terrecotte, oreficeria). I vari laboratori sono collocati in tre sedi: la sede storica dell'Opificio, in via Alfani, la Fortezza da Basso, Palazzo Vecchio.

È virtualmente impossibile riportare l'insieme di attività, interventi e riconoscimenti che questa organizzazione ha registrato nel corso di questi anni: in tabella 8.1 si riprendono solo i maggiori tra i lavori svolti nell'ultimo decennio. Testimonianza di quanto fatto sono inoltre alcune delle più importanti mostre e iniziative organizzate nel periodo in esame: dal Convegno del restauro tenuto nel 1976 nel primo decennale, allo sforzo ulteriore per rendere possibile le mostre medicee del 1980, al momento di elaborazione più maturo della mostra "Metodo e Scienza" del 1982 in cui si descrivono i frutti della interazione peculiare e specifica tra restauro e metodologie scientifiche praticate all'Opificio, e riportate nei cataloghi delle rispettive mostre, insieme alle prime pubblicazioni "teoriche" (Baldini, 1981, il quale illustra anche il metodo dell'*astrazione e selezione cromatica*, che, ci ricorda Paolucci, 1986, pag. 211, rappresenta un altro elemento di distinzione della scuola fiorentina di restauro).

2. "Si potenziava, cioè, quell'applicazione ai diversi settori delle cosiddette arti minori (che già contavano l'oreficeria, l'intarsio e l'intaglio, anche lignei, e il commesso in pietre dure) che oggi costituiscono davvero un patrimonio esclusivo, sia scientifico che operativo, dell'Opificio" (Paolozzi Strozzi, 1986: 115).

TABELLA 8.1 **UNA SELEZIONE DEI PIÙ IMPORTANTI INTERVENTI DELL'OPIFICIO (1988-1998)** Fonte: OPD

autore	opera	settore
Botticelli	Primavera	*dipinti*
Giotto	Croce dipinta, S. Maria Novella, Firenze	
Giotto	Madonna di S. Giorgio alla Costa	
Raffaello	Madonna del baldacchino	
P.P. Rubens	Due episodi dalla vita di Enrico IV	
Caravaggio	S. Giovanni Battista, Malta	
Rosso Fiorentino	Porta di Città di Castello	
Lorenzo Monaco	Incoronazione della Vergine	
Rosso Fiorentino	Pala Dei	
Piero della Francesca	Storie della vera Croce	*dipinti murali*
Vasari-Zuccari	Giudizio Universale, S. Maria del Fiore (3600 mq)	
Parmigianino	Storia di Diana e Atteone	
A. Allori e altri	Scene di paesaggio, Firenze, Palazzo Pitti	
Ghirlandaio	Storie della Vergine e di Giovanni Battista	
Donatello	Pulpito, Prato	*lapidei*
Nanni di Banco	S. Filippo, Orsanmichele, Firenze	
Donatello	S. Pietro, Orsanmichele, Firenze	
Jacopo della Quercia	Fonte Gaia, Siena	
Donatello	Profeti, dal campanile di Firenze	
Donatello	Annunciazione, S. Croce, Firenze	
Bernardo Rossellino	Monumento funebre a Leonardo Bruni, S. Croce, Firenze	
Desiderio da Settignano	Monumento funebre a Carlo Marsuppini, S. Croce, Firenze	
Donatello	Giuditta e Oloferne	*bronzi*
A. del Verrocchio	Incredulità di San Tommaso, Orsanmichele, Firenze	
Giambologna	Ratto di una sabina	
Ghiberti	S. Giovanni, Orsanmichele, Firenze	
Ghiberti	Porta del Paradiso, Battistero, Firenze	
Michelozzo	S. Giovanni Battista	*terrecotte*
Donatello	Putti nell'Annunciazione Cavalcanti, S. Croce, Firenze	
A. della Robbia	Visitazione	
	Calice di Gian Galeazzo Visconti, Monza	*oreficeria*
	Evangeliario di Teodolinda, Monza	
	Grande croce, Duomo, Cremona	
	Arazzi del Salone dei Dugento, Palazzo Vecchio	*arazzi*
	Scene della Passione, Tesoro di S. Marco, Venezia	
	Bozzetti teatrali, Teatro alla Scala, Milano	*disegni*
	Taccuino di Giovanni de' Grassi, Bergamo	
	Interventi sui mosaici paleocristiani di Madaba in Giordania	*mosaici*
	Mosaici romani, Battistero, Firenze	
Jacopo della Quercia	S. Martino, Lucca	*scultura lignea,*
	Ripiano di tavolo, Los Angeles County Museum	*pietre dure,*
Antonio Pollaiolo	Ricamo, Duomo, Firenze	*tessuti*

Del resto, la rivista "OPD Restauro" e le varie pubblicazioni curate dall'Opificio rappresentano un cruciale ingrediente nella formula strategico-organizzativa perseguita, ulteriore elemento di integrazione tra intervento, ricerca e didattica.

8.1.3 Le linee attuali dello sviluppo

Se quanto sopra può bastare a delineare gli elementi salienti di questa organizzazione, vale la pena rintracciare le principali linee guida che fanno parte del progetto strategico degli anni più recenti, che pur mantiene le caratteristiche di fondo della *business idea* sopra evidenziata, e in cui l'obiettivo di fondo potrebbe sintetizzarsi nel "mantenere le posizioni (di eccellenza) acquisite".

Al di là degli indirizzi operativi sugli interventi di restauro che di anno in anno vengono stabiliti dal vertice dell'Opificio in accordo con i funzionari, tali linee guida possono in breve ricondursi ad alcuni aspetti principali:

- la riapertura del museo dell'Opificio, già concretatasi nel 1995, e che nel secondo anno di attività ha visto la presenza di 11.250 visitatori;
- la ristrutturazione e l'adeguamento funzionale delle sedi (sede centrale, Fortezza e Museo), che hanno richiesto un complessivo ridisegno delle strutture interne;
- il mantenimento dell'attività didattica in una situazione nuova, con personale esterno che sostituisce i precedenti insegnanti andati in pensione, e una durata ora quadriennale, come da regolamento di attuazione del 1 Settembre 1997;
- la strutturazione delle modalità di svolgimento di un'attività di consulenza vera e propria che l'Istituto svolge a favore di molte altre organizzazioni e Soprintendenze, che si è andata a intensificare negli ultimi anni fino a rappresentare una porzione rilevante di tempo dei funzionari;
- la strutturazione di una simile attività anche per quanto riguarda l'estero.

Ma, al di là di questi cambiamenti minori, la sfida vera e propria è rappresentata dal tentativo (e dall'imperativo) di "non cambiare nulla" nei meccanismi che stanno alla radice delle competenze distintive di questa organizzazione, vale a dire nei meccanismi di produzione e riproduzione del sapere tecnico-specialistico. Piuttosto, se un cambiamento si impone, questo sembra più riguardare la struttura di governo e i sistemi operativi di carattere accessorio, amministrativo-gestionali, in modo tale che questi non intralcino le capacità di riproduzione delle conoscenze e competenze distintive.

8.1.4 L'attuale ordinamento

Se quanto sopra rappresenta il cuore di questa organizzazione, le sue caratteristiche imprescindibili e distintive, ulteriore elemento in parte sovra-ordinato a quei caratteri è la struttura di governo che caratterizza l'Opificio. Da questo punto di vista, pur se mancante di quella competenza territoriale che caratterizza le altre Soprintendenze, l'ordinamento dell'Opificio ne ricalca per larga parte le caratteristiche.

Per quanto qui interessa, ciò significa alcune importanti implicazioni: riceve direttamente dal Ministero le assegnazioni di risorse finanziarie, mentre le risorse umane vengono definite dal Ministero (per questa come per le altre Soprintendenze) e gestite dall'Amministrazione centrale.

La relazione che l'Opificio intrattiene con l'ambiente è abbastanza anomala e si configura come attività per la quale non è previsto alcun corrispettivo. Il ruolo dell'Opificio è contribuire alla salvaguardia del patrimonio artistico nazionale: questo in base alla risorse umane e alla dotazione di risorse finanziarie fornite dallo Stato, a fronte dei capitoli di spesa che ne contraddistinguono il bilancio e secondo le modalità che analizzeremo in profondità successivamente.

Qui basti tratteggiare lo svolgimento tipico che accompagna l'avvio di un intervento dell'Opificio: pervengono all'Istituto alcune richieste di intervento (da parte di Soprintendenze, amministrazioni periferiche dello Stato, enti ecclesiastici o privati). In base ai problemi tecnici del restauro, in relazione alle competenze di cui l'Opificio dispone e in base a una considerazione dell'effetto di apprendimento che l'intervento sembra presentare, l'Opificio decide se accettare – senza ulteriori condizioni e oneri per il committente – il restauro ("se ci interessa sotto il profilo artistico e tecnico"), ovvero, senza ulteriori passaggi, declinare l'invito.

L'accettazione o il rifiuto e l'eventuale svolgimento del lavoro sono totalmente governati da considerazioni di carattere sostantivo e dai valori professionali: in fondo non esistono forti meccanismi che potrebbero impedire che l'Istituto nel suo complesso "si imboscasse"; peraltro l'economicità del singolo intervento è aspetto assolutamente irrilevante, rispetto al quale non ci si pone neanche il problema di determinare il costo del restauro (né quello diretto né quelli del personale); i tempi stessi del restauro e il grado di soddisfazione delle domande non sembrano essere logiche di azione che trovano momenti di strutturazione in questo processo, totalmente guidato da valutazioni di opportunità di carattere storico-estetico e di tecnologia del restauro.

Tutto ciò non vuole essere una critica aprioristica: semplicemente descrive alcune modalità di funzionamento di questa organizzazione le cui ragioni non sono facili da comprendersi all'interno di un discorso sistematico sulla gestione, e di cui basti per ora segnalare l'originalità. Capire la viabilità di tali meccanismi di scambio con l'ambiente richiede peraltro la comprensione più diretta degli elementi distintivi della complessità di questa organizzazione *knowledge-intensive*, per riprendere poi una riflessione più consapevole di questi aspetti.

8.2 Pratiche di lavoro fra tradizione e innovazione

8.2.1 L'organizzazione dell'intervento di restauro

Il restauro delle opere è una delle attività principali svolte all'Opificio e coinvolge direttamente gli storici dell'arte responsabili degli specifici settori, i restauratori dei vari laboratori, gli allievi della Scuola e, in alcuni casi, restauratori esterni reclutati su specifici progetti. Descrivere l'attività di restauro e il modo in cui è organizzata all'interno dell'Opificio non è semplice per una serie di ragioni: non esiste un prodotto o un processo di produzione tipico, non c'è una divisione del lavoro rigida e assoluta, anche se in alcuni casi emergono delle forti specializzazioni; non ci sono dei tempi standard di lavorazione. Il dato che emerge dopo un'osservazione prolungata è che esiste una molteplicità di attività in corso, che coinvolgono e fanno interagire varie persone, che si susseguono sulla base di una qualche forma di programmazione e che richiedono una costante attività di coordinamento.

Esistono rilevanti differenze tra i diversi laboratori nelle pratiche e nell'organizzazione dell'attività, in parte riconducibili al numero di restauratori e quindi alla dimensione e al volume di attività, in parte alle caratteristiche specifiche dell'opera e del materiale. Infatti, l'intervento di restauro non sempre ha luogo nei locali dell'Opificio; nel caso dei dipinti, le opere vengono trasportate preferibilmente in laboratorio, mentre nel caso degli affreschi l'intervento avviene di solito *in situ*.

Per presentare in modo più organico l'insieme di queste attività ci è sembrato opportuno identificare le fasi e le operazioni che si presentano in un intervento di restauro che si configura come una commessa; dapprima riferendoci a un caso abbastanza generico e astratto e successivamente ripercorrendo alcune delle situazioni che hanno caratterizzato un intervento specifico durato oltre cinque anni.

a. Fasi tipiche di una commessa

La prima fase che in qualche modo precede e prelude a una commessa riguarda la selezione dell'opera che può essere segnalata direttamente dall'ente che ne ha la custodia, ovvero essere indicata direttamente dall'Opificio. Individuata un'opera, si procede con un sopralluogo che ha lo scopo di valutare in prima approssimazione lo stato di degrado dell'opera, il tipo di intervento richiesto e l'urgenza. Nel caso in cui l'opera venga selezionata, l'intervento viene inserito nel piano di programmazione per l'anno successivo e quindi si avvia il processo di reperimento dei fondi necessari, attraverso la richiesta di finanziamenti che annualmente vengono erogati dal Ministero dei Beni Culturali. Spesso accade che l'Opificio offra la propria assistenza per il trasporto ai laboratori e per lo smontaggio dell'opera; quest'ultima operazione spesso risulta essere molto critica, poiché un errore può produrre gravi danni.

Con l'arrivo dell'opera all'Istituto, anche un anno dopo il primo sopralluogo, il restauro viene assegnato dal responsabile di settore a uno o più restauratori e viene definito il progetto di intervento. Inizia così una prima valutazione dettagliata sul tipo di intervento da effettuare e sulle soluzioni da adottare per risolvere i problemi che verosimilmente si presenteranno nel corso del restauro. Queste scelte non dipendono solo dalle condizioni di degrado in cui versa l'opera, ma anche e soprattutto dalla lettura critica dell'opera e dei suoi valori. Sulla scorta di queste indicazioni e dello stato di conservazione vengono svolti interventi preliminari e analisi di laboratorio (chimiche, spettroscopiche, fotografiche) che completano e chiariscono il quadro della situazione e forniscono informazioni sui materiali originari impiegati e sulle cause del degrado.

A questo punto inizia l'intervento di restauro in senso stretto che si articola in una serie di attività (come ad esempio la pulitura, la fermatura, ecc.) che dipendono dal caso specifico e dal materiale di cui è composta l'opera. All'arrivo all'Opificio e prima di iniziare qualsiasi intervento significativo, le opere vengono fotografate per documentare i cambiamenti e l'effetto di determinati trattamenti. Accade sovente che nel corso del restauro emergano problemi non previsti, che richiedono ulteriori analisi, valutazione e lo studio di una nuova soluzione. La durata di un intervento di restauro è estremamente variabile e non ha senso indicare dei valori medi; i casi più semplici richiedono solo pochi mesi di lavoro, quelli più impegnativi possono durare anche alcuni anni. Alla fine, viene raccolta tutta la documentazione prodotta e viene redatta una relazione finale, conservata presso l'archivio dell'Istituto, che descrive e ripercorre i problemi affrontati e le operazioni compiute durante l'intervento.

Da alcuni anni esiste un laboratorio di climatologia a cui è affidata l'analisi del microclima dei locali in cui vengono conservate o esposte le opere. L'attenzione per quest'area di studio e di ricerca risponde a una logica preventiva del restauro; in questa prospettiva, il modo migliore per proteggere un'opera è quello di eliminare o contenere le cause di deterioramento. Le analisi del laboratorio di climatologia forniscono utili indicazioni sia per effettuare gli opportuni adattamenti all'ambiente che ospiterà l'opera, sia per il restauratore, che può scegliere i prodotti più adeguati a proteggere l'opera nell'ambiente in cui verrà ricollocata.

b. Complessità di un intervento: il restauro dell'Incoronazione della Vergine di Lorenzo Monaco

Per cogliere in modo puntuale alcuni degli aspetti che sono stati sin qui evocati, è opportuno introdurre invece il caso di una commessa specifica. L'opera scelta è l'*Incoronazione della Vergine* di Lorenzo Monaco, di proprietà della Galleria degli Uffizi di Firenze. Questo intervento è iniziato nel 1993 e si è protratto nel tempo per cinque anni, soprattutto per risolvere dei problemi che sono risultati evidenti solo in corso di restauro. Inizialmente la tavola è arrivata all'Opificio per subire un trattamento antitarlo e mentre l'opera si trovava all'Istituto emersero anche altri problemi. La restauratrice che seguiva le varie fasi, notò dei sollevamenti di colore che non potevano essere trascurati. Si decise di affrontare il problema e di procedere a un primo intervento di fermatura e di conservazione.

Tuttavia a questo punto divennero ancor più evidenti altri problemi sullo stato di conservazione dell'opera:[3]

"C'erano anche dei sollevamenti, delle bolle e delle crespine sulla pellicola pittorica, soprattutto sui bianchi, particolarmente visibili a luce radente. Inoltre un'ulteriore osservazione rivelava delle zone patinate, non omogenee, in cui il colore appariva più scuro e che sembravano essere state apposte successivamente per ridurre la luce del dipinto".

L'analisi chimica della patina rivelò avere una base collosa, facendo sorgere il sospetto che fosse proprio la patina la causa del sollevamento. Si decise così di procedere con un intervento di pulitura per rimuovere la patina che presto si rivelò essere abbastanza sottile. Procedendo con la pulitura l'opera si presentava ben conservata, anche se la restauratrice ricorda che:

"I rapporti cromatici sembravano abbastanza alterati, nel senso che alcuni erano abbassati, mentre altri no; perciò fu necessario intervenire ordinando il tutto. Ad esempio il blu del manto e della volta celeste apparivano completamente diversi: il primo infatti era stato scurito, mentre il secondo non era mai stato toccato".

Per ripristinare le condizioni originarie dell'opera, mantenendo il più possibile la vernice originaria ed eliminando la patina giallastra, fu perciò necessario effettuare trattamenti diversi nelle varie parti del dipinto. Quindi il dipinto ha subito un primo intervento di fermatura del colore, sono state effettuate prove di pulitura in varie zone e un'indagine su natura e cause dei sollevamenti.

L'intervento è proseguito con la stuccatura e il restauro pittorico delle parti pulite, soprattutto quelle in cui erano stati rimossi precedenti interventi. Approfittando della concomitante presenza presso l'Opificio di altre opere dello stesso periodo, si è colta l'occasione per compiere anche uno studio sulla tecnica pittorica e sui materiali utilizzati per i colori (cfr. Aldrovandi *et al.*, 1996).

Questo restauro, tuttavia, ha posto anche altri problemi, particolarmente rilevanti anche dal punto di vista della teoria del restauro e delle regole consolidate in questi anni. Il dipinto presentava non solo delle lacune marginali, ma anche una lacuna centrale di dimensioni considerevoli in cui originariamente era disegnato un angioletto. In un precedente intervento di restauro, avvenuto nel secolo scorso, dopo una discussione di cui si è conservata

3. Gli estratti citati in questo paragrafo sono da una nostra intervista con Patrizia Riitano del 3 marzo 1998.

la documentazione, la lacuna era stata tamponata accennando la sagoma di un angelo in oro su sfondo neutro. Questo precedente complicò ulteriormente la situazione sulla soluzione da attuare. Si trattava di contemperare esigenze diverse: il trattamento della lacuna con del materiale neutro (soluzione abitualmente utilizzata all'Opificio in casi del genere) avrebbe assicurato il rispetto dell'opera originaria, ma sarebbe stata esteticamente inadeguata, data la posizione e la dimensione della lacuna. Inoltre, dal punto di vista della storia del restauro, l'intervento ottocentesco meritava a sua volta di essere in qualche modo mantenuto e conservato come testimonianza di una soluzione assolutamente innovativa per la sua epoca. Vennero prese in considerazione varie alternative possibili, valutandone la congruenza con i principi teorici che devono ispirare il restauro (cfr. i principi espressi da Brandi nella Carta del Restauro del 1972) e la discussione coinvolse diverse persone chiamate in causa a vario titolo: la direzione dell'Istituto, gli storici dell'arte, la direzione degli Uffizi. Alla fine si decise di disegnare ex-novo l'angioletto in un supporto esterno, applicato in corrispondenza della lacuna. Questa soluzione difficilmente sarebbe stata presa in considerazione in passato e segna in qualche modo un rinnovamento delle posizioni e delle interpretazioni sul restauro. Infatti, questa scelta sembra apparentemente trasgredire le regole di restauro affermatesi negli ultimi trent'anni, ma una riflessione più attenta rivela l'esatto contrario: l'intervento è reversibile, conserva traccia del restauro precedente e soprattutto migliora la fruizione dell'opera, altrimenti penalizzata dalla soluzione ottocentesca. Alla National Gallery di Londra è conservato un dipinto di Lorenzo Monaco che risale allo stesso periodo dell'Incoronazione, in cui è disegnato un angelo simile a quello da riprodurre. Questo elemento rafforzò la convinzione che valesse la pena disegnare *ex-novo* la figura dell'angelo.

La decisione di realizzare il disegno dell'angelo pose poi tutta una serie di problemi da risolvere: la forma da dare all'angelo, la tecnica da utilizzare, il supporto su cui disegnare l'angelo e il modo di fissarlo alla tavola.

> "Oltre al disegno vero e proprio, il problema nuovo è stato quello di costruire un supporto adatto a questo nuovo disegno e di ancorarlo alla tavola di legno che si muove. Il materiale di supporto è stato scelto dopo vari tentativi durati vari mesi e alla fine si è optato per una resina epossidica a cui è stata applicata una tela di dachron. Questo sup-

> porto va poi ancorato alla tavola. In generale, anche se il supporto è inerte, quando viene incollato alla tavola impedisce a quest'ultima di adattarsi e muoversi. Nello specifico, la scelta di conservare il disegno dell'angelo riprodotto con il restauro del 1870 ha posto un problema tecnico, legato al modo di ancorare il pannello su cui avrei disegnato il nuovo angioletto. Ovviamente si è scartata la possibilità di forare la tavola e si è pensato di usare delle calamite, ma anche questa soluzione sembrava troppo intrusiva; avrebbe prodotto uno spessore sulla superficie esterna che poteva essere risolta solo incastrando le calamite nella lacuna, rovinando però il restauro precedente. Alla fine si è deciso di incollare il pannello con un materiale particolare. Questa ricerca ha coinvolto anche altri restauratori dell'Opificio e persino delle persone esterne; all'inizio sono stati presi in considerazione quelli già impiegati nel restauro, anche se per usi diversi. Così sono state effettuate delle prove con un gommino della 3M ampiamente utilizzato da un'altra restauratrice dell'Opificio come sigillante; si tratta di un materiale a base siliconica, con viscosità permanente. Tra una prova e l'altra si è lasciato un po' di tempo per osservare il comportamento dei materiali, ma nel corso degli anni possono esserci sempre delle sorprese. Si tratta quindi di un lavoro di ricerca che non è visibile all'occhio, eppure è stato fatto."

Sulla ricerca e sull'innovazione nell'uso dei materiali, temi tra i più interessanti e discussi nel settore del restauro, ritorneremo più avanti, mentre vale la pena sottolineare qui che il disegno vero e proprio della figura dell'angelo ha costituito un elemento di particolarità di quest'intervento:

> "Collegare il colore, rifare un pezzetto sono cose che uno impara a fare sin dalla scuola del restauro; impostare da zero un pezzo è invece un fatto assolutamente inusuale, tanto che all'inizio il Soprintendente mi ha chiesto, un po' scherzando: 'lei se la sente di farlo?'"

Per il disegno dell'angelo è stato utilizzato anche il computer, per capire se fosse possibile ottenere una prospettiva a partire dall'altro angelo; i risultati non sono però sembrati convincenti e si è preferito optare per una soluzione che si inserisse in modo armonico con il resto dell'opera. In questo frangente la collaborazione con il laboratorio scientifico è stata estremamente proficua perché ha permesso di determinare la datazione dei materiali, la tecnica artistica, l'analisi del supporto e l'analisi ottica dei pigmenti, che rivelò la presenza di lapislazzuli. Dall'analisi delle tracce di materiale rinvenuto sull'opera si è avuta la conferma di quanto documentato da altra fonte, ossia che nel corso dell'ultima guerra l'opera fosse stata utilizzata come banco da mensa. Inoltre, la tavola presenta nella parte inferiore una predella, ossia un'apertura che le radiografie hanno dimostrato essere originaria. Da uno studio sulle altre opere dello stesso periodo sembra fosse comune costruire delle aperture segrete, utilizzabili come vano per contenere delle reliquie. Probabilmente con gli spostamenti la porta di chiusura originaria si è persa e l'apertura è stata successivamente allargata per contenere un tabernacolo.

Durante la fase di studio dell'angioletto si intensificò la ricerca di tutta la documentazione relativa all'opera e in quell'occasione si trovò una fotografia del 1953 o 1954 in cui il dipinto era provvisto di una cornice neogotica completa di gattoni, cappelli, pinnacoli, ora scomparsi. Ulteriori ricerche rivelarono che questa era stata rimossa nel 1956, probabilmente con l'intenzione di riportare tutto allo stato originario. Dal deposito degli Uffizi vennero recuperati i tre cappelli della cornice "completamente coperti da una temperaccia marrone". Vennero effettuate delle prove al computer per studiare l'effetto complessivo che si sarebbe ottenuto ricostruendo la cornice: ma ricostruire le cornici da zero, anche con l'aiuto della foto degli anni cinquanta, sarebbe stato troppo difficile. Così, i restauratori dell'Opificio tentarono la carta di recuperare anche il resto del materiale originario e organizzarono una piccola pattuglia di ricerca "con tuta e lampada" nei magazzini degli Uffizi. L'operazione fu fruttuosa e quasi tutti i pezzi vennero recuperati. Durante il restauro della cornice si poté stabilire che alcuni elementi erano originari del Quattrocento e questo convinse ulteriormente dell'opportunità di ripristinare la cornice.

Dopo cinque anni il lavoro è quasi terminato; resta da completare il restauro della cornice che si presenta abbastanza laborioso. La doratura è quanto mai eterogenea, a causa dell'irregolarità di precedenti interventi e della storia dei vari pezzi; alcuni elementi sono rimasti a lungo nel deposito, altri sono stati esposti e il colore risulta "abbassato". Pertanto, è necessario pulire tutti i pezzi e restituire all'intera cornice una condizione uniforme, ma ciascun elemento va studiato un po' a sé poiché, come spesso accade con le opere d'arte, ci sono vari tipi di sporco e non è possibile applicare ovunque lo stesso trattamento, "specie se poi ci si trova della crema di fagioli".

c. Competenze eccellenti per affrontare nella routine casi unici

La descrizione proposta del restauro dell'*Incoronazione della Vergine* di Lorenzo Monaco dà un'idea dell'insieme di attività di studio e sperimentazione, di ricerca e di collaborazione con altri istituti che vengono svolte nel corso di un intervento. Benché sia possibile identificare, come abbiamo fatto, le fasi che cadenzano l'esecuzione di un restauro, è altresì vero che una simile descrizione lascia solo intravvedere la complessità del lavoro che invece traspare quando si descrivono i problemi specifici che i singoli casi pongono in modo inaspettato. Emergono anche i problemi organizzativi che caratterizzano anche la gestione dell'Opificio: problemi di programmazione delle attività e di coordinamento nell'assegnazione e nell'impiego delle risorse, che si manifestano in considerevoli tempi morti che i restauratori in parte impiegano dedicandosi ad altre opere loro assegnate.

Il caso del restauro dell'*Incoronazione della Vergine* di Lorenzo Monaco mette in evidenza anche altri aspetti, legati soprattutto alla qualità delle competenze dell'Opificio, vale a dire l'attitudine alla sperimentazione e all'innovazione. L'Opificio dispone di un immenso patrimonio di competenze maturato nei secoli, al punto che nessun intervento si presenta come un caso del tutto nuovo e diverso da qualcosa già fatto in passato; è significativo che durante il periodo di osservazione sul campo i restauratori spesso ci spiegavano su cosa erano impegnati in quel momento facendo riferimento ad altre situazioni, sottolineandone le analogie e le differenze.

Uno dei problemi più ardui in cui si imbattono le organizzazioni eccellenti è quello di restare intrappolate nelle proprie competenze, che vengono replicate, adattate e ricombinate anche quando risultano inadeguate. L'enorme bagaglio di esperienza avrebbe potuto indurre l'Opificio a chiudersi nella propria nicchia, replicando le pratiche consolidate che la tradizione ha da tempo definito. Invece, come emerge dal caso descritto, il tratto predominante è la tensione tra tradizione e innovazione, tra regole generali e applicazione. Il restauro dell'*Incoronazione della Vergine* ha fornito l'occasione per discutere l'applicazione e l'interpretazione dei principi di teoria del restauro, per collaborare e interagire con altri istituti internazionali, per confrontare e sperimentare metodi di intervento o nuovi strumenti, come il computer, utilizzato per effettuare delle simulazioni. L'attitudine alla sperimentazione e all'innovazione è un elemento fondamentale del patrimonio di competenze dell'Opificio; storici dell'arte, restauratori e allievi sono fortemente consapevoli di ciò, anche se non tutti concordano sulle singole scelte.

Cosa trattiene l'Opificio dal restare intrappolato nel proprio dominio di competenze eccellenti, riconosciute a livello internazionale? Come si realizza e si mantiene nel tempo una costante attenzione per la ricerca e l'innovazione? Per fornire ulteriori elementi per la comprensione di questi aspetti, il paragrafo seguente è dedicato a un'analisi dell'attività di ricerca e di innovazione che caratterizza la pratica quotidiana dell'Opificio delle Pietre Dure.

8.2.2 Tradizione, ricerca e innovazione: interagiscono le competenze

a. Tre competenze in gioco

L'attività quotidiana di restauro svolta all'Opificio realizza nei fatti l'integrazione di tre forme di conoscenze e competenze professionali tra loro molto diverse: quella tecnica, di cui sono portatori i restauratori; quella scientifica, sviluppata dai tecnici del Laboratorio Scientifico dell'Opificio; quella storico-critica, che offre una chiave di lettura interpretativa dell'opera e dell'intervento.

L'*abilità tecnica* dei restauratori è certamente l'aspetto più visibile di restauro.

Tuttavia, come è emerso anche dalla descrizione dell'intervento sull'*Incoronazione della Vergine* di Lorenzo Monaco, il lavoro dei restauratori trova supporto nell'assistenza offerta dal *laboratorio scientifico;* ad esempio, con l'analisi fotografica, radiografica e spettroscopica, è possibile ricostruire elementi importanti della storia di un'opera, i pentimenti dell'autore, i rifacimenti e le modifiche successivi, gli interventi di restauro precedenti.[4] Microfografia e microcarotaggi forniscono informazioni sulla struttura dei materiali e lo stato di conservazione dell'opera che sono fondamentali

4. Il lavoro descritto da Matteini e Moles (in Baldini, 1982 : 225-233 e Appendici) sulla *Primavera* di Alessandro Botticelli costituisce un esempio suggestivo di come queste analisi forniscano precise indicazioni sulla tecnica di esecuzione e sullo stato di conservazione di un'opera.

per l'intervento del restauro vero e proprio, ad esempio per la scelta dei solventi da impiegare nella pulitura. Il legame stretto e naturale che unisce la tecnica del restauro alla ricerca scientifica si manifesta in svariate situazioni, ad esempio nei problemi che si presentano con la pulitura di un'opera. La pulitura è una delle attività più critiche del restauro, soprattutto per la sua irreversibilità: ciò che è tolto, è tolto per sempre. Non sorprende perciò che lo studio dei solventi e delle tecniche impiegati per la pulitura sia particolarmente attivo e costituisca un terreno di collaborazione e di confronto tra i restauratori e i tecnici del laboratorio scientifico. Nel caso delle formelle della *Porta del Paradiso* di Lorenzo Ghiberti, l'opera presenta un'alterazione nella composizione dei materiali originari (bronzo e oro) per effetto dell'ossidazione, dell'erosione e dell'inquinamento atmosferico; l'analisi chimica dei materiali ha permesso di individuare quale fosse il trattamento di pulitura più idoneo per le condizioni materiche dell'opera al momento dell'intervento (cfr. Matteini e Moles in Baldini, 1982: 181-184).

Infine, c'è la terza componente, la *competenza storico-artistica*, a cui in Italia storicamente è riconosciuta una posizione preminente, tanto che la direzione e la responsabilità di un restauro sono sempre affidati a uno storico dell'arte. Questa consuetudine italiana, che come vedremo, si riflette anche nella struttura organizzativa dell'Opificio, risponde all'obiettivo di assicurare che l'intervento di restauro non si riduca a un fatto tecnico, ma avvenga alla luce di una lettura critica dell'opera e di una valutazione del caso specifico, rispetto alle teorie del restauro assunte come punto di riferimento. Un progetto di restauro costituisce spesso un compromesso tra il desiderio di eliminare le cause e gli effetti del degrado, restituendo all'opera la propria identità e ciò effettivamente può essere fatto e recuperato. I principi della teoria del restauro tuttora seguiti all'Opificio risalgono al dibattito sviluppatosi a partire dagli anni quaranta e cinquanta e sono stati ispirati e codificati in larga parte da persone come Cesare Brandi e Umberto Baldini fra gli altri, che nella propria esperienza professionale hanno affinato una sensibilità particolare per le tecniche e l'abilità manuale e allo stesso tempo hanno maturato una capacità di lettura critica dell'opera. Questi principi si fondano sul rispetto assoluto per l'opera originaria, che si traduce in un atteggiamento rigoroso e attento in ogni fase del restauro. Sulla base di questi presupposti si sperimentano e si affinano tecniche di analisi, di diagnosi e di intervento non intrusive; si prediligono soluzioni reversibili che soprattutto siano facilmente riconoscibili e identificabili come prodotto del restauro e non come elemento dell'opera originaria. L'intervento di restauro non deve annullare il tempo e riportare l'opera al suo stato originario, ma deve eliminare le cause di deterioramento e proteggerne la conservazione. Talvolta una delle cause di deterioramento va individuata in precedenti interventi di restauro la cui rimozione costituisce uno dei problemi maggiori, perché non è semplice capire come quegli interventi hanno modificato la struttura materica originaria.

L'osservazione diretta e le testimonianze raccolte nel corso delle interviste presso l'Opificio rivelano che l'integrazione di queste competenze non avviene in astratto, ma è stimolata dall'attività quotidiana di restauro. I problemi quotidiani posti da casi specifici costituiscono l'occasione per discutere, studiare e sperimentare nuove soluzioni, e di ciò restauratori, tecnici e storici dell'arte dimostrano di essere consapevoli. Naturalmente si tratta di un confronto e di una discussione che possono generare dinamiche conflittuali e contrapposizioni di prospettive differenti e che tuttavia costituiscono un passaggio quasi obbligato.

b. ***L'integrazione delle competenze nella pratica quotidiana***

Una delle situazioni più frequenti in cui la discussione stimola la sperimentazione di soluzioni innovative si presenta quando le pratiche consolidate sembrano non essere idonee al caso specifico. Questa valutazione di idoneità chiama in causa la teoria del restauro ed è proprio in forza di questa che si cercano le motivazioni per sperimentare prassi differenti. Si consideri, ad esempio, la decisione di disegnare l'angioletto nell'*Incoronazione della Vergine* di Lorenzo Monaco: si opta per una soluzione che apparentemente appare eretica, mentre trova giustificazione negli stessi principi di rispetto dell'opera e che in altre circostanze avrebbero suggerito di mantenere la lacuna.

I problemi posti dai casi concreti possono talvolta mettere in discussione alcune consolidate e accettate applicazioni della teoria del restauro e suggerire delle soluzioni alternative. Questo è quanto è avvenuto ad esempio per il restauro delle parti in oro. Secondo quanto prescritto da Umberto Baldini l'integrazione delle parti in oro deve avvenire totalmente senza l'impiego di oro, per evitare ogni possibile falsificazione dell'opera originaria. L'effetto cromatico dell'oro va ottenuto con tante piccole pennellate dei tre colori che lo compongono: il rosso, il giallo e il verde. Questa tecnica, detta selezione cromatica, ha il vantaggio di riprodurre da lontano l'effetto cromatico dell'oro, mentre da vicino consente di distinguere l'opera originaria dall'intervento di restauro. Il problema è che questa soluzione funziona se c'è un'illuminazione perfetta; diversamente, è sufficiente osservare il dipinto con una piccola angolatura per notare immediatamente la diversa diffrazione dell'oro e della selezione, con il risultato di avere delle zone opache in mezzo a una superficie riflettente. Conseguentemente, in alcune cornici o in superfici con ampie dorature sono state sperimentate delle soluzioni alternative che meglio riproducessero la diffrazione caratteristica dell'oro. In un primo esperimento la selezione cromatica con i tre colori rosso, giallo e verde è stata arricchita con delle pennellate d'oro; quando anche questa soluzione è apparsa insoddisfacente si è applicata sulla superficie da restaurare una sottile foglia d'oro e si è applicata su questa la selezione cromatica a pennello.

In altri casi, dalla discussione tra restauratori, tecnici e storici dell'arte su problemi specifici traspare che soluzioni tradizionalmente accettate sono utilizzate semplicemente perché radicate come pratica consolidata e imposte per tradizione. Ad esempio, per anni nella pulitura sono stati utilizzati solventi ed emulsioni che a lungo andare erano particolarmente tossici per il restauratore e dannosi per l'opera su cui venivano applicati. A partire dalla ricerca di soluzioni per casi che si presentano sistematicamente nel restauro sono stati analizzati chimicamente le tradizionali "pappette", utilizzate come supporto per i solventi, e i "beveroni", largamente impiegati nel restauro; quest'analisi scientifica ha messo in luce tutti i limiti e i pregi di questi prodotti, con il risultato di bandirne completamente alcuni e introdurne altri di nuovi.

L'interazione e integrazione di forme di competenze diverse possono essere utilmente analizzate anche da un'altra prospettiva, analizzando il rapporto tra conoscenza generale, acquisita sia con la pratica sia in forma astratta, e il caso concreto è allo stesso tempo fondamentale ed emblematico. Questa chiave di lettura è fondamentale, poiché gli stessi restauratori e gli allievi della Scuola sono consapevoli del valore che hanno l'esperienza, la pratica e le conoscenze accumulate. Allo stesso tempo, è diffusa la convinzione che ogni restauro sia un caso a sé e che non sia possibile applicare in modo pedissequo soluzioni già sperimentate. Una parte della conoscenza di un restauratore è espressa in forma di regole che descrivono (e prescrivono) come si fanno le cose, quali prodotti usare, come applicarli, ecc. Oltre alle regole, c'è un'altra parte importante di competenze, non codificate o non codificabili, che appartengono piuttosto alla sfera della conoscenza tacita, acquisita con la partecipazione ad altri restauri. La partecipazione anche marginale degli allievi della Scuola e dei giovani restauratori in affiancamento ad altri più esperti costituisce una delle forme attraverso cui la conoscenza implicita viene appresa e condivisa. Essere presenti in laboratorio, partecipando anche marginalmente all'attività quotidiana è la premessa necessaria per la socializzazione di quel tipo di abilità spesso indicate come sensibilità, esperienza, maestria. Queste due forme di conoscenza, quella tacita e quella codificata, convivono in un rapporto dinamico; infatti, una delle conseguenze prodotte dall'integrazione tra competenze diverse è la trasformazione della conoscenza da una forma tacita a una codificata. Come nell'esempio delle "pappette", esistono nella tradizione del restauro delle ricette per i preparati di base che vengono modificati al caso specifico sulla base dell'esperienza. L'analisi chimica della composizione delle ricette e delle conseguenze dei preparati sulla materia dell'opera ha messo in discussione la validità di una parte delle conoscenze applicate dai restauratori; pratiche consolidate, affinate in anni di esperienza o tramandate da maestri e colleghi, producevano effetti collaterali dannosi per l'opera.

Nell'attività quotidiana, l'integrazione tra le competenze tecniche, scientifiche e storiche è particolarmente intensa nell'attività di ricerca e di sperimentazione, sia quella che avviene quotidianamente e che è visibile in forma di adattamenti e di micro-innovazioni, sia quella più sistematica, stimolata da progetti di più largo respiro. Tipicamente in questi processi di adattamento vengono sperimentate soluzioni già adottate altrove, anche in ambiti di applicazione molto diversi, combinandole con soluzioni nuove mai tentate. Talvolta la ricerca è un processo che coinvolge più persone, prevalentemente ma non esclusivamente dell'Opificio. Da questo punto di vista la capacità di sviluppare innovazioni costituisce un tratto assolutamente distintivo dell'Opificio. Soprattutto quando le innovazioni si concretizzano in un prodotto ben definito, come può essere la realizzazione di nuovi artefatti o di nuove tecniche diagnostiche, queste varcano il confine dell'Opificio e vengono riprese anche all'esterno. I canali di diffusione sono molteplici, come la rivista dell'Opificio, "OPD Restauro" gli ex-allievi che spesso continuano a restare in contatto con l'istituto, i convegni, le mostre sul restauro e i progetti di collaborazione con altri istituti.

c. *Innovazione e adattamento*

Nel restauro si utilizzano materiali e sostanze che spesso sono nati per altri scopi e che vengono adattati a un uso diverso, vuoi perché sul mercato non esistono prodotti specifici per una nicchia così ristretta, vuoi perché talvolta i prodotti dedicati sono troppo costosi e possono essere facilmente adattati. Accade così che aprendo la "cassetta degli attrezzi" ci si imbatta in oggetti assolutamente familiari, come spazzolini da denti e per le unghie, cotone, spugne, pennelli, nebulizzatori, stuzzicadenti. Parlando poi si scopre che ciascuno di questi non è scelto a caso, ma dopo varie prove e tentativi che il più delle volte si diffondono con il passaparola all'interno del laboratorio o tra gli allievi. Questo pone un problema quando si riordina il materiale, poiché "per il magazziniere che lo riceve tutto il cotone è uguale, mentre per noi no, un tipo va bene, mentre quello di un'altra marca lascia peluzzi". Nella pulitura delle sculture lapidee per applicare il solvente si impiegano dei tamponcini di cotone che i restauratori costruiscono da soli utilizzando dei bastoncini in legno da spiedini alle cui estremità arrotolano dei piccoli batuffoli di cotone. Quando il cotone è sporco, invece di gettare il tutto i restauratori introducono il bastoncino in un vaso di vetro sul cui tappo sono stati praticati dei fori con dei chiodi, in modo che all'interno l'orlo del foro è aguzzo per cui quando si estrae il bastoncino il batuffolo resta impigliato all'interno del vaso. Quest'operazione si ripete anche una volta al minuto, se la superficie è particolarmente sporca e il sistema realizzato è rapido, comodo e permette di rimanere concentrati sull'attività in corso.

I pennelli utilizzati non sono prodotti specifici per il restauro, ma strumenti convenzionali a cui sono apportate alcune modifiche. In particolare, i solventi impiegati nel restauro possono sciogliere la vernice del legno del manico, che potrebbe sporcare; i restauratori perciò costruiscono una "gonnellina" di protezione attorno al manico a forma di ombrello che raccoglie il solvente che cola quando si lavora tenendo la testa del pennello rivolta vero l'alto.

Esempi come quelli descritti ve ne sono moltissimi altri, ma ciò che qui preme sottolineare di più è l'attenzione per la ricerca e la sperimentazione di nuove soluzioni, che si ritrova anche nelle piccole cose. A fianco a questi è opportuno illustrare almeno un paio di esempi di ricerca e innovazione più complessa, destinati a influire e influenzare l'attività del restauro anche al di fuori dell'Opificio. Il primo di questi esempi riguarda la sperimentazione e la messa a punto di nuovi sistemi di supporto per i dipinti su tavola, il secondo la radiografia su lastre di grandi dimensioni. Come risulterà evidente nel corso della descrizione, l'elemento di traino del processo di ricerca e sviluppo può essere individuato negli squilibri tecnologici introdotti da precedenti innovazioni (Rosenberg, 1987 : 126). Tecnologie complesse che si articolano in vari processi, incorporano al loro interno delle pressioni che stimolano un'ulteriore attività di ricerca in determinate direzioni. Infatti le innovazioni vanno al di là della soluzione del problema originario e per essere sfruttate sino in fondo presuppongono il superamento di qualche nuovo squilibrio. Conseguentemente l'attenzione del personale tecnicamente competente è sempre orientato verso la soluzione di problemi che hanno un'evidente rilevanza pratica (Rosenberg, 1987 : 136). Gli squilibri tecnologici e la loro risoluzione costituiscono quindi il motore del processo di innovazione tecnologica. Negli esempi proposti in questi paragrafi i meccanismi di risoluzione dei problemi posti dagli squilibri tecnologici non sono sempre identici; in alcuni casi l'elemento preponderante è l'adattamento di soluzioni esistenti in contesti diversi, altre volte prevale l'attività evolutiva di sperimentazione e di affinamento per prove ed errori. Tuttavia, al di là di differenze poste dalle specificità dei singoli casi, è possibile identificare sulla scorta di quanto suggerito da Rosenberg delle dinamiche stabili che caratterizzano l'innovazione.

d. ***Innovazione, evoluzione e sperimentazione***

All'Opificio l'attenzione per la ricerca e l'innovazione è un tratto costante dell'attività quotidiana. In alcuni casi l'innovazione consiste fondamentalmente nell'adozione e nell'adattamento di tecniche, utensili e soluzioni realizzati in altri contesti. Così ad esempio l'introduzione del laser come utensile per la pulitura costituisce un caso di estensione e adattamento di uno strumento nato per uno scopo diverso; analogamente le tecniche di analisi spettrografiche (all'infrarosso, a luce diffusa e fluorescenza) sono state sperimentate e introdotte all'Opificio a partire dagli anni settanta, mutuandole dalle loro applicazioni originarie. Il caso dell'introduzione e della sperimentazione del laser è un esempio interessante di questo tipo di ricerca. Si tratta di un duplice progetto di collaborazione che ha coinvolto anche la Regione Toscana e che è durato quasi tre anni per lo sviluppo di un laser adatto al restauro e il suo utilizzo in un intervento di restauro. All'inizio sono state definite le specifiche e le caratteristiche richieste per una applicazione nel settore del restauro ed è stata fatta una selezione tra gli apparecchi in commercio. Successivamente un laser appositamente studiato con un produttore è stato utilizzato per il restauro del Pulpito di Prato di Donatello. L'intervento è stato eseguito in parte da uno dei restauratori dell'Opificio e in parte da un ex-allievo della Scuola, che lavora in un proprio laboratorio a Firenze e a cui l'Istituto ha messo a disposizione un laser.

In altri casi la ricerca punta a migliorare soluzioni tipiche del restauro. Gli studi sui materiali e i solventi impiegati nel restauro appartengono a questo tipo di innovazione. Un altro esempio particolarmente interessante è costituito dalla ricerca e dall'innovazione presso l'Opificio delle soluzioni per il restauro delle tavole e dei supporti lignei delle tele. Negli ultimi quindici anni all'Opificio sono state sperimentate delle tecniche innovative per il risanamento dei supporti lignei. Si tratta di soluzioni che costituiscono un miglioramento rispetto ai metodi consolidati e che allo stesso tempo si sono affinate nel corso delle applicazioni successive, arricchite anche dal confronto con quanto realizzato nel frattempo anche da altri.[5] In altre parole questo tipo di ricerca e di innovazione esprime molto bene la duplice natura delle competenze a cui si è fatto riferimento: si accumulano e si arricchiscono attraverso singole esperienze e tuttavia ogni nuovo intervento resta un caso a sé, caratterizzato da problemi specifici che richiedono l'adozione di soluzioni particolari che possono essere realiz-

5. Si vedano in proposito le relazioni presentate durante la Giornata di studio "il restauro dei dipinti su tela e tavola: problemi ed esperienze" svoltasi a Firenze il 18 dicembre 1992, che sono riproposte nel numero 5 di "OPD Restauro" del 1993.

zate in virtù dell'esperienza acquisita in passato (cfr. Castelli, 1987; Castelli, Ciatti, 1989; Ciappi, Ciatti, 1990).

Sulle tavole dei dipinti tradizionalmente vengono fissate delle strutture di controllo, dette "traverse" con la funzione di tenere insieme le varie parti in legno ed evitarne la deformazione. Le traverse sono state costruite in vari modi, in base al periodo storico e ai concetti prevalenti. Sino agli anni ottanta le traverse impiegate all'Opificio avevano una sezione trapezoidale e venivano disposte in direzione ortogonale a quella delle tavole; erano ancorate a dei supporti avvitati sulle tavole che formavano dei binari al cui interno la traversa poteva scorrere e adattarsi alle variazioni delle condizioni ambientali senza creare degli stress sulla tavola. Questa soluzione, ancora utilizzata dalla maggior parte dei restauratori in Italia, risolve solo parzialmente i problemi dell'assestamento del legno e presenta due grossi limiti: non è regolabile nel corso del tempo e agisce esclusivamente sullo scorrimento orizzontale e se la tavola si incurva in senso verticale l'intero sistema si blocca. A partire dal 1986 i restauratori dell'Opificio iniziarono a sperimentare sistemi alternativi, disegnando e realizzando dei supporti particolari in grado di assicurare una maggiore flessibilità. La traversa è ancorata alla tavola con dei supporti di ottone e legno. Una molla regolabile con una vite permette di regolare in vari punti la pressione esercitata sulla tela e di modificare nel tempo queste registrazioni. Nel corso di successive applicazioni questo sistema è stato perfezionato e sono stati impiegati nuovi materiali, come ad esempio il teflon, ottenendo un duplice risultato: una inferiore invasività rispetto alle soluzioni tradizionali e la possibilità di effettuare delle registrazioni locali e degli aggiustamenti nel tempo.

La sperimentazione di questi materiali e l'esperienza acquisita con questo tipo di soluzioni ha spinto verso un'evoluzione successiva che ha portato alla completa rimozione delle traverse, sostituite da un telaio, sagomato con la forma dell'opera e fissato alla tavola con lo stesso tipo di sistema. Questa soluzione è stata adottata con successo in alcuni dipinti con tavole molto sottili, molto degradate e mangiate dai tarli. In questi casi le traverse da sole non erano più sufficienti, poiché la struttura portante originaria delle tavole era compromessa. Questa soluzione è stata utilizzata ad esempio in un polittico di tipo gotico in cui il nuovo telaio sagomato è diventato la struttura portante che scarica a terra il peso dell'opera che vi è ancorata attraverso un sistema che ne garantisce scorrevolezza e flessibilità.

Complessivamente, attraverso la sperimentazione compiuta in ogni singolo intervento, è stato ideato e perfezionato nel corso degli anni un sistema assolutamente innovativo. Uno dei problemi che questo nuovo sistema ha posto in modo cruciale è quello della misurazione delle forze in gioco che vengono esercitate sulle tavole dalle traverse. Non sono mai stati svolti studi sistematici di questo tipo, neppure a livello internazionale e il grado di flessibilità di una traversa è sempre stato affidato alla sensibilità del restauratore. Uno degli allievi della Scuola ha svolto in questi ultimi due anni uno studio proprio su questo problema, facendone l'oggetto della propria tesi finale.

e. *Squilibri tecnologici e innovazione: il caso delle radiografie di grande formato*

La radiografia è una tecnica di analisi che negli ultimi anni ha incontrato un crescente impiego nel settore del restauro. La larga diffusione di questo strumento diagnostico è riconducibile alla sua natura non invasiva, per cui l'opera d'arte non viene danneggiata, ma soprattutto alla capacità di fornire informazioni fondamentali sui materiali originari impiegati, sulla tecnica di esecuzione del manufatto, sullo stato di conservazione dell'opera e sull'esistenza di precedenti interventi di restauro (cfr. Aldrovandi, Ciappi, 1992 : 25-40). In definitiva, si tratta di un'analisi che spesso aiuta a leggere l'opera e a capire quale sia il modo migliore di effettuare l'intervento di restauro. L'Opificio già negli anni sessanta ha acquisito l'attrezzatura necessaria per realizzare le radiografie: sorgente di radiazione, camera di posa e camera oscura. Le lastre tradizionalmente impiegate sono quelle di uso medico, il cui massimo formato è 30 x 40, molto più piccole cioè della maggior parte dei dipinti: questo fatto ha costretto i restauratori a eseguire, in fase di ripresa e di composizione delle lastre, operazioni estremamente laboriose e dall'esito finale insoddisfacente. Al crescere del numero di radiografie i limiti del sistema tradizionale (riconducibili alla ridotta dimensione delle lastre, alla laboriosità della mosaicatura e all'assenza di un unico punto di prospettiva) sono apparsi particolarmente insoddisfacenti e questo ha stimolato la sperimentazione di soluzioni alternative.

Un'analisi retrospettiva permette di ricostruire i momenti critici di questo processo di innovazione e di formulare alcune considerazioni:

- la soluzione tradizionale (mosaicatura di molte piccole lastre impressionate singolarmente) presentava diversi problemi e le soluzioni sperimentate inizialmente tendevano a risolvere un singolo particolare (ad esempio, l'assenza di un unico punto di prospettiva, oppure la mosaicatura manuale di tante piccole lastre);
- la conoscenza maturata in occasione di tentativi fallimentari è stata successivamente valorizzata per il perfezionamento del sistema definitivo; ad esempio, le tecniche per la ripresa a distanza, oppure l'impiego del vuoto d'aria per far aderire le lastre al dipinto, messe a punto in occasione della sperimentazione di soluzioni poi abbandonate, sono oggi integrate e adottate dal sistema in uso;
- l'introduzione di alcune innovazioni ha posto nuovi problemi che hanno generato nuovi squilibri tecnologici e che hanno dovuto essere risolti; ad esempio, l'uso di lastre di grande formato ha impegnato i restauratori nella realizzazione di un sistema per lo sviluppo manuale delle pellicole, troppo grandi per poter essere trattate dalle macchine automatiche;
- nel corso dello sviluppo del nuovo sistema numerosi artefatti fisici, come utensili e componenti, sono stati ideati e successivamente perfezionati attraverso un processo di ricerca per errori; ad esempio, per il procedimento di sviluppo delle lastre di grandi dimensioni, i restauratori hanno costruito strumenti non reperibili sul mercato, come sacche per reagenti, raccordi, particolari contenitori per le pellicole;
- le innovazioni introdotte per realizzare radiografie di grande formato hanno progressivamente investito tutto il processo di impressione, sviluppo e conservazione della pellicola; in questi anni l'intero procedimento è stato progressivamente ripensato, modificato.

L'attività di innovazione e di perfezionamento del sistema di radiografie di grandi dimensioni ha richiesto degli anni e non è ancora completata. Nel periodo in cui è durata la nostra osservazione all'Opificio lo squilibrio che stimola la ricerca e il perfezionamento da parte dei restauratori riguarda la trasportabilità del sistema all'esterno. Già oggi i restauratori sono in grado di effettuare una radiografia fuori dal laboratorio e tuttavia un forte condizionamento è imposto dal rotolo che contiene la pellicola e che oggi deve essere introdotta nella busta al buio. In questi anni il rotolo è stato oggetto di studio e di innovazione. Il primo esemplare fu realizzato impiegando il cartone dell'imballo originario; il secondo fu costruito utilizzando una doccia di quelle impiegate per l'edilizia, rivestita all'interno con del vellutino, come i rullini per le pellicole fotografiche. Successivamente ne fu costruito un terzo in legno, avendo constatato il rischio minimo di irraggiamento. Attualmente è in fase di realizzazione un sistema che permetterà di inserire alla luce del sole la pellicola dal rotolo alla busta, eliminando così completamente la necessità di una camera oscura.

Ripercorrendo a posteriori gli eventi e le fasi di questo processo di ricerca e sperimentazione che si è concretizzato nella messa a punto di un sistema innovativo per la radiografia di grande formato, è possibile identificare a un livello più astratto lo schema suggerito da Rosenberg. In presenza di squilibri tecnologici rappresentati dall'elemento di forte inefficienza del sistema tradizionale di sviluppo, i restauratori dell'Opificio hanno concentrato la propria attenzione alla risoluzione di un problema specifico; questa soluzione ha generato a sua volta nuovi squilibri su cui si è focalizzata la ricerca e l'innovazione successiva. Questo circolo virtuoso si è ripetuto varie volte, ma non si è ancora esaurito, dal momento che i restauratori stanno ancora perfezionando la loro innovazione.

8.2.3 La Scuola e le relazioni con l'esterno

La Scuola di Restauro è una delle attività caratteristiche e di rilievo dell'Opificio e insieme alla Scuola di Restauro dell'Istituto Centrale per il Restauro (ICR) di Roma è certamente il corso formativo più prestigioso per chi voglia intraprendere il mestiere del restauratore.

Gli elementi che rendono prestigiosa e ambita questa Scuola sono in realtà molteplici ed emergono chiaramente osservando e discutendo con gli allievi in laboratorio e nei cantieri. Innanzitutto il livello professionale e l'esperienza degli insegnanti, in particolare dei restauratori che seguono gli allievi durante gli studi. Sin dal primo anno gli allievi trascorrono molto tempo nei laboratori, seguiti e guidati dai restauratori. Iniziano così ad acquisire manualità e familiarità con le tecniche specifiche del settore in cui si specializzeranno e nel giro di pochi anni acquisiscono un bagaglio enorme di esperienza e di conoscenze, osservando e partecipando anche direttamente alle fasi di intervento.

Per l'Opificio la Scuola di Restauro non è solo una delle attività, ma costituisce anche una risorsa da vari punti di vista: da un lato, la scuola rappresenta l'occasione per dare continuità e diffusione al patrimonio di competenze sviluppate e maturate all'interno dell'Istituto; dall'altro, la scuola costituisce anche un mezzo per individuare, selezionare e reclutare restauratori da coinvolgere in progetti esterni. L'impostazione rigorosa e critica al restauro, l'attenzione verso la sperimentazione e le innovazioni non restano confinate solo all'interno dell'Opificio, non lasciano traccia solo nelle opere restaurate e nelle pubblicazioni, ma trovano nella Scuola un'occasione per riprodursi e diffondersi come pratica quotidiana, come competenza che può a sua volta evolvere e maturare nel corso della vita professionale degli allievi. In altre parole, nei laboratori della Scuola si ricreano le condizioni tipiche dell'apprendimento sul campo con cui per secoli sin dal Medioevo si è tramandato il mestiere nelle botteghe di restauro.

I rapporti che l'Opificio intrattiene con l'esterno sono estremamente vari, soprattutto dal punto di vista dell'impatto che questi hanno sull'attività dell'Istituto e sulle difficoltà legate alla carenza di personale: richieste di informazioni sulla scuola, sui laboratori e sull'attività di restauro, consulenze, progetti formazione e accoglienza di stagisti, partecipazione a mostre e a convegni; sempre più frequenti sono le occasioni di collaborazione in progetti di ricerca e per interventi di restauro in Italia e all'esterno.

In particolare è l'attività di consulenza tecnica che si dimostra estremamente importante e gravosa al tempo stesso, per cui i tecnici dell'Opificio vengono chiamati per pareri diagnostici e consigli sull'intervento dai responsabili di monumenti e musei nell'intero territorio nazionale. Questa attività di consulenza si va intensificando negli ultimi tempi anche con riguardo all'estero, in aggiunta ai primi interventi diretti (Caravaggio a Malta; Monumento funebre di S. Francesco Saverio a Goa, in India; Madonna col Bambino di Masolino, museo di Brema).

L'Opificio collabora poi con altre scuole di restauro di varia natura, sia a carattere istituzionale (il Centro di Villa Manin, a Passariano di

Udine, gestito della Regione Friuli, e il Centro di Botticino, a Brescia, della Regione Lombardia) che privati (ad esempio la Scuola di Palazzo Spinelli e l'Università Internazionale dell'Arte in Firenze).

L'Opificio partecipa e promuove progetti di ricerca con numerose università, musei, istituti che si occupano di restauro nazionali e stranieri. Recentemente l'Opificio ha aderito al piano nazionale che con un accordo del MURST e del Ministero dei Beni Culturali, farà affluire 150 miliardi di finanziamento alla ricerca e che prevede la partecipazione delle Soprintendenze su progetti locali. Da alcuni anni l'Opificio è legato ad attività di studio con alcune università italiane e ha attivato rapporti di collaborazione con altri centri internazionali per partecipare a dei progetti di ricerca finanziati su temi specifici, in Svezia con il Museo di Stoccolma, in Germania, in Grecia con i Beni Culturali del Monte Athos sulla cultura bizantina, in Egitto per uno studio sui papiri.

Da segnalare anche alcune importanti convenzioni stabilite negli ultimi anni, tra cui: con il Quirinale, per l'attivazione di un laboratorio per il restauro degli arazzi del Quirinale (1996); con l'Istituto Archeologico dell'Università di Firenze, per scambi di esperienze e di personale docente (1997); con l'Istituto Nazionale di Ottica dell'Università di Firenze per l'attivazione presso l'Opificio di una stazione di apparecchiature scientifiche; con l'Assoindustria, all'interno del più generale quadro di accordi Governo/Confindustria per i Beni Culturali (1998).

Una parte importante delle relazioni che l'Opificio ha con l'esterno riguarda la pubblicità della propria attività, realizzata attraverso la rivista, la partecipazione a convegni internazionali e l'organizzazione di mostre importanti che lasciano il segno, come *Metodo e Scienza* del 1982, oppure *Raffaello e Altri. I restauri dell'Opificio* del 1990. La rivista dell'Opificio, "OPD Restauro", è un volume pubblicato annualmente in cui sono presentati alcuni interventi particolarmente significativi dal punto di vista della tecnica di restauro, diffondendo così all'esterno l'esperienza maturata nei laboratori e le soluzioni innovative sperimentate.

8.3 La gestione inflessibile

Ricostruiti in questo modo alcuni dei meccanismi che caratterizzano il saper fare di questa organizzazione e ne hanno consentito lo sviluppo, è opportuno esaminare a questo punto i tratti salienti dei processi di gestione per quanto riguarda le risorse umane e le risorse finanziarie. Sarà così possibile evidenziare eventuali discrepanze tra le logiche e i criteri di organizzazione di questi due ambiti.

8.3.1 L'organizzazione e le risorse umane

L'analisi della dotazione delle risorse umane individua alcuni elementi cruciali per la comprensione dei processi di sviluppo dell'Opificio.

Anche se a prima vista l'organigramma dell'Opificio (cfr. *figura 8.1*) tende a celare in parte questo fenomeno per i processi di accorpamento di responsabilità di unità a diversa natura, la struttura organizzativa si presenta infatti estremamente "piatta", con la parte centrale rappresentata dal nocciolo dei restauratori, cui si affiancano gli staff tecnici rappresentati dai laboratori di climatologia, di chimica e fotografico. A questa struttura portante si affiancano poi le risorse umane necessarie per la gestione del museo e per la custodia-vigilanza delle diverse strutture, oltre che le consuete funzioni di amministrazione.

In relazione alle varie specializzazioni coperte dall'Opificio, colpisce il numero di entità in cui sono divisi i vari restauratori (materiali lapidei, mosaici, bronzi, terrecotte, carte, tessili, dipinti, sculture, affreschi, arazzi, oreficerie, materiali archeologici), i quali riportano, con vari aggruppamenti, alle posizioni intermedie rappresentate dai sei storici dell'arte e da un archeologo, che a loro volta riportano direttamente (insieme ai responsabili del laboratorio chimico e al direttore amministrativo) al Soprintendente.

L'elevata specializzazione di competenze pratiche dei restauratori solleva un problema critico nel dimensionamento della struttura, posta la relativamente scarsa permeabilità tra settori. E da questo punto di vista, se lo sbilanciamento a favore del settore "restauro dipinti" è facilmente comprensibile rispetto all'importanza in sé di questa "tecnologia" nel patrimonio artistico fiorentino e non (ed è inoltre il portato storico della confluenza dell'ex laboratorio della Soprintendenza nell'Opificio), elemento critico è lo sbilanciamento "verso il basso" che accomuna più settori: addirittura in molti casi ci si trova con un'unica risorsa umana (mosaici, tessili, oreficerie, bronzi, materiali archeologici, ma altri si trovano in situazioni giusto lievemente meno drammatiche), magari prossima alla pensione, col rischio di una totale dispersione del patrimonio di conoscenze – pratiche e spesso tacite – accumulate.

FIGURA 8.1 **L'ORGANIGRAMMA DELL'OPIFICIO (FEBBRAIO 1998)**

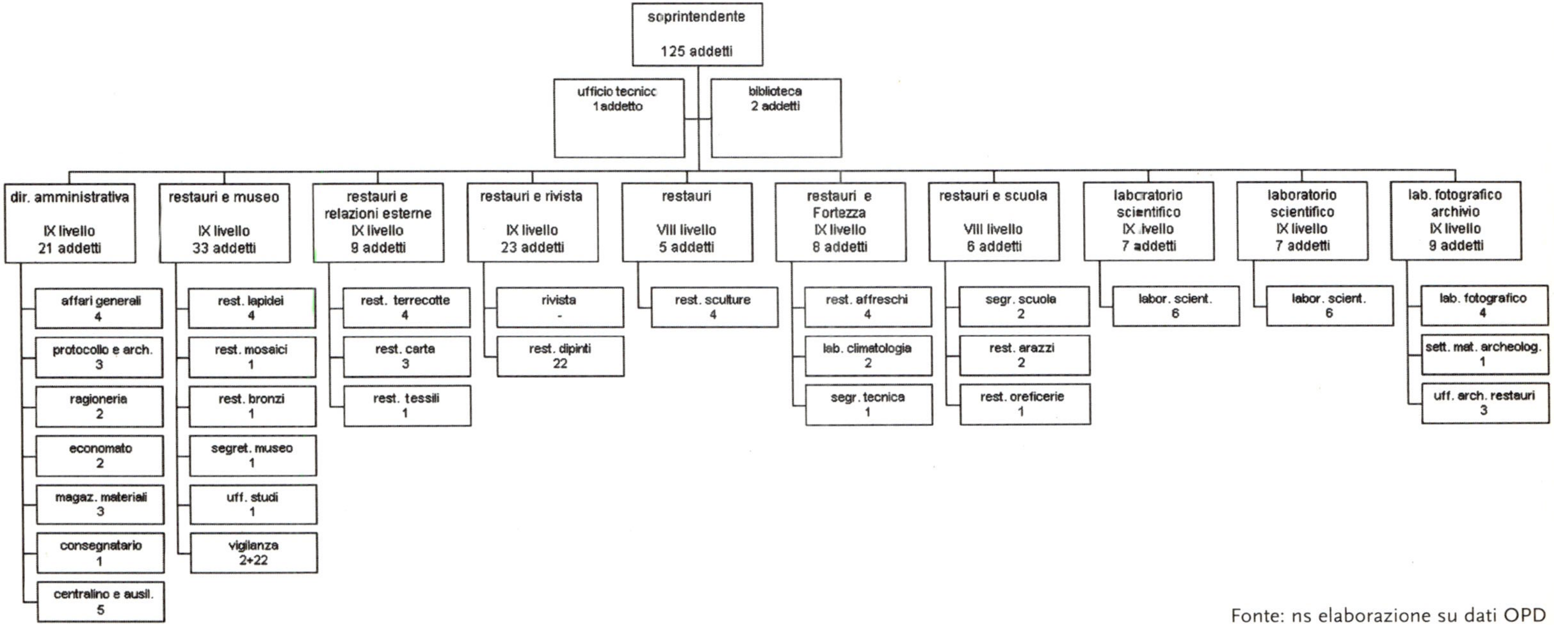

Fonte: ns elaborazione su dati OPD

TABELLA 8.2 **A) LE RISORSE UMANE: COMPOSIZIONE AL 1997**

	collaboratore amministrativo	operatore amministrativo	operat. tecn. specializz. di lab.	dattilografo	addetto serv. ausil. antic.	addetto alle lavoraz.	assistente amministrativo	assistente tecnico	agente ausiliario di laborat. tecnico	addetto alle attrezzature	direttore amministrativo	capo tecnico	collaboratore bibliotecario	capo addetto vigilanza	addetti vigilanza	storico dell'arte	direttore chimico	archeologo	totale
direzione amministrativa	1	4	1	2	1	3	1	2	3	2	1	0	0	0	0	0	0	0	**21**
restauri e museo	0	1	0	0	0	0	0	0	0	0	0	7	1	2	22	1	0	0	**34**
restauri e relazioni esterne	0	0	0	0	0	0	0	0	0	0	0	8	0	0	0	1	0	0	**9**
restauri e rivista	0	0	0	0	0	0	0	0	0	0	0	22	0	0	0	1	0	0	**23**
restauri	0	0	0	0	0	0	0	0	0	0	0	4	0	0	0	1	0	0	**5**
restauri e fortezza	0	1	0	0	1	0	0	0	0	0	0	5	0	0	0	1	0	0	**8**
restauri e scuola	0	1	0	0	0	0	1	0	1	0	0	2	0	0	0	1	0	0	**6**
laboratorio scientifico	0	0	0	0	0	0	0	0	0	0	0	6	0	0	0	0	1	0	**7**
laboratorio fotografico e archivio	0	0	0	0	0	0	0	3	1	0	0	4	0	0	0	0	0	1	**9**
biblioteca	0	0	0	0	0	0	0	0	1	0	0	0	1	0	0	0	0	0	**2**
ufficio tecnico	0	0	0	0	0	0	0	0	0	0	0	1	0	0	0	0	0	0	**1**
totale complessivo	**1**	**7**	**1**	**2**	**2**	**3**	**2**	**5**	**6**	**2**	**1**	**59**	**2**	**2**	**22**	**6**	**1**	**1**	**125**
soprintendente																			**1**
																			126

Fonte: OPD

TABELLA 8.2 **B) LE RISORSE UMANE: ANDAMENTO 1978-1998**

	1978	1983	1988	1993	1998
disegnatori	1	1	1	1	
addetti al laboratorio		3	4	4	
restauratori	9	18	26	24	60
operatori tecnici	69	46	44	31	7
assistenti			2	2	
operai specializzati	1	12	11	6	1
operai qualificati		1	11	10	5
operai comuni			1	1	3
addetti alle attrezzature					2
totale tecnici	**80**	**81**	**100**	**79**	**78**
non specificati	**20**	**39**	**51**	**44**	**56**
totale	**100**	**120**	**151**	**123**	**134**

Fonte: OPD

Il che sorprende anche in relazione a un altro elemento, vale a dire lo sbilanciamento complessivo verso figure indirette rispetto all'attività di restauro: su di un totale di 125 unità effettive, solo 75 circa (*tabella 8.2.a*: il calcolo è incerto per la stessa ambiguità delle dizioni ministeriali) si configurano come personale "tecnico-specialistico", a fronte di 21 addetti nella funzione amministrazione e ben 24 addetti alla vigilanza. Già in situazioni normali si potrebbe tentare una qualche riflessione circa il dimensionamento in sé di questi settori indiretti: certamente visto la situazione dirompente sotto il profilo delle competenze distintive di questa organizzazione – le competenze di restauro – una tale analisi di "produttività comparata" è addirittura superflua. Ancora una volta si possono intravvedere gli estremi di un depauperamento della dotazione di risorse umane, con un processo di marginalizzazione delle competenze qualificate a favore di un aumento delle posizioni meno ricche di contenuti professionali.

Il che si può vedere anche in termini dinamici: *tabella 8.2.b*, che evidenzia come il nocciolo duro di restauratori, operatori tecnici, assistenti e operai specializzati sia andato riducendosi nel corso dell'ultimo decennio di ben 20 unità su 100 a livello di pianta organica (nella dizione "capi tecnici" si nota peraltro ancora una volta il prevalere dell'aspetto del "livello" – in questo caso il VII – rispetto alla descrizione del contenuto delle diverse posizioni). Peraltro il fenomeno, a livello aggregato, nasconde le crisi ben più consistenti a livello dei "piccoli numeri" nei diversi settori di specializzazione, con veri e propri fenomeni di svuotamento (ad esempio dai sette ai tre addetti nel settore lapidei).

Del resto, la gestione delle risorse umane rappresenta l'elemento di maggior difficoltà per un'organizzazione come l'Opificio, prima ancora delle ristrettezze economiche. Il reclutamento è gestito a livello di Ministero, con i tempi e le modalità note: per le professionalità più elevate si entra nel mare infido dei concorsi nazionali[6], e comunque ci si muove nell'ambito delle deliberazioni ministeriali sulle piante organiche, che in questo caso risulterebbe peraltro non raggiunta, con 125 addetti sui 134 di pianta organica. La contraddizione è notevole: da una parte si rileva l'assunzione di risorse non cruciali (15 unità nel corso del 1984 in base alla legge 423 del 4.8.84, relativa all'assunzione di personale dell'ex Ente Nazionale Lavoro Ciechi; e 6 unità in prevalenza nel periodo 1981-1985 in base alla L. 482/68 relativa all'assunzione di personale portatore di handicap), e che peraltro non vanno a pesare sui costi contabilizzati e "caricati" alla Soprintendenza, secondo il consueto modello ministeriale; dall'altra, la mera sostituzione del *turnover* delle risorse cruciali di restauratori – con i tempi di acquisizione delle competenze proprie di questo tipo di "apprendistato" – si dimostra problematica.

---

6. La ben nota inefficienza statale a gestire i concorsi pubblici trova qui forme ancora più incredibili di quanto risaputo. Mentre scriviamo – settembre 1998 – si sta svolgendo un concorso nazionale per assistenti restauratori (VI qualifica funzionale) le cui vicende vale la pena di ripercorrere:

- l'allora Ministro Ronchey imposta un concorso per 270 posti di restauratore, con la finalità di definire l'assetto a regime della Direzione Generale Beni Artistici e Archeologici, sia per gli istituti nazionali che per le sedi decentrate;
- il decreto relativo agli otto bandi – uno per ciascuna delle specializzazioni individuate – porta la data 1.12.95, ma verrà pubblicato solamente nella GU n. 71 del 12.9.97 e n. 72 del 16.9.97, già accumulando un ritardo notevole;
- il concorso è a questo punto già stravolto sia nei numeri, ora ridotti a 50 posti, e comprensivo anche di risorse per la Direzione Beni Archivistici e Bibliotecari. La stessa attribuzione alle varie istanze fa evidentemente perdere buona parte della ratio iniziale, di sistematizzazione "a regime" del comparto del restauro dei beni artistici; all'Opificio verranno destinate otto unità (inizialmente addirittura solo tre, poi "negoziate" faticosamente), che comunque non consentono di mantenere le posizioni di un decennio addietro;

A fronte di tale situazione sotto il profilo del dimensionamento quantitativo, diventa superfluo in questo caso riprendere l'analisi dei limiti dei meccanismi operativi di gestione del personale, evidenziati in ricerche simili (si rimanda a quanto detto nei capitoli precedenti in tema di Soprintendenze), a partire da sistema incentivante, livelli retributivi, ecc. Al di là di questi aspetti, pur presenti, in una tale situazione occorre dar luogo a processi di "esternalizzazione" forzati: magari in presenza di un committente disponibile a sostenere gli oneri del restauro, si fornisce meramente la supervisione mentre formalmente il lavoro viene fatto da un restauratore esterno (un ex-allievo della scuola), i cui costi assieme agli altri costi diretti del "cantiere" vengono gestiti dal committente. La soluzione diretta non è praticabile per un duplice motivo: per l'impossibilità dell'Opificio a incassare corrispettivi da terzi, con cui potrebbe finanziare risorse (il personale) il cui dimensionamento non può gestire direttamente.

In questo caso l'esternalizzazione rappresenta evidentemente una situazione di ripiego, legata alle bizzarrie della forma Soprintendenza più che non a scelte di tipo economico; e che anzi, da un punto di vista gestionale indebolisce i rapporti tra istituto e restauratore, e l'accumulazione di conoscenze idiosincratiche a livello di Opificio, riproducendo il meccanismo tipico dell'individualità dell'artigiano piuttosto che di una organizzazione di restauro.

8.3.2 Le risorse finanziarie

Come spesso succede nel settore pubblico e in particolare nei musei a gestione pubblica nel nostro paese, un'analisi della dinamica economico-finanziaria non può prescindere da una previa ricognizione delle modalità di rappresentazione di tali variabili che condizionano la stessa comprensione del fenomeno. All'analisi della dinamica delle risorse assegnate seguirà inoltre un esame della relazione tra richiesto e assegnato volta a evidenziare le aree di maggior sensibilità da parte ministeriale rispetto ai programmi proposti e alle risorse richieste dall'Opificio.

- effettuati gli scritti, la commissione ha dovuto nel settembre 1998 sospendere i lavori perchè – la cosa ha veramente del ridicolo – sono finiti i fondi per il pagamento delle missioni dei commissari; al che si potrà certamente porre rimedio, perdendo ulteriori due-tre mesi di interruzione forzata;
- d'altra parte, anche qualora si finissero i concorsi in tempi veloci, sarebbe impossibile procedere speditamente alle nuove assunzioni, perchè il contingentamento di nuove assunzioni per il prossimo anno non lo prevede.

a. ***Pratiche amministrative e rappresentazione economica***

I documenti attraverso cui si può ricostruire la dinamica economica dell'OPD sono estremamente parziali, secondo i consueti canoni di organizzazione della Soprintendenza, corpo amministrativo direttamente inserito nella struttura ministeriale, senza che ne venga enucleato un rendiconto suo proprio. Non esiste dunque un vero e proprio bilancio, non avendo l'Opificio un'autonomia di entrate (salvo per i proventi della cosiddetta legge Ronchey per il Museo); per quanto riguarda i costi, non vengono determinati in modo analitico i costi del personale di questa come di altre Soprintendenze (restano per natura allocati come costi del personale del Ministero). Tutto quanto resta a disposizione per lo studioso sono i documenti di richiesta di fondi dall'Opificio al Ministero, e i documenti delle assegnazioni ministeriali all'interno dei tipici capitoli di spesa che caratterizzano il ciclo di programmazione del Ministero; come di consueto per le Soprintendenze, la rendicontazione vera e propria si riduce a un invio alle istanze superiori e di controllo (Ragioneria Regionale dello Stato, Ragioneria Centrale del Ministero, Delegazione Regionale Corte dei Conti) dei documenti originari e dei movimenti per singolo mandato di pagamento e per capitolo di spesa. Sui limiti di una tale impostazione si è già detto in precedenza, anche con riferimento alle innovazioni della Soprintendenza "sperimentale" di Pompei: ci si focalizza in queste pagine su ulteriori aspetti, che valgono in particolare nel caso dell'OPD.

Un aspetto centrale da segnalare è l'irrilevanza del piano ministeriale dei conti per una struttura anomala come l'Opificio, ancor più che per le altre Soprintendenze: si tratta infatti di un piano molto aggregato, pensato più come rappresentazione dell'economia del Ministero che delle sue parti componenti. Tutto il processo di richiesta e assegnazione ruota infatti attorno a poche voci, estremamente aggregate, con la consueta aggravante che – una volta assegnati i fondi ai singoli capitoli – non è ammesso uno spostamento tra di questi (che si configurerebbe come distrazione di fondi):

- il capitolo 2034, dove vengono accorpate spese di funzionamento di natura assai eterogenea, dalle spese generali, alle pulizie, alle spese di manutenzione ordinaria, all'acquisto di mobili e anche alla dotazione della biblioteca;

- il capitolo 2035, all'interno del quale si addensano spese di natura ancor più eterogenea: spese per missioni, acquisto di attrezzature, acquisto e spese di manutenzione di impianti antincendio e antifurto, spese di attività didattica, di attività espositiva, di catalogazione, oltre a spese di restauro su beni demaniali (almeno fino al 1996);
- il capitolo 2047, questa volta totalmente specializzato sulle spese telefoniche;
- il capitolo 2102, con spese per restauri di beni non demaniali;
- il capitolo 8005, nel quale transitano sia le spese di ammodernamento delle strutture (Fortezza da Basso e sede principale) sia le spese di adeguamento degli impianti di sicurezza, sia, negli anni recenti, le spese di restauro dei beni demaniali in precedenza transitate dal capitolo 2035;
- il capitolo 8019, attraverso il quale si spesano altri interventi di carattere edilizio;
- il capitolo 8103, sul quale vengono finanziati alcuni progetti di restauro di particolare importanza e consistenza.[7]

Oltre all'eterogeneità delle voci al loro interno, i rendiconti non presentano una strutturazione significativa rispetto ai fenomeni della gestione, e semplicemente listano in progressione numerica i capitoli di spesa. Per cui, ad esempio, l'informazione sui restauri rimane dispersa a livello di singoli componenti nei diversi capitoli (2035 e 8005, 2102, 8103), senza dar luogo a dei subtotali riepilogativi; o ancora non si pone alcuna distinzione tra vari aspetti della gestione, e delle risorse dedicate alle attività correnti ovvero allo sviluppo. In *tabella 8.3* vengono forniti i dati relativi alle richieste e assegnazioni nel periodo in esame, riordinando le voci secondo una logica di omogeneità delle operazioni sottostanti[8].

7. Come si può notare, la logica di inscrimento di uno specifico intervento in un capitolo piuttosto che in un altro non è univocamente determinata, e può risentire anche delle diverse disponibilità sui vari capitoli di spesa da parte del Ministero.

8. In realtà un'ulteriore stranezza risiede nel duplice carteggio che la Soprintendenza intrattiene con due diverse articolazioni del Ministero. Da una parte infatti i capitoli sopra listati rientrano nei piani finanziari dell'*Ufficio Centrale* del Ministero, e se ne riesce a ricostruire la richiesta e l'assegnazione dalla documentazione scambiata tra Ufficio Ministeriale e Opificio; viceversa ulteriori capitoli di spesa relative a spese postali (1066), spese automobilistiche (1067), spese accessorie del personale, ecc. vengono gestite dalla *Direzione Generale*, e di questo non si ha documentazione sulle assegnazioni.

TABELLA 8.3 **A) RISORSE FINANZIARIE: ASSEGNAZIONI 1990-98**

	1990	1991	1992	1993	1994	1995	1996	1997	1998	Σ
2034	365,0	380,0	400,0	415,0	548,3	700,0	630,0	600,0	520,0	4.558,3
2047	30,0	40,0	40,0	44,0	44,0	70,0	70,0	70,0	70,0	478,0
2035 altre	178,3	45,4	67,0	57,0	100,0	90,0	203,5	260,0	160,0	1.161,2
tot. sp. generali	573,3	465,4	507,0	516,0	692,3	860,0	903,5	930,0	750,0	6.197,5
(2035 + 8005) rest.	180,5	199,6	234,0	241,0	347,0	463,5	450,0	920,0	320,0	3.355,6
2102	10,5	203,5	231,0	434,5	434,5	450,0	700,0	600,0	600,0	3.664,0
8103			300,0		450,0			150,0	300,0	1.200,0
tot. restauri	191,0	403,1	765,0	675,5	1.231,5	913,5	1.150,0	1.670,0	1.220,0	8.219,6
2035 did./sc.	25,0	125,0	135,0	140,0	275,0	225,0	190,5	150,0	165,0	1.430,5
2035 attrez.		80,0	50,0	488,0	199,1	150,0	100,0	283,0	465,9	1.816,0
tot. attività diretta	216,0	608,1	950,0	1.303,5	1.705,6	1.288,5	1.440,5	2.103,0	1.850,9	11.466,1
CORE BUSINESS	789,3	1.073,5	1.457,0	1.819,5	2.397,9	2.148,5	2.344,0	3.033,0	2.600,9	17.663,6
8005 altre	500,0	500,0	1.300,0	400,0	1.800,0	2.130,0	1.650,0	700,0	1.140,2	10.120,2
8019			20,5	16,4	142,6	45,0	350,0	300,0	500,0	1.374,5
tot. sviluppo	500,0	500,0	1.320,5	416,4	1.942,6	2.175,0	2.000,0	1.000,0	1.640,2	11.494,7
TOTALE	**1.289,3**	**1.573,5**	**2.777,5**	**2.235,9**	**4.340,5**	**4.323,5**	**4.344,0**	**4.033,0**	**4.241,1**	**29.158,3**

Fonte: ns elaborazione su dati OPD

TABELLA 8.3 **B) RISORSE FINANZIARIE: RICHIESTE 1990-98**

	1990	1991	1992	1993	1994	1995	1996	1997	1998	Σ
2034	476,2	532,2	600,0	948,5	993,3	765,0	770,0	950,0	960,0	6.995,2
2047	70,0	85,0	85,0	80,0	85,0	85,0	100,0	150,0	150,0	890,0
2035 altre	188,3	340,4	85,0	194,2	105,0	90,0	203,5	260,0	230,0	1.696,4
tot. sp. generali	734,5	957,6	770,0	1.222,7	1.183,3	940,0	1.073,5	1.360,0	1.340,0	9.581,6
(2035 + 8005) rest.	450,2	455,5	538,0	625,0	375,5	464,5	657,4	900,0	890,0	5.356,1
2102	438,0	623,0	769,0	1.059,5	1.004,5	1.004,5	1.004,5	1.250,0	1.225,0	8.378,0
8103				100,0	450,0			300,0	665,0	1.415,0
tot. restauri	888,2	1.078,5	1.307,0	1.684,5	1.830,0	1.469,0	1.661,9	2.450,0	2.780,0	15.149,1
2035 did./sc.	110,0	298,0	327,0	355,0	275,0	550,0	390,0	350,0	605,0	3.260,0
2035 attrez.		50,0	50,0	595,5	221,1	182,0	254,0	283,0	465,9	2.101,5
tot. attività diretta	998,2	1.426,5	1.684,0	2.635,0	2.326,1	2.201,0	2.305,9	3.083,0	3.850,9	20.510,6
CORE BUSINESS	1.732,7	2.384,1	2.454,0	3.857,7	3.509,4	3.141,0	3.379,4	4.443,0	5.190,9	30.092,2
8005 altre	1.000,0	2.000,0	1.200,0	1.320,0	3.100,0	2.632,2	3.100,0	3.200,0	4.410,2	21.962,4
8019				16,4	442,6	45,0	350,0	450,0	550,0	1.854,0
tot. sviluppo	1.000,0	2.000,0	1.200,0	1.336,4	3.542,6	2.677,2	3.450,0	3.650,0	4.960,2	23.816,4
TOTALE	**2.732,7**	**4.384,1**	**3.654,0**	**5.194,1**	**7.052,0**	**5.818,2**	**6.829,4**	**8.093,0**	**10.151,1**	**53.908,6**

Fonte: ns elaborazione su dati OPD

TABELLA 8.3 **C) RISORSE FINANZIARIE: ASSEGNAZIONI VS RICHIESTE 1990-98**

	1990	1991	1992	1993	1994	1995	1996	1997	1998	Σ
2034	76,6	71,4	66,7	43,8	55,2	91,5	81,8	63,2	54,2	65,2
2047	42,9	47,1	47,1	55,0	51,8	82,4	70,0	46,7	46,7	53,7
2035 altre	94,7	13,3	78,8	29,4	95,2	100,0	100,0	100,0	69,6	68,5
tot. sp. generali	78,1	48,6	65,8	42,2	58,5	91,5	84,2	68,4	56,0	64,7
(2035 + 8005) rest.	40,1	43,8	43,5	38,6	92,4	99,8	68,5	102,2	36,0	62,7
2102	2,4	32,7	30,0	41,0	43,3	44,8	69,7	48,0	49,0	43,7
8103					100,0			50,0	45,1	84,8
tot restauri	21,5	37,4	58,5	40,1	67,3	62,2	69,2	68,2	43,9	54,3
2035 did./sc.	22,7	41,9	41,3	39,4	100,0	40,9	48,8	42,9	27,3	43,9
2035 attrez.		160,0	100,0	81,9	90,0	82,4	39,4	100,0	100,0	86,4
tot. attività diretta	21,6	42,6	56,4	49,5	73,3	58,5	62,5	68,2	48,1	55,9
CORE BUSINESS	45,6	45,0	59,4	47,2	68,3	68,4	69,4	68,3	50,1	58,7
8005 altre	50,0	25,0	108,3	30,3	58,1	80,9	53,2	21,9	25,9	46,1
8019				100,0	32,2	100,0	100,0	66,7	90,9	74,1
tot. sviluppo	50,0	25,0	110,0	31,2	54,8	81,2	58,0	27,4	33,1	48,3
TOTALE	**47,2**	**35,9**	**76,0**	**43,0**	**61,5**	**74,3**	**63,6**	**49,8**	**41,8**	**54,1**

Fonte: ns elaborazione su dati OPD

Dal punto di vista dell'iter amministrativo si nota una marcata discontinuità a partire dal 1996, che tradisce il tentativo di superare l'irrilevanza di questo modello amministrativo-contabile. Al di là dello spostamento di alcune voci fondamentali (il restauro dei beni demaniali) o del diverso grado di dettaglio richiesto (ad esempio per il capitolo 2034 oggi viene concesso un finanziamento complessivo, senza sottodistinzioni, il che lascia qualche grado di libertà in più al management dell'Opificio), è sulla modalità di richiesta e assegnazione dei fondi tipici per il restauro che si è cercato di innovare.

In via generale infatti, fino al 1996 l'Opificio redigeva, in base alle "domanda" di interventi proveniente dall'ambiente e selezionando quelli ritenuti interessanti e prioritari, una lista di restauri individuati analiticamente dai vari laboratori specialistici, con preventivo delle spese dirette (materiali, prestazioni esterne, ecc.), la cui significtività e attendibilità è peraltro assai dubbia: più che un dato per guidare la gestione erano informazioni per soddisfare le richieste del centro. Le assegnazioni ministeriali erano anche queste *ad hoc,* su singolo progetto.

Due erano i problemi connessi a questa situazione. Da una parte, l'esplosione del lavoro amministrativo necessario per quantificare una massa consistente di numerosi progetti di restauro data l'elevata dispersione delle attività: una gestione fatta di molti piccoli interventi, oltre ad alcuni enormi (l'ordine di grandezza delle richieste, tra demaniali e non, si aggira intorno ai 140-150 progetti l'anno, prevalentemente di importo modesto, in media dai 6 ai 10 milioni, nel periodo 1990-1995), rispetto ai quali peraltro la capacità di selezione nel merito da parte della struttura ministeriale può facilmente comprendersi. Inoltre, il meccanismo si dimostrava foriero di notevoli rigidità perché una volta finanziati quei progetti non c'era spazio per imprevisti di varia natura sempre possibili (l'eventuale rallentamento dei lavori sotto il profilo tecnico in un progetto non liberava risorse comunque specificamente allocate, mentre l'insorgere di nuove eccezionali necessità di intervento non poteva essere soddisfatta).

Per questi motivi, a partire dal 1996 si introducono due principali novità in merito: vengono assegnate delle risorse per interventi di carattere urgente e imprevisto (sia per restauro su beni demaniali che non) e le risorse destinate all'attività di restauro non danno più luogo a un dettaglio analitico per progetto sia in sede di richiesta che di assegnazione; a questo vengono sostituite una relazione storico-artistica e una relazione tecnico-descrittiva che in modo più significativo illustrano le linee guida e i principali interventi dell'attività di restauro dell'anno, senza irrigidire ulteriormente la gestione.

Se pure tale intervento va visto come positiva semplificazione del processo burocratico, che porta a forme più consistenti di delega al Soprintendente, va notato che da un punto di vista informativo, per il "lettore esterno", mancando un'alternativa modalità di rendicontazione, ciò si traduce in una perdita netta di informazioni: e difatti, dal 1996 in poi viene a mancare ogni dettaglio sul numero dei progetti su cui si intende lavorare e sui quali si lavora effettivamente. E comunque, anche da un punto di vista interno, la mancanza di una simile informazione – secondo le modalità, i tempi, il dettaglio e la struttura informativa da stabilirsi a livello interno, e al di là della scarsa attendibilità dei dati ante 1996 – non rende il processo di allocazione delle risorse (ai vari progetti di restauro) più efficace.

Del resto, la logica complessiva delle procedure di allocazione delle risorse del Ministero non richiedono né permettono livelli particolari di sofisticazione, se è vero che nel corso del 1997, già dopo aver tagliato abbondantemente le assegnazioni rispetto alle richieste, nel mese di marzo venivano congelate al 48% dell'anno precedente le spese, per poi rendere le somme residue disponibili a fine ottobre, con l'obbligo di impegnarle entro fine anno, pena il loro rifluire nella complessiva gestione centrale. Il tutto dando luogo a alchimie tra capitoli, a "prestiti" interni tra responsabili di progetto per gestire la quotidianità rispetto alle risorse internamente allocate (del tipo: "ti do un po' della *mia* voce 8005 che non mi serve tutta su questo progetto, se tu mi dai un po' della *tua* 2035").

Ma il limite di fondo (che accomuna le modalità di rendicontazione ante e post 1996) è di natura ben più importante: vale a dire la totale mancanza di qualsiasi determinazione relativa al lavoro, sia in termini di tempi, che – tantomeno – di costi. Tale profonda anomalia nei processi di programmazione rispetto ad altre organizzazioni di tipo privatistico è profondamente connessa alla natura istituzionale della forma Soprintendenza: non è *possibile* sapere i costi del lavoro per progetto perché in effetti lo stesso costo complessivo del lavoro della Soprintendenza è ignoto, essendo il personale gestito direttamente dal Ministero; non è *necessario* calcolare tempi e costi del lavoro perché l'intervento viene effettuato in base a logiche di natura totalmente determinate sul piano sostanziale, del significato storico-artistico dell'opera, e con risorse umane interne, senza che questo dia luogo a dei corrispettivi o a delle coperture di costo da parte dei proprietari dell'opera da restaurare. Ciò detto, certamente l'assenza di una informazione così cruciale rende semplicemente impossibile il perseguimento di obiettivi di efficienza produttiva, anche senza voler penalizzare le priorità di tipo sostantivo.

b. ***La dinamica economica: le risorse assegnate***

Entrando ora nel merito dei valori delle assegnazioni nel periodo 1990-1998, dalla *tabella 8.4* ben emerge la caratterizzazione di fondo di tali stanziamenti: una crescita sostenuta fino al 1994 (in quattro anni le assegnazioni vengono triplicate), per poi mantenersi a regime, con una curva sorprendentemente piatta dopo il 1994. Come si evince, tale crescita è solo in parte legata alla dinamica dei restauri, e la variazione totale è spiegata anche da altre voci: non si tratta cioè di una crescita puramente quantitativa, "a bocce ferme", ma di un processo in cui viene a modificarsi sensibilmente la natura dei costi in gioco.

TABELLA 8.4 **TREND DELLE ASSEGNAZIONI PER DESTINAZIONE**

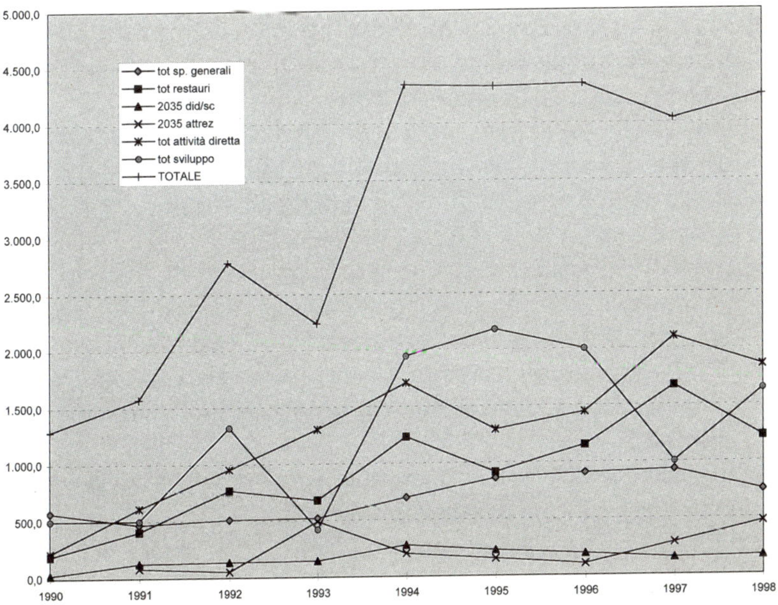

Più analiticamente, i costi accessori (escludendo cioè il lavoro, non determinato) dei restauri sui beni demaniali (riaccorpandoli dai capitoli 2035 e 8005) passano dai circa 180 milioni del periodo iniziale a un valore di circa 460 milioni negli ultimi anni, salvo la punta del 1997 (qui si tratterà di vedere se l'eccezionalità è nel 1997, di assegnazioni straordinarie, o di un 1998 che ha temporaneamente interrotto una fase di espansione). Crescono anche i restauri su beni non demaniali (di cui al capitolo 2102), che da un livello iniziale basso (10-200) si collocano per una fase sui 450, per attestarsi poi sui 600 milioni l'anno. A questi vanno aggiunti gli interventi finanziati sui progetti speciali (capitolo 8103), che dimostrano una preferenza del Ministero per progetti di grossa entità (e visibilità) rispetto alla mole di interventi più modesti che caratterizzano la gestione dell'Opificio, per cui in complesso trend crescente, da iniziale 200-400, fino a 1200-1400 (con punta 1600).

Va notato che nel periodo in esame, considerando anche la consistente spesa sul Battistero finanziata sotto il capitolo 8103, l'intervento sui beni non demaniali (3664+1100) è superiore a quello sui beni demaniali (3357 milioni): il che evidenzia la profonda contraddittorietà di un intervento "regalato" da questa amministrazione ad altre amministrazioni pubbliche pur in presenza di seri problemi di budget: in altri termini, la mancanza di corrispettivi per le attività dell'Opificio non è spiegata dal fatto di avere un ente statale che cura il patrimonio statale direttamente; viceversa, più della metà delle attività di restauro sono di proprietà altrui.

Quello che va osservato dai dati di tabella 8.4 è la dinamica sostenuta di voci di spesa per così dire "accessorie" rispetto alle attività dirette e correnti di restauro (oltre all'ingente progetto del Battistero, con 1,1 miliardi):

- crescono in modo estremamente accentuato le spese in attrezzature, in variazione e in valori assoluti, con 1,7 mdi negli ultimi quattro anni, a fronte di un deciso processo di sviluppo tecnologico;
- si manifesta un processo di recupero delle sedi (in particolare della Fortezza da Basso), che nel periodo in esame assorbe ben 10,3 mdi;
- il Museo dell'Opificio, riaperto nel 1995, richiama negli ultimi anni una cifra consistente (circa 1,1 mdi);
- le risorse destinate all'attività didattica, alla scuola dell'OPD, manifestano invece un andamento discontinuo (in effetti a fron-

te del blocco dei finanziamenti, nel corso del 1996 non si è potuto procedere all'iscrizione di nuovi allievi, sempre in tema di continuità e prevedibilità degli stanziamenti).

Si può dunque evidenziare quasi una sorta di processo di "terziarizzazione": i vari costi di struttura aumentano in modo proporzionale (quasi fossero costi variabili), rispetto a interventi diretti di restauro, mentre in linea di principio ci si potrebbe attendere un effetto di "diluizione" dei costi di struttura, per loro natura tendenzialmente fissi. Questo andamento è dovuto alle peculiari caratteristiche della crescita dell'Opificio, in parte connesso alla straordinarietà degli interventi sulla Fortezza (diluita anno per anno compatibilmente a risorse ministeriali, per cui si "variabilizza" un finanziamento che sarebbe per natura strutturale); in parte all'attivazione e sostegno di attività di ricerca e didattica (scuola, museo e rivista) che affiancano "l'operatività" del restauro, secondo quanto precisato nel ricostruire la "business idea" dell'OPD. Certo è curiosa una crescita più contenuta delle spese connesse agli interventi di restauro, le cui cause sarebbe interessante ricercare (disponendo di informazioni rilevanti in merito). Diverse infatti potrebbero essere le cause di un tale fenomeno: la stasi nella "domanda" di interventi; semplicemente la mancanza di disponibilità finanziarie da parte del Ministero su queste voci; la carenza di risorse e tempi-uomo da parte dell'Opificio che renderebbe contenuta la "capacità di spesa" sull'attività tipica (il *core business*). Il che potrebbe anche essere connesso a un processo di "esternalizzazione" di fatto di parte degli interventi di restauro che potrebbe presentarsi: un eventuale "utente" interessato al restauro di un bene di proprietà potrebbe fornire direttamente i materiali e addetti esterni (ex allievi della scuola), affidando la mera direzione dei lavori all'Opificio. Da un punto di vista sostanziale la soluzione non presenterebbe controindicazioni di sorta; da un punto di vista formale le norme sarebbero comunque rispettate; da un punto di vista gestionale si perderebbe un'ulteriore porzione di attività nella *accountability* dell'Opificio.

Nel complesso comunque, si ricava l'impressione di una situazione relativamente più favorevole dell'Opificio rispetto ad altre entità dello stesso Ministero: senza pretesa di significatività statistica, in *tabella 8.5* si compara il trend delle assegnazioni tra la Soprintendenza di Pompei e l'OPD (periodo che già di per sé sottostima le differenze di andamento, se è vero che la forte crescita dell'Opificio avviene dal 1990 al 1994, e che Pompei comincia a uscire dalla situazione di degrado a partire dal 1997 circa), a corroborare questa impressione di relativa "attenzione", se non di benevolenza, da parte ministeriale verso l'Opificio.

TABELLA 8.5 **LE ASSEGNAZIONI FINANZIARIE: IL CONFRONTO FRA OPD E POMPEI**

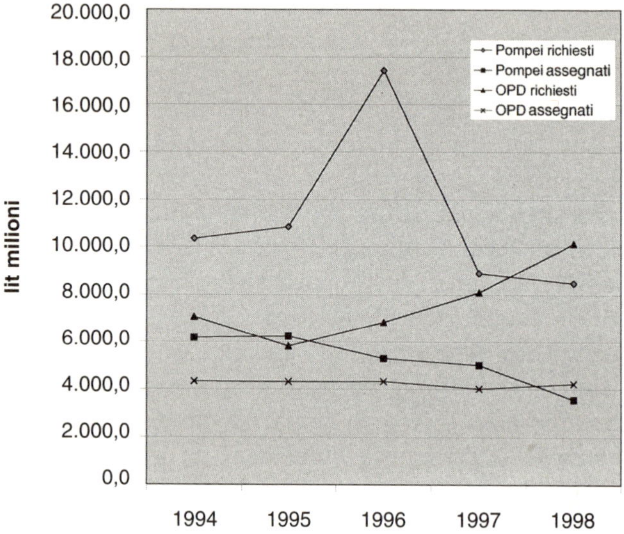

c. *La dinamica del rapporto richieste/assegnazioni come misura della sensibilità ministeriale*

Chi conosce la realtà ministeriale sa che tra richieste e assegnazioni intervengono sempre tagli di una certa consistenza. Alcuni aspetti peculiari con riferimento all'Opificio possono comunque evincersi dall'analisi del rapporto assegnazioni/richieste per il periodo in esame (vedi tabella 8.3.c). Ci si trova di fronte, a livello aggregato, a una situazione a inizio periodo estremamente critica, con un tasso di accettazione del 47% nel 1990, cui si accompagnano aspetti quasi folcloristici se non fosse per la serietà delle questioni retrostanti;[9] si

9. Ad esempio nel 1990, per quanto riguarda le spese telefoniche, a fronte di una richiesta per 70 e una assegnazione per 30, nel giugno dello stesso anno il Soprintendente deve ribadire la necessità di uno stanziamento aggiuntivo pena l'impossibilità operativa della struttura. O ancora, è al limite dell'ironico trovare in un documento di programmazione come la Relazione al Piano triennale 1996-1998 un'affermazione del tipo:

può poi evidenziare un trend positivo fino al 1995, per poi ritornare a situazioni di stanziamenti dell'ordine del 60 o 50% del richiesto negli ultimi due anni.

La visione aggregata cela però importanti differenze interne, che è opportuno esaminare per evidenziare alcune "sensibilità" e orientamenti di fondo del Ministero nel processo di assegnazione delle risorse, a fronte di una dinamica comunque sostenuta di assegnazioni, come visto poco sopra.

Quanto alle attività tipiche, il *restauro* vero e proprio, si può osservare quanto segue:

- per i *restauri demaniali* (all'interno dei capitoli 2035 e 8005) migliorano i tassi di accettazione, da circa il 40% nel periodo 1990-1993, fino a un 70-90% a partire dal 1994, cui segue però un forte calo (36%) nel 1998 (ancora una volta si tratta di capire se questo si caratterizzerà come anno "sfortunato" o rappresenterà l'inizio di una inversione di tendenza); complessivamente nel periodo si evidenzia un tasso di accettazione in media del 64.7 %;
- per i *restauri non demaniali* (capitolo 2102) si può evidenziare che se da una parte le richieste crescono più velocemente che per quelli demaniali, i tassi di accettazione si mantengono sempre su livelli meno soddisfacenti: da un 30-40% nei primi anni, si arriva a un 40-50% nella seconda fase, con un'eccezione verso l'alto nel 1996; complessivamente, nel periodo la media si aggira intorno al 44%;
- quanto infine al significato del consistente finanziamento sul capitolo 8103, questa evidenzia una forte attenzione da parte ministeriale a progetti "in grande", verosimilmente a elevata visibilità e prestigio: sui 1415 mdi richiesti infatti, ben 1200 vengono finanziati (con un rapporto dunque dell'84.8%). Il che in chiave assoluta è elemento positivo, ma in chiave relativa dimostra una pericolosa non comprensione delle attività correnti, dei numerosi piccoli restauri di minor richiamo e visibilità – e che costituiscono la gran parte dell'attività dell'Opificio – che ottengono un trattamento ben più selettivo;

"Quanto indicato negli altri capitoli relativi al funzionamento (cap. 2034), spese telefoniche (cap. 2047), spese postali (cap. 2066), spese automobilistiche (cap. 1067), rappresentano realmente quanto l'istituto necessita per consentire il sostegno logistico e organizzativo all'attività istituzionale sopra descritta. Il loro finanziamento è perciò fondamentale in quanto rende a sua volta possibile l'attività anche negli altri campi".

- vale la pena di precisare che il senso di una tale analisi ricopre per una organizzazione come l'Opificio un significato particolare: in fondo la stessa misura con la quale l'istituto è in grado di soddisfare i progetti di restauro rispetto alle attese dell'ambiente (almeno quella parte di restauri reputati interessanti tanto da introdurli nei piani di intervento di esercizio) è un fondamentale indicatore di efficacia dell'istituto stesso, di "utilità sociale", particolarmente interessante in mancanza di altri indicatori di performance data la caratteristica istituzionale dell'OPD. Da questo punto di vista i dati del periodo in esame non sono certo esaltanti (nel totale dei restauri si ha un tasso complessivo del 54% nel periodo), che evidenzia opportunità perse e bisogni non soddisfatti; il tutto, si badi bene, al di fuori della responsabilità del management posta la natura dei processi allocativi in questione, tali per cui si potrebbe parlare di inefficacia eterodiretta.

Ma l'analisi dimostra ulteriori elementi di interesse se si analizza la dinamica del rapporto assegnazioni/richieste con riferimento ad altre voci:

- le *spese generali* mostrano un andamento alterno, all'inizio con tassi di accettazione relativamente elevati, e al di là di altalenanti andamenti nel periodo intermedio, evidenziando un pericoloso deterioramento negli ultimi due anni, tale da portare il soprintendente ad affermare che si tratta del "capitolo che dà in assoluto i maggiori problemi di gestione";
- le spese connesse all'attività *didattico-scientifica* sembrano peraltro evidenziare una costante incomprensione da parte ministeriale, con accettazioni annue intorno al 40%, salvo l'eccezione del 1994, e con seri problemi di operatività anche nel periodo in esame (si ricordi la non apertura delle iscrizioni nel 1996 a seguito delle insufficienti assegnazioni; oppure l'intervento estremamente ridotto nel 1998, che porta a una richiesta di integrazione degli stanziamenti nello stesso anno);
- andamento del tutto opposto manifestano invece le spese per *attrezzature*, con tassi di accettazione elevatissimi in percentuale (nel periodo ben 86%), nonostante una dinamica in valori assoluti decisamente accentuata;
- relativamente bassa in valori percentuali (46%) sembrerebbe l'accettazione relativamente a progetti di *ammodernamenti* (capitolo 8005 esclusi restauri), ma in questo caso occorre non farsi fuor-

viare dai dati. In realtà si può evidenziare un forte impegno in valori assoluti: ben 10 miliardi di assegnazioni, a fronte di richieste che sono certamente molto più elevate (21.9 mdi), probabilmente anche in connessione a effetti di "autorinforzo" e inflazionamento del dato (se non si hanno le assegnazioni richieste in un anno, si ribadisce la richiesta nell'anno successivo). Nella sostanza però, il consistente progetto di ristrutturazione è accettato e finanziato, anche se allungando i tempi del processo;
- infine, gli elevati tassi di accettazione (e i valori assoluti) con riferimento al capitolo 8019 soprattutto dedicati a lavori di ripristino e adeguamento del museo riaperto nel 1995, evidenziano ancora una volta il forte orientamento strutturale, e una consistente sensibilità al momento museale-espositivo anche per questo tipo di organizzazione, nonostante altre siano le priorità e gli elementi di distinzione.

In sostanza, approfondendo l'analisi dei tassi di accettazione in relazione alla natura delle singole voci emerge come in effetti il Ministero abbia seguito e soddisfatto la dinamica sostenuta delle richieste di risorse per lo "sviluppo", finanziando i cospicui processi di ammodernamento delle sedi, il consistente investimento in attrezzature che costituiscono certamente una delle basi dell'eccellenza dell'Opificio; viceversa ha seguito a fatica il finanziamento della scuola, pure non comprendendo appieno le routine del restauro "non straordinario".

8.4 Conclusioni

Nelle pagine che precedono abbiamo tentato di ricostruire lo sviluppo di una organizzazione "eccellente", che ha raggiunto posizioni di prestigio e riconoscimenti internazionali, verrebbe da dire "nonostante" la forma istituzionale con cui viene retta, che sembra fare di tutto per ignorare se non inceppare i complessi meccanismi di sviluppo delle conoscenze che caratterizzano una simile attività.

La stessa genesi del (nuovo) Opificio è per larga parte "emergente", non pianificata, ma sfrutta quell'incredibile crogiolo di esperienze, entusiasmi, collaborazioni ben descritte da Paolucci (1986) nel ricostruirne la storia, e grazie al ruolo di alcune figure cruciali (a partire dal fondatore della nuova realtà dal 1975 in avanti, Umberto Baldini) assume nel tempo quelle caratteristiche di fondo delineate in precedenza (operatività; ricerca scientifica; didattica). Le performance di questa organizzazione sono tanto difficili da misurare quanto il valore del patrimonio che essa ha contribuito a recuperare, ma, se è consentita l'espressione, sono di quell'ordine di grandezza.

La situazione attuale è peraltro vulnerabile, legata a processi di evoluzione (in negativo) non propri di questa organizzazione, ma del livello superiore: fino a questo punto l'Opificio ha mantenuto la propria eccellenza nonostante tutto (dipendenti mal pagati, impossibilità a coprire i fabbisogni di forza lavoro, processi decisionali farraginosi: cfr. Bonsanti, 1997d); e per quanto delicato – come sempre, ma forse ancor di più, in un'organizzazione così dipendente dai processi di osmosi tra singolo e organizzazione nello sviluppo di conoscenze specifiche e idiosincratiche – con rapporti interni di identificazione tuttora non problematici, anche grazie a un forte senso professionale. Ma il punto cruciale sembra oggi la riproducibilità di questo sapere specialistico in assenza di un mantenimento dimensionale degli addetti alle attività "tipiche". Ed è curioso scoprire che una simile crisi veniva già evidenziata dallo stesso Baldini a pochi anni dalla rifondazione dell'Opificio[10], e oggi si ripropone con simili caratteri, a parte una copertura dei fabbisogni finanziari decisamente più consistente.

Da questo punto di vista allora, sono tre gli aspetti dell'intervento statale (e il ruolo del ministero in particolare) che in questo caso colpiscono, tre elementi di contraddizione:

1. In primo luogo il carattere di *eccezionalità*, con un'incredibile capacità a muoversi in una situazione di straordinarietà, di

10. "Le preoccupazioni di Baldini riguardavano soprattutto problemi pratici: l'inadeguatezza delle strutture, la scarsità delle risorse finanziarie, la sostanziale insensibilità della città per il futuro dell'Istituto... Di fatto stavano venendo al pettine problemi in gran parte legati ai nodi stessi della nascita del nuovo Opificio. L'autonomia del laboratorio era venuta fuori per decreto, giustificata certo dalla storia del restauro fiorentino e imposta dalle circostanze, però affrettata e incompleta, senza un regolamento preciso... Ci si stava accorgendo, insomma, che lo straordinario patrimonio di tradizione e di esperienza del vecchio laboratorio e del nuovo Opificio era stato calato in una struttura gracile, assemblata in modo improvvisato e precario... Nonostante le prestigiose affermazioni e malgrado la notorietà di cui gode in Italia e all'estero, l'Istituto non riesce ancora a esprimere al meglio le sue potenzialità. E ciò a causa – è opportuno ripetere – di una sostanziale indeterminatezza giuridica e normativa e di una cronica insufficienza sia di risorse finanziarie che di attenzione politica" (Paolucci, 1986: 216).

emergenza, sia con riguardo al macrocontesto (l'alluvione, e gli esiti insperati di trent'anni di interventi, come documentato dalle mostre del trentennale), che alla singola decisione (quando si tratta di trovare risorse, consistenti, per la porta del Battistero, alla fine si trovano, senza troppi problemi): a fronte di questo un'incapacità a capire i problemi (e i fabbisogni) della gestione quotidiana, della gestione corrente, dalle scelte relative al personale, al taglio delle assegnazioni su restauri "minori" e sulle spese di funzionamento, che rappresentano comunque il cuore delle attività dell'Opificio.

2. Secondo, in questo caso colpisce la *schizofrenia* dell'intervento statale: non si tratta semplicemente di una situazione in cui non si investe; anzi, come abbiamo dimostrato, gli investimenti sui costi di struttura (il laboratorio, la Fortezza, il Museo) sono stati certamente generosi; così non si può dire per la scuola, per il finanziamento dei costi diretti di restauro e, ancor di meno, per quanto riguarda la risorsa-uomo, specie per i lavoratori a elevate *skills*. Col rischio di risultati paradossali, di costruire un contenitore bellissimo ma vuoto, una sorta di "cattedrale nel deserto", come peraltro sottolineato dalla stessa Soprintendenza, con organici a "rischio di estinzione" (Bonsanti, 1997d)[11]. Le ragioni di un tale comportamento non sono semplici a individuarsi:

- certamente gioca una "cultura dell'oggetto" da parte ministeriale, vera e propria deformazione professionale di chi si occupa prevalentemente di musei, a fronte di una organizzazione – un "opificio" in senso proprio, quasi una manifattura – che presenta ben altre caratteristiche sotto il profilo delle condizioni di produzione e funzionamento;
- certamente non aiuta la mancanza di una conoscenza di tipo manageriale a livello di vertice ministeriale in termini di gestione

11. "... Si fa presente anche in questa sede che le potenzialità della struttura e delle sedi, a partire dal termine dei lavori in corso, sono superiori a quelle del personale attualmente in servizio che, come noto, è decisamente esiguo. Un incremento del personale, già più volte sollecitato, potrebbe consentire un maggiore sfruttamento di tali potenzialità e il conseguimento di maggiori risultati" (Relazione sul Programma Triennale 1996-1998). Aspetto ribadito con durezza nel corso delle nostre interviste dal soprintendente: "Se lei mi chiede qual è il mio problema numero uno, le dico che non sono i soldi, ma il personale, in particolare l'impossibilità di assumere" (intervista 31.10.97).

strategica delle risorse umane e delle competenze, focalizzata sullo sviluppo di risorse "intangibili", nonostante le autorevoli voci che si sono levate in merito (da Baldini in poi);

- certamente un qualche ruolo lo deve avere l'ossessione per processi di contenimento e riduzione del personale che spesso sembra affermarsi, anche in sedi qualificate, come orientamento aprioristico se non ideologico, comunque indifferenziato, che trascura aspetti contestuali peculiari e anomali: il che si traduce in una soluzione che non si cura della necessità di presidiare i meccanismi di produzione e socializzazione delle conoscenze in una organizzazione come quella in esame. In questo caso infatti, il miraggio di una flessibilizzazione dei costi nel breve, senza tradursi necessariamente in risparmio reale rispetto ad altre soluzioni (ad esempio consentire la gestione diretta anche ricorrendo a contribuzioni e corrispettivi da terzi), rischia di interrompere pericolosamente i meccanismi e i processi di accumulazione di competenze distintive; o, per dirla da economista, in presenza di elevate *human assets specificity*, si manifesterebbero costi di transazione superiori ai risparmi (eventuali) di costi di breve.

3. Il terzo aspetto da evidenziare è il carattere profondamente *asimmetrico* con cui l'Opificio è costretto a fare i conti nella situazione generale di contenimento della spesa pubblica, di crescenti domande di "economizzazione", e di *value for money* che interessano anche il nostro paese. Questo perché da una parte l'azione dell'Opificio continua (è costretto) a ragionare secondo una logica di valori universalistici di recupero del patrimonio in assenza totale di corrispettivo (quasi fosse una forza di "vigili del fuoco dell'arte", che non si fa certamente pagare la chiamata o l'intervento), anche qualora il "cliente" fosse disposto a farlo nel caso intravvedesse nelle competenze dell'Opificio un valore superiore a quello che offre il "mercato". Ma se in questo caso lo Stato è decisamente generoso dal lato dei ricavi potenziali dell'Opificio (di fatto rinunciandovi), non così lo è dal lato dei costi, dove la scarsità di risorse a livello complessivo porta a comportamenti estremi e indifferenziati – tipo blocco delle assunzioni – che impattano pericolosamente sulle condizioni di esistenza di questa organizzazione.

Certo un diverso disegno istituzionale cambierebbe decisamente lo stato delle cose: senza ingenue ipotesi di totale "autosufficienza economica", si tratterebbe piuttosto di prefigurare condizioni più flessibili e funzionali, consentendo un parziale ricorso a finanziamenti di terzi e eventuali contributi o corrispettivi, e una reale autonomia nella gestione, specie della risorsa-chiave, il personale. Questo si tradurrebbe direttamente in un incentivo a reperire risorse finanziarie, oltreché a mantenere i livelli di reputazione professionale che le generano; e costringerebbe comunque – più di quanto non avvenga ora – a porre in modo più diretto alcuni elementi di priorità e scelta: ad esempio, in termini di lavori programmabili in un dato periodo; ad esempio, di allocazione dei tempi (e forse, almeno in parte dei costi) del lavoro; ad esempio, in termini di composizione del personale. Se l'Opificio fosse compiutamente *accountable* di tutti i costi, e al soprintendente fosse data effettiva delega di gestione delle risorse, probabilmente ci sarebbe qualcuno che in un qualche momento si interroga se, al margine, è meglio avere un autista, un custode o un restauratore per quei settori a rischio di estinzione; oppure, a puro titolo esemplificativo, se il Museo deve funzionare secondo quelle modalità o se ne potessero figurare modalità meno onerose, con risorse che potrebbero indirizzarsi verso l'attività centrale. Comunque si potrebbe superare la situazione in cui le risorse (umane) necessarie non vengono fornite, e se ne forniscono in parte altre non volute, che comunque non "pesano" sui costi imputati alla Soprintendenza.

9 La rete dei musei di Strasburgo: strutture e modalità di governo*

Alessandro Baroncelli

9.1 Introduzione

Con questo studio ci proponiamo di analizzare la rete museale della città di Strasburgo. I *Musées de la Ville de Strasbourg* (MVS) sono stati costituiti sin dallo scorso secolo con l'attuale assetto e presentano un'omogeneità istituzionale, appartenendo tutti al Comune di Strasburgo.

Malgrado le difficoltà che inevitabilmente presenta un progetto di riproduzione di strutture organizzative consolidate e le limitazioni che assetti istituzionali differenti impongono al pieno sfruttamento delle possibilità di centralizzazione di alcune delle attività dell'impresa museale (si pensi per tutte alle attività di fatturazione, di contabilità e di controllo di gestione), riteniamo che l'osser-

* La ricerca è stata condotta nei primi mesi del 1997 su un arco temporale di circa nove settimane attraverso la raccolta di dati sulle politiche museali e sulla gestione delle imprese museali francesi, tramite una serie di interviste approfondite con dirigenti delle attività museali e di altre istituzioni che a vario titolo intervengono nella formulazione delle politiche culturali della città di Strasburgo o che si occupano di attività legate alla gestione corrente dei musei. In particolare, sono state effettuate interviste dirette o telefoniche programmate, di una durata compresa fra una e mezzo e tre ore ed è stato esaminato materiale documentario prodotto dai MVS, dai singoli musei della rete e dall'Associazione dei Conservatori di Alsazia. Le interviste realizzate attraverso domande non strutturate sono state effettuate con i seguenti interlocutori, che si coglie l'occasione di ringraziare: il Segretario Generale dei MVS, il Direttore dell'Ufficio del Turismo di Strasburgo, i responsabili delle attività culturali e della cultura di Strasburgo, due Conservatori dei MVS.

vazione del funzionamento di questa rete museale consenta una valutazione dei vantaggi e degli inconvenienti di questo assetto organizzativo, utile anche in altri contesti di attuazione.

In particolare ci proponiamo di descrivere l'articolazione organizzativa della rete e le linee-guida della gestione e di valutare le conseguenze economiche che derivano dalla scelta di questo tipo di struttura organizzativa. L'oggetto di studio richiede di considerare, come unità di indagine, gli attori che partecipano alla rete per gestire l'attività caratteristica dell'impresa museale e il sistema di relazioni e di scambio attivato a tal fine.

9.2 La rete museale di Strasburgo

Strasburgo è una città di dimensioni medie (ca. 260mila abitanti, che salgono a 430mila considerando la periferia limitrofa) che appartiene a un Paese, la Francia, che è all'origine dell'idea stessa di museo moderno[1] e si colloca ai primi posti nel mondo per l'offerta museale con circa 40mila monumenti classificati e tutelati. Strasburgo non costituisce quindi una realtà metropolitana di grandissime dimensioni, ma presenta una forte apertura internazionale (e una presenza di alcune centinaia di migliaia di turisti l'anno) soprattutto in relazione alla sua collocazione istituzionale all'interno dell'Unione Europea (sede del Parlamento Europeo, del Consiglio d'Europa e della Corte Europea dei Diritti dell'Uomo) e alla sua posizione geografica (capoluogo di una regione storicamente di frontiera collocata al centro dell'Europa Occidentale), che ne fanno la seconda città francese per l'attività di organizzazione di convegni.

La ricerca ha interessato i sette musei che fanno capo al Comune di Strasburgo (altri musei minori – con diversa proprietà – non sono inclusi nella rete museale), una delle quattro città francesi assieme a Marsiglia, Nizza e Nantes che hanno costituito, nell'ambito dell'Amministrazione municipale, una Direzione delle attività museali alla quale sono attribuiti compiti sia amministrativi che scientifici. I musei interessati operano in ambiti molto diversi (dalle Belle Arti strettamente intese, alle arti decorative, all'etnografia, all'arte medioevale e all'archeologia) che fanno dell'offerta culturale di

1. Al di là del pensiero degli Enciclopedisti che ha fortemente influenzato la concezione dell'istituzione museale, secondo la "Grande Encyclopedie", il primo museo nel senso moderno del termine (cioè la prima collezione pubblica) sarebbe stato fondato il 27 luglio 1793 in Francia dalla Convenzione (Bataille, 1930).

Strasburgo una delle più articolate del panorama continentale. La superficie complessiva degli spazi attualmente occupati dai MVS è di circa 17mila mq, di cui una percentuale di circa il 60% è dedicata all'esposizione delle collezioni. La *tabella 9.1* indica i musei che fanno capo ai MVS e i relativi dati sull'affluenza di visitatori nel 1996.

TABELLA 9.1 **I MUSEI DELLA VILLE DE STRASBOURG**

Musei	**visitatori nel 1996**	**tipologia**
Musée Alsacien	68.896	Museo di arte popolare che documenta la vita economica e le tradizioni religiose e profane dell'Alsazia.
Musée des Arts Décoratifs	48.331	Si articola in due sezioni: gli appartamenti dei cardinali di Rohan (nel cui antico edificio nobiliare ha sede il museo) e le collezioni d'arte decorativa di Strasburgo che coprono un periodo che va dal 1681 alla metà del sec. XIX.
Musée des Beaux-Arts	46.917	Dedicato soprattutto a una ricostruzione storica della pittura europea dal Medioevo al 1870 soprattutto attraverso le opere di autori italiani, fiamminghi e francesi.
Musée de l'Oeuvre Notre Dame	32.343	Aperto nel 1939 negli antichi locali che ospitavano gli uffici amministrativi del cantiere della cattedrale di Strasburgo. Documenta l'evoluzione artistica nella città di Strasburgo e nelle regioni dell'Alto Reno tra l'XI e il XVII sec.
Musée Archéologique	31.344	Uno dei più importanti della Francia per ampiezza delle collezioni. Ripercorre la storia dell'Alsazia dai primi agricoltori del Neolitico all'epoca merovingia.
Musée d'Art Moderne et Contemporain	30.424	Costituito nel 1973 con opere che partendo dall'impressionismo arrivano a documentare i diversi filoni dell'arte contemporanea. Il nuovo assetto previsto affiancherà allo spazio espositivo tradizionale una sala di arte grafica, una galleria consacrata a un autore, una sala per mostre temporanee, una biblioteca d'arte, un auditorium, un servizio educativo e una libreria che saranno tutti gestiti dai MVS.
Musée Historique	2.041	Documenta la storia di Strasburgo sul piano politico, economico e sociale. Situato dal 1920 nei locali dell'antico macello, è chiuso al pubblico da dieci anni per importanti lavori di ristrutturazione che dovrebbero concludersi nel 1999.
Ancienne Douane	26.520	Sale espositive
Galérie Robert Heitz	2.194	Sale espositive
totale	**289.010**	(di cui interi: 40%; ridotti: 20%; gratuiti 40%)

Fonte: MVS

L'articolazione organizzativa della Direzione delle attività museali di Strasburgo prevede che i Conservatori e i servizi amministrativi dei singoli musei facciano capo al Direttore dei MVS che definisce gli obiettivi, gli orientamenti e i progetti di servizio dei musei di cui è responsabile. Al Direttore spetta inoltre la direzione e il coordinamento scientifico e amministrativo dei singoli musei, la redazione dei bilanci e dei budget, nonché la responsabilità delle politiche museali nei confronti del sindaco, del consiglio comunale e degli altri servizi municipali.

Questo assetto istituzionale e organizzativo comporta di fatto una perdita di gran parte (o un forte ridimensionamento) dell'autonomia dei Conservatori dei singoli musei nella determinazione delle scelte scientifiche, ma consente di valorizzare le risorse comuni e di operare con maggiore efficacia. Il Direttore della rete dovrebbe infatti fornire ai Conservatori dei musei che fanno capo alla rete museale una chiara indicazione delle linee guida da seguire nello sviluppo delle attività dei rispettivi musei. Questo consente di evitare sovrapposizioni e dispersioni di risorse tra i musei cittadini e di ottenere una migliore identificabilità del campo di competenza scientifica di ciascun museo.

9.2.1 Il profilo degli attori istituzionali

Nell'esperienza della rete dei musei della città di Strasburgo si sono evidenziate interazioni determinate dal funzionamento della struttura reticolare soprattutto tra *quattro attori* principali. Si tratta dei responsabili politici del Comune con delega per le attività culturali, del Direttore dei MVS, dei principali dirigenti amministrativi dei MVS e dei Conservatori dei singoli musei che partecipano alla rete.

1. Gli *amministratori politici* del Comune di Strasburgo intervengono sulle attività museali attraverso una struttura articolata. La Direzione degli Affari Culturali (DAC) del Comune ha la delega del Sindaco per l'indirizzo delle attività culturali in senso lato, nell'ambito di questo ruolo amministrativo esiste una Divisione per l'Animazione della Città al cui interno è previsto un responsabile per la cultura, l'educazione e lo sport che ha diretta competenza sulle attività museali. Il compito dell'amministrazione comunale (tramite il coordinamento tra DAC e responsabile per la cultura) è

quello di definire gli orientamenti delle politiche pubbliche in ambito culturale, tra le quali rientra anche l'attività di gestione dei musei, e di fornire le risorse necessarie per il funzionamento e lo sviluppo dei musei. Dal punto di vista strettamente istituzionale gli amministratori politici potrebbero intervenire anche nella definizione dei contenuti stessi di tale politica, anche se nei fatti questo non sembra essere accaduto in tempi recenti a Strasburgo. L'influenza dei responsabili politici è comunque rilevante sia per quanto attiene alla fissazione dell'entità delle risorse da trasferire ai MVS (ad esempio le sovvenzioni all'attività dei MVS sono passate dai 738.800 FF. del 1995 ai 636.000 FF. del 1996 con una flessione di circa il 14%), sia, soprattutto, per il potere di nomina del Direttore della rete museale.

2. Il *Direttore* dei MVS è il secondo attore che interviene nella gestione della rete. Si tratta di una nomina politica che tuttavia non è revocabile: lo status giuridico del Direttore diventa quello di un funzionario pubblico con incarico a tempo indeterminato. Naturalmente oltre agli ampi poteri che questa carica comporta nella gestione diretta dell'attività museale, questo profilo giuridico lo tutela in misura rilevante anche nei confronti di eventuali pressioni o conflitti con i politici dei quali è l'interlocutore diretto per il controllo sulla politica complessiva dei musei. Il Direttore dei MVS deve essere scelto tra i Conservatori di musei che in Francia hanno istituzionalmente una formazione di tipo "tecnico", nell'area umanistica: si tratta di esperti di etnografia, storia dell'arte o della tecnica, il cui campo di competenza scientifica coincide generalmente con la specializzazione dei musei nei quali sono chiamati a operare. Il ruolo del Direttore è importante, per il funzionamento della rete, per il ruolo di cerniera che, come detto, svolge nei confronti del potere politico, e per la sua posizione di interfaccia tra la struttura interna e le varie categorie di soggetti esterni con i quali i MVS sviluppano relazioni sempre più intense. Inoltre, formalmente il Direttore dei MVS si colloca alla guida di tutti gli organismi di governo e di controllo della rete, definisce la missione e gli obiettivi dei musei, approva il budget annuale e gli interventi di spesa straordinaria, controlla l'attività scientifica dei musei. Per quanto attiene all'attività scientifica dei singoli musei il controllo può essere esercitato in maniera "attiva" o "passiva". Nel primo caso il Direttore interviene direttamente

sull'attività dei Conservatori arrivando a organizzare in alcuni musei, la cui disciplina è di sua competenza, delle operazioni scientifiche anche rilevanti. Nel secondo caso si limita a recepire le iniziative scientifiche dei vari Conservatori. L'attuale Direttore dei MVS fin dal 1994 ha esercitato un controllo attivo sui Musée de l'Oeuvre Notre-Dame e sul Musée d'Art Moderne. Questa scelta si spiegava sia in virtù delle sue competenze scientifiche, sia degli orientamenti del Comune di Strasburgo verso il potenziamento delle iniziative nell'ambito delle collezioni di arte moderna e contemporanea, per le quali il Comune di Strasburgo aveva già in cantiere la realizzazione di un nuovo museo (il Museo di Arte Moderna e Contemporanea), inaugurato all'inizio del 1999. Attualmente l'attività di controllo del nuovo Direttore dei MVS è più orientata verso l'autonomia dei Conservatori in ambito scientifico.
Se il controllo del Direttore sui Conservatori dei musei dipende per molti aspetti dalla natura delle sue competenze, il controllo dei politici sul Direttore e sugli amministratori dipende in larga misura dagli equilibri nell'ambito dell'Amministrazione municipale. La rilevanza dell'influenza esercitata dal responsabile per la cultura, l'educazione e lo sport sul Direttore dei MVS dipende dalla solidità della sua posizione politica nell'ambito della gerarchia municipale[2].

3. Il terzo ruolo nel sistema degli attori che interviene nel funzionamento dei MVS è quello svolto dai principali *dirigenti ammini-*

2. L'analisi di due fasi successive del funzionamento dei MVS può essere utile per meglio precisare la natura di queste relazioni gerarchiche. Negli anni settanta il Sindaco e il responsabile per la Cultura, l'Educazione e lo Sport hanno svolto un ruolo molto attivo nell'orientamento e nella gestione delle attività museali. Il responsabile per la cultura, l'educazione e lo sport aveva la possibilità di intervenire direttamente presso il Sindaco, configurando una relazione di tipo privilegiato tra il responsabile per la cultura, l'educazione e lo sport e il sindaco e tra il responsabile per la cultura, l'educazione e lo sport e il Direttore dei MVS. La conseguenza era un forte ridimensionamento dell'importanza da un lato del Segretario Generale, uno dei cui ruoli, come vedremo, è quello di mediazione tra gli attori e tra essi e il Sindaco, e dall'altro della DAC. Nel decennio successivo un diverso sistema di equilibri nella struttura gerarchica dell'Amministrazione di Strasburgo ha invece enfatizzato il ruolo di mediazione del Segretario Generale nell'ambito delle relazioni tra il responsabile per la cultura, l'educazione e lo sport e il Sindaco da un lato, e della DAC nelle relazioni tra il responsabile per la cultura, l'educazione e lo sport e il Direttore dei MVS.

strativi. Le due figure chiave sono: il Segretario Generale e il Responsabile Amministrativo dei musei (che nei MVS viene denominato "Direttore delle Attività Finanziarie"). Si tratta di due figure di funzionari pubblici. Il primo ha un'ampia delega da parte del Direttore dei MVS sulla gestione corrente e sullo sviluppo delle attività museali (inteso come sviluppo delle attività commerciali e della raccolta di finanziamenti soprattutto sotto forma di contributi esterni), il secondo si occupa della contabilità generale e del controllo di gestione.

4. Il quarto ruolo è quello dei *Conservatori* la cui missione può essere considerata quella di conservare e sviluppare le collezioni dei rispettivi musei, in altre parole di "sviluppare culturalmente" il museo. Ai Conservatori spetta inoltre la gestione dell'attività scientifica e la pianificazione dell'attività espositiva. I MVS attribuiscono ai Conservatori un ruolo di controllo sull'attività operativa dei singoli musei, in conformità con le linee guida fornite dalla Direzione e dagli altri organi di governo della rete. Per esempio, in materia di controllo sul personale, il Conservatore è responsabile del coordinamento dell'attività del personale assegnato al suo museo. Solo in caso di inadempienze gravi che richiedano sanzioni disciplinari gli è richiesto di riferire al Segretario Generale e all'Amministratore dei musei.

9.2.2 Gli organi di coordinamento e di governo dei MVS

La gestione dei MVS è regolata dal funzionamento di una serie di organi di governo istituiti allo scopo di regolare l'attività degli attori precedentemente indicati.

1. Il principale organo di governo dei MVS è il *Comitato di Direzione* che è composto dal Direttore dei MVS, dal Segretario Generale, dal Segretario Generale Aggiunto (che svolge un compito di assistenza all'attività del Segretario Generale e dispone di una delega per il controllo della gestione corrente) e dal Direttore delle Attività Finanziarie (che può essere considerato una sorta di Ragioniere Capo per i suoi compiti di rilevazione e controllo prettamente amministrativo). Questo organo si riunisce con frequenza settimanale ed esamina tutti gli aspetti della gestione strategica e amministrativa dei musei, e in particolare modo le decisioni che determinano un impegno di spesa.

2. Il secondo organo di governo dei MVS è il *Comitato dei Conservatori*. Presieduto dal Direttore dei MVS, esso comprende tutti i Conservatori dei sette musei della rete e il responsabile dei servizi educativi (un'attività questa che riguarda l'organizzazione delle visite guidate, dei seminari e più in generale della didattica associata ai MVS). Questo organo, che si riunisce con cadenza mensile, definisce la programmazione dell'attività dei singoli musei e delle iniziative editoriali associate al patrimonio dei MVS, è inoltre responsabile per l'indirizzo e la gestione dei servizi educativi. Su istanza dei Conservatori esamina sia eventuali rilevanti questioni attinenti alla gestione dei singoli musei, soprattutto con riferimento alla sfera di competenze dei Conservatori, sia le proposte dei Conservatori sugli interventi di restauro delle opere e sugli interventi di restauro e sviluppo degli edifici museali.
3. L'ultimo organo, *l'Assemblea Plenaria*, ha un ruolo essenzialmente di diffusione dell'informazione all'interno delle diverse strutture dei MVS e di consultazione scientifica rispetto alle iniziative proposte o avviate dai singoli musei. All'Assemblea Plenaria, che si riunisce mensilmente, partecipano tutti i membri degli organi di governo precedentemente descritti e i capi servizio delle attività di riproduzione e documentazione, della biblioteca e della comunicazione.

9.2.3 L'articolazione delle attività nei MVS

La gestione dei MVS si articola attraverso attività che vengono gestite in maniera centralizzata, altre che risultano decentrate sotto l'autonomia delle diverse unità museali e altre ancora che sono gestite in forma mista tra la Direzione dei MVS e i singoli musei. Questo assetto in parte è dovuto ai legami istituzionali con l'Amministrazione municipale ai quali abbiamo già fatto riferimento, in parte è il frutto di una scelta organizzativa della Direzione. La *tabella 9.2* fornisce la mappatura delle attività museali, che per comodità abbiamo distinto nelle tre aree fondamentali (scientifico-culturale, amministrativa, tecnica), indicando se sono gestite in maniera centralizzata, decentrata o mista. Si tratta di una valutazione sintetica sulla modalità prevalente di gestione e sulla responsabilità organizzativa di quelle che potremmo definire macroattività caratteristiche della gestione museale.

Sulle diciassette macroattività che caratterizzano i MVS, undici sono state centralizzate (in particolare quelle di tipo amministrativo), mentre tre risultano decentrate ai singoli musei e altre tre gestite in forma mista tra la Direzione e le singole unità.

TABELLA 9.2 **LE SCELTE ORGANIZZATIVE DI GESTIONE DELLE ATTIVITÀ DEI MVS**

SCIENTIFICO CULTURALE		AREA AMMINISTRATIVA		AREA TECNICA	
acquisizioni, cessioni e prestiti	C	organizzazione esposizioni	C	allestimento esposizioni	C
conservazione e restauro	C	gestione finanziaria	C	manutenzione	M
inventariazione	D	gestione del personale	C	gestione logistica	C
gestione del patrimonio artistico e dei depositi	M	attività legali e amministrative	C		
ricerca	D	marketing	C		
ideazione esposizioni	D	vendite	M		
servizi educativi	C				
pubblicazioni	C				

Aree di attività = **C**: *centralizzate* - **D**: *decentrate* - **M**: *miste*

Il giudizio sulle modalità organizzative delle diciassette macroattività è il risultato di una valutazione sintetica delle 64 attività specifiche con cui si è ricostruito il funzionamento dei MVS. Altrove (Baroncelli, 1997) abbiamo analizzato queste attività con maggiore dettaglio in base a due elementi di riclassificazione; da un lato, abbiamo indicato quali attività sono gestite all'interno della struttura dei MVS e quali sono esternalizzate, dall'altro abbiamo la responsabilità organizzativa e operativa nello svolgimento di tali attività (distinguendo tra modalità centralizzata, decentrata, mista). Da questa analisi emerge che il grado di centralizzazione e di coordinamento delle attività tra le unità museali appare decisamente elevato all'interno dei MVS. Questo assetto produce rilevanti effetti economici (in termini di minori costi) determinati dalle strutture a rete che si producono a partire dalla condivisione di due attività (Paulus, 1994), cosiccome può essere considerato estremamente significativo l'impatto di questo assetto reticolare in termini di aumento delle attività e dei servizi offerti dalla rete.

9.3 Le principali innovazioni introdotte nell'attività operativa dei MVS

I MVS hanno un nuovo Direttore dal 1995 che di concerto con il Segretario Generale ha individuato le seguenti priorità nell'attività dei MVS: 1) il miglioramento della qualità della visita e 2) l'aumento dei visitatori dei musei della rete. I due obiettivi risultano in relazione reciproca, nel senso che una migliore qualità dell'offerta è suscettibile di attirare un pubblico più vasto e le iniziative di incremento dei visitatori dovrebbero apportare ai MVS maggiori risorse da reinvestire nel miglioramento delle strutture e delle collezioni.

Non è prevista nessuna quantificazione degli obiettivi né a livello aggregato né a livello di singolo museo, né vengono rilevate le performance dei diversi attori o delle unità che compongono la rete. Il personale dei MVS è inquadrato nell'ambito dell'Amministrazione municipale di Strasburgo. Ne deriva che i MVS hanno autonomia gestionale, anche se dal punto di vista finanziario ed economico dipendono istituzionalmente dall'amministrazione municipale di Strasburgo.

L'obiettivo del *miglioramento della qualità* della visita si articola in una serie di sotto-obiettivi assegnati dal Segretario Generale sia a livello di attività centralizzate che a livello di attività decentrate. I principali sotto-obiettivi e gli interventi che hanno originato sono i seguenti:

a. la ristrutturazione degli accessi ha la duplice finalità di rendere più accogliente e funzionale l'ingresso ai visitatori e di permettere l'informatizzazione delle casse che in futuro consentirà di acquisire una serie di informazioni sui visitatori (es.: orari d'accesso, titolo d'ingresso utilizzato, accesso a sale di esposizione interne ai musei, ecc.). Si tratta di interventi di tipo prevalentemente strutturale;

b. il miglioramento della sicurezza attiene all'adeguamento alle normative sulla qualità (ISO 9000) e sulla sicurezza degli edifici (dispositivi antincendio, impianti elettrici) e delle opere (vigilanza tramite personale e tramite dispositivi elettronici);[3]

c. *il rinnovamento della grafica e della segnaletica* ha il duplice scopo di rinnovare l'immagine dei MVS e di migliorare l'accesso ai musei e la visita alle collezioni presentando l'articolazione degli spazi e delle opere in modo più accattivante e funzionale. Tramite questo sotto-obiettivo si è puntato a una valorizzazione delle opere e a un migliore servizio ai clienti sia prima che durante l'effettuazione della visita alle collezioni;

d. nella stessa direzione si colloca *l'intervento sui servizi di accoglienza e di accompagnamento dei visitatori*. Oltre agli interventi sull'impiantistica e sulle strutture, i MVS hanno puntato a migliorare la qualità attraverso una riconsiderazione dei rapporti con il pubblico e il potenziamento dell'offerta di servizi complementari (tra i quali i servizi educativi sono considerati i principali). Questo si traduce in interventi sui servizi esterni e interni di accoglienza, sui servizi interni di supporto, di assistenza e di commiato alla clientela e nella formazione del personale in *front office*;

e. l'ultimo sotto-obiettivo riguarda *il potenziamento dei servizi educativi*. Si tratta di un intervento complesso poiché comporta una diversa considerazione dell'offerta museale: da patrimonio statico (inteso come aggregato di edifici e di opere) a proposta di fruizione dinamica nella quale vanno riconsiderati la programmazione e l'allestimento delle esposizioni, la gestione dei centri di documentazione, la qualità della didattica e le attività di promozione e di marketing culturale.

3. Nel 1995 sono stati investiti 438.364 FF. (circa 127 milioni di lire) in impianti di sicurezza applicati ai diversi musei, a cui ha fatto seguito un investimento di 400mila FF. per l'adeguamento tecnico del Musée de l'Oeuvre Notre-Dame, di 200mila FF. per impianti destinati alla sorveglianza e 70mila FF. per ulteriori spese in impianti di sicurezza (per un totale di 194,3 Mn. Lit.). La spesa in conto capitale in impianti e strutture per il miglioramento qualitativo dei MVS è stata di 1.936.063 FF. nel 1995 (pari a 561,4 Mn. Lit.) e di 1.870.000 FF. nel 1996 (pari a 542,3 Mn. Lit.). Questi importi rappresentano rispettivamente il 2,5% e il 2,3% delle uscite dei MVS.

L'aumento dei visitatori era il secondo obiettivo strategico dei MVS. Prima di presentare le iniziative adottate per il raggiungimento di questo obiettivo è necessario ribadire alcuni aspetti di tipo istituzionale sui MVS. L'attività museale come abbiamo già precisato rientra nell'ambito delle attività dell'amministrazione municipale di Strasburgo, pertanto la Direzione dei MVS è esclusivamente chiamata a gestire le risorse assegnate dal Comune di Strasburgo e da altri organi istituzionali regionali e nazionali. Le risorse generate dalla vendita di biglietti e di servizi e dall'attività commerciale delle boutique vengono quindi direttamente trasferite all'amministrazione municipale e non possono essere reimpiegate direttamente dai MVS. Malgrado questa limitazione la Direzione dei MVS si è posta l'obiettivo di aumentare il numero dei visitatori che nel 1995 aveva subito una flessione rispetto ai primi anni novanta e indirettamente di espandere le risorse generate dall'attività dei musei.
Il numero dei visitatori dei MVS è aumentato del 3% dal 1995 al 1996, mentre le risorse generate dalla vendita dei biglietti sono aumentate del 23% passando da 1.9 milioni di FF. del 1995 a 2.3 del 1996 (pari rispettivamente a 554,6 Mn. Lit. e 682 Mn. Lit.); il prezzo del biglietto intero è passato da 15 FF. nel 1995 a 20 FF. nel 1996, quello del biglietto ridotto da 8 FF. nel 1995 a 10 FF. nel 1996. Anche le risorse generate dalle attività commerciali hanno avuto un incremento aggregato del 5%, come illustra la *tabella 9.3*.

TABELLA 9.3 **ENTRATE DEI MVS DA ATTIVITÀ COMMERCIALI E PRESTAZIONI DI SERVIZI**

attività	**1995**	**1996**	**variazione**
vendita di pubblicazioni (cataloghi, cartoline, manifesti)	782.710	751.492	- 4%
vendita di riproduzioni di oggetti di collezione	127.842	173.784	+ 36%
prestazioni di servizi	96.511	131.891	+ 37%
totale	**1.007.063**	**1.057.167**	**+ 5%**

Fonte: MVS

Le principali iniziative intraprese per aumentare il numero dei visitatori sono le seguenti:

a. Una nuova politica nella programmazione e gestione delle esposizioni temporanee. La politica adottata fino al 1995 rispetto all'organizzazione di esposizioni temporanee aveva privilegiato il numero delle iniziative rispetto alla loro importanza.

L'orientamento dei MVS è quello di passare da una media di dodici a una media di sei esposizioni l'anno, contemporaneamente si passa da una pianificazione di breve termine delle esposizioni a una di lungo termine, che oltretutto appare necessaria anche a causa del crescente grado di complessità che ha assunto l'organizzazione e la gestione delle esposizioni. Si tratta infatti di risolvere problemi di finanziamento, di trasferimento e prestito delle opere, di stipulare contratti assicurativi e di intervenire sulla logistica dei musei. L'adozione di questa nuova politica ha permesso di ridurre lievemente i costi per l'organizzazione delle esposizioni temporanee, ma soprattutto di ridurne l'incidenza sui costi totali (si passa dal 3,2% del 1995 al 2,8% del 1996).

b. Un potenziamento della comunicazione verso i cittadini di Strasburgo e i turisti. La comunicazione dei MVS è stata pianificata puntando a raggiungere in maniera più frequente ed efficace tanto i cittadini di Strasburgo quanto i turisti presenti in città o che stanno programmando una visita a Strasburgo. Nei confronti dei cittadini di Strasburgo si è puntato soprattutto su campagne pubblicitarie con un budget di 240mila FF. (pari a 36.588 Euro) che si è mantenuto costante tra il 1995 e il 1996. Per quanto riguarda la comunicazione istituzionale che si rivolge soprattutto ai turisti si è riprogettato il materiale informativo (puntando sia a una comunicazione istituzionale relativa su tutti i musei, sia a una specifica in occasione di esposizioni temporanee) e si è potenziata la collaborazione con l'Ufficio del Turismo. L'accresciuta attenzione alla comunicazione è testimoniata anche dalle risorse ottenute da sponsorizzazioni (218mila FF. pari a 33.234 Euro), sotto forma di prestazioni di servizi (*brochure*, materiale illustrativo, ecc.), per l'organizzazione di mostre temporanee. Sempre in collaborazione con l'Ufficio del Turismo di Strasburgo, i MVS si sono orientati verso gli operatori del turismo per raggiungere anche il pubblico dei potenziali visitatori della città, partecipando alla Fiera del Turismo nella quale viene presentata l'offerta della città nel suo complesso. L'ultima iniziativa nell'ambito della comunicazione è l'istituzione di un sito Internet, curata direttamente dai MVS, accessibile tramite due "server" dedicati alla città di Strasburgo. Le iniziative di maggiore impatto, a detta delle persone intervistate, sono tuttavia quelle che riguardano l'adesione (in collaborazione con altre organizzazioni di Strasburgo) all'offerta di pacchetti turistici per i turisti.

c. La partecipazione ad accordi per l'offerta di pacchetti turistici. Un primo esempio di queste attività è la convenzione stipulata tra soggetti pubblici (i MVS e l'Assessorato all'animazione del Comune di Strasburgo) e privati (Cie des Transports Strasbourgeois, Port Autonome de Strasbourg, Oeuvre Notre-Dame, Arcivescovado, Ufficio del turismo, Ass.ne Albergatori) per costituire un prodotto turistico, denominato "Strasbourg Pass" (presentato ufficialmente il 1 aprile 1994), che consente ai turisti di pagare un prezzo forfetario per acquistare un pacchetto di servizi turistico-culturali offerti, da questo gruppo di operatori, a chi visita Strasburgo. È in vendita presso il locale Ufficio del turismo e presso gli alberghi della città e rappresenta una parte cospicua dei biglietti d'ingresso emessi dai MVS. Si tratta di una formula innovativa e unica nel panorama francese, che ha ottenuto un rilevante successo sul mercato come testimonia la vendita di circa 1250 esemplari al mese nel 1996 (nel 1994 e nel 1995 erano stati rispettivamente 3000 e 7000 sull'intero anno). Lo "Strasbourg Pass" (prezzo corrente di 56 FF.) ha una validità di tre giorni e consente (oltre a fornire un volumetto-guida della città) di usufruire di quattro prestazioni turistiche: la visita a un museo a scelta della rete museale della città di Strasburgo; l'accesso alla piattaforma panoramica della Cattedrale di Strasburgo; un giro sul battello lungo i canali del fiume Ill, nel centro città; un concerto d'organo nella Cattedrale; e di quattro biglietti a metà tariffa per le seguenti prestazioni: la visita all'orologio astronomico; una corsa sul mini-treno che attraversa il centro della città; una visita guidata, a piedi, del centro città; l'ingresso a un altro (a scelta) dei musei della rete di Strasburgo. Questo prodotto turistico consente all'acquirente di avere un vantaggio economico rispetto all'acquisto dei singoli biglietti dopo due prestazioni, ma al tempo stesso consente agli aderenti alla convenzione di aumentare il proprio fatturato assicurandosi una parte del mercato "captive" rappresentato dai visitatori della città.

Nella ripartizione tra i partner dell'iniziativa dei proventi generati dalla vendita dello "Strasbourg Pass" precede che per ogni abbonamento venduto l'importo che viene trasferito ai

MVS sia di 10 FF. (ossia la metà del biglietto intero che coincide con l'importo previsto dalle tariffe di gruppo nella visita ai musei). Nel complesso questa formula assicura ai MVS circa il 9,5% delle entrate costituite dalla vendita di biglietti. Il museo più visitato tramite la formula dello "Strasbourg Pass" resta il Musée Alsacien, ma la partecipazione della rete museale a questa iniziativa crea un effetto di allargamento delle presenze sull'insieme dei MVS, con benefici anche sulle attività di commercializzazione (delle boutique e delle librerie) e sulle prestazioni di servizi (ad esempio visite guidate dei musei).

Questa stessa logica ha guidato il lancio di un'altra formula commerciale ideata e realizzata dai MVS per l'estate 1997. In questo caso si tratta di un biglietto valevole tre giorni dall'emissione, denominato "Pass Trois Jours", che viene venduto al prezzo di 75 FF. e consente libero accesso a cinque musei[4] e alle esposizioni temporanee dell'Ancienne Douane e della Galerie Robert Heitz dei MVS. Il visitatore che acceda ad almeno quattro musei ha già un risparmio di 5 FF. rispetto al costo dei singoli biglietti. Anche in questo caso si attendono ricadute oltre che sui proventi delle vendite dei biglietti dalla più ampia attività di *merchandising* e di vendita di servizi che un maggior numero di presenze dovrebbe assicurare.

d. Una nuova politica tariffaria. L'ultima iniziativa, orientata all'aumento dei visitatori, si rivolge prevalentemente al pubblico degli abitanti di Strasburgo e consiste in due formule di agevolazione tariffaria rivolte rispettivamente agli studenti di Strasburgo ("Carte Culture") e più in generale ai giovani al di sotto dei 25 anni d'età ("Carte à Tout Voir"). Si tratta di iniziative realizzate in collaborazione con il Comune di Strasburgo, l'Università, i gestori delle sale cinematografiche della città, la Direzione degli Affari Culturali della regione Alsazia (DRAC) e un'associazione di imprenditori (IRCOSS) che consentono l'accesso, a tariffa ridotta, a tutta l'offerta culturale della città: dai musei, ai servizi dell'Università, agli spettacoli, al cinema.

4. I musei interessati da questa iniziativa sono: il Musée Alsacien, il Musée Archéologique, il Musée des Arts Décoratifs, il Musée des Beaux-Arts e il Musée de l'Oeuvre Notre Dame. In pratica si tratta di tutti i musei attualmente aperti al pubblico poiché dal 1 marzo 1997 il Musée d'Art Moderne et Contemporain è a sua volta interessato da una serie di riorganizzazioni in vista del passaggio alla nuova sede.

9.4 La rete museale di Strasburgo: commenti e implicazioni

In questa sezione ci proponiamo di individuare tra le attività caratteristiche dei musei quelle che possono trarre vantaggio da un assetto di tipo reticolare e di discutere criticamente, alla luce dell'esperienza dei MVS, quelle esperienze gestionali che possono essere trasferibili in altre realtà.

1. *Abbinare trasformazione istituzionale e riorganizzazione delle attività*

La costituzione di una rete museale richiede una riorganizzazione delle attività e una riattribuzione delle responsabilità per poter ottenere una serie di benefici sia in termini di efficienza, principalmente per l'effetto di economie di scala, sia in termini efficacia, dovuta, in primo luogo, alla maggiore prossimità tra gli organismi che erogano le prestazioni e gli organismi di direzione e controllo; in secondo luogo, al miglioramento della qualità delle prestazioni. L'esperienza dei MVS indica che una rete museale va considerata tanto come un'opportunità di aggregazione di risorse, quanto come l'occasione per introdurre delle trasformazioni alla struttura organizzativa. Una semplice trasformazione istituzionale che non sia accompagnata da opportune ristrutturazioni organizzative e gestionali non solo non produce le ricadute positive attese, ma genera molto probabilmente costi aggiuntivi attribuibili alla maggiore complessità (costi di coordinamento, costi di comunicazione e trasporto, costi infrastrutturali, ecc.) e si espone al rischio di conflitti tra i soggetti delle organizzazioni che si aggregano dovuti alla sovrapposizione dei ruoli e all'indeterminatezza delle responsabilità.

2. *I vantaggi prodotti dall'aggregazione di piccole strutture museali*

La struttura reticolare dei MVS consente di ottenere una serie di vantaggi di economicità e di flessibilità rispetto alla gestione individuale dei singoli musei, che abbiamo documentato altrove (Baroncelli, 1997). Questi risultati sono attribuibili a due circostanze: da un lato, l'applicazione di un modello organizzativo che accentra la direzione di alcune attività e ne ridisegna trasversalmente, attraverso le singole unità museali, l'articolazione; dall'altro, la definizione delle autonomie delle singole realtà museali e l'attivazione di un'intensa attività relazionale tra le attività centralizzate (la Direzione della rete) e le unità periferiche (i singoli musei). La configurazione strutturale dei MVS ci può far pensare per alcuni aspetti a una forma di gerarchia occulta: la denominazione (Comitato di Direzione, Assemblea Plenaria) e la composizione degli organi di coordinamento e di governo richiama quella di un'organizzazione gerarchica. L'esistenza tuttavia di intense relazioni bidirezionali che emergono dall'analisi del funzionamento degli organi di governo della rete e la preoccupazione, comune a vari livelli dell'organizzazione, di preservare all'interno dei singoli musei quelle che vengono considerate importanti aree di autonomia e di responsabilità, è del tutto coerente con le caratteristiche di un'organizzazione reticolare.

I MVS presentano sin dalle origini della loro costituzione un assetto istituzionale e organizzativo molto simile a quello attualmente vigente. Questa circostanza non implica tuttavia che anche musei indipendenti non possano scegliere di riorganizzarsi in modo reticolare o che non possano intervenire alcune ristrutturazioni a livello istituzionale. Un rapporto sulla gestione dei Beni culturali per il Ministero della Cultura francese (Querrien, 1982) suggeriva "un'articolazione a livello regionale" (successivamente proposta anche in un contributo di Latarjet, 1992) delle strutture di governo dei musei e la creazione di una "rete intermuseale" la cui finalità avrebbe dovuto essere il sostegno ai singoli musei, grazie all'apporto di competenze tecniche in materia di restauro, di informatizzazione della documentazione museografica, di gestione accentrata di parte delle risorse. Queste proposte partivano dalla constatazione che in Francia i musei rappresentavano contemporaneamente il più decentrato e il meno strutturato dei patrimoni pubblici. La struttura dei musei italiani è ancor più frammentata.

In questo quadro di riferimento è particolarmente rilevante sottolineare che l'istituzione di reti di musei può favorire l'espansione delle entrate, particolarmente importante in un contesto come quello italiano, caratterizzato da un numero elevato di musei, diffusi, spesso di piccole o piccolissime dimensioni: molti chiusi, altri solo occasionalmente aperti al pubblico, in presenza di problemi finanziari tanto a livello locale come a livello nazionale.

3. *La diversificazione delle entrate*

La gestione di servizi e attività commerciali associati alla fruizione tradizionale del museo è un'attività in espansione che può essere favorita da un assetto di tipo reticolare dei musei. Ad esempio, una struttura di tipo reticolare ben si presta a sfruttare le opportunità introdotte dalla legge 4/93. Non bisogna infatti trascurare i limiti di tipo dimensionale che si impongono alle strutture che si propongono di attivare queste attività. Da studi effettuati in Francia dalla Réunion des Musées Nationaux,[5] tenendo conto dei costi generali di gestione, per risultare economico un punto vendita deve poter contare su almeno 50.000 visitatori. Più in particolare la RMN calcola che presso il Louvre, che dal 1992 (in seguito all'emanazione del decreto ministeriale n. 92-1338) ha ottenuto l'autonomia gestionale, ogni cento visitatori solo 20 effettuano acquisti di articoli (così ripartiti: 13 tra cataloghi e libri e 7 oggetti di riproduzione) venduti nei punti vendita dei musei. Come si può desumere dai dati sull'affluenza di visitatori nel 1996 (si veda tabella 9.1), anche a Strasburgo solo un museo (Musée Alsacien) supera questa soglia e solo altri due vi si avvicinano. La possibilità di aggregare i singoli musei e di incentivare, con opportune offerte tariffarie, un percorso di visita il più possibile ampio ai musei cittadini, ha reso possibile economicamente questa attività e ha consentito di impostarla su un mercato di riferimento di circa 289mila persone.

4. *Le innovazioni nella politica tariffaria*

Oltre che dall'aumento dell'attività commerciale la raccolta di risorse può essere favorita dall'istituzione, da parte della rete di musei, di incentivi tariffari che aumentano il numero totale dei visitatori dei singoli musei. Si tratta a questo proposito di attivare, come suggerisce il caso dei MVS, oltre che iniziative basate su relazioni tra i musei della rete (come ad esempio il biglietto unico), anche iniziative con soggetti terzi, le imprese di trasporto pubblico, le associazioni di albergatori, gli altri enti (teatri, cinema, università, scuola) che compongono l'offerta culturale locale.

5. La Réunion des Musées Nationaux è un organismo francese costituito nel 1895 per raccogliere e gestire i fondi necessari all'acquisizione di opere d'arte per conto delle collezioni pubbliche. Dal 1990 ha assunto lo statuto di Ente pubblico di carattere industriale e commerciale, dispone di circa 1500 dipendenti e ha un budget di oltre 260 miliardi di lire (per maggiori dettagli si veda Monsaingeon, 1996).

5. *La riduzione dei costi gestionali*

La riorganizzazione delle attività che dovrebbe accompagnare la costituzione di una rete di musei consente di ottenere risparmi, dovuti alle economie di scala, in ciascuna delle tre macroaree di attività dei musei (scientifico-culturale, amministrativa, tecnica) e in particolar modo nell'ambito dell'attività amministrativa. L'esperienza dei MVS mostra che tutte le attività che rientrano nell'area amministrativa sono state organizzate in modo centralizzato, con la parziale eccezione dell'attività di commercializzazione che viene considerata a gestione mista, dato il ruolo svolto dai punti vendita decentrati nei singoli musei. I benefici dimensionali più significativi sono quelli che attengono alle gestione caratteristica (in particolare per gli aspetti organizzativi delle esposizioni) dei musei e alle attività di comunicazione e di marketing relative al patrimonio conservato e alle mostre temporanee, anche se non possono essere considerate trascurabili neanche le economie di scala riferibili allo svolgimento congiunto di attività scientifico-culturali quali la catalogazione, il restauro e l'acquisto di nuove opere. I singoli musei che si aggregano e si riorganizzano per formare una rete possono ottenere altri vantaggi oltre a quelli riconducibili alla maggiore efficienza data dalle economie di costo. Essi possono infatti conseguire una serie di vantaggi riferibili alla maggiore efficacia della loro attività che si ottiene aumentando la gamma dei servizi offerti o migliorando la qualità delle prestazioni.

6. *L'ampliamento dei servizi offerti*

Le reti di musei possono aumentare la gamma dei servizi offerti, realizzando pubblicazioni, esposizioni o programmi educativi che non potrebbero essere attuati dai singoli musei. Tra le attività che in seguito a un'opportuna ristrutturazione possono beneficiare dell'attuazione di una struttura reticolare dei musei possiamo elencare la catalogazione e "mediatizzazione" delle collezioni, l'istituzione di modalità innovative di divulgazione e di comunicazione. L'esperienza dei MVS, anche se agli inizi, indica una serie di interessanti vantaggi derivanti dalla costituzione di un sito Internet per la rete dei musei.

7. *Il miglioramento della qualità dei servizi*

Le reti di musei possono migliorare la qualità delle prestazioni offerte rispetto ai singoli musei. Il caso dei MVS indica l'importanza degli interventi sulle strutture di accoglienza, sorveglianza e sicurezza. Molti di questi interventi sono preclusi ai singoli musei a causa dell'entità degli investimenti necessari per adeguare le strutture. A questo si aggiunga che, come illustrato in precedenza, alcuni di questi interventi (informatizzazione delle casse, biglietto unico, ecc.) sono poi suscettibili di generare flussi informativi che una volta elaborati possono tradursi in ulteriori possibilità di miglioramento dell'offerta.

La costituzione di reti museali può migliorare la qualità dei progetti dei singoli musei in virtù della maggiore disponibilità di risorse e dell'accesso a circuiti nazionali e internazionali utili per lo scambio di conoscenze e di opere. A proposito delle scelte scientifiche dei musei va tuttavia segnalato che se da un lato i singoli musei possono trarre beneficio da una programmazione accentrata delle iniziative, dall'altro una modalità di funzionamento della rete che centralizzi totalmente le responsabilità di programmazione delle iniziative se determina una perdita di autonomia da parte dei conservatori può tradursi in una perdita di preziose competenze culturali. I conservatori vedrebbero in questo caso la loro attività circoscritta alla conservazione e all'interpretazione delle collezioni.

8. *Il miglioramento dell'attività espositiva*

L'esperienza dei MVS indica che una pianificazione delle mostre basata sulle risorse congiunte della rete può generare l'offerta di iniziative qualificate. In questo ambito rientra l'organizzazione di mostre a partire dal patrimonio artistico e dall'iniziativa congiunta dei musei (come ad esempio l'Exposition du Portrait, o la mostra "Traditions de Noël en France et au Canada", organizzata in collaborazione con altri musei francesi e canadesi). Un altro aspetto riguarda la maggiore flessibilità di cui può disporre una rete di musei rispetto ai singoli musei. L'organizzazione delle esposizioni temporanee fa appello al patrimonio logistico comune e beneficia della mobilità del personale di accoglienza e di custodia che si può attivare all'interno della rete.

9. *I riflessi dell'offerta museale sull'offerta culturale e sull'offerta turistica locale*

La costituzione di una rete di musei consente un migliore utilizzo dell'offerta museale nell'ambito più generale dell'offerta culturale a livello locale o nazionale, e rappresenta uno strumento per la gestione attiva delle politiche in ambito turistico. Questi risultati sono conseguibili solo in seguito all'attuazione di iniziative gestionali che riguardano ambiti diversi da quello strettamente riferito all'attività museale. Alcune esperienze internazionali in questa direzione sono già state documentate fornendo indicazioni sui risultati e sulle difficoltà di implementazione (Boylan, 1996; Barbéry, 1996). I MVS costituiscono, come abbiamo visto, un esempio di rete municipale: in questo caso gli adattamenti tra servizi diversi dell'organizzazione municipale è indispensabile per migliorare le *performance* dei musei e delle altre attività istituzionali svolte dall'Amministrazione. Si pensi ad esempio alle integrazioni tra il servizio di informazioni al cittadino e le attività di comunicazione e promozione dei musei. L'incrocio tra le iniziative di più servizi all'interno della città (trasporti, promozione turistica, ecc.) o le relazioni con altre Amministrazioni (regionali e nazionali) risultano favorite dalla creazione di reti museali. Una ricaduta ulteriore è quella data dalla diffusione del patrimonio storico e artistico locale e dal sostegno allo sviluppo in primo luogo del turismo culturale nella comunità sulla quale si articola la rete museale e in secondo luogo dell'offerta turistica sull'intero paese. Come indica l'esperienza dei MVS questi risultati si possono ottenere attraverso la partecipazione della rete museale a manifestazioni fieristiche sull'attività turistica o attraverso accordi di collaborazione con operatori del settore turistico.

10 Il Progetto "Bologna dei Musei"*

Valentina Galloni

10.1 Obiettivi del progetto

In questo capitolo illustreremo il Progetto *Bologna dei Musei*, nato con l'obiettivo di realizzare il sistema museale cittadino, delineando le motivazioni che hanno portato alla sua costituzione, le varie fasi in cui si è articolato, i progetti di sviluppo futuro, nonché i punti di forza e di debolezza emersi nel corso del suo svolgimento. Il progetto è stato avviato, alla fine del 1996, dall'Amministrazione comunale, d'intesa con l'Università degli Studi di Bologna, il Ministero per i Beni e le Attività Culturali e la Regione Emilia-Romagna, come uno dei primi progetti per il 2000, anno in cui Bologna sarà una delle nove *Città europee della Cultura*.

Per chiarire il contesto nel quale vanno a operare le istituzioni coinvolte e dal quale prende vita il coordinamento, è opportuno introdurre alcuni brevi cenni sulla situazione bolognese.

Bologna è collocata nel cuore di una delle regioni europee economicamente più avanzate, è sede di collegamenti aerei diretti con le principali città europee, ed è il più importante nodo ferroviario d'Italia. *BolognaFiere* è uno dei principali centri espositivi d'Europa. La città è sede della più antica Università del mondo che nel 1988 ha celebrato i nove secoli. Dal punto di vista culturale, Bologna è una delle prime città in Italia per le spese in cultura e tempo libero. Ad esem-

* Si ringrazia l'Amministrazione comunale di Bologna per l'autorizzazione a rendere pubbliche le informazioni riportate nel presente capitolo.

pio, dai dati presentati da Claudio Reginelli, segretario dell'Agis, risulta che a Bologna si consuma molto cinema: è la quarta città in Italia per presenze e incassi dopo Roma, Milano e Torino, con la più alta spesa per abitante (Reginelli, 1998). Musei, biblioteche, teatro e opera, musica, rassegne estive, nonché una fitta rete di realtà culturali private che propongono un intenso calendario di concerti, spettacoli, esposizioni, dibattiti e incontri, sono i motori della vita culturale cittadina.

Un dato interessante è, inoltre, emerso da una recente ricerca condotta dal Censis e Findomestic sui consumi e stili di vita in Emilia-Romagna: è stato, infatti, evidenziato un generale orientamento dei consumi alla fruizione di nuovi servizi, oltre che nell'ambito della salute e del benessere, anche in quello della formazione, della cultura e del tempo libero. Bologna si configura come città i cui modelli di consumo sono assolutamente "moderni": la maggior parte dei cittadini è orientata ad acquisire nuovi servizi piuttosto che nuovi beni (Rapporto Censis e Findomestic, 1999).

Da ciò emerge quanto per la città di Bologna sia stato importante e utile intraprendere un progetto di comunicazione museale integrata, con lo scopo di unificare un patrimonio museale quanto mai ricco e complesso, ma sicuramente frammentato e poco organizzato e, per questo, scarsamente fruito e conosciuto.

Il sistema museale bolognese è composto da 38 musei (*tabella 10.1*): 12 musei civici, 1 museo statale, 4 musei ecclesiatici, 4 musei privati, 16 musei universitari e 1 appartenente a una Fondazione di diritto pubblico. È un patrimonio museale tradizionalmente segnato dalla duplice vocazione, artistica e scientifica, della storia cittadina, che affronta quasi tutti gli ambiti conoscitivi, dall'arte antica all'arte contemporanea, dalla scienza alla tecnologia.

Si tratta di una realtà museale assai diversificata, che vede musei strutturati e organizzati, aperti al pubblico regolarmente, a fianco di musei accessibili solo su prenotazione o aperti esclusivamente in occasione di mostre temporanee. Inoltre, il sistema non è statico, ma è costantemente in via di sviluppo: sono recenti le aperture del Museo Ducati e del Museo Ebraico e sono previsti per l'anno 2000 il restauro di Palazzo Poggi, dove saranno ricostituite le sezioni più importanti dello storico Museo delle Scienze nel loro luogo d'origine, e l'apertura del Museo della Musica.

Bologna ha un indice di densità museale (rapporto tra enti e abitanti) di 12,7 unità ogni 100.000 abitanti, indice molto vicino a quello di Venezia (12,5). Si tratta di un indice molto alto, se si considera che la media è 6,3 per il Nord Italia e 5,9 per l'Italia (Roncaccioli, 1996). A una densità così alta non corrisponde però un numero di visitatori analogo: l'utenza complessiva dei musei civici e della Pinacoteca Nazionale si aggira intorno alle 250.000 persone all'anno.

TABELLA 10.1 **IL SISTEMA MUSEALE BOLOGNESE**

civici	Istituzione GAM	Galleria d'Arte Moderna Villa delle Rose Museo Morandi
	Museo Civico Archeologico	
	Musei Civici d'arte Antica	Museo Medievale Collezioni Comunali d'Arte Museo d'Arte Industriale e Quadreria Davia Bargellini
	Museo del Patrimonio Industriale	
	Biblioteca dell'Archiginnasio	Teatro Anatomico Civico Museo Bibliografico Musicale Museo Civico del Risorgimento Casa Carducci
altri	Pinacoteca Nazionale (statale) Museo del Soldatino (privato) Museo della Tappezzeria (privato) Museo Ducati (privato) Collezioni d'Arte e di Storia della Cassa di Risparmio (privato) Museo S. Giuseppe (ecclesiastico) Museo S. Petronio (ecclesiastico) Museo S. Stefano (ecclesiastico) Museo S. Domenico (ecclesiastico) Museo Ebraico (Fondazione di diritto pubblico)	
universitari	Musei di Palazzo Poggi	Museo delle navi e delle Antiche Carte Geografiche Museo Ostetrico Museo di Architettura Militare Aula Carducci
	Specola e Museo di Astronomia Museo di Anatomia Umana Normale Museo di Zoologia Museo di Anatomia Comparata Museo di Antropologia Orto Botanico Erbario Museo di Fisica Museo di Paleontologia e Geologia Museo di Mineralogia Museo di Anatomia Patologica Museo dello Studente	

Attualmente è impossibile quantificare in modo preciso l'affluenza del pubblico ai musei universitari, ai musei ecclesiastici e ai musei privati perché, a parte il Museo della Tappezzeria, gli altri non prevedono un biglietto di ingresso e, quindi, non è consentita una lettura omogenea dei dati. È possibile ipotizzare una buona affluenza per i Musei di S. Stefano, S. Domenico e S. Petronio, anche in considerazione del fatto che sono ubicati presso chiese di grande importanza. Per i musei universitari si può presumere un'interessante affluenza di pubblico, facendo riferimento ai dati di frequentazione delle aule didattiche. Sicuramente un deterrente all'accesso di molti musei è rappresentato dagli orari di apertura al pubblico che, soprattutto per i musei dell'Ateneo, sono molto ridotti, e per lo più limitati ai giorni feriali. Esiste, quindi, una sostanziale inaccessibilità di questi musei per la maggior parte dei visitatori adulti. La disomogeneità degli orari di apertura (che è oggetto di un piano di ridefinizione, almeno per i musei civici) tra i musei bolognesi limita, quindi, anche la possibilità della rete di comunicare e di instaurare una relazione chiara con il pubblico: ciò aggrava le differenze tra modi di gestione dei vari musei, che già registrano presenze molto differenziate.

Anche per i musei civici si riscontrano forti disomogeneità nell'utenza: vi sono, infatti, musei che, pur non presentando collezioni meno importanti o avendo una quantità non minore di personale a disposizione, hanno indici di utenza molto più bassi rispetto ad altri.

Obiettivo prioritario del progetto *Bologna dei Musei* è pertanto quello di valorizzare – e, quindi, potenziare – tutti i musei della città nel loro insieme, nella convinzione che i musei di Bologna, se organizzati in sistema, ovvero realizzando un *reseau* di servizi comuni, possano incrementare in maniera sostanziale la loro attrattiva presso il grande pubblico cittadino, nazionale e anche internazionale.

Sono le caratteristiche stesse del tessuto museale bolognese a suggerire di valorizzare l'intero sistema dei musei, piuttosto che privilegiare questo o quell'istituto. Bologna, infatti, nell'ambito museale presenta una straordinaria specularità con le caratteristiche più generali della città sul piano urbanistico: così come prevale la ricchezza del tessuto urbanistico complessivo – un reticolo continuo e senza interruzioni di antiche strade, antichi palazzi, antichi portici e torri rispetto a singole emergenze architettoniche – anche nel settore dei musei è l'insieme riccamente articolato a colpire il visitatore, e non già il singolo istituto. Come nel resto dell'Italia, anche a Bologna l'assetto dei beni culturali consiste nella ubiquità e nella diffusione dei beni. Il museo esce dai suoi confini, dilaga nelle piazze e nelle strade, occupa le chiese e i palazzi. Si ritrova perfettamente a Bologna quello che Antonio Paolucci aveva indicato per l'Italia intera: "tutta l'Italia è un museo a cielo aperto; ... è il paese del Museo diffuso" (Paolucci, 1996, pag.33).

Nel progetto *Bologna dei Musei* l'insieme dei musei cittadini è, quindi, proposto come un unico sistema fruibile nelle sue diverse sezioni e, come tale, deve fare riferimento a un unico sistema di marketing e di relazione con il pubblico.

La rete museale intende consentire alle istituzioni, indipendentemente dalla dimensione, di proporre un maggior numero di servizi, di offrirli a costi inferiori, di attivare iniziative di qualità superiore, di effettuare attività di promozione e valorizzazione delle collezioni.

Esistono nel progetto potenziali vantaggi, come la possibilità per i singoli musei di ottenere reciproci benefici e di raggiungere una maggiore efficienza. La rete consente di dare vita a iniziative più qualificate, di accedere a maggiori finanziamenti, di scambiare informazioni e creare occasioni di confronto, di migliorare l'immagine di ogni ente partecipante, di creare circuiti di visitatori tra le istituzioni museali coinvolte, aumentandone complessivamente i flussi, senza accrescere proporzionalmente i costi. Se, infatti, in ogni struttura il visitatore ha la possibilità di acquisire informazioni e notizie sugli altri siti di interesse artistico e culturale, si moltiplicano le occasioni di comunicazione puntuale tra offerta e domanda che, soprattutto per le piccole strutture, assumono frequentemente i caratteri dell'episodicità e dell'approssimazione (Solima, 1998).

L'obiettivo del progetto è quello di migliorare, facilitare e rendere più efficace l'attività dei musei, creando un sistema di servizio attrattivo al pubblico e "differente" rispetto alle tradizionali modalità di erogazione e nei confronti delle altre attività culturali e d'intrattenimento.

L'iniziativa del progetto è stata intrapresa e coordinata dal Settore Cultura del Comune di Bologna, che si occupa di creare sinergie tra i musei civici e le altre realtà museali, nonché con le altre organizzazioni del turismo, della scuola, dei trasporti e dell'informazione. Impulso al progetto è stato dato anche dalla legge regionale n.20/90 della Regione Emilia-Romagna "Norme in materia di musei di Enti Locali o di interesse locale", che favorisce il coordinamento e la cooperazione dei musei presenti sul territorio.

Poiché il progetto *Bologna dei Musei* incide profondamente

anche sull'immagine complessiva della città, agli enti organizzatori si affianca un Comitato Promotore, di cui fanno parte enti e istituzioni che concorrono a definire il tessuto economico e culturale di Bologna. Il Comitato Promotore è composto da: ATC Trasporti Pubblici Bologna, BolognaFiere, Camera di Commercio Industria Artigianato e Agricoltura di Bologna, Fondazione Cassa di Risparmio in Bologna, Lega delle Cooperative di Bologna, Aeroporto Guglielmo Marconi di Bologna. Inoltre, *Bologna dei Musei* si avvale anche della collaborazione, sul piano promozionale, delle Ferrovie dello Stato.

Nell'individuazione degli eventuali partecipanti, si sono privilegiati soggetti che compongono il tessuto economico e sociale della zona e che possono trarre benefici di immagine e di posizione competitiva nella valorizzazione del patrimonio artistico della città nella quale si svolge una parte importante della loro attività. Quest'ultima motivazione vale tanto più a descrivere le logiche che hanno guidato gli attori nella scelta di partecipare.

La costituzione di un Comitato Promotore si è rivelata molto importante per la nascita e l'attuazione del progetto. Infatti, gli enti coinvolti partecipano al progetto in termini sia economici sia progettuali, collaborando alla sua definizione per quanto riguarda le idee e la messa a punto delle strategie di comunicazione. In tal modo, si è instaurato con essi un rapporto diverso dal tradizionale rapporto di sponsorizzazione. Non si tratta, infatti, di semplice trasferimento di risorse finanziarie, ma di una *partnership* progettuale e operativa. Le imprese trasferiscono all'organizzazione culturale la propria capacità di guardare ai problemi in un'ottica manageriale (Mattiacci, 1998).

Saranno ora descritte le fasi del progetto, evidenziandone sia le componenti di marketing sia quelle organizzative. Innanzitutto, le attività di predisposizione dell'identità del sistema, quindi, le componenti del progetto e del sistema; infine, le attività promozionali e le azioni di marketing.

Le fasi del progetto possono essere individuate secondo la seguente sequenza: la definizione del marchio e le sue declinazioni; gli strumenti promozionali per la comunicazione; la comunicazione esterna e la presenza a eventi significativi; la predisposizione di eventi museali per la promozione dell'immagine e delle logiche di sistema; la definizione delle politiche di prezzo e le attività di supporto per la costruzione di una relazione stabile con gli abbonati; le attività commerciali complementari al sistema dei musei.

10.2 La definizione e il posizionamento dell'identità del sistema museale di Bologna

Il primo passo nella strategia di comunicazione è stato progettare il marchio identificativo del sistema con le relative applicazioni per le mostre temporanee, per l'attività didattica e per gli appuntamenti rivolti al grande pubblico. Il nome *Bologna dei Musei* nasce dalla considerazione che Bologna sia un grande contenitore e a sua volta un grande museo. Il marchio è reso sul piano grafico con un carattere classico e di netta visibilità, capace di raccogliere la pluralità e diversità dei singoli istituti: una M rossa, universalmente riconosciuta come segno distintivo dell'istituzione museale, chiusa in alto dalla vista a volo d'uccello di Bologna, in una immagine tratta da un'antica pianta della città. Si è voluta dare un'immagine fortemente istituzionale, in modo da non privilegiare nessun aspetto dei diversi musei bolognesi, ma connotare l'alta qualità complessiva: una sorta di marchio "ombrello" che abbraccia tutte le iniziative dei musei senza intaccare le diverse immagini esistenti. Il marchio è stato utilizzato per una vasta campagna di comunicazione esterna e viene inserito in tutto il materiale promozionale prodotto dai singoli musei, al fine di caratterizzarlo il più possibile.

10.3 Gli strumenti promozionali per la comunicazione

Le prime iniziative realizzate hanno avuto *in primis* l'obiettivo di diffondere l'esistenza del complesso dei musei della città e del loro contenuto, di facilitarne la fruizione, e di promuoverne le iniziative. Era necessario avviare una intensa campagna di comunicazione istituzionale per promuovere il marchio *Bologna dei Musei*, a fianco di quella più tradizionale per promuovere i singoli musei. Queste attività richiedevano la predisposizione di supporti e di luoghi promozionali.

In collaborazione con ATC è stata progettata una pianta dei musei della città con l'indicazione delle linee degli autobus per raggiungerli, individuando come punti di partenza la Stazione Ferroviaria e le vie centrali. La pianta è inserita in gran parte del materiale promozionale di *Bologna dei Musei*. Inoltre, è stata progettata la personalizzazione di alcune pensiline collocate alla

Stazione Ferroviaria e in prossimità dei musei, ed è stato decorato un autobus di linea, di grande impatto comunicativo.

In zone strategiche della città, come le piazze principali, l'Aeroporto, la Fiera e i punti di maggior passaggio, sono stati installati dieci *totem* informativi del sistema museale. Si tratta di strutture cilindriche che riportano da ogni lato pellicole serigrafate (italiano e inglese) con l'elenco dei musei appartenenti al sistema identificati da una immagine di un elemento importante della collezione, dall'indirizzo e dal numero di telefono di riferimento per il pubblico. Al centro, è inserita la pianta dei musei con le linee ATC. Alla sommità è posto un pannello con il marchio di *Bologna dei Musei*. I *totem* combinano, quindi, la funzione di immagine complessiva del sistema museale cittadino con le informazioni sulla localizzazione dei singoli musei e la loro accessibilità con gli autobus.

Per migliorare la comunicazione in luoghi con rilevanti flussi di persone, sono stati realizzati e installati quindici espositori da interno per il materiale promozionale cartaceo. Nella parte superiore dell'espositore è serigrafato il marchio di *Bologna dei Musei*. I luoghi in cui sono situati gli espositori sono quelli di grande passaggio turistico, come la Stazione Ferroviaria, la Fiera, l'Ufficio Relazioni con il Pubblico del Comune, alcuni teatri e biblioteche, nonché alcuni musei di notevole richiamo turistico. Così si è ottenuto un effetto-volano verso i musei meno conosciuti.

Nell'espositore sono inseriti pieghevoli con diverse finalità: promuovere *Bologna dei Musei*, presentare il quadro complessivo della rete museale cittadina, proporre l'agenda delle esposizioni temporanee, presentare l'offerta delle aule didattiche dei musei e descrivere le nuove tipologie di abbonamenti e biglietti del sistema. Questi pieghevoli, realizzati in italiano e in inglese, presentano il quadro complessivo delle offerte e sono volti a fornire le informazioni essenziali per una agevole fruizione degli istituti museali da parte dell'utente. Sul pieghevole che presenta l'offerta museale, ad esempio, sono inserite brevi note relative ai servizi offerti e una sintetica descrizione delle collezioni, accompagnata dall'immagine di riferimento. Per quanto riguarda informazioni più approfondite sull'entità e sul valore delle collezioni, si rimanda ai *dépliant* di cui già sono dotati i diversi musei.

La preparazione di questo materiale, a causa dell'articolato sistema museale da promuovere, ha comportato un complesso lavoro di coordinamento, che non può dirsi concluso con la realizzazione dei materiali sopra descritti. Infatti, a fianco di realtà museali più strutturate vi sono musei che modificano gli orari di apertura e le informazioni da diffondere; inoltre, si sono aggiunti alcuni musei, inaugurati dopo l'avvio del progetto. Si rendono, perciò, necessari continui aggiornamenti, senza contare che le strutture dislocate nei vari luoghi della città richiedono costante manutenzione e approvvigionamento dei materiali. Proprio per la difficoltà di coordinare le informazioni provenienti da tutte queste realtà, progetti più complessi, come quello di creare calendari unificati relativi alle iniziative temporanee, sono stati realizzati solo a due anni dall'avvio del progetto.

Le azioni legate al funzionamento del sistema, infatti, possono essere attuate solo con una intensa collaborazione da parte dei musei: tale obiettivo è subordinato alla presa di coscienza da parte dei musei stessi di essere inseriti in un sistema, e alla volontà da parte della struttura di coordinamento di coinvolgerli il più possibile nella progettazione senza appesantire il loro carico di lavoro. Soprattutto per quanto riguarda le realtà museali che non appartengono all'ente comunale, il processo è ancora più lento e articolato, perché il Settore Cultura del Comune di Bologna non può esercitare alcuna pressione formale e gerarchica. Va da sé, quindi, che alcune strutture, magari di non grande entità ma molto dinamiche e che percepiscono il valore di essere comprese nel sistema, risultino estremamente collaborative; d'altra parte, accade che altre, meno strutturate o più burocratizzate, siano riluttanti o comunque meno interessate al progetto.

Per diminuire gli ostacoli al coordinamento si è ritenuto necessario sviluppare progetti realizzabili in tempi contenuti e con modalità che hanno richiesto una collaborazione iniziale non troppo ampia da parte delle singole istituzioni. Solo col tempo è stato possibile costruire una rete di fiducia, propedeutica allo sviluppo compiuto della rete museale.

Naturalmente, i progetti in corso d'opera, o che si svilupperanno nel prossimo futuro, sono molti e vanno nella direzione di caratterizzare sempre più i materiali promozionali sui singoli musei; in tal modo, il pubblico percepirà immediatamente che ogni materiale è parte di una collana che appartiene al sistema. È prevista, infatti, la produzione di guide dei singoli musei, di una collana di cd-rom, di un catalogo dell'intero sistema museale e di un catalogo unico delle pubblicazioni dei musei con l'obiettivo di sistematizzare la produzione editoriale esistente e di offrire uno strumento bibliografico avanzato.

Altri strumenti fondamentali realizzati per la comunicazione del progetto sono il cd-rom e il sito Internet di *Bologna dei Musei*. Essi non costituiscono solo dei supporti più moderni, compatti e agili da consultare, nei quali trasferire la struttura e l'articolarsi di forme tradizionali della comunicazione culturale, ma consentono infiniti livelli di combinazione tra i dati conoscitivi e la loro esplorazione secondo molteplici percorsi, ponendo l'utente nella posizione di selettore libero e attivo. Inoltre, per tutti i musei la presenza in rete costituisce una straordinaria occasione promozionale. È stato dimostrato, infatti, che la crescita degli utenti virtuali non produce una contrazione dei visitatori reali ma, al contrario, ne potrebbe addirittura incrementare il numero: evidentemente le informazioni offerte dai *web site* stimolano il desiderio del contatto con le opere (Galluzzi, 1997).

Per quanto riguarda il cd-rom si è costituito un gruppo di ideazione, nel quale sono confluite professionalità diverse per sfruttare al meglio tutte le sinergie possibili: infatti, per predisporre l'impianto concettuale dell'opera si sono riuniti coloro che lavoravano nelle tre aziende occupate nella realizzazione (quella che ha realizzato il cd-rom, lo studio grafico e uno studio specializzato in produzione di filmati) insieme al team dell'ufficio *Bologna dei Musei*.

Il cd-rom è stato concepito come uno strumento multimediale promozionale, realizzato in italiano e inglese, per presentare la realtà culturale, turistica ed economica di Bologna come un sistema integrato che vede al suo centro i musei cittadini.

L'obiettivo è stato quello di attirare il turista, l'uomo d'affari, il viaggiatore distratto, lo studente italiano o europeo, incuriosendoli e stimolandoli a scoprire progressivamente Bologna, a esplorarne i molteplici aspetti, ad assaporarne le atmosfere e le suggestioni, passando dalla visita virtuale a quella reale di Bologna e dei suoi musei.

Collaboratori di eccezione sono stati il cantautore Lucio Dalla e l'attore comico Vito, che hanno partecipato alla realizzazione del cd-rom l'uno componendo le musiche e l'altro impersonando il custode virtuale dei musei, e che hanno conferito al prodotto una maggiore attrattività e facilità di interazione con il pubblico.

Partendo da una rappresentazione quasi surreale di Piazza Maggiore, luogo simbolo della *bolognesità*, attraverso il cd-rom è possibile esplorare la città nei suoi molteplici aspetti. Particolare attenzione è stata, infatti, posta nel cercare di integrare il più possibile le singole realtà museali con il contesto artistico-culturale cittadino. A tal fine, sono stati concepiti percorsi tematici che mostrano le relazioni tra i musei e la città, mentre le arcate del portico, altro elemento peculiare dell'architettura bolognese, ospitano i "super-musei" virtuali delle arti e delle scienze e il Museo-Città. Dal cd-rom è previsto l'accesso a Internet (*http://www.comune.bologna.it/iperbole/bomusei/*) dove si trovano le informazioni sugli orari, i prezzi dei biglietti, le esposizioni e le iniziative temporanee, aggiornabili costantemente senza dover intervenire sulla struttura del cd-rom. Per attivare tale servizio ci si è collegati alla banca dati del Settore Informazione al Cittadino del Comune di Bologna, che provvede al continuo aggiornamento. I nodi della rete vengono stimolati a fornire un contributo costante a tale servizio.

Il sito, oltre a contenere molte informazioni presenti nel cd-rom, permette di riordinare, all'interno di una cornice comune, i molti siti già esistenti sui musei cittadini.

10.4 La comunicazione esterna e la presenza a eventi significativi

Tra le attività di comunicazione esterna, una parte rilevante è occupata da tutte le iniziative che hanno lo scopo di diffondere e promuovere all'esterno il progetto.

In occasione di Arte Fiera 1999, *Bologna dei Musei* ha partecipato per la prima volta a una fiera specializzata del settore. Il progetto è stato così presentato anche al pubblico degli operatori pubblici e privati del mondo dell'arte.

Importante è anche la partecipazione a convegni dedicati al tema della gestione museale e a corsi di aggiornamento di museografia e di museologia, dove l'esempio bolognese può porsi come modello da estendere ad altre realtà italiane e confrontarsi con quelli già esistenti.

Bologna dei Musei, inoltre, promuove le sue iniziative con una costante attività di pubbliche relazioni e di ufficio stampa rivolto a testate giornalistiche nazionali e locali.

Inoltre, sono state create, e saranno sempre più incentivate, relazioni con settori del Comune di Bologna che si occupano di turismo e di comunicazione con il pubblico e con altri enti. Ad esempio, il sistema di *Bologna dei Musei* è presente e viene attivamente promosso da *Hello! Bologna*, punto informazioni attivo durante le manifestazioni fieristiche.

Una proficua collaborazione è stata instaurata, inoltre, con il Settore Informazioni al Cittadino del Comune che, attraverso l'Ufficio Relazioni con il Pubblico, contatta circa 400.000 persone all'anno, e con enti assimilati di altre amministrazioni.

10.5 Le mostre e gli eventi: la predisposizione di eventi museali per la promozione dell'immagine e delle logiche di sistema

Bologna dei Musei svolge un'attività di organizzazione di eventi culturali allo scopo di promuovere l'immagine del sistema museale.

Poiché le mostre e le attività didattiche in generale rispondono sempre di più all'esigenza di offrire interessanti opportunità di consumo del tempo libero, è importante rinnovare costantemente la gamma dei prodotti offerti, in modo da incentivare il processo di riacquisto del servizio museale, costituendo un elemento integrativo del sistema offerta del museo. Giulio Carlo Argan scrive: "Il museo è ancora una vecchia struttura riflettente la concezione privatistica dell'arte come bene patrimoniale. In esso le opere d'arte sono raccolte ed esposte come oggetti aventi ciascuno un proprio pregio e valore che solo eccezionalmente si inquadrano in un contesto". Organizzare mostre fuori dalle logiche consolidate può fornire un contributo innovativo e caratterizzare il sistema di *Bologna dei Musei*. Lo stesso Argan, riferendosi alle mostre dice che "sono ipotesi di un museo moderno". "Nella mostra la distribuzione del materiale ha carattere problematico ed è rivolta a colpire la sensibilità psicologica del pubblico" (Argan, citato in Donegà, 1996). A fianco delle mostre organizzate dai singoli musei, si pongono così le mostre organizzate direttamente da *Bologna dei Musei*, per promuovere temi trasversali tra i vari musei, per far riscoprire o scoprire strutture a un pubblico non abituato a fruire di musei tradizionali, e per sperimentare iniziative che possano essere in seguito adottate.

Ad esempio, per lanciare il polo museale scientifico che gravita sulle Collezioni dell'Ateneo, dal 15 febbraio al 18 maggio 1997 negli spazi espositivi del Museo di Zoologia è stata realizzata la mostra-atelier *I sensi del mondo. Esperimenti sui nostri sensi e su quelli dei nostri dissimili*. La mostra è stata organizzata da *Scienza o magia?*, il marchio per la diffusione scientifica del Comune di Bologna, Università degli Studi di Bologna, Fondazione Marconi. Questa esposizione, completamente interattiva, ha sperimentato concretamente il gradimento del pubblico e dei media nei confronti di una diversa fruizione dei musei universitari, aperti al pubblico tutti i giorni, sabato e domenica compresi, e con l'ingresso a pagamento. Parte integrante della mostra sono stati i laboratori di esperienze per le scuole durante i giorni feriali, e gli atelier rivolti al pubblico misto ragazzi-adulti nel week-end. Sono così state proposte forme di articolazione dell'offerta in grado di coniugare la funzione educazionale con quella di *entertainment*, pervenendo a soluzioni che sono state definite di *edutainment*, in grado di catturare l'attenzione di un pubblico abituato a forme di comunicazione evolute (Solima, 1998).

Queste iniziative hanno dimostrato con esiti assai positivi che, creando una serie di avvenimenti e animazioni rivolte prevalentemente alle famiglie, ma differenziabili per target e accessibili principalmente nei fine settimana, si raggiunge lo scopo di attirare non solo nuove persone, ma soprattutto di riportare nel museo chi lo ha già visitato. *I sensi del mondo* è stata visitata da 33.322 persone in 92 giorni di apertura. Con una media di 362 visitatori al giorno e 597 classi scolastiche in visita, l'esposizione si colloca tra le mostre di maggior successo realizzate a Bologna negli ultimi dieci anni. Negli spazi espositivi, inoltre, era allestito uno shop nel quale erano in vendita giochi e gadget. Lo shop è stato oggetto di una indagine di mercato, i cui risultati sono riportati nel capitolo 12. La mostra, progettata per itinerare, è stata successivamente allestita a Firenze nella Cripta di Santa Croce dall'8 marzo al 7 giugno 1998.

L'anno successivo è stata organizzata la mostra *Suoni di luce. percorsi interattivi tra arte e scienza*. Allestita a Palazzo Re Enzo, dal 5 aprile al 26 luglio 1998, aveva l'obiettivo di coniugare l'arte e la scienza, i due aspetti del sistema museale bolognese. Si è scelto un tema affascinante, evocatore e unificante come la luce, proponendosi di illustrarne i diversi aspetti nella scienza e nell'arte. Dal punto di vista comunicativo, la scelta è stata di allestire un cantiere culturale, dove un'iniziativa prendeva il posto di un'altra in un calendario sempre ricco di appuntamenti diversi. Una scelta testimoniata da esperienze espositive non usuali, come smontare una mostra e montarne un'altra nella stessa sala dove, contemporaneamente, il pubblico poteva visitare altre installazioni (è il caso della mostra dedicata a Vittorio Storaro che ha sostituito l'installazione artistica proveniente dal Museo d'Arte Contemporanea di Barcellona). Sono stati proposti laboratori dedicati alle scuole, nonché atelier e spettacoli teatrali per il grande pubblico. Palazzo Re Enzo non si è limitato a ospitare una mostra, ma è stato anche il centro propulsore di un viaggio per i musei e altri luoghi della cultura cittadina, offrendo visite guidate per il pubblico la domenica e per le scuole nei giorni feriali. Anche in questa esposizione sono state sperimentate alcune iniziative, come un biglietto cumulativo per tre entrate, motivato dalla dinamicità delle proposte. Inoltre, nel periodo estivo si è sperimentata l'apertura serale, che ha riscosso un buon successo di pubblico. La mostra è stata visitata da 15.618 persone in 112 giorni di apertura.

Partendo da queste positive esperienze, ora che la rete si è dotata di un'immagine forte e riconoscibile, *Bologna dei Musei* potrà promuovere sempre più nel prossimo futuro iniziative analoghe, varando, con la collaborazione scientifica dei direttori dei musei che appartengono al sistema, mostre in un solo luogo su tanti temi oppure mostre in combinazione fra due o tre istituti sul filo di uno stesso tema sviluppato attraverso epoche e/o materiali diversi. Si potrà, poi, anche allargare il sistema ai musei dell'area metropolitana e di altre città, coinvolgendo realtà museali maggiori e minori in un programma di diffusione regionale che promuova scambi proficui tra le diverse città e le diverse istituzioni.

Tra le logiche che governano la costruzione del sistema museale bolognese hanno un posto di rilievo quelle di diffusione culturale e di avvicinamento alla cultura di un pubblico non tradizionale.

Nell'ottica di un sempre maggior avvicinamento del pubblico al museo e di raccordo delle diverse attività museali, anche preesistenti, con le logiche del sistema *Bologna dei Musei*, possono essere considerate le attività didattiche. Si intendono per iniziative didattiche tutte quelle attività volte ad aiutare il pubblico a scoprire il museo fornendogli strumenti per la lettura delle sue collezioni e a sollecitare chi già lo conosce a una esplorazione più completa. Sempre di più si sente l'esigenza di una didattica rivolta a diverse fasce di pubblico: insegnanti, scuola, pubblico delle famiglie, associazioni, adulti, terza età ma anche ragazzi.

Bologna è una delle poche città che da anni ha sviluppato strategie organiche e programmatiche di collaborazione con il mondo della scuola attraverso l'istituzione di aule didattiche in quasi tutti i più importanti musei cittadini, dove vengono predisposti percorsi di visita specifici per le scuole di ogni ordine e grado. Superata la metodologia della visita guidata tradizionale, percorsi diversi prendono in considerazione tematiche o sezioni espositive particolari proponendo, compatibilmente con la tipologia delle raccolte e degli spazi museali, momenti laboratoriali supportati anche dalle tecnologie multimediali. Le attività delle aule didattiche sono coordinate dal Settore Istruzione del Comune di Bologna, a eccezione della sezione didattica della Galleria d'Arte Moderna, che è stata istituita nel 1997, con il concorso economico di uno sponsor privato. Queste attività non solo sono ampiamente fruite dagli alunni delle scuole, ma costituiscono anche uno degli elementi di maggiore attrattiva delle istituzioni in cui sono inserite. Per alcuni musei, l'utenza dell'aula didattica occupa una percentuale molto alta rispetto all'utenza totale. Per quanto riguarda i musei universitari, le aule didattiche istituite a partire dal 1987, grazie a una convenzione fra l'Amministrazione comunale e l'Ateneo, sono uno degli elementi più importanti per consentire al pubblico non universitario di fruire di questi musei.

Anche se è molto difficile fornire dati precisi sull'utenza delle aule didattiche a causa della non sempre uniforme modalità di raccolta dei dati, si può ipotizzare che circa 130.000 utenti all'anno frequentino le aule didattiche.

La massiccia affluenza delle scuole alle aule didattiche dei musei mostra con evidenza la forte domanda di informazione e, soprattutto, di sperimentazione che proviene dalla società civile e da una scuola ancora costretta a un apprendimento esageratamente libresco. La missione del museo alle soglie del terzo millennio potrebbe specificarsi nei confronti dell'intero sistema scolastico in un ruolo di fondamentale complementarità con l'insegnamento.

La costruzione di esperienze coordinate tra le aule didattiche dei vari musei costituisce il senso dell'integrazione di esse, preesistenti a *Bologna dei Musei*, nella rete bolognese. La loro presenza capillare nei musei bolognesi, infatti, rende le attività a esse pertinenti un collante prezioso per il sistema, relativamente all'attenzione nei confronti di politiche innovative.

Alla normale attività didattica, alcuni istituti aggiungono l'offerta di percorsi da svolgersi autonomamente nel museo con materiale preparato o itinerari da svolgersi in città. Per diffondere e promuovere queste proposte e sempre nell'ottica dello sviluppo di una rete che colleghi non solo i diversi musei, ma anche i musei e la città, è stato progettato un nuovo pieghevole, graficamente affine ai prodotti editoriali di *Bologna dei Musei*, che raccoglie tutti i percorsi interni ai musei e quelli di raccordo tra interno ed esterno.

La positiva esperienza di appuntamenti domenicali rivolti alle famiglie, come laboratori, visite guidate e spettacoli, organizzati in alcune delle principali istituzioni bolognesi, sollecita Bologna dei Musei a sviluppare la diffusione di questi programmi, utili ad avvicinare bambini e ragazzi al mondo dei musei così come ad abituare il pubblico adulto e le famiglie a percorrerli con sempre maggiore frequenza.

10.6 La definizione delle politiche di prezzo e le attività di supporto per la costruzione di una relazione stabile con gli abbonati

Nella definizione delle politiche di prezzo, la gestione della rete necessita di una integrazione e, quindi, di un prezzo bundle. L'occasione del prezzo integrato tra diversi musei viene colta per legare a questa una serie di ulteriori iniziative, ponendo le basi per un vero programma di *membership* nella relazione con gli abbonati, vale a dire con fruitori sistematici della rete dei musei bolognesi.

Nella predisposizione di un biglietto unico e di un abbonamento, si è tenuto conto di un'indagine recentemente condotta[1] per il Ministero per i Beni e le Attività Culturali in materia di fruizione dei beni culturali, che ha evidenziato come il 64% degli intervistati sarebbe spinto a frequentare maggiormente i musei a

1. La ricerca è stata condotta su 500 soggetti da SisTHEMA S.r.l per conto del Ministero per i Beni e le Attività Culturali nel maggio 1997 durante lo svolgimento del Forum Pubblica Amministrazione presso la Fiera di Roma.

fronte di biglietti cumulativi/abbonamenti. L'introduzione di queste tipologie di biglietti si rivela particolarmente indicata in Italia, per accrescere i visitatori dei nostri musei: una quota consistente delle visite museali è, infatti, fortemente correlata agli arrivi e presenze turistiche, e in media i turisti visitano più di un museo. Da un'indagine condotta da Civita nella città di Ferrara risulta che l'88% dei fruitori dei musei cittadini visita più di tre musei in un anno (solo il 3% dei visitatori risiede in città). Il dato è confermato da un'indagine condotta dall'Assessorato ai Beni Culturali e Ambientali della Regione Piemonte sull'area metropolitana di Torino. In media, il visitatore di un museo ne visita contemporaneamente altri due (Valentino, 1992).

Prima di compiere le scelte fondamentali del progetto *Bologna dei Musei*, è stata effettuata una ricognizione sulle forme promozionali adottate in alcune città italiane.[2] Da queste esperienze e dai risultati ottenuti, si è cercato di ipotizzare soluzioni che potessero essere adattate al particolare contesto della città di Bologna.

Si è scelto di optare per tre differenti tipologie:

a) un abbonamento annuale: intero (L. 50.000) e ridotto (L. 30.000) per i cittadini oltre i 60 anni e fino a 18 anni, gli studenti e i possessori della tessera BO16-25GO;
b) un biglietto cumulativo per i musei della città con due validità: un giorno (L. 12.000) o tre giorni (L. 16.000);
c) un biglietto integrato "In Bus ai Musei", che consente l'accesso ai musei e l'utilizzo dell'autobus per tre giorni (L. 26.000). Questo titolo è al momento in via di realizzazione.

L'abbonamento (tipologia a), pensato principalmente per i cittadini, consente l'accesso ai musei per un numero illimitato di volte durante l'anno e dà diritto a una serie di agevolazioni, come il biglietto ridotto alle mostre temporanee, che hanno un biglietto diverso da quello di accesso al museo, e la possibilità di ricevere a domicilio il calendario delle iniziative promosse da *Bologna dei Musei*. Gli abbonati, infatti, al momento dell'acquisto ricevono

2. Tra i mesi di settembre e ottobre del 1996 è stata svolta un'indagine presso pubbliche amministrazioni, enti di promozione turistica, o enti ecclesiastici di alcune città italiane scelte per la loro rilevanza artistica o perché, per vari motivi, potevano essere parametrate a Bologna. Le città di Firenze, Ferrara, Padova, Ravenna, Faenza, Torino, Modena, Roma, Venezia e Verona presentavano, anche se in maniera molto differente tra loro, iniziative promozionali legate ai biglietti di ingresso ai musei.

una cartolina da rispedire, compilata con i loro dati, all'ufficio *Bologna dei Musei*. L'abbonato entra così a far parte di un circuito che gli consente di partecipare a iniziative appositamente studiate e di ottenere agevolazioni particolari. Viene definito, infatti, un programma rivolto in particolare agli abbonati di *Bologna dei Musei* che funge anche da incentivo per i potenziali futuri clienti. Si stanno progettando iniziative mirate, come l'organizzazione di eventi speciali e riservati – inaugurazioni, presentazioni, anticipazioni, corsi di storia dell'arte, serate, visite guidate dentro e fuori i musei della rete – da proporre durante l'intero anno di validità dell'abbonamento. Inoltre, ci si prefigge di ampliare la gamma di facilitazioni offerte proponendo sconti allo shop dei musei, convenzioni con altri istituti museali e altre strutture correlate alla cultura e al tempo libero, e, sulla base delle analoghe esperienze di associazioni di frequentatori di musei, viaggi culturali in Italia e all'estero.

In tal modo si crea un rapporto diretto con il pubblico. Infatti, l'abbonamento, come ha osservato anche Silvia Bagdadli, più che avere una finalità economica, ha un obiettivo educativo e di sviluppo del senso di appartenenza dei cittadini al patrimonio culturale; inoltre, consente di non penalizzare economicamente i frequentatori assidui dei musei (Bagdadli, 1997). Garantisce, infatti, una diversa accessibilità alla struttura, consentendo di sfruttare anche i ritagli di tempo che il cittadino può avere a disposizione. Viene, così, ampliato il bacino d'utenza dei visitatori non occasionali rispondendo all'esigenza che il museo ha di inserirsi nell'ottica del tempo libero e di fidelizzare l'utente. È proprio proponendo i musei come un sistema che questi possono diventare più forti e competitivi anche verso le altre forme di intrattenimento culturale e non, con cui spesso sono in competizione.

Per quanto riguarda la comunicazione, si è pensato di lanciare l'abbonamento in prossimità del Natale, proponendolo come bene da regalo. Questa scelta si è dimostrata efficace, soprattutto perché l'abbonamento è stato messo in vendita anche presso alcune delle più importanti librerie della città, dove molti cittadini si recano per acquistare i regali di Natale.

Le tipologie b) e c) (biglietto unico per i musei della città con due validità: un giorno o tre giorni e biglietto integrato, che consente l'accesso ai musei e l'utilizzo dell'autobus per tre giorni) sono rivolte principalmente ai turisti che, come abbiamo visto dai dati sopra riportati, spesso visitano più musei contemporaneamente, potendo così scoprire il ricco patrimonio museale nella sua complessità, passando dai musei più noti a quelli meno conosciuti.

Per la realizzazione di questi progetti, il primo problema che si è dovuto affrontare riguardava la diversa proprietà degli istituti coinvolti nel sistema: Comune, Università, Stato, Enti Ecclesiastici, Enti Privati, Fondazioni, e l'esigenza di far rientrare, comunque, tutti gli istituti nelle formule promozionali per preservare l'integrità del sistema. Poiché il Comune si è fatto carico, almeno in questa fase iniziale, di gestire economicamente le nuove entrate, si poneva il problema di come risolvere un'eventuale ridistribuzione degli introiti, che varia a seconda del tipo di istituzione. Nel caso della Pinacoteca Nazionale (statale), secondo le nuove leggi, pur essendo consentita l'adozione di biglietti promozionali,[3] la ridistribuzione degli introiti deve avvenire con modalità abbastanza complesse e difficili da gestire per una struttura come quella comunale, non ancora preparata ad accogliere dal punto di vista gestionale questa nuova mole di lavoro. Per ovviare a questo problema, la soluzione prescelta, almeno per il momento, è che i musei a pagamento come la Pinacoteca Nazionale (statale), il Museo della Tappezzeria (privato) e il Museo Ebraico (fondazione di diritto pubblico), rilascino ai possessori di tali titoli un biglietto ridotto.

I musei ecclesiastici, universitari, alcuni civici e alcuni privati non prevedono l'acquisto di un biglietto di ingresso; sono stati, quindi, inseriti nella comunicazione dei nuovi biglietti come musei a entrata libera.

Il problema della ridistribuzione degli introiti non si può invece evitare per il biglietto integrato museo-autobus, che prevede una quota (L. 12.500) di spettanza dell'Amministrazione comunale e una quota (L. 13.500) dell'ATC (l'azienda di trasporti pubblici locale). Queste quote, peraltro, sono sottoposte a due regimi di IVA differente (esente per i musei e del 10% per i trasporti) Inoltre, poiché i biglietti vengono venduti sia dai musei comunali

3. L. 25 marzo 1997 n. 78 sulla soppressione della tassa d'ingresso ai musei statali; D.M. 11 dicembre 1997 n. 507 sul regolamento recante norme per l'istituzione del biglietto d'ingresso ai monumenti, musei, gallerie, scavi di antichità, parchi e giardini monumentali dello Stato.

sia dai punti vendita ATC è stato necessario stabilire una sorta di *stanza di compensazione* per definire le quote effettive dovute ai due partner. La complessità delle procedure da attivare per la realizzazione di questo biglietto ha indotto l'Amministrazione comunale a posticipare l'avvio di questa iniziativa di qualche mese rispetto alle altre.

I nuovi titoli a), b), c), oltre a promuovere il sistema nel suo insieme, presentano una notevole convenienza economica: per visitare i sei musei che rilasciano un biglietto gratuito alla presentazione di questi titoli, si spenderebbero L. 45.000 (Museo Archeologico, Museo Medievale, Collezioni Comunali d'Arte, Museo Morandi e Galleria d'Arte Moderna hanno un biglietto intero di L. 8000; mentre il Museo del Risorgimento e Casa Carducci di L. 5000); inoltre, si può ottenere un'ulteriore convenienza se si visitano i tre musei che rilasciano un biglietto ridotto. Per il biglietto integrato con l'autobus, anche la quota ATC è sicuramente promozionale, perché non esiste la possibilità di acquistare un biglietto con validità di tre giorni, e il costo di un biglietto giornaliero è di L. 11.000.

L'introduzione di questi titoli è stata subordinata alla riorganizzazione delle tariffe comunali, che ha consentito di rendere uniformi per tutti i musei le categorie aventi diritto alla riduzione della tariffa d'ingresso e ha comportato l'abolizione di alcuni biglietti cumulativi già esistenti, che al medesimo prezzo del biglietto unico giornaliero permettevano la visita di due musei.

Per quanto riguarda la distribuzione di queste nuove tipologie di biglietti, si è ritenuta molto importante, anche per la loro promozione, la vendita al di fuori del circuito museale, per allargare il numero dei clienti oltre l'ambito tipico della clientela dei musei. La distribuzione delle varie tipologie di biglietti e abbonamenti è stata, quindi, estesa oltre alla rete dei musei civici con biglietterie: grazie alla collaborazione di librerie private (per gli abbonamenti) e dell'ATC (per le altre tipologie di biglietto) è stato possibile aumentare la presenza in punti vendita di grande traffico e attrattiva. Questi interlocutori si sono dimostrati particolarmente disponibili, individuando in tale opportunità, oltre che un fine pubblicitario, anche la possibilità di offrire un ulteriore servizio al cliente.

Vengono, inoltre, costantemente predisposti nuovi canali distributivi, quali Ferrovie dello Stato, *tour operator* (che contribuiscono in maniera rilevante a orientare le dinamiche dell'offerta di itinerari turistici e possono creare prodotti turistici complessi, ad ampio e diffuso contenuto culturale) e agenzie di viaggio. È, inoltre, all'attenzione del centro di coordinamento della rete museale la stipula di convenzioni con enti interessati ad acquistare i nuovi biglietti/abbonamenti per utilizzarli come regali per particolari target di clientela (banche, imprese, agenzie di organizzazione di fiere e convegni).

Per quanto riguarda l'analisi dei dati di vendita, l'esperienza è ancora molto recente per poter trarre delle conclusioni; tuttavia, i dati relativi ai primi quattro mesi sono abbastanza incoraggianti: sono stati venduti, infatti, 369 abbonamenti (200 interi e 169 ridotti), 840 biglietti da un giorno e 86 da tre giorni. Gli abbonati, inoltre, hanno risposto in maniera positiva alle iniziative che fino a ora sono state organizzate appositamente per loro. La partecipazione attiva del pubblico e un'attenzione costante alle proposte provenienti da esso, in questi primi mesi di esperienza, consente all'Ufficio di *Bologna dei Musei* di mettere a punto le strategie di programmazione più adatte.

10.7 Le attività commerciali complementari al sistema dei musei: *il museum-shop*

La vendita di prodotti e servizi all'interno dei musei bolognesi costituisce teoricamente una forma di ricavo che può integrare la sempre deficitaria attività principale. Il problema fondamentale non è se costituire forme di commercializzazione di prodotti e servizi, ma se sia economicamente sostenibile collocare strutture commerciali in ciascun museo.

È, infatti, riconosciuto da tempo (Berger, 1994) che esistono diversi motivi per aprire un punto vendita collegato a un museo. Innanzitutto, è un servizio reso al pubblico che desidera acquistare gli oggetti. Inoltre, esiste un valore educativo del materiale offerto al pubblico, poiché gli oggetti commercializzati contribuiscono a diffondere la conoscenza del patrimonio artistico (soprattutto se la riproduzione è accompagnata da un breve testo esplicativo). Infine, i prodotti commercializzati costituiscono un incremento nel giro d'affari del museo.

Considerando la crescita del reddito pro capite e del livello culturale (o almeno scolastico) medio della popolazione della zona bolognese, ci si può aspettare che una crescente parte del reddito sia dedicata a prodotti educativi e a consumi di tempo libero, alcuni dei quali possono, a certe condizioni, rivestire carattere culturale. Come si è visto in precedenza (Rapporto Censis e Findomestic, 1999), le prospettive della domanda di prodotti legati alla cultura mostrano anche a Bologna prospettive interessanti.

D'altra parte, la ridotta affluenza alla maggior parte dei musei italiani, e a quelli bolognesi in particolare, limita la possibilità di ottenere consistenti volumi di vendita da uno shop integrato in un museo. Da molto tempo la maggior parte dei musei italiani gestisce, senza normalmente predisporre personale e strutture dedicate, piccoli corner per la vendita di cataloghi e pubblicazioni museali: il rendimento di tali corner, pur non evidenziato chiaramente nelle statistiche disponibili, incide poco sulla gestione e risulta spesso insoddisfacente per i visitatori. Inoltre, la presenza di strutture rigide e non facilmente modificabili limita la possibilità di far accedere allo shop clienti che non hanno pagato il biglietto; ciò rende l'economicità dello shop dipendente dal numero dei visitatori del museo, numero che, come si è detto, è nella maggior parte dei casi insufficiente per il raggiungimento del punto di pareggio delle attività commerciali.

Nell'ambito dell'impostazione delle strategie di *Bologna dei Musei* e di *Bologna città europea della cultura del 2000*, è sorta quindi l'idea di creare un unico shop in grado di servire la rete dei musei bolognesi. Tale progetto nasce dall'esigenza di valorizzare il patrimonio museale bolognese anche dal punto di vista commerciale e dalla considerazione che, oltre a generare non pochi problemi logistici con relativi costi per adeguare gli spazi, allestire uno shop in ciascun museo di Bologna non sarebbe certo conveniente, a causa del limitato numero di visitatori che oggi affluisce complessivamente nei musei della città. Per Valentino il punto di pareggio si colloca in un numero di visitatori tra 200.000 e 300.000 all'anno: solo pochi musei in tutta Italia superano tale cifra e i musei bolognesi riuniti non la superano di molto (Valentino, 1992, 1993). Di qui la manifesta necessità di creare un punto vendita unico, in una posizione centrale e facilmente accessibile.

Per la fine del 1999 è prevista, quindi, l'apertura dello shop unico in Piazza Maggiore, dove si sta creando un importante polo culturale. Infatti, oltre a Palazzo d'Accursio che ora ospita il

Museo Morandi e le Collezioni Comunali d'Arte, gravitano intorno alla Piazza il Museo Archeologico, il Palazzo dell'Archiginnasio e Palazzo Re Enzo, che diverrà sede di manifestazioni, convegni e congressi; nella stessa area si trova, inoltre, l'ex Sala Borsa, che diventerà la più grande mediateca italiana con oltre 900 posti collegati in rete telematica e 400 posti collocati in una piazza coperta dove saranno disponibili materiali consultabili di vario genere, dai libri ai cd-rom, dai cd ai video.

Il punto vendita di Piazza Maggiore si porrà come riferimento principale per esporre e vendere i diversi prodotti: libri e cataloghi di musei, abbigliamento, pelletteria, cartoleria, riproduzioni, che le aziende produttrici di *merchandising* museale riterranno più opportuno offrire.

Diventando la vetrina della rete museale bolognese, esso, oltre a vendere cataloghi e gadget di vario genere sui musei e su Bologna, funzionerà anche come *Information Center*, in cui si potranno vendere i biglietti cumulativi e gli abbonamenti, nonché regolare le prenotazioni alle varie attività e alle visite ai musei e ospitare il materiale informativo a essi relativo.

Al punto vendita centrale si affiancheranno i punti vendita già esistenti nei singoli istituti museali, che potranno specializzarsi nel settore tematico di riferimento, per fungere anche da richiamo verso il punto vendita di Piazza Maggiore.

10.8 Conclusioni: le difficoltà e le opportunità nello sviluppo e nella realizzazione di un progetto di rete museale

Le difficoltà di sviluppare e realizzare il sistema museale di Bologna, come abbiamo visto, fanno riferimento a problemi di ordine strategico e ad aspetti di carattere operativo, alcuni dei quali sono riferiti ai nodi della rete e altri al ruolo del centro di coordinamento.

Innanzitutto, è difficile impostare un progetto inter-organizzativo quando gli obiettivi e gli assetti istituzionali dei nodi della rete sono così articolati e diversificati. Vi è, in primo luogo, un problema di condivisione di scenari: non tutte le organizzazioni museali bolognesi partecipano per gli stessi motivi alla rete e non tutte hanno la stessa visione di ciò che un tale progetto implica, sia come problema organizzativo sia come opportunità di sviluppo.

Inoltre, la partecipazione di una struttura museale alla rete può avvenire per decisione "politica", anche in assenza della possibilità di coinvolgere e motivare le persone con opportuni sistemi di incentivo. Ancora, in un assetto istituzionale come quello pubblico, caratterizzato dall'immobilismo "storico", qualsiasi cambiamento viene percepito con sospetto; anche le esperienze precedenti del settore pubblico italiano legittimano le perplessità sui "progetti di coordinamento", che normalmente funzionano abbastanza male, o sono strumenti di centralizzazione invece che di supporto agli enti partecipanti.

L'ostacolo alla realizzazione di tali progetti può, quindi, venire dalla difficoltà pratica di costruire procedure e attività collaborative tra gli operatori di diverse istituzioni. Le difficoltà possono dipendere dalle eterogeneità istituzionali e dalla carenza di fiducia che gli operatori delle diverse organizzazioni potrebbero nutrire nei confronti del centro di coordinamento se vissuto come un ente centralizzatore e non come un ente di servizio e di supporto. La collaborazione, infatti, deve avvenire tra soggetti che vedono nel coordinamento un ausilio e un supporto alla propria attività autonoma. La possibilità che i singoli musei beneficino reciprocamente dalla presenza di un meccanismo di coordinamento è, infatti, una delle maggiori spinte a creare le reti; le opportunità derivanti dalla relazione sono certamente maggiori degli svantaggi individuabili nella perdita di alcuni gradi di autonomia decisionale, nei costi di gestione delle relazioni, nei costi, ancora più difficili da misurare, relativi alla gestione dei conflitti e nei costi di controllo e di informazione. Alcuni problemi, infatti, possono nascere dalla percezione di un sovrapporsi di competenze e di ambiti di responsabilità che si crea sul piano organizzativo. Gli ostacoli maggiori sono evidenti nella fase di costituzione della rete, quando è necessario superare vincoli di natura giuridico-amministrativa e resistenze dovute ad abitudini consolidate a intraprendere cammini individuali. Qui devono essere concentrate tutte le forze ricordando, come sostiene Van de Ven, che "le organizzazioni non si coordinano per la ricerca pura e semplice di coordinamento, ma deve apparire che esista una possibilità di miglioramento per loro stesse o per il sistema nel suo complesso" (Van de Ven, 1976 citato in Bagdadli, 1997). Per realizzare una reale collaborazione tra organizzazioni diverse, è necessario mettere in collegamento e far lavorare assieme gli operatori: "the best way to build mutual trust among collaborators is to get to work. Talking and planning are not enough" (Scheff, Kotler, 1996: 61).

Inoltre, nello sviluppo del progetto sono emersi altri aspetti operativi che possono ostacolare la creazione di una rete museale, come la difficoltà di districarsi nella complessa regolamentazione civile, fiscale e para-fiscale in cui si articola il sistema dei prezzi e dell'amministrazione delle varie tipologie di musei (a questo proposito, si ricordano le complesse procedure descritte per la realizzazione del biglietto cumulativo e il biglietto integrato con l'autobus). Il bizantinismo tipico della burocrazia italiana è in via di semplificazione, ma ancora molta strada rimane da percorrere; nel frattempo, accade che gli operatori siano restii a prendere iniziative di marketing sicuramente efficaci e ormai consolidate in molti settori, quali promozioni incrociate e costruzione di *bundle* di offerta di servizi e di prezzi in collaborazione con altre tipologie di strutture museali e non museali. L'apertura della rete museale a imprese, associazioni e organizzazioni che si occupano di tempo libero, pur ostacolata da vincoli istituzionali e regolamentari, sarebbe un passo importante per sfruttare un potenziale culturale che costituisse un serbatoio di competenze e di elementi di prodotto/servizio culturale per il pubblico.

Lo scenario istituzionale è, comunque, in corso di cambiamento: il Decreto Legislativo 112 del 31 marzo 1998 sul conferimento di funzioni e compiti amministrativi dello Stato alle Regioni e agli Enti Locali, in attuazione del capo I della legge 15 marzo 1997, n. 59 (Bassanini 1) e la legge 15 maggio 1997, n.127 (Bassanini 2) stabiliscono la possibilità che ai Comuni venga conferita la gestione dei musei statali localizzati in ambito comunale, pur rimanendo allo stato la proprietà dei beni e una generale funzione di indirizzo e vigilanza. Inoltre, il Decreto 112/98 introduce elementi di novità importanti, quali la definizione di criteri tecnico-scientifici e di standard minimi da osservare nell'esercizio delle attività trasferite, in modo da garantire un adeguato livello di fruizione collettiva dei beni, la loro sicurezza e la prevenzione dei rischi, nonché l'istituzione di una Commissione regionale per i beni e le attività culturali che agevolerà la cooperazione tra le diverse istituzioni impegnate a livello locale e favorirà lo svolgimento di una programmazione integrata sul versante della valorizzazione e promozione dei beni culturali. Il Decreto ha suscitato un acceso dibattito (cfr. i contributi di Cammelli, Bobbio, Ainis e Jalla nel primo numero della rivista "Aedon", 1998), ma molti pareri sono concordi nel considerarlo una possibilità di creare quella omogeneità istituzionale e amministrativa forse non teoricamente indispensabile ma nei fatti benefica per qualsiasi progetto di collaborazione.

Di questa opinione è anche l'Assessore alla Cultura del Comune di Bologna che già nel 1997 affermava: "Fermi restando i compiti di tutela dello Stato..., può questa essere l'occasione per meglio affrontare il tema del rapporto fra musei e città, con un sistema di servizi museali che, pur salvaguardando l'autonomia delle diverse direzioni, sia in grado di elaborare e attuare programmi legati allo sviluppo dei programmi informativi, alla didattica, alla valorizzazione. I musei statali hanno con la città che li ospita un rapporto molto stretto, il legame più vivo. Questo elemento è di grande importanza, e solo da un preciso progetto con l'obiettivo di rafforzare e dare maggiori strumenti operativi agli organismi periferici può partire una reale riforma dei beni culturali" (Grandi, 1997).

11 Un'organizzazione museale *multiunit*: i Musei Civici di Venezia*

Andrea Moretti

11.1 Introduzione

Lo studio dei Musei Civici di Venezia (MCV) come organizzazione museale si dimostra di particolare interesse per almeno quattro aspetti: dimensione, articolazione, contesto localizzativo e modello gestionale.

L'ottica di riferimento è quella dell'organizzazione museale nel suo complesso come organizzazione articolata in più unità produttive e organizzative coordinate tra loro e costituenti una parte del sistema museale veneziano.

Lo schema di analisi che ha guidato la presente fase di ricerca dei MCV è quello di Bradford (1994) sia per la sua diffusione a livello internazionale e quindi l'ampia comparabilità dei risultati, sia per l'accettazione del modelli a livello di responsabili museali (cfr. Rylands, 1998). Il modello per essere utilizzato nel caso dei musei civici deve essere adattato cercando di identificare un'area specifica di rappresentazione delle dinamiche economico finanziarie e dei temi del controllo (capitolo 3) nonché dell'articolazione sistemica dei processi produttivi in realtà museali *multiunit*.

* Il presente lavoro è stato possibile grazie ai contributi CNR n° 96.03894 CT15 e 97.04680 CT15

11.2 I musei civici: una sintesi storica

Il nucleo originario della collezione dei Musei Civici Veneziani risale alla donazione pubblica eseguita dal patrizio veneto Teodoro Correr con il testamento del 1830. Intorno alla collezione Correr si sviluppa nel corso dei decenni l'attuale raccolta dei Musei Civici di Venezia, trasferitisi per motivi di spazio prima a Ca'Pesaro e infine nella sede principale attuale in piazza San Marco, all'interno delle Procuratie Nuove.

La crescita delle raccolte, tramite successive donazioni e acquisizioni (*tabella 11.1*), non ha portato alla collocazione di tutti gli oggetti in un unico edificio (in parte per la mancanza di spazio e in parte per l'assenza di un progetto espositivo unitario), ma all'utilizzo di numerose sedi espositive dislocate in varie parti del capoluogo veneziano.

TABELLA 11.1 **SEDI, MUSEI E ANNO DI ACQUISIZIONE DELLA GESTIONE**

data	sede	museo
1836	Procuratie Nuove in Piazza San Marco dal 1922	Museo Correr
1836	Procuratie Nuove in Piazza San Marco dal 1922	Biblioteca d'Arte e di Storia del Museo Correr
1897	Ca' Pesaro	Galleria d'Arte Moderna
1922	Fontego dei Turchi	Museo Civico di Storia Naturale
1923	Palazzo Ducale (in gestione)	Palazzo Ducale
1861	Murano (in gestione per fusione del Comune di Murano in Venezia dal 1923)	Museo Vetrario
1931	Ca' Goldoni	Ca' Goldoni e Biblioteca di Studi Teatrali
1932	Ca' Rezzonico	Museo del Settecento Veneziano
1978	Burano (in gestione dal 1995)	Museo del Merletto
1994	Palazzo Fortuny	Museo Mariano Fortuny
1994	Giardini del Padiglione Italia	Sede esposizioni durante la Biennale di Venezia
anni '80	Palazzo Mocenigo	Centro Studi di Storia del Tessuto e del Costume

Fonte: ns elaborazione su dati MCV

Tra le varie specificità dell'articolazione in unità dei Musei Civici Veneziani si sottolinea che Palazzo Ducale, di proprietà dello Stato, è dal 1923 in gestione diretta al Comune; inoltre il Museo di Storia

Naturale e il Palazzo Fortuny fanno parte dei MCV solo dal 1994. In questo modo si è creata una situazione rara nel panorama italiano, in cui dal punto di vista gestionale quasi tutte le sedi di proprietà pubblica sono poste sotto il controllo unitario del Comune.

Negli ultimi anni è stata progettata, e in parte realizzata, una ristrutturazione e riorganizzazione dell'intera offerta culturale dei MCV (il cosiddetto "progetto Dourdin", dal nome dell'architetto francese che l'ha progettata), posta sotto la direzione generale del Comune di Venezia e in collaborazione con altri enti responsabili d'offerta di prodotti culturali nell'area.

In particolare, secondo i dettami del progetto Dourdin, l'Area Marciana sarà sottoposta a una completa modificazione dell'allocazione espositiva, con la destinazione delle stanze delle Procuratie Vecchie e Nuove a struttura espositiva della collezione del Correr#e# del Museo Archeologico (in gestione diretta della Soprintendenza dei Beni Archeologici del Veneto), all'apertura alla visita della Biblioteca Marciana e al collegamento con Palazzo Ducale.[1]

L'obiettivo è sviluppare "percorsi" tematici di acculturazione attraverso la definizione di aree museali di Venezia con profili specifici. A questo proposito oltre all'area Marciana è possibile identificare un secondo percorso legato al Settecento veneziano con l'offerta della visita a Palazzo Correr, sede del Museo del Settecento veneziano, a Casa Goldoni (sede del museo legato al commediografo veneziano) e a Palazzo Mocenigo (Centro Studi di Storia del Tessuto e del Costume), con ricche collezioni relative al periodo indicato; un terzo percorso potenziale è quello che lega le diverse sedi museali veneziane legate all'artigianato del vetro e del merletto nelle isole di Murano e Burano.

Il progetto di riorganizzazione dell'esistente legato all'area storica metropolitana non limita l'intera azione della direzione musei civici. I MCV hanno, infatti, in fase di sviluppo un processo di espansione in nuove sedi, anche nella terraferma veneziana, con il progetto di Nucleo Museale di Mestre e della Terraferma Veneziana e ai progetti di Museo della Musica e del Museo delle Origini di Venezia e delle Tecniche Costruttive.

1. La situazione attuale si caratterizza per l'offerta di un biglietto cumulativo per Palazzo Ducale e Museo Correr; la Biblioteca Marciana è visitabile solo per motivi di ricerca e lettura ma non come spazio museale; il Museo Archeologico è chiuso per lavoro di "messa in sicurezza" delle opere e adeguamento alle norme; i lavori per il restauro e l'adeguamento della nuova sede della Biblioteca e dell'Archivio Correr sono in fase iniziale; infine la Torre dell'Orologio non è visitabile per lavori di restauro a opera dell'azienda Piaget.

11.3 La gestione del Museo

11.3.1 Gli obiettivi

La ripartizione Musei Civici del comune di Venezia ha come proprio obiettivo il proporsi come "grande macchina di elaborazione e produzione culturale e irrinunciabile momento di autoidentità per l'intera comunità civile veneziana" (Romanelli, 1997). Tale obiettivo generale è articolato in sottobiettivi attraverso una elencazione puntuale delle attività svolte presso i MCV; le attività possono essere ricondotte alle quattro aree classiche: conservazione e catalogazione, ricerca, didattica, esposizione. Due sono gli aspetti interessanti presenti nella definizione degli obiettivi dei MCV. In primo luogo la formalizzazione dell'obiettivo generale, e dei sottobiettivi, all'interno di un documento ufficiale di presentazione ai potenziali utilizzatori e/o potenziali partner dei MCV. In secondo luogo di rilevante interesse è l'analiticità dell'elencazione delle attività e la distinzione tra quanto già in essere e gli obiettivi che si vogliono raggiungere. Entrambi questi aspetti (formalizzazione e analiticità) non sono comuni nelle organizzazioni museali, in particolare in quelle di natura pubblica.

Lo sviluppo per sedimentazioni successive sia delle collezioni che delle sedi; la molteplicità e varietà delle stesse; la dislocazione fisica; il diverso grado di conservazione delle collezioni; l'adeguatezza delle sedi allo svolgimento delle attività; sono tutti elementi che hanno determinato lo sviluppo di un processo di accumulazione di esperienze, conoscenze e capacità da parte delle risorse umane della Direzione MCV. Tale ricchezza presenta delle difficoltà a esplicitarsi in modo sistematico.

Si è rilevata cioè l'esistenza di una molteplicità di interconnessioni tra obiettivi e processi difficilmente coordinabili. Tale collegamento si evidenzia dall'analisi dei numerosi progetti in atto che: differiscono per spettro temporale (da pochi mesi a vari anni); si basano su risorse e competenze interne variamente dislocate nell'organizzazione; attivano processi di creazione di risorse di fiducia (Vicari, 1992).

È un processo che ha visto la sua più chiara espressione nella realizzazione della mostra su G.B. Tiepolo (9.9-29.11.1996, in coproduzione con il Metropolitan Museum) come strumento, oltre che di recupero di un grande pittore, di "lancio" della rinnovata sede del Museo del Settecento Veneziano a Ca' Rezzonico, con il recupero filologico delle funzioni degli spazi ma anche con l'adeguamento degli impianti di sicurezza e di accesso, nonché l'introduzione di alcuni spazi collettivi e servizi utili alla fruizione del museo (caffetteria, book-shop, guardaroba, prenotazione, ecc.).

11.3.2 Le attività

1. *La ricerca scientifica*

La focalizzazione della ricerca a livello di organizzazione museale e non delle singole unità operative, rende difficoltosa la scomposizione puntuale delle attività svolte all'interno dei MCV. Ciò che si evince dall'analisi dei comportamenti e delle rappresentazioni del management museale è una forte integrazione tra attività di conservazione, esposizione e didattica. Tale integrazione non impedisce ai responsabili museali l'individuazione "logica", più che operativa, di un'attività denominata ricerca scientifica (studio). L'attività di ricerca e studio viene interpretata come l'insieme delle attività di schedatura e catalogazione dei beni del patrimonio, manutenzione, restauro e conservazione delle opere, prestito. Tale articolazione ha una capacità descrittiva rilevante in quanto permette:

- di individuare l'esistenza di fasi operative alle quali poter attribuire principalmente il carattere di ricerca (studio);
- di descrivere le concatenazioni tra le fasi nei modelli concettuali degli operatori e confrontarle con quanto avviene nella realtà operativa della gestione dei processi produttivi museali;
- di giustificare l'esistenza delle interconnessioni tra i processi produttivi museali.

a. L'attività di ricerca realizzata dai MCV non si esplicita in un astratto studio sulle opere, ma è collegata alla realizzazione di processi produttivi concatenati.

Solo a seguito del riconoscimento dei singoli elementi componenti un'opera, utilizzando le tecniche di ricerca riconosciute a accettate a livello scientifico, è possibile attribuire l'opera a un autore, realizzare la schedatura e la catalogazione. Queste fasi implicano lo studio originale della singola opera e delle collezioni di cui essa fa parte. Riconosciuta e attribuita l'opera, molto probabilmente essa necessita di azioni di manutenzione e restauro, che permettono la realizzazione di ulteriori scoperte specifiche relative all'opera e ai metodi di conservazione. Anche le attività di ordinaria gestione delle opere possono essere fonte di ulteriori scoperte e studi. In particolare, l'attività di prestito delle opere ad altre organizzazioni culturali implica una procedura che stimola l'aggiornamento delle conoscenze relative alle opere e il loro trasferimento a terzi.

b. Le tre fasi indicate rappresentano tre moduli conseguenti all'interno dei modelli di studio e conservazione delle opere. Per poter disporre di un'opera per un uso culturale è necessario che tale opera sia catalogata, in condizioni per essere esposta e/o prestata, chiaramente interpretabile e collocabile dal punto di vista dell'attribuzione. Nella gestione di tali processi la *consecutio* dei moduli non è controllabile e programmabile in molte occasioni. È possibile infatti che terzi soggetti rilevino l'esistenza di un'opera all'interno della collezione (data la non completa catalogazione del patrimonio disponibile) e ne richiedano il prestito. La realizzazione delle fasi di recupero, restauro, manutenzione possono essere l'oggetto del prestito (ad esempio nel caso in cui il restauro sia finanziato da un esterno all'interno di un progetto di produzione museale).

c. La presenza dei punti precedenti permette di rendere esplicite le motivazioni delle interconnessioni presenti tra i processi produttivi dei MCV. Le richieste di prestito, l'attuarsi di un piano di riqualificazione degli impianti, la definizione e realizzazione di una politica di offerta basata sulle esposizioni temporanee e permanenti, ecc., sono esempi di progetti e attività tipiche della produzione museale dei MCV che implicano parallelismo tra programmi con influenze sulla ricerca scientifica (produzione di conoscenze scientifiche).

Come abbiamo sottolineato, tra le altre attività scientifiche presenti nei MCV vi è l'attività di prestito. La dimensione e l'articolazione delle collezioni, nonché il riconosciuto livello dell'attività scientifica e di curatela permettono oggi ai MCV di operare alla pari con le maggiori realtà museali internazionali. Oltre al caso del Tiepolo, numerosi e continui sono gli scambi con altre istituzioni nazionali e internazionali con un progressivo incremento delle richieste da parte di organizzazioni internazionali che in parte, seguendo un criterio di selezione relativo alla qualità dell'interlocutore e dell'evento proposto, non vengono soddisfatte.

2. *L'attività espositiva*

L'attività espositiva dei MCV si caratterizza per numerosità e varietà delle attività realizzate.

In ottica *ex post* è difficile individuare un filo rosso che colleghi l'intera offerta espositiva veneziana. Alle attività espositive permanenti, strettamente legate alla storia e all'identità di Venezia, sono collegate attività espositive temporanee.

È possibile evidenziare due aspetti. In primo luogo la presenza, fino al 1997, di una ripartizione delle responsabilità espositive tra Direzione Musei Civici e Assessorato alla cultura. In secondo luogo alcune attività espositive sono gestite con livelli di autonomia elevata da parte dei singoli responsabili delle sedi museali, ciò in particolare per quanto riguarda le piccole sedi. Entrambi questi elementi permettono, in parte, di spiegare la varietà e la variabilità dell'offerta di esposizioni presso i MCV.

Le mostre elencate in *tabella 11.2* presentano temi riguardanti quasi tutti i periodi storici e sono legate a molteplici modalità espressive. Tale varietà sembra rispondere all'insieme di domande culturali che si presentano in una realtà metropolitana come quella veneziana. Si va dalle "mostre evento" (Moretti, 1997a) con centinaia di migliaia di visitatori, a mostre legate a realtà locali e a specifiche caratteristiche di identità della città, come la mostra su *Mestre e la sua piazza*.

Riprendendo la distinzione già introdotta nell'analisi del Museo Archeologico di Bologna (capitolo 3) è possibile distinguere tra le grandi mostre, le mostre di servizio alla città e le mostre ospitate.

I MCV hanno organizzato, nell'ultimo decennio, grandi eventi espositivi, a livello italiano e/o internazionale, con cadenza biennale. Tali mostre sono servite come uno strumento per ampliare la notorietà dei MCV a livello internazionale e sono legate a temi specifici collegati a Venezia. In particolare, attraverso tale specificazione del tema, il management dei MCV vuole distinguere tali mostre da quelle dello stesso tipo (mostre evento) offerta da altre organizzazioni museali veneziane[2] nelle quali il legame con Venezia è molto labile.

2. Ricordiamo che nell'offerta di esposizioni temporanee in Venezia sono presenti diversi attori tra cui il più importante in termini di numero di visitatori è Palazzo Grassi, che realizza mostre evento, in generale, senza collegamenti con la città (ad esempio I Celti, I Greci in Occidente, Picasso, I Maya, ecc.).

TABELLA 11.2 **LE PRINCIPALI MOSTRE DEI MUSEI CIVICI DI VENEZIA DAL 1987 AL 1997**

titolo	sede	date	giorni	visitatori totali	visite/giorno
Herny Matisse	Correr	30.05-18.10.87	122	137.041	1.123
Arte del Messico	Ducale	11.06-23.10.88	133	126.071	948
De Chirico	Correr	01.10.88-07.02.89	100	130.787	1.308
Goya	Ca' Pesaro	06.05-30.07.89	75	63.110	841
Impressionisti	Correr	05.05-04.09.89	105	151.996	1.448
Traci	Ducale	12.05-30.11.89	195	186.480	956
A. Wildt	Ca' Pesaro	7.12.89-4.03.90	75	6.301	84
Palma il Giovane	Correr	19.01-29.04.90	85	23.131	272
Tiziano	Ducale	01.06-07.10.90	128	407.224	3.181
Volti Impero Russo	Fortuny	01.09.91-06.03.92	155	45.570	294
A. Sant'Elia	Ca' Pesaro	06.09-17.11.91	62	10.169	164
Canova	Correr	23.03-01.11.92	200	300.525	1.503
Maioliche e Porcellane	#	*	41	1.087	26
Mestre e la sua piazza	#	*	72	1.212	16
Valentina a Venezia	#	*	36	*	*
Da Fussi a Hodler	#	*	66	*	*
M. Leoncini	#	*	23	*	*
H. Jannsen	#	*	24	*	*
P. Greenway	Fortuny	12.06-10.10.93	95	37.462	394
F. Bacon	Correr	09.06-10.10.93	105	62.227	593
Arte Islamica	Ducale	30.10.93-01.05.94	179	101.840	569
P. Longhi	Correr	04.12.93-04.04.94	125	52.072	417
Preferirei di no	Correr	30.04-03.07.94	57	19.249	338
Tintoretto	Accademia	25.03-10.07.94	108	149.669	1.386
Arte Mapouche	Ca' Pesaro	*	18	*	*
Arte Precolombiana	Ca' Pesaro	*	18	*	*
Splendori del '700	Ca' Rezzonico	25.05-01.10.95	128	90.417	706
Percorsi del Gusto	Ducale - Ca' Pesaro	*	127	#	#
G.B. Tiepolo	Ca' Rezzonico	06.09-15.12.96	100	239.000	2.390
A. Kiefer	Correr	*	147	*	*
Officina del Contemporaneo	Fortuny	*	147	*	*
D. Oppenheim	Marghera	*	50	*	*
Foto e trasformazioni	Marghera	*	48	*	*
Dai Dogi agli Imperatori	Ducale	*	86	#	#

LEGENDA:

(*) dato non rilevato in quanto mostra a ingresso gratuito.

(#) dato non disponibile:
a) le sedi # non sono segnalate nell'Analisi di Gestione;
b) i dati sui visitatori "Percorsi..." non sono disponibili in quanto l'ingresso era cumulativo con la Biennale di Arti Figurative e le entrate non di competenza del Comune;
c) la mostra "Dai dogi..." è in corso al momento della stesura di questo lavoro.

NB: per molte mostre i biglietti gratuiti coincidono con i biglietti scolaresche.

Fonte: Ns elaborazione da Tomasicchio, 1997 e dalle Pubblicazioni del Controllo di Gestione 1992-1995, dai dati dell'Assessorato alla cultura per il 1996, dal Controllo di gestione del 1997

Le mostre di servizio alla città (mostre-dossier, mostre-dibattito) sono rivolte a un pubblico meno vasto e maggiormente specifico nelle motivazioni e nelle caratteristiche di fruizione. Per quanto riguarda il primo aspetto (la motivazione) tali mostre sono organizzate in relazione a interessi specifici della domanda (ad esempio un artista poco noto o riscoperto; un'area della città poco conosciuta e posta in luce attraverso la mostra, un tema artistico particolarmente innovativo, ecc.); per quanto riguarda il secondo aspetto (le caratteristiche della fruizione) all'interno di tali mostre è possibile ampliare il grado di varietà dell'interazione con i fruitori, permettendo percorsi di apprendimento maggiormente liberi e aperti (ad esempio percorsi di lettura molteplici delle opere, laboratori interattivi, dibattiti e cicli di lezioni sul tema, ecc.).

Nel caso delle mostre ospitate, i MCV offrono propri spazi all'organizzatore delle mostre. Essere localizzati in Venezia favorisce i MCV come soggetto ospitante esposizioni temporanee. In tale condizioni, il management dei MCV è stato favorito nel selezionare le offerte di cessione di mostre dato il vasto numero di offerte. La selezione delle offerte è stata guidata innanzitutto dall'obiettivo di ampliare la varietà di offerte culturali proposte alla domanda (ai visitatori); in secondo luogo, dallo scopo di sviluppare relazioni stabili con operatori nazionali e internazionali aventi un'elevata legittimazione.

Accettare una mostra organizzata da altri soggetti, in generale, determina per i MCV un introito diretto e un basso livello di coinvolgimento nella fase di preparazione dell'esposizione (se non per aspetti di allestimento). Le conseguenze in termini gestionali di ciò non si limitano però a tali aspetti. I MCV ospitando una esposizione di terzi si impegnano in termini di immagine e reputazione in quanto legittimano l'organizzatore della mostra come partner dei MCV. È su questo aspetto che viene svolta un'analisi, non formalizzata ma basata sulle esperienze e conoscenze precedenti, con lo scopo di individuare, tra le molteplici richieste effettuate da organizzatori di mostre italiani e stranieri, la mostra o le mostre più coerenti con l'offerta dei MCV.

La molteplicità di offerte espositive che i MCV presentano è basata sulla presenza dell'insieme di strutture fisiche, risorse umane e conoscitive che permettono, in primo luogo, la contemporanea presenza di diverse offerte culturali nelle numerose sedi espositive (ad esempio mostre della durata di quattro mesi a

Palazzo Ducale e mostre dossier per complessivi 40 giorni a Palazzo Mocenigo) e, in secondo luogo, la differenziazione delle tipologie di offerta (ad esempio mostre evento, dossier e ospitate su temi quali il Settecento veneziano, la fotografia, i tessuti cinesi del sec. XIV, ecc.).

È possibile individuare come le diverse sedi, dal punto di vista strutturale, presentino delle specializzazioni (nei progetti di sviluppo). Ca'Rezzonico, Casa Goldoni, Museo del Merletto e Palazzo Ducale non dovrebbero presentare, a conclusione dei lavori di manutenzione e adeguamento degli impianti, spazi per esposizioni temporanee, focalizzandosi sull'offerta delle proprie collezioni. Al contrario Ca'Pesaro, Palazzo Fortuny, il Museo Civico di Storia Naturale e il Museo Correr presentano spazi per esposizioni temporanee e l'offerta dei servizi aggiuntivi.

Per quanto riguarda l'insieme delle strutture, come è stato indicato sopra, attualmente l'insieme delle sedi museali veneziane è sottoposto a un processo di adeguamento normativo e funzionale e di allestimento.

Dal punto di vista museologico le scelte attuate sono state rivolte allo sviluppo di "percorsi di facile e corretta lettura e comprensione" nel rispetto del rigore scientifico, adeguando ove possibile gli allestimenti alle tecnologie disponibili. L'idea alla base è il recupero delle collezioni poco note, per sviluppare una varietà di materiali esposti e una rotazione degli stessi.

11.3.3 Struttura organizzativa e risorse umane

I Musei Civici di Venezia presentano una struttura organizzativa che formalmente si rifà a una logica divisionale con l'identificazione dei responsabili delle attività relative alle diverse sedi museali e la presenza di alcuni servizi centrali. L'attuale configurazione è la risultante del processo di adeguamento formale dell'organizzazione ai dettami del D.L. 29/93 relativo alla razionalizzazione delle amministrazioni pubbliche e revisione della disciplina in materia di pubblico impiego. Tale adempimento formale è coinciso con un processo di riorganizzazione complessiva dell'organizzazione comunale e delle deleghe delle ripartizioni del Comune. Infatti nel luglio 1997 è stato soppresso l'Assessorato alla cultura con il trasferimento delle responsabilità relative ai musei (e parzialmente, delle mostre) all'interno della ripartizione

Musei Civici e il mantenimento sotto la responsabilità organizzativa dell'Assessorato spettacoli (teatrali, cinematografici) e attività sportive (*figura 11.1*).

FIGURA 11.1 **STRUTTURA ORGANIZZATIVA DEL SETTORE "CIVICI MUSEI E ATTIVITÀ CULTURALI" DEL COMUNE DI VENEZIA (LUGLIO 1997)**

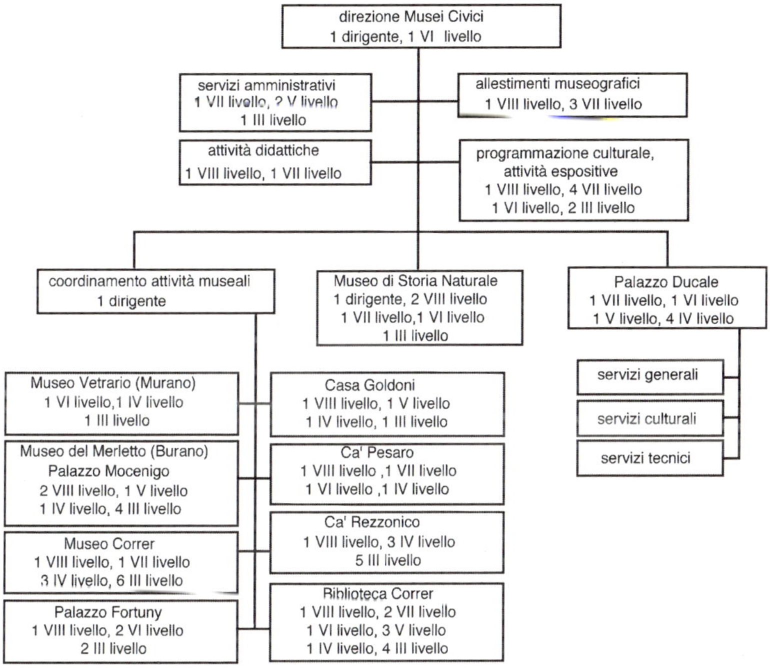

Tale riorganizzazione ha portato fisicamente, ma soprattutto in termini organizzativi, i soggetti responsabili dell'organizzazione delle attività espositive (in particolare le grandi mostre) all'interno dell'unità organizzativa MCV, esplicitando un orientamento volto ad ampliare il coordinamento tra le diverse sedi e attività.

L'organizzazione odierna è il risultato di un processo sostanziale, a cura del direttore dei Musei Civici, di modificazione delle risorse umane presenti all'interno della struttura. Nel 1979, anno di assunzione dell'attuale direttore, l'organizzazione prevedeva un direttore, un addetto alla segreteria amministrativa, 100 unità di guardiania. Attualmente rimangono alle dirette dipendenze della ripartizione Musei Civici quattro operatori di guardiania a fine carriera. Le risorse liberate nell'ultimo ventennio hanno permesso la costituzione di una tecnostruttura organizzativa fortemente orientata all'attività scientifica.

La pianta organica e l'organigramma rappresentano il risultato di un processo formale di adeguamento a una legge e, a seguito di tale causazione, è lontano dal rappresentare l'effettiva organizzazione dei MCV. Attraverso un processo induttivo di ricomposizione delle attività che vengono svolte, al di là delle etichette nominalistiche, si è potuti pervenire a una rappresentazione dell'organizzazione in cui si rileva quanto segue.

Innanzitutto la figura del direttore è centrale in quanto, oltre a essere rappresentante dell'organizzazione nei confronti dell'esterno, ricopre i ruoli di responsabile del Museo Correr e di Palazzo Ducale. Tali posizioni non sono ricoperte temporaneamente ma in modo permanente. Non sono infatti in atto processi di selezione e reclutamento di personale per tali ruoli.

Sono presenti ulteriori due casi di responsabilità cumulate da un unico soggetto: il coordinamento delle attività museali, la Biblioteca Correr e il Museo Vetrario sono di responsabilità di un unico soggetto; Palazzo Mocenigo e il Museo del Merletto dipendono da un unico responsabile.

Dal punto di vista localizzativo il direttore, il responsabile della Biblioteca Correr e Museo Vetrario, la responsabile dei servizi amministrativi, il responsabile delle attività didattiche, sono fisicamente all'interno degli stessi uffici; i servizi generali, culturali e tecnici di Palazzo Ducale sono "in piazza" e quindi fisicamente vicini ma separati; tutti gli altri responsabili sono dislocati nelle diverse sedi. Tale configurazione localizzativa ha delle conseguenze di carattere organizzativo soprattutto in termini di coordinamento. In generale il nucleo centrale (di piazza S. Marco) tende a sviluppare le attività di servizio per gli altri centri. Tra le attività svolte a livello centrale quelle relative al controllo di gestione, le richieste di finanziamento per i restauri e le pratiche di istruttoria per i prestiti, sono le più rilevanti.

In particolare l'attività di richiesta di finanziamento è un processo nel quale il coordinatore delle attività museali svolge il ruolo di collettore delle richieste di tutti i responsabili di sede, realizza le pratiche amministrative nei confronti degli enti finanziatori (Regione, Stato per la Legge speciale, terzi soggetti privati, ecc.) e regolatori (Soprintendenze e Ministero dei Beni e delle Attività Culturali) come responsabile del procedimento, e poi realizza, insieme con il direttore e gli altri dirigenti, la selezione delle priorità di attuazione dei progetti rispetto alle risorse assegnate.

Inoltre, nelle relazioni con terzi soggetti per il prestito di opere le istruttorie[3] vengono realizzate principalmente a livello centrale in misura prevalente dal responsabile del coordinamento delle attività museali. Tale processo di istruttoria determina l'attivazione di relazioni continue con gli altri responsabili di sede che hanno la disponibilità delle opere richieste per il prestito.

A parte questi momenti di coordinamento, in generale le attività svolte nelle diverse sedi vengono integrate non attraverso meccanismi operativi formalizzati e routinari (ad esempio riunioni di coordinamento periodiche, report collettivi dell'attività svolta, ecc.) ma principalmente attraverso la persona del direttore che opera un coordinamento *by foot*. Il direttore muovendosi da sede a sede e attraverso contatti continui con i responsabili di sede sviluppa il coordinamento per eccezioni.

La ripartizione delle attività, esplicitata nell'organigramma, viene integrata, nella gestione operativa delle attività, da responsabilità di progetto per le attività espositive e/o scientifiche. I responsabili non sono identificati in termini formali ma sono riconosciuti dai soggetti dell'organizzazione come "la persona a cui rivolgersi" per il determinato progetto. Il ruolo di responsabile del progetto è evidente nel caso dell'organizzazione di mostre, in presenza di attività di ricerca e curatela per la pubblicazione di cataloghi e/o monografie con la collaborazione di partner esterni, ecc. ma altri casi riguardano la gestione dei restauri delle sedi che hanno un capocantiere che interagisce con il responsabile della sede in cui opera.

La ripartizione delle responsabilità per singola sede viene a oggi definita in termini di gestione della collezione e delle attività offerte dalle singole sedi. Dal punto di vista operativo tale respon-

3. Le istruttorie per il prestito sono composte dalle seguenti fasi: protocollo della richiesta, verifica della presenza delle opere richieste, classificazione dello stato di conservazione delle opere, richiesta (eventuale) di realizzazione delle attività di restauro a carico del richiedente, se le opere sono libere da vincoli di curatela e restauro verifica della disponibilità delle singole opere per il periodo richiesto; invio dell'informazione e della richiesta di prestito alle Soprintendenze competenti e al Ministero dei Beni Culturali, aggiornamento della schedatura e/o della catalogazione, (eventuale) scheda critica informativa per il curatore dell'esposizione, concessione del prestito, accompagamento delle opere presso le diverse sedi espositive, verifica delle condizioni di allestimento (sicurezza, illuminazione, clima, ecc.); rientro delle opere con accompagnamento, ricollocazione nella sede originaria.

sabilità è legata maggiormente alle attività scientifiche e di curatela più che alla gestione delle risorse economiche. Infatti tali risorse non sono allocate in termini specifici per sedi ma per l'intera ripartizione Musei Civici. Inoltre gli obiettivi di gestione dei singoli responsabili non sono definiti in termini di parametri per singola sede, ma a livello generale di ripartizione.

La rilevante attività di restauro e manutenzione straordinaria degli impianti produttivi nell'attuale pianta organica non rientra all'interno delle attività gestite direttamente dalla ripartizione con evidenti conseguenze in termini di tempi di realizzazione. L'unica unità che presenta un ufficio tecnico, Palazzo Ducale, svolge attività di gestione delle attività di manutenzione per tale sede e, parzialmente, anche per altre sedi dei MCV. Tale tecnostruttura si rileva utile per la gestione delle relazioni con la ripartizione Lavori Pubblici del Comune di Venezia soprattutto in termini di definizione dei progetti e/o di esecuzione dei procedimenti di appalto e per la gestione dei cantieri.

La struttura organizzativa definita dalla pianta organica vigente è attualmente in discussione, da parte dei membri dell'organizzazione, per i limiti che presenta innanzitutto per quanto riguarda la chiara esplicitazione delle responsabilità, degli obiettivi e delle risorse legati ai ruoli di responsabilità di sede; inoltre sono evidenti gli scollamenti effettivi tra programmazione delle attività di restauro delle sedi ed effettiva realizzazione delle manutenzioni; infine il livello di coordinamento tra i responsabili delle diverse sedi e tra servizi centrali e responsabili di sede non sembra adeguato al raggiungimento degli obiettivi generali dell'organizzazione in vista di un ulteriore ampliamento del numero delle sedi e dei progetti culturali da gestire.

Le discussioni in atto, volte alla definizione di una nuova pianta organica e lo sviluppo di diversi meccanismi operativi, sembrano porre al centro le seguenti modifiche, tra loro in parte contrastanti:

- l'introduzione di un ufficio tecnico della ripartizione MCV, che, a seguito dell'esperienza accumulata nella gestione dei restauri di Palazzo Ducale, coordini l'insieme di tutte le attività di adeguamento e manutenzione straordinaria degli immobili e impianti di competenza;
- la specializzazione delle responsabilità sulle collezioni in termini tipologici uniformi (ad esempio le collezioni dei vetri, dei tessuti, delle stampe, ecc.) al di là della specifica dislocazione delle collezioni per esplicitare maggiormente le capacità e le compe-

tenze scientifiche e di ricerca disgiungendole da quelle direttamente gestionali;
- l'introduzione di una ripartizione delle risorse ai singoli responsabili di sede e di progetto, per una maggiore identificazione degli obiettivi e delle risorse, nonché dei criteri di valutazione;
- l'introduzione di una figura, a livello centrale, con compiti di marketing e comunicazione esterna.

Per quanto riguarda il primo punto la modifica dell'organigramma renderebbe esplicito un processo di ampliamento delle responsabilità dell'ufficio tecnico dei musei civici alle pratiche relative a tutte le sedi museali acquisendo gli ambiti di competenza della ripartizione Lavori Pubblici per quanto riguarda le sedi museali. Tale processo è in parte già in atto anche a seguito di un'acquisizione di risorse umane attuata dal direttore proprio a questo scopo.

La seconda modifica, esplicitata a livello di direzione dei musei, è lo sviluppo di una responsabilità scientifica per tipologie di collezioni al di là della sede in cui le collezioni sono in deposito. L'esistenza di collezioni omogenee dal punto di vista tipologico (ad esempio vetri, tessuti, pitture del Settecento, ecc.) e che presentano aspetti relativi alla curatela e alla ricerca scientifica comuni dovrebbero rientrare sotto la responsabilità di un unico soggetto organizzativo. Lo scopo è quello di specializzare ulteriormente le risorse umane dal punto di vista delle competenze scientifiche e di curatela. Tale esigenza è avvertita a livello degli attuali responsabili di sede per tutte le attività attinenti collezioni comuni a più sedi, ad esempio nel caso delle richieste per attività di curatela, ricerca scientifica e restauro.

A questa specializzazione per collezioni viene collegata una maggiore attenzione alle responsabilità di singoli soggetti relative alle singole sedi. In tale prospettiva al responsabile di sede verrebbero dati obiettivi, risorse e parametri di valutazioni condivisi dai responsabili. La scissione che si verrebbe a creare tra responsabilità delle collezioni e delle sedi determinerebbe la necessità di sviluppare figure organizzative di "responsabili di sede" che direttamente si occupino delle infrastrutture e dei processi di erogazione dei servizi museali interfacciandosi con le diverse unità specialistiche (ufficio tecnico e responsabili delle collezioni).

Ultimo aspetto di rilievo, l'introduzione di un servizio centrale che si caratterizza per affrontare in modo coordinato il marketing e la comunicazione dei MCV. È un'idea ancora in fase di discussione e quindi non sono disponibili elementi specifici. Certamente da alcuni elementi raccolti nell'attività di ricerca presso i musei è chiaro che l'aspetto delle relazioni tra MCV e proprio ambiente di riferimento non sono, allo stato attuale, coordinate e non è sviluppata, in modo diffuso, l'idea di condividere risorse specifiche per l'ottenimento di una maggiore connessione intra- e interorganizzativa.

Il cambiamento della struttura organizzativa rappresenta in questo momento un tema di accesa discussione all'interno dell'organizzazione e nei rapporti con altre ripartizioni del Comune (ad esempio per quanto riguarda le competenze e le risorse da assegnare all'ufficio tecnico interno). Pur in presenza di potenziali difficoltà nella realizzazione delle modifiche in discussione, in generale si rileva innanzitutto una diffusa consapevolezza delle problematiche derivanti dalla gestione diretta delle risorse in presenza di obiettivi chiari e condivisi e, in secondo luogo, una partecipazione alla stesura della nuova struttura organizzativa da parte di diversi soggetti dell'organizzazione, al di là della logica di attuazione di una legge.

11.4 La gestione della reputazione

11.4.1 Aspetti generali

Le organizzazioni culturali in generale e le istituzioni museali in particolare sono entità basate sulla gestione della conoscenza che presenta nel proprio carattere relazionale la base di legittimazione. Nel modello di Bradford tale aspetto viene evidenziato attraverso l'esplicitazione dei possibili interlocutori con cui il processo di legittimazione si sviluppa. Il risultato è il concetto di reputazione, che, come è stato sottolineato (capitolo 3), è maggiormente sofisticato e articolato di quello di "immagine" ma che permette di rendere operativi gli aspetti legati alle "risorse di fiducia" (Vicari, 1992) che permettono lo sviluppo di connessioni legittimanti con gli interlocutori della domanda.

Possono individuarsi quattro categorie di relazioni che specificano il caso dei MCV: il pubblico in generale, la scuola, i turisti, la comunità scientifica nazionale e internazionale.

11.4.2 Comunicazione e relazione con gli interlocutori

*a. **Il pubblico in generale***

Le caratteristiche dei MCV, sia in termini di numerosità e diversità delle sedi, sia in termini di dinamica modificazione delle strutture e delle offerte culturali, rendono molto difficile articolare un'analisi puntuale delle relazioni con il pubblico in generale. Se è possibile prendere due termini per ancorare la rappresentazione di tale aspetto possiamo individuare da una parte, nella memoria collettiva dell'organizzazione, il punto più basso con lo stato di degrado fisico delle sale di Palazzo Correr verso la fine degli anni settanta[4] ripreso dalla stampa locale con toni di crociata; dall'altra parte, tra i punti più innovativi, la prima sperimentazione in Italia della bigliettazione remota (Galluzzi, Valentino, 1997) all'interno di una struttura museale civica, durante l'esposizione temporanea G.B. Tiepolo.

Tra questi due punti vi è stato un processo di riconfigurazione complessiva dell'offerta dei MCV che ha determinato in parte l'attuale ripartizione della domanda caratterizzata da una forte concentrazione presso Palazzo Ducale e da una ciclica concentrazione presso altre sedi museali del sistema a seguito di eventi temporanei (tabella 11.2).

È possibile inoltre rilevare come l'offerta di un biglietto cumulativo per Palazzo Ducale e Museo Correr abbia prodotto un incremento, anche se limitato, delle visite presso la seconda sede. Ciò permette di evidenziare un possibile effetto di trascinamento di Palazzo Ducale sulle altre sedi museali veneziane (in particolare se contigue).

La relazione esistente tra attività permanente e temporanee è, in questo momento, sottoposta a revisione a seguito della rilevazione dell'andamento della domanda. L'attenzione verso le mostre temporanee come strumento per attrarre nuovi visitatori nelle diverse sedi, in auge negli anni ottanta anche per i ritorni in termini di immagine politica e reputazionale, è sottoposta in questo momento a un'analisi critica nella quale sono poste in evidenza la potenzialità presenti in una politica di offerta che si focalizzi mag-

4. La rappresentazione più viva riguarda una campagna stampa sulla poca pulizia presente nelle sale del Museo Correr, a seguito dell'agitazione dei dipendenti addetti alle pulizie, che gli organi di stampa locali hanno sviluppato alla fine degli anni settanta.

giormente sulle collezioni permanenti presenti presso i MCV e sulle specificità tipiche delle diverse sedi.

Tale riflessione non indica un orientamento del management verso l'abbandono delle mostre temporanee ma una loro riconsiderazione soprattutto attraverso una diversa programmazione. In termini organizzativi ciò è leggibile anche a seguito della integrazione all'interno della struttura della direzione Musei Civici delle funzioni di Programmazione delle attività culturali ed espositive precedentemente presenti a livello di Assessorato alla cultura.

b. ***La scuola***

I MCV svolgono un'articolata attività didattica nei confronti delle scolaresche di tutti gli ordini e gradi. L'offerta didattica si specifica in: itinerari tematici, laboratori, attività legate a esposizioni temporanee.

Con gli *itinerari* si organizzano in modo coerente (lungo un percorso logico coordinato) un insieme di oggetti allo scopo di riconnettere materiali sparsi nelle diverse sedi per avere una chiave di lettura unitaria. Le sedi in cui gli itinerari vengono offerti sono Museo Correr, Palazzo Ducale, Museo del Vetro di Murano, Museo del Merletto di Burano.

Con il termine *laboratori* si intende un'offerta didattica nella quale la partecipazione dei musei civici e delle direzioni didattiche è maggiore sia in fase preparatoria che attuativa. L'esperienza dei laboratori didattici ha quattro anni con l'attivazione di temi quali: l'affresco, la pittura su tavola, la prospettiva, la luce e il colore nella pittura veneziana, la tessitura e la stampa su stoffa.

In relazione all'attività espositiva temporanea vengono organizzate delle attività didattiche specifiche. In particolare tali scelte possono essere rivolte esclusivamente agli insegnanti come nel caso attuale della mostra *Il mondo di Giacomo Casanova* per la quale non sono previste attività didattiche per studenti; oppure l'attività didattica può essere il motore che traina la realizzazione di alcune ipotesi espositive con scopi prevalentemente didattici come la recente mostra *Venezia Quarantotto. Sul ponte sventola bandiera bianca.*

Per comprendere l'articolazione dell'offerta delle diverse attività didattiche all'interno delle sedi museali ci sembra utile fare riferimento allo schema degli interventi didattici previsti nel programma 1998-1999. In tale schema le potenziali offerte (41 itinerari didattici, cinque laboratori, sei attività legate a esposizioni temporanee) vengono articolati per sede per definire operativamente le offerte e poter costituire un piano operativo di erogazione dei servizi.

Il processo di erogazione dei servizi didattici avviene attraverso l'individuazione degli interventi didattici offerti all'interno delle sedi dei musei civici con l'invio alle scuole del Comune di Venezia delle schede di prenotazione degli itinerari tematici e dei laboratori. Gli insegnanti aderiscono attraverso l'invio delle schede relative alle attività scelte. Le prenotazioni vengono accettate fino all'esaurimento della capacità produttiva offerta, secondo l'ordine di arrivo delle richieste.

La struttura interna ai musei civici dedicata alla didattica è composta da due soggetti che nella realizzazione degli itinerari e dei laboratori utilizzano collaborazioni esterne. Per comprendere l'entità del lavoro svolto è possibile fare riferimento esclusivamente ai dati forniti per il 1997-1998 con la partecipazione ai laboratori di 136 classi, per un totale di 206 incontri in museo mentre 260 classi hanno usufruito degli itinerari tematici.

c. *I turisti*

I MCV operano in un contesto ad alta musealizzazione e con forti componenti di attrattività turistica. Ciò si riflette nella composizione dei propri visitatori. Vi è da sottolineare che a oggi non sono presenti attività sistematiche di rilevazione dei caratteri dei visitatori. Ciò viene realizzato, dal 1996, per le grandi mostre, mentre per le esposizioni permanenti non è previsto un sistema di monitoraggio sistematico. Per comprendere in prima approssimazione i caratteri della domanda turistica che si rivolge ai MCV é possibile utilizzare il contributo di Funari e Simionato (1994). Le autrici hanno rilevato, dall'analisi di un campione di turisti e visitatori dei musei una certa correlazione tra l'andamento degli arrivi a Venezia e il numero delle visite ai musei.[5] Tale informazione viene integrata con l'individuazione della nazionalità, della prove-

5. I musei che formano il campione di indagine sono: Museo Correr, Ca'Rezzonico, Palazzo Ducale, Museo di Storia Naturale, Museo di Storia Navale, Museo Vetrario e Gallerie dell'Accademia (Funari, Simionato, 1994). Come si vede cinque musei su sette del campione appartengono ai MCV. Il problema dell'assenza di dati sui visitatori delle mostre è in parte superabile se si ricorda che in molti casi il biglietto di ingresso è unico.

nienza e delle caratteristiche demografiche del campione che possono essere rappresentative dell'universo dei visitatori. Da questi dati è possibile rilevare l'elevata percentuale di visitatori stranieri (il 64% del totale) e la difformità di presenze da parte dei visitatori delle regioni confinanti con il Veneto (Friuli-Venezia Giulia, Trentino-Alto Adige e Lombardia).

È confermato, anche in questa analisi, l'elevato grado di scolarità presentato dai visitatori (McLean, 1997) e mentre si sottolinea la scarsa presenza di classi di età minore e tra i 51 e 60 anni. La prima è un'indicazione della limitata pregnanza dell'esperienza museale nel campione delle scolaresche, mentre la seconda può essere legata alla difficoltà di collegare l'offerta museale veneziana con una domanda che si presenta nelle forme dei gruppi organizzati.

Il livello dei dati (studio su campione), la non perfetta sovrapposizione delle componenti dell'offerta (due dei musei in oggetto sono contigui ad alcune sedi dei MCV ma non vi appartengono), la disponibilità di dati relativi ad altre realtà museali minori veneziane,[6] determina la necessità di una maggiore attenzione, da parte del management museale dei MCV, alle specifiche caratteristiche della domanda che si rivolge alle singole sedi museali con l'individuazione di strumenti di raccolta dati che permettano una maggiore comprensione delle caratteristiche della domanda.

È stato possibile rilevare come i MCV sono, anche oggi, un soggetto determinate nell'offerta di servizi ai turisti visto che nel 1997 su circa 10 milioni di turisti, circa il 27% visita i musei della città e di questi il 64% è rappresentato da fruitori dei servizi dei musei civici (*tabella 11.3*)

Per quanto riguarda la variabile prezzo, essa è di competenza del Comune, ma viene proposta dalla direzione Musei Civici. In generale la politica di prezzo è utilizzata per articolare le tipologie di entrate presso i MCV in relazione alle esposizioni permanenti e temporanee. Alla diffusa utilizzazione di prezzi diversi per tipologie di fruitori si deve aggiungere l'offerta di particolari combinazioni a favore dei residenti (accesso gratuito). Si può notare che la ripartizione in fasce è molto articolata, in linea con quanto fatto in altri musei italiani, andando a specificare livelli di prezzo diffe-

6. Tra gli altri ricordiamo il Museo Ebraico di Venezia che dal 1993 al 1997 è passato da 36.000 a 85.000 visitatori con una presenza del segmento "scuola dell'obbligo" nell'ordine delle 20.000 presenze.

renti, per esempio, all'interno della categoria studenti, tra quelli della scuola dell'obbligo da quelli dei cicli di studio successivi, mantenendo la gratuità per i bambini.

TABELLA 11.3 **I VISITATORI DEI MUSEI DEL CENTRO STORICO DI VENEZIA**

	visitatori	**%**
Palazzo Ducale	1.366.871	47,9
Musei Civici	467.679	16,4
Museo Archeologico Nazionale	17.085	0,6
Museo Querini Stampalia	25.224	0,9
Peggy Guggenheim	225.993	7,9
Fondazione Cini	n.d.	n.d.
Palazzo Grassi	600.000	21,0
Museo Ebraico di Venezia	80.000	2,8
Ca d'Oro	62.400	2,2
Museo Orientale	5.274	0,2
Gallerie dell'Accademia	314.604	11,0
	2.850.526	100,0

Palazzo Ducale: dati 1996; Musei Civici: dati 1996 comprensivi di 250.000 visitatori della mostra su G.B. Tiepolo; Palazzo Grassi: dati stimati.

Fonte: Consorzio Venezia Ricerche (a cura) (1997). L'impianto del Giubileo su Venezia, Rapporto finale, aprile 1997.

Un ulteriore elemento di interesse è la politica svolta dei biglietti cumulativi. Tale soluzione è stata attuata in modo continuativo per Palazzo Ducale e Museo Correr (entrambi in piazza San Marco) dal 1996 con lo scopo di stimolare la domanda potenziale rivolta alle esposizioni permanenti del Museo Correr.

Vi sono altre iniziative collegate all'attività turistica, come ad esempio l'offerta ai pernottanti negli alberghi del consorzio "Venezia Pass" di una tessera che dà accesso ad alcune sedi dei MCV con diverse articolazioni di prezzo.[7] È inoltre presente una facilitazione specifica per i residenti nel Comune di Venezia, che hanno l'accesso gratuito al Palazzo Ducale e ad altre sedi museali dei MCV.

Sono state attuate anche delle promozioni temporanee rivolte a specifiche tipologie di domanda anche se non risultati diretti della

7. Palazzo Ducale, Museo Correr, Ca'Rezzonico, Palazzo Mocenigo, Museo Vetrario, Museo del Merletto al prezzo intero di L. 17.000, al prezzo ridotto di L. 10.000 per i giovani dai 14 ai 29 anni, al prezzo speciale di L. 6000 per gli studenti dai 6 ai 14 anni.

volontà della Direzione Musei Civici. Per esempio nel 1997 vi è stata un'iniziativa dell'Assessorato alla Gioventù del Comune di Venezia che ha portato alla offerta della carta "Rolling Venice" offerta ai giovani tra i 14 e i 29 anni per accedere a numerosi musei e mostre con riduzione nonché ad altre riduzioni nei trasporti e presso altre organizzazioni culturali veneziane.[8]

Per quanto riguarda le esposizioni temporanee si rileva come in generale il prezzo sia aumentato sensibilmente negli ultimi anni (in particolare dopo la mostra *Splendori del Settecento*) e come l'articolazione dei prezzi sia stata ampliata (come nel caso della mostra su G.B. Tiepolo).

In generale la variabile prezzo nell'offerta museale dei MCV è passata da leva non gestibile direttamente (caso estremo Palazzo Ducale) a componente del mix di offerta con l'articolazione dei livelli e delle gratuità in relazione a diverse tipologie di domanda. È stato un processo di sperimentazione e apprendimento delle diverse possibilità offerte dalla leva prezzo che, in alcuni casi, è stata determinata da soggetti esterni alla ripartizione MCV. Ciò è rintracciabile anche nei percorsi amministrativi che le singole modifiche della variabile prezzo hanno determinato la modifica o l'introduzione del prezzo. La logica alla base di questo processo sembra caratterizzarsi per la ricerca di un equilibrio dinamico delle componenti dell'offerta alla molteplicità e multidimensionalità della domanda che in Venezia si presenta.

d. ***La comunità scientifica e professionale***

Lo sviluppo, da parte dei dirigenti museali, di relazioni con la comunità dei professionisti museologi a livello italiano e internazionale é stato uno degli obiettivi che i MCV si erano dati alla fine degli anni settanta. Il processo di costruzione di relazioni di fiducia con gli altri operatori museali può essere analizzato lungo tre fasi/linee-guida (fasi temporali) esplicitate dal direttore:

- il riordino delle collezioni,
- lo sviluppo di attività di prestito,
- l'organizzazione di esposizioni temporanee.

8. La carta costava L. 5000 e dava diritto a usufruire di sconti presso i teatri comunali di Venezia e l'azienda di trasporto lacuale (ACTV). I musei convenzionati erano Palazzo Ducale, Palazzo Mocenigo, Casa Goldoni, Museo Vetrario e Museo del Merletto.

Dalla fine degli anni settanta al 1991 i MCV hanno realizzato un processo articolato di riordino puntuale delle proprie collezioni. La logica alla base è stata quella del riordino del proprio (ricco) magazzino di opere che erano parzialmente sconosciute agli stessi addetti ai lavori. Tale processo ha assorbito tutte le risorse che venivano via via liberate (per esempio attraverso l'*outsourcing* del servizio guardiania) ed è stato preordinato come elemento base per le altre fasi.

Attualmente tale opera non è ancora completata (anche a seguito delle acquisizioni di collezioni tramite donazioni o prese in carico di interi musei, da parte della Direzione MCV) ma ha già permesso di evidenziare agli addetti ai lavori (alla comunità scientifica nazionale e internazionale) l'entità e la ricchezza del patrimonio dei MCV.

Solo con la presa di coscienza, da parte dei manager dei MCV, delle caratteristiche specifiche delle collezioni è stato possibile individuare le opere che potevano essere poste in prestito e soprattutto interagire con l'insieme di istituzioni nazionali e internazionali che richiedevano il prestito delle opere.

Il processo di prestito, che in modo estemporaneo era sempre stato sviluppato dai singoli musei, si è diffuso, negli anni, attraverso il prestito ripetuto delle opere agli organizzatori delle esposizioni temporanee più importanti e/o coerenti con l'identità dei MCV.

Lo sviluppo di relazioni di fiducia con i potenziali partner nazionali e internazionali si é rafforzato attraverso la realizzazione di alcuni eventi espositivi in collaborazione con altre istituzioni internazionali (il Metropolitan per G.B. Tiepolo) e in generale attraverso la partecipazione alla rete di grandi istituzioni museali che scambiano, a livello globale, opere, personale, progetti, risorse.

Oggi i MCV sono riconosciuti a livello nazionale e internazionale come un'istituzione con ricche collezioni, individuabili nelle loro componenti specifiche (si può conoscere dove si trova lo specifico "olio su tela" del Tintoretto, in che condizioni di conservazione si trova, se è disponibile per il prestito, se vi sono delle schede puntuali relative all'opera, ecc.) con comprovate capacità di prestito e offerente garanzie di sicurezza adeguate agli standard museologici internazionali.

11.5 La gestione delle relazioni con i patron

11.5.1 Relazioni istituzionali

L'identificazione del patron principale per i MCV nel Comune di Venezia è immediata in quanto sua ripartizione organizzativa.

Il Comune però non è l'unico patron a cui i MCV di Venezia fanno riferimento.

È possibile individuare almeno altre due categorie di soggetti per le quali (e alle quali) i MCV devono rispondere del loro operato (degli *stakeholder*): gli altri patron pubblici (Stato e Regione Veneto), gli sponsor.

Lo Stato regolamenta l'attività degli enti locali e dei musei e quindi anche dei MCV, ma nel caso veneziano la presenza di una "legge speciale" per Venezia determina processi di finanziamento specifici per i soggetti che in essa operano (tra cui i MCV); inoltre l'azione della Regione come soggetto di finanziamento è regolamentata da norme che prevedono obiettivi, mezzi e procedure per la valutazione dei risultati. Infine sono presenti numerosi soggetti sponsor che operano sistematicamente (o saltuariamente) il finanziamento delle attività svolte dai musei civici nonché soggetti che partecipano direttamente allo sviluppo dell'attività dei MCV.

Ci occuperemo in primo luogo della relazione con il patron principale cercando di riconoscerne i diversi livelli (Comune, Assessorato, Direzione MCV) per poi analizzare le relazioni con gli altri soggetti pubblici e gli sponsor.

11.5.2 Comune, Assessorato, Direzione MCV

La relazione presente tra Direzione MCV e il resto dell'ente pubblico può essere analizzata considerando:

- le relazioni con gli organi politici (Giunta e Assessorato alla cultura del Comune di Venezia);
- le relazioni con il sistema informativo comunale (il processo amministrativo e il processo di reporting);
- le connessioni operative della Direzione MCV con le altre ripartizione del Comune nello sviluppo delle attività operative.

La relazione tra Direzione MCV e organi politici si caratterizza innanzitutto per una continuità ventennale nella guida della ripartizione da parte dell'attuale direttore, confrontata con una alternanza dal lato politico. Ricordiamo come il Comune di Venezia abbia rappresentato, per più di un decennio, un esempio di instabilità politica risoltasi sostanzialmente negli ultimi due mandati elettorali. Tale disparità ha determinato un primo periodo di vita parallela tra Assessorato e Direzione MCV con la presenza di attività culturali non coordinate tra le due aree. La Direzione veniva informata delle attività culturali in essere e contribuiva per quanto di propria competenza, mentre l'Assessorato operava in relazione alle attese dell'organo politico.

Come sottolineato in precedenza, la riforma dei contratti del pubblico impiego (D.L. 77/93), l'introduzione del controllo di gestione negli Enti locali (L. 142/90), la riforma della legge elettorale per i Comuni ha determinato una modifica a livello di contesto, che ha portato allo stato attuale di una maggiore integrazione tra i due livelli.

Per quanto riguarda il processo amministrativo, le semplificazioni introdotte dalla L. 77/93 hanno permesso di articolare le relazioni economico-finanziarie all'interno di due documenti:

- il *Bilancio di previsione*, documento sintetico approvato dal Consiglio comunale, nel quale vengono assegnate le risorse alle diverse articolazioni dell'Amministrazione comunale;
- il *Piano Esecutivo di Gestione*, documento analitico approvato dalla Giunta comunale, che articola per capitoli di spesa gli stanziamenti per l'anno.

A differenza di quanto avviene in altre situazioni, presso il Comune di Venezia la delega di responsabilità non viene attribuita ai singoli direttori delle sedi museali, ma rimane accentrata a livello di Direzione MCV che ne determina la ripartizione, all'interno dei capitoli di bilancio, in modo parzialmente autonomo. È quindi presente, per quanto riguarda la parte degli stanziamenti intesi come "consumi specifici", un'articolazione della spesa adattabile alle esigenze operative della ripartizione.

Per quanto riguarda le connessioni a livello di *budgeting* la ripartizione MCV opera un meccanismo di raccolta delle esigenze riguardanti le attività previste relative al futuro attraverso incontri puntualmente definiti a tale scopo nei quali la definizione dell'entità economico-finanziaria viene dopo l'individuazione di una gerarchia di priorità tra attività.

A questo si connette, in una logica *bottom-up*, il processo complessivo di definizione delle richieste in ambito di bilancio di previsione. La ripartizione delle risorse assegnate successivamente (uguali o inferiori a quanto richiesto) avviene secondo criteri non esplicitati completamente e ufficialmente scollegati dal rapporto diretto con le entità di sbigliettamento. La figura del direttore in questo caso è di *primus inter pares*, come rappresentante nei confronti della controparte politica della ripartizione.

Dal punto di vista della rappresentazione economico-finanziaria la ripartizione MCV è considerata come un centro di costo, diviso dal centro di costo Palazzo Ducale, nel quale vengono agglomerati costi legati all'attività museale. A questo centro di costo viene affiancato il centro di costo mostre.

Tale ripartizione determina la possibilità di individuare l'insieme delle entrate per singole sedi museali (ad esempio per quanto riguarda il contributo della Regione Veneto) e delle singole mostre realizzate nel periodo di competenza (*tabella 11.4*).

TABELLA 11.4 **TIPOLOGIE DI ENTRATE PER I CENTRI DI RESPONSABILITÀ "CIVICI MUSEI E MOSTRE" 1995 (IN MIGLIAIA DI LIRE)**

	ingressi	contributi Regione Veneto	altre entrate	totale
Direzione MCV	0	17.354	0	17.354
Correr	320.990	74.389	875	396.254
Ca' Rezzonico	131.998	56.456	0	188.454
Vetrario	492.342	40.460	1.500	534.302
Ca' Pesaro	58.890	101.235	930	161.055
Palazzo Mocenigo	0	58.762	130	58.892
Storia Naturale	40.003	0	0	40.003
Palazzo Fortuny	0	3.924	5.700	9.624
totale	**1.044.223**	**352.580**	**9.135**	**1.405.938**

Fonte: Comune di Venezia, Direzione Ragioneria

Lo stesso livello di analiticità è rintracciabile sul versante dei costi. Sono presenti infatti le schede di ripartizione dei costi per singoli centri di responsabilità sia Musei Civici che mostre (per una esemplificazione dei dati rintracciabili si veda la *tabella 11.5*).

Dall'analisi delle schede di registrazione dei costi si individua una diffusa articolazione delle informazioni attraverso il ribaltamento delle spese sui diversi componenti sui centri di costo che, se da un lato presenta un elevato aspetto formale, dall'altro ha limitati effetti dal punto di vista informativo e decisionale. Tale aspetto è confermato, in primo luogo dal *lag* temporale tra la fase di elaborazione dei dati e quella di comunicazione degli stessi e, in secondo luogo, dalla non diretta responsabilizzazione dei gestori di sede. Un ulteriore aspetto riguarda l'unità centrale, direzione MCV, che viene individuata come centro di agglomerazione dei costi che successivamente vengono ripartiti secondo criteri di non facile esplicitazione.

TABELLA 11.5 **TIPOLOGIE DI SPESA PER SINGOLA ATTIVITÀ NEL CENTRO DI RESPONSABILITÀ "CIVICI MUSEI E MOSTRE" (1995, in migliaia di lire)**

ipologia di spesa	direzione	Glory of Venice	Percorsi del Gusto	Lavoro prep. De Maria	attività culturali	totale spese
ssicur. noleggio, imballo	0	398.724	0	0	0	398.724
rasporti	0	789.418	0	1482	0	790.900
llestimento	0	539.522	0	0	0	539.522
isallestimento	0	22.491	0	0	0	22.491
estauro opere	0	9.758	0	9561	0	19.319
spitalità, viaggi, diaria*	0	47.739	0	0	0	47.739
ubblicità	0	170.752	0	0	0	170.752
roduz. cataloghi (foto)	0	360	14.396	0	0	14.756
IAE	0	75.647	0	0	0	75.647
onsulenze	0	6.187	5.608	0	0	11.795
igilanza armata	0	2.356	0	0	0	2.356
igil. sale e biglietterie	0	141.885	0	0	0	141.885
ulizie	0	24.798	0	0	0	24.798
pese diverse	34.151	73.584	0	0	25.151	132.886
pese dirette di gestione	34.151	2.303.221	20.004	11.043	25.151	2.393.570
anutenzione immobili	0	0	0	0	0	0
lum. acqua, gas	12.170	4.744	1.719	963	1.375	20.971
cquis. beni e servizi	19.635	11.180	6.453	245	2.255	39.768
otale spese di gestione	65.956	2.319.145	28.176	12.351	28.781	2.454.409
ersonale	410.118	172.809	59.816	39.795	46.395	728.933
ontributi a terzi	0	0	°595.000	0	# 273.000	0
otale spese attività	**476.074**	**2.491.954**	**682.992**	**52.146**	**348.176**	**4.051.342**

*) spese sostenute per gli accompagnatori delle opere esposte; (°) somma erogata all'agenzia Prospettive 1999" per la gestione della mostra; (#) somma comprendente erogazioni di L. 71.400 per promozione delle mostre e attività dell'Assessorato alla cultura, L. 80.000 per la realizzazione di una nostra fotografica, L.74.000 per attività svolte in occasione del Natale 1995.

Fonte: Comune di Venezia, Direzione Ragioneria 1995

A titolo di esercizio analitico si é tentata la ricostruzione di un rendiconto finanziario pro-forma della ripartizione Musei Civici (*tabella 11.6*).

Da tale esercizio è possibile individuare alcuni aspetti.

In particolare, dal 1995 al 1997 il grado di copertura delle spese con le entrate è passato dal 14,3 al 58,5%. Tale incremento nella copertura è frutto di un consolidamento delle entrate di Palazzo Ducale all'interno delle entrate complessive dei Musei Civici di Venezia ma anche a seguito dell'offerta del biglietto cumulativo Palazzo Ducale-Museo Correr (da L. 14.000 a L.17.000). Secondo quanto indicato dalla responsabile amministrazione, il grado di copertura è superiore a quanto indicato nel presente bilancio pro-forma. Sarebbe infatti presente un avanzo di gestione nell'ordine dei 2 miliardi, che ogni anno la ripartizione MCV offre alla gestione complessiva del Comune di Venezia. In tal caso (a seguito di una conferma supportata da dati) ci troveremmo di fronte a un caso di organizzazione museale in attivo.

Tale affermazione deve essere certamente mediata con la rilevazione, all'interno del presente rendiconto pro-forma, ma anche nel bilancio della ripartizione, delle uscite relative alle spese di manutenzione ordinaria e straordinaria degli immobili che rientrano all'interno dei meccanismi di finanziamento della legge speciale per Venezia. In presenza di tali spese il quadro complessivo dell'organizzazione MCV assumerebbe maggiore concordanza e completezza. La difficoltà nel poter disporre di tali informazioni, in questa fase della ricerca, impedisce la definizione di una più attenta e approfondita valutazione dello schema pro-forma voce per voce. Tale analisi sarà oggetto di una futura analisi sia in ottica sincronica che diacronica.

In ogni caso è possibile sottolineare in questa fase come l'assenza di una ricostruzione unitaria dell'insieme delle spese e delle entrate afferenti alla complessiva attività MCV impedisca, nei fatti, una chiara rendicontazione delle attività svolte sia in termini di tipologia di spese sia sulla natura delle entrate. La presenza di tale documento di sintesi potrebbe rappresentare uno strumento di relazione con gli attuali e i futuri *stakeholder* dei MCV in ottica di richiesta di rendicontazione e di eventuale *partnership* per progetti comuni.

TABELLA 11.6 **RENDICONTO FINANZIARIO DELLA RIPARTIZIONE MUSEI CIVICI DI VENEZIA (1995 E 1997)**

spese per tipologia	1995 importo	1995 %	1997 importo	1997 %
spese del personale	3.939.497.000	40,04	4.111.806.000	33,4
consumi	695.986.000	7,073	845.765.183	6,86
acquisti (mat. d'ufficio, mat. vario, stampati, vest.)	156.510.000	1,591	72.300.000	0,59
acquisto materiale informativo	158.122.000	1,607	294.951.118	2,39
manut. ordin. beni immobili	1.304.914.000	13,26	1.157.911.684	9,39
manut. ordin. beni mobili	0	0	39.524.660	0,32
premi assicurativi	0	0	98.258.661	0,8
servizi in appalto	2.668.463.000	27,12	4.160.000.000	33,8
iniziative espositive	0	0	460.703.220	3,74
iniziative culturali e ricreative	100.063.000	1,017	137.953.706	1,12
formazione e addestramento	0	0	1.380.400	0,01
convegni e viaggi studio	0	0	37.230.000	0,3
incarichi professionali esterni	225.985.000	2,297	279.616.010	2,27
restauro e acquisto opere d'arte	464.476.000	4,721	384.640.100	3,12
noleggio fotocopiatrici	0	0	41.824.870	0,34
direz., coord. spese generali	123.737.000	1,258	0	0
interessi passivi	1.650.000	0,017	201.601.569	1,64
totale	9.839.403.000	100	12.325.467.181	100

entrate per tipologia	importo	%	importo	%
contributi e trasferimenti Regione Veneto	352.580.000	25,08	95 950.000	1,33
ingressi musei civici	320.990.000	22,83	5.686.889.000	78,9
vendita pubblicazioni, mat. informativo Museo Correr	0	0	57.535.650	0,8
ingressi Ca' Rezzonico	131.998.000	9,389	594.816.500	8,26
vendita pubblicazioni, mat. informativo Ca' Rezzonico	0	0	162.487.713	2,26
ingressi Museo Vetrario Murano	492.342.000	35,02	407.259.000	5,65
ingressi Ca' Pesaro	58.890.000	4,189	315.000	0
ingressi Museo Storia Naturale	40.003.000	2,845	200.000	0
ingressi Palazzo Mocenigo	0	0	18.436.800	0,26
vendita pubblicazioni, mat. informativo Palazzo Mocenigo	0	0	10.094.250	0,14
ingressi Museo del Merletto di Burano	0	0	41.135.000	0,57
altri proventi musei civici	9.135.000	0,65	80.791.828	1,12
canone concessione in uso beni immobili	0	0	48.726.025	0,68
totale	1.405.938.000	100	7.204.636.766	100
% copertura spese		14,3		58,5

11.5.3 Gli altri patron pubblici

I MCV essendo localizzati in Venezia rappresentano un caso particolare per quanto riguarda la capacità di finanziamento delle proprie attività da parte del settore pubblico. Al normale canale di regolamentazione e finanziamento presente in tutte le regioni, in Venezia è operante la legge speciale per la salvaguardia della città lagunare. Tale legge ha permesso, e permette, di realizzare opere di bonifica, manutenzione, restauro allo scopo di salvaguardare la città. I MCV, soprattutto per il loro patrimonio immobiliare, hanno ottenuto numerosi finanziamenti per la realizzazione dei piani di recupero e adeguamento strutturale (citati in precedenza).

Tale legame con la "legge speciale" influenza in misura rilevate l'azione dei MCV. Innanzitutto permette di disporre di un flusso prospettico di risorse pubbliche a cui attingere, in competizione con altri soggetti pubblici e privati, per la realizzazione di adeguamenti strutturali delle proprie unità operative. Tale condizione è certamente privilegiata rispetto ad altre realtà museali civiche ma è legata alla specificità della città in cui i MCV operano. In secondo luogo, la dipendenza dei finanziamenti dai dettami della legge influenza negativamente i tempi per la realizzazione delle opere, in quanto il livello di prevedibilità dei tempi e delle quantità di risorse disponibili è molto basso.

Altro soggetto pubblico importante per i MCV è la Regione Veneto. Tale organismo finanzia in parte i MCV (nel 1995 per il 25% delle entrate) e costituisce un soggetto responsabile territorialmente per lo sviluppo di politiche di monitoraggio e servizio per le realtà museali della Regione.

Esso rappresenta quindi un soggetto da considerare nel quadro di riferimento gestionale soprattutto per quanto riguarda le ripercussioni in termini di regolamentazione in ambito culturale e di salvaguardia.

Tali rapporti potranno assumere un valore ulteriore a conclusione dell'iter di riorganizzazione delle competenze del Ministero dei Beni e delle Attività Culturali per quanto riguarda la "cessione" dei musei nazionali a enti e istituzioni pubbliche che si assumano la gestione dell'insieme di attività legate tali musei. È un processo in atto, per il quale non sembra però, a oggi, attivata alcuna discussione.

11.5.4 Gli sponsor

I MCV si caratterizzano per una consolidata prassi di relazione con potenziali sponsor.

Tale relazione si evidenzia dalla partecipazione di privati al finanziamento di alcune esposizioni temporanee e dalla recente costituzione di organismi rappresentanti l'azione di potenziali sponsor legata direttamente ai MCV.

La relazione con gli sponsor si realizza in generale attraverso tre modalità: il sostenimento da parte dello sponsor delle spese di trasporto, il pagamento delle *royalties* sui cataloghi, l'incasso dei biglietti.

Tutte e tre queste modalità sono il frutto di molteplici esperienze realizzate presso i MCV relative alle possibilità di gestione del finanziamento da parte degli sponsor. Le modalità indicate rappresentano le vie più semplici per l'attivazione di tali fonti di finanziamento.

Le relazioni tra MCV e sponsor si sono arricchite di un nuovo soggetto organizzativo nel 1996: la Venice International Foundation (VIF). Tale fondazione è stata costituita al fine di svolgere e promuovere attività culturali, di studio, di ricerca e di informazione con particolare riferimento all'attività e alle iniziative dei Musei Veneziani. Dal punto di vista operativo l'associazione si propone di stipulare accordi con il Comune di Venezia per il miglioramento della fruibilità dei servizi, degli spazi e delle iniziative dei MCV.

Alcuni caratteri della fondazione sono interessanti per le implicazioni derivanti per i MCV. In primo luogo è previsto dallo statuto il diritto di partecipare alle riunioni del Consiglio di amministrazione dell'associazione, esprimendo un voto consultivo, dell'assessore alla cultura del Comune (o di un suo rappresentante da esso designato).

Un secondo elemento riguarda la possibilità, per la VIF, in caso di decisioni inerenti le attività dei musei civici, di consultare anche i dirigenti dei musei stessi.

Tali meccanismi istituzionali di integrazione tra VIF e Comune di Venezia sono rafforzati dalla presenza della sede all'interno di Ca'Rezzonico e, soprattutto, dalla concessione da parte del Comune di un diritto di prelazione all'associazione per il finanziamento di eventi afferenti alle diverse iniziative del Comune per quanto riguarda i MCV. Vi è infine da sottolineare come i soci di VIF ottengano dai MCV una serie di servizi che prefigurano una esplicita politica di *membership*.[9]

È significativo che questo si realizzi anche nel caso di una realtà museale comunale come quella veneziana in quanto indicatore di una richiesta di autonomia amministrativa legata ai flussi di entrata e uscita al di là dei criteri afferenti al sistema di contabilità degli Enti locali. È presente infatti una discussione a livello politico relativa all'aziendalizzazione della gestione dei MCV attraverso uno dei diversi strumenti presenti nell'articolato panorama giuridico degli Enti locali prendendo anche spunto dalle realtà presenti in altre Regioni.

11.6 Alcuni elementi di discussione

L'obiettivo eminentemente descrittivo del presente lavoro non ci permette di sviluppare in modo esaustivo gli aspetti interpretativi che dall'analisi del caso possono derivare. Ciò non toglie la possibilità di effettuare alcune iniziali sottolineature derivanti dal caso MCV da poter sviluppare successivamente.

È possibile evidenziare due livelli di interpretazione:
- in primo luogo, per quanto riguarda i MCV in quanto organizzazione museale e, per estensione, alcuni elementi riguardanti l'intero sistema delle aziende museali italiane;
- in secondo luogo, per quanto riguarda in generale le aziende museali *multiunit*.

Per quanto riguarda i MCV l'analisi effettuata permette di evidenziare come pur in presenza di risultati economico-finanziari positivi (un avanzo di gestione consistente annuale) l'efficacia del museo permane legata a quell'essere "altro" rispetto alle imprese che caratterizza tutti i musei (Zan, Paciello, 1998-1999). Il risultato di bilancio non viene perseguito per se stesso ma come risultato di una gestione complessiva e integrata delle attività di conservazione, ricerca, valorizzazione, didattica, che operano congiuntamente all'interno dei MCV.

9. Si ricorda tra gli altri il caso di INTRAPRESA-Guggenheim, un'associazione di imprese che operano a favore della Peggy Guggenheim Collection di Venezia e che hanno permesso l'ampliamento della sede, l'organizzazione di un premio internazionale relativo all'impegno delle imprese nella cultura ottenendo, a seguito di un contributo annuo, la possibilità di usufruire di alcuni servizi di rappresentanza presso la sede della collezione.

Nelle affermazioni dei dirigenti e degli operatori non vi è stata mai la presenza di una dialettica ideologica tra il saper gestire e il saper essere museo. Le due cose vivono insieme nell'agire dell'organizzazione.

Elemento guida del processo di gestione è il *conoscere al proprio interno per poter far conoscere all'esterno*. Il processo di rendicontazione e di definizione del perimetro delle attività e delle competenze viene vissuto dall'organizzazione come uno strumento per l'individuazione delle risorse e degli strumenti per il raggiungimento della *mission* museale. L'interazione con le altre parti del Comune è realizzata per far conoscere la propria attività e specificità. È un processo all'interno del quale l'identità dei MCV rispetto ai propri *stakeholder* e comunità scientifica di riferimento è elemento percepito in modo forte dai componenti l'organizzazione.

Essere i Musei Civici di Venezia oggi è il risultato di un processo di addizione di sedi, patrimoni, risorse umane e finanziarie, in parte perseguito e in parte subito dalla Direzione MCV. In tale processo ogni addizione ha portato all'attivazione di una serie di azioni volte ad amalgamare la componente all'interno dell'offerta complessiva dei MCV attraverso una sequenza di fasi definite in termini scientifici. Innanzitutto conoscere, classificare, conservare, restaurare le diverse componenti della nuova sede (collezioni ma anche impianti) per poter individuare quali attività realizzare nel tempo intercorrente tra la presa in carico del bene alla sua completa utilizzazione da parte dei fruitori.

È un percorso che continua a caratterizzarsi, in termini operativi, da chiusure temporanee di sedi, adeguamenti degli impianti, prestito delle opere, organizzazione di mostre, riordino di collezioni, ecc., tutte attività che in modo più o meno formalizzato, e con diversi gradi di coordinamento, sono a conoscenza del management, possono essere rendicontate, presentano un responsabile identificato e/o identificabile e, complessivamente, entrano all'interno del piano complessivo di attività dei MCV.

La discussione presente in letteratura sulla necessità di incrementare il livello di managerializzazione presente nelle organizzazioni museali italiane, in quanto tali organizzazioni non sarebbero gestite in modo efficace ed efficiente, trova nell'analisi dei MCV una parziale eccezione. Come altri su questo tema (capitolo 3; Zan, Paciello, 1998-1999) riteniamo che attraverso un processo di umile confronto con realtà che sono altro rispetto alle imprese è possibile individuare livelli di utilizzazione e di adeguatezza degli strumenti e delle conoscenze del management all'interno delle organizzazioni museali. I MCV presentano una sviluppata tensione verso la rendicontazione dell'attività realizzata e l'identificazione di un responsabile complessivo dell'attività che dispone di una numerosità di strumenti di gestione nelle proprie mani. Rendicontazione (*accountability*), managerializzazione possono essere individuate come due facce della medaglia della "autonomia" che in ambito museale viene richiesta a gran voce da molti ma praticata da pochi.

I limiti presenti nella gestione possono essere riferiti più alla situazione specifica dell'organizzazione Comune di Venezia che non alla singola ripartizione. Sono presenti difficoltà nel far comprendere la propria specificità alle altre unità dell'organizzazione in quanto da una parte non vengono evidenziate attraverso parametri autonomi le attività realizzate (ad esempio il non rendicontare le istruttorie protocollo o le attività didattiche all'interno del controllo di gestione), dall'altra parte non sono presenti delle interconnessioni tra le attività della ripartizione e ciò che viene realizzato in altre unità organizzative del Comune che porta a inefficienze e limiti nell'efficacia.

Per rispondere a questi limiti è in atto un processo di incremento dell'autonomia gestionale della ripartizione musei rispetto alle altre ripartizioni del Comune, in particolare con l'acquisizione delle risorse e competenze per guidare le attività di restauro delle sedi museali e l'accentramento all'interno della ripartizione di tutte le attività culturali del Comune. Tale "autonomizzazione nei fatti" non è legata all'idea di costituire un'entità giuridica distinta dal Comune. Infatti dalla maggior parte dei soggetti intervistati l'attuale situazione di "gestione in economia" delle attività è ritenuta la soluzione migliore rispetto a eventuali soluzioni come l'Istituzione (secondo la L. 142/90 senza personalità giuridica) e l'aziendalizzazione (termine utilizzato all'interno ma non chiaro nei significati giuridici e organizzativi). Sono viste con favore solo soluzioni che migliorino l'attuale grado di autonomia preservando il carattere pubblico dell'attività e migliorando il grado di flessibilità presente nelle attività amministrative.

I MCV sembrano rappresentare un caso "fuori dal coro". Mentre nella letteratura l'autonomia viene fortemente richiesta a priori senza individuarne le caratteristiche operative, presso i

MCV l'autonomia è ricercata per poter realizzare le attività museali all'interno delle attuali regolamentazioni. Eventuali modifiche potranno integrarsi in un processo organizzativo già in atto di responsabilizzazione e managerializzazione.

L'analisi del caso MCV permette anche di evidenziare alcune riflessioni maggiormente legate agli aspetti strategico-operativi. Nei MCV si evidenzia la molteplicità di livelli di analisi a cui si può far riferimento nell'offerta di prodotti museali. È presente il livello delle singole sedi museali che operano come unità con una propria identità nell'offerta di servizi verso target di riferimento difformi (ad esempio tra il visitatissimo Palazzo Ducale e la piccola Casa Goldoni). È presente inoltre il livello dell'organizzazione MCV che opera come interlocutore unitario nei confronti di molteplici soggetti della domanda e dell'offerta. A entrambi i livelli è necessario individuare quali sono le "forme di offerta"(Rispoli, Tamma, 1995) alle quali scegliere di partecipare. Ad esempio Palazzo Fortuny in connessione con la Biennale e la Peggy Guggenheim Collection potrebbero rappresentare un nodo di attrazione relativa all'arte moderna e contemporanea in Venezia connesso non solo dalla domanda attraverso comportamenti puntuali ma come sistema di offerta coordinato attraverso la definizione di elementi congiunti. Lo stesso può essere individuato nelle altre sedi dei MCV.

Infine l'analisi effettuata permette di evidenziare il diverso grado di complessità presente nella gestione delle aziende museali *multiunit* rispetto ai modelli gestionali presenti in letteratura; rispettivamente le reti di musei e le grandi aziende museali *singleunit*.

Rispetto alle reti di musei l'organizzazione museale *multiunit* presenta caratteri e necessità di integrazione maggiori. Non è solo la condivisione di servizi aggiuntivi a legare insieme le diverse sedi museali ma l'idea di un'organizzazione museale che nella presenza di un molteplicità di sedi identifica il proprio ruolo e compito all'interno di un territorio. Sotto questo punto di vista le attività centrali di conservazione e ricerca sono individuabili come oggetto di maggiore integrazione con la presenza di responsabili di collezioni definiti in termini tecnico-tipologico.

Rispetto alle grandi aziende museali *singleunit* le aziende *multiunit* localizzate in un territorio presentano livelli di complessità superiore in particolare per quanto riguarda definizione e coordinamento delle offerte (*offering system*) nello spazio e nel tempo (ad esempio si pensi alla definizione del cartellone annuale delle offerte presenti in Venezia da parte dei MCV); gestione dell'immagine complessiva rispetto a quella delle singole sedi; moltiplicazione degli spazi; programmazione delle attività multilocalizzate.

In termini strategico-operativi la gestione delle aziende museali *multiunit* implica un necessario raffinamento nell'applicazione, dal punto di vista interno, delle tecniche e delle metodologie della programmazione, della rendicontazione e del project management, e nell'interazione con la domanda l'acquisizione delle tecniche della comunicazione integrata, della gestione dei marchi multipli e in generale delle metodiche relative all'interazione con la domanda.

12 L'allargamento del mercato potenziale per i servizi museali: la mostra "I sensi del mondo"

Angelo Manaresi e Barbara Lorenzini

12.1 Introduzione

Il settore dei beni culturali rappresenta per l'Italia un'enorme risorsa il cui potenziale può essere sfruttato maggiormente. Il settore museale presenta in particolare ampie prospettive di rilancio: fattori quali l'aumentato livello culturale e la ricerca di una migliore qualità della vita hanno contribuito a determinare una forte domanda di nuovi servizi culturali, maggiormente orientati alla socializzazione, al divertimento e alla facile fruizione (Merlo, 1996).

Alla luce delle potenzialità dell'offerta e di questa nuova domanda occorre riconsiderare il mercato di riferimento di questo tipo di servizi, tradizionalmente limitato al settore culturale. L'analisi del mercato che verrà proposta in questa ricerca evidenzia come l'ambito competitivo di riferimento per un museo sia, in realtà, più ampio di quello tradizionalmente "culturale", ovvero quello dell' "intrattenimento culturale", che è trasversale a settori quali cinema, tv, turismo, editoria. Tale orientamento porta in primo piano la relazione tra visitatori, predisposizione dell'offerta museale e organizzazione.

La diffusione culturale si può realizzare sia attraverso il mantenimento e il rafforzamento delle relazioni con il proprio pubblico tradizionale, sia attraverso la costruzione di una relazione con un pubblico più ampio. Per perseguire ciascuna di queste strategie occorre conoscere le caratteristiche, le motivazioni, i comportamenti d'acquisto e fruizione e i meccanismi di soddisfazione dei visitatori.

I musei sono chiamati oggi a concepire in modo nuovo il servizio offerto e soprattutto a cambiare cultura organizzativa, adeguandosi a logiche vicine a quelle della competizione e delle imprese: ciò proprio per non snaturare la fondamentale funzione di presidio e diffusione culturale del settore museale, come avverrebbe realizzando attività dirette solamente a una piccola parte della popolazione.

La ricerca che viene qui presentata si pone in antitesi rispetto sia alle logiche tradizionali di segmentazione elitaria del pubblico museale, sia all'idea, lontana dal reale comportamento d'acquisto e di fruizione dei visitatori dei musei, che la semplice maggiore accessibilità del museo (orari, prezzi più bassi) conduca in modo automatico più visitatori nei musei.

Il tradizionale "orientamento al prodotto" degli operatori museali è connesso (sia come causa che come effetto) a un loro scetticismo di fondo sulla possibilità di diffondere la cultura attraverso le esperienze di visita museale: ipotizzare che, poiché il pubblico museale tende ad avere un maggiore livello di scolarizzazione rispetto alla media, solo visitatori con un grado culturale alto possano diventare visitatori dei musei, significa adagiarsi sulle modalità tradizionali di progettazione del servizio museale. In tal modo non si tiene conto di possibili differenti esigenze di fruizione di un pubblico con caratteristiche meno scontate.

Come viene approfondito nel capitolo 15, i frequentatori meno assidui e i non frequentatori di musei sottolineano l'importanza della sensazione di disagio creata dalla visita, derivante principalmente dalle restrizioni al comportamento che essa comporta e dalla limitata dimensione sociale della visita.

Questo approccio all'analisi della fruizione induce a considerare che l'obiettivo di incrementare la numerosità del pubblico dei fruitori del servizio possa essere perseguito non esclusivamente attraverso una maggiore accessibilità dello stesso, ma attraverso un diverso orientamento gestionale in grado di garantirne una maggiore appetibilità.

La qualità dell'esperienza dei visitatori e la conseguente soddisfazione coinvolgono profondamente il sistema di erogazione del servizio, derivando da elementi quali il supporto fisico e l'interazione. Occorre dunque considerare il ruolo delle variabili situazionali nella valutazione dell'esperienza e nell'immagine che può derivarne. Gli elementi di intrattenimento sono molto importanti nel fare diminuire la sensazione di disagio dei visitatori meno acculturati; inoltre, come si vede nei risultati della ricerca, non necessariamente le dimensioni di intrattenimento contrastano con quelle connesse alla percezione culturale: la preoccupazione che creare maggiori percezioni di intrattenimento svilisca il profilo culturale delle iniziative è quindi infondata. L'abilità dell'operatore museale consiste proprio nel far convivere queste due dimensioni all'interno di una nuova concezione di fruizione museale.

12.2 L'analisi della fruizione del servizio per l'allargamento del mercato potenziale

La ricerca, condotta nel 1997, intende descrivere le percezioni e i comportamenti dei fruitori di una mostra scientifica, dal titolo "I sensi del mondo", realizzata a Bologna, e composta da un percorso formato da exhibit interattivi, da animazioni e da uno shop per l'acquisto di prodotti.[1]

I comportamenti studiati sono sia reali (acquisti nel punto di vendita, acquisti compiuti in passato di servizi museali analoghi) sia intenzionali (intenzione di ritornare alla mostra). Le percezioni fanno riferimento sia alla performance del servizio (livello di soddisfazione) sia a variabili individuali che evidenziano come vengono considerate le mostre e le esperienze museali. Numerose variabili di classificazione sono studiate allo scopo di evidenziare le caratteristiche di gruppi e sottogruppi di individui rilevanti per lo studio del mercato.

Sono state effettuate interviste strutturate a 645 visitatori di almeno 16 anni di età. Le interviste sono state compiute al termine del percorso della mostra, vicino all'uscita. Il tasso di risposta è di circa il 75%. Considerando che i fruitori della mostra che hanno comprato un biglietto intero sono stati 12.751, il campione rappresenta una percentuale di oltre il 5% (tra chi ha fruito di omaggi e

1. Si ringraziano per la preziosa collaborazione la dott.ssa Patrizia Cevenini e la dott.ssa Luana Benedetti, che hanno attivamente collaborato per la costruzione dei questionari, per la predisposizione della fase pilota e per l'analisi sul campo. L'Assessorato alla cultura del Comune di Bologna e l'Università di Bologna hanno collaborato fornendo accesso per la rilevazione durante una mostra da essi congiuntamente organizzata.

entrate speciali vi sono anche alcuni adulti, perciò la percentuale è probabilmente intorno al 5%), quindi è statisticamente rappresentativo. Le interviste sono state condotte per tutta la durata della mostra, dal primo all'ultimo giorno, con cadenza regolare nei giorni festivi e prefestivi; sono state inoltre realizzate interviste in tutti i giorni lavorativi di alcune settimane-campione.

12.2.1 Caratteristiche demografiche e socio-economiche dei visitatori

Il campione di 645 individui si compone di un 41% di uomini e un 59% di donne, di età tra i 16 e i 77 anni (*tabella 12.1*).

Il livello di frequenza scolastica degli intervistati è mediamente molto alto, confermando la capacità dell'evento di attirare soprattutto persone di elevato livello culturale (*tabella 12.2*). La grande maggioranza di chi ha visitato la mostra non frequenta spesso mostre o musei scientifici: i "frequentatori assidui" (chi frequenta mostre o musei scientifici due o tre volte all'anno) sono solo il 14%, gli "occasionali" (una volta all'anno) sono il 66%, mentre i "nuovi" (chi non aveva mai frequentato una mostra o un museo scientifico) sono il 20%.

La visita alla mostra scientifica è dovuta anche all'interesse culturale specifico: infattti, oltre il 50% dei visitatori intervistati acquista (o riceve gratuitamente) libri/riviste di carattere scientifico almeno bimestralmente. È comunque interessante notare che circa un terzo dei visitatori intervistati non acquista praticamente mai né riceve gratuitamente riviste di tale argomento, a testimonianza del carattere non necessariamente specialistico della visita alla mostra (*tabella 12.3*).

TABELLA 12.1 **CLASSI DI ETÀ (DISTRIBUZIONE %)**

	distribuzione % (100%=645)*
meno di 25 anni	10
tra 25 e 30	13
tra 30 e 35	13
tra 35 e 40	22
tra 40 e 45	24
tra 45 e 50	12
tra 50 e 55	4
tra 55 e 60	1
oltre 60	2

* *la somma non è 100 a causa degli arrotondamenti*

TABELLA 12.2 **LIVELLO DI FREQUENZA SCOLASTICA**

	distribuzione % (100%=645)*
nessuno	
licenza elementare	
licenza media inf.	7
diploma scuola superiore	44
studi universitari interrotti	6
laurea (o equivalente)	44

** la somma non è 100 a causa degli arrotondamenti*

TABELLA 12.3 **QUANTO SPESSO LEI O LA SUA FAMIGLIA ACQUISTA O RICEVE GRATUITAMENTE LIBRI/RIVISTE DI CARATTERE SCIENTIFICO?**

	distribuzione % (100%=645)
1 o più volte al mese	38
da 4 a 6 volte all'anno	16
da 2 a 3 volte all'anno	13
1 volta all'anno	12
mai	21

La maggior parte degli intervistati appartiene a nuclei familiari con figli (60%), tuttavia sono presenti in quantità non trascurabile (22%) anche ragazzi (soprattutto studenti) che vivono ancora con i genitori (*tabella 12.4*). Quasi tutte le categorie professionali sono rappresentate, con una prevalenza di quelle che comprendono impiegati, studenti e insegnanti (*tabella 12.5*). Una maggioranza relativa degli intervistati (40%) ha un reddito familiare annuale lordo tra 40 e 70 milioni (*tabella 12.6*). Gli intervistati provengono per la maggior parte dalla città di Bologna (58%), ma una percentuale considerevole (21%) viene attratta da centri della Provincia di Bologna o di altre Provincie della Regione Emilia-Romagna (11%). Infine, un 10% proviene da fuori regione, confermando la risonanza che l'evento ha avuto in ambito nazionale.

TABELLA 12.4 **STATO CIVILE**

	distribuzione % (100%=645)
coniugato/convivente con figli	57
celibe/nubile, separato, abita con i genitori/parenti	22
coniugato/convivente senza figli	9
celibe/nubile, separato, vedovo senza figli	9
celibe/nubile, separato, vedovo con figli	3

TABELLA 12.5 **PROFESSIONE**

(professione attuale o prima di andare in pensione)	distribuzione % (100%=645)*
insegnante, docente, ricercatore	21
impiegato in azienda privata	14
impiegato in azienda pubblica	12
studente	12
libero professionista	8
casalinga	5
funzionario, quadro in azienda pubblica	4
altra categoria	4
artigiano	3
dirigente in azienda pubblica	3
operaio (specializzato/non specializzato)	3
commerciante, esercente	2
funzionario, quadro in azienda privata	2
disoccupato (o in attesa di prima occupazione)	2
rappresentante, agente di commercio	1
imprenditore (indust. agricolo, commerciale)	1
dirigente in azienda privata	1

* *la somma non è 100 a causa degli arrotondamenti*

TABELLA 12.6 **REDDITO ANNUALE LORDO FAMILIARE (MILIONI DI LIRE)**

	distribuzione % (100%=645)
meno di 20	3
da 20 a 40	24
da 40 a 70	40
da 70 a 100	21
da 100 a 150	8
da 150 a 200	3
oltre 200	1

12.2.2 La soddisfazione riguardo al servizio

La distribuzione delle risposte sulla soddisfazione è molto favorevole: di insoddisfatti praticamente non ce ne sono e la maggior parte si è dichiarata soddisfatta o molto soddisfatta (*tabella 12.7*): la media delle risposte è 3,1 in una scala da 0 a 4.

Tra le categorie che hanno dichiarato una maggiore soddisfazione, si può notare che le donne hanno riportato, seppur di poco, una maggiore soddisfazione degli uomini (in una scala da 0 a 4, per le donne la media è 3,2 mentre per gli uomini è 3; tra le donne si ha un 83% che si dichiara almeno abbastanza d'accordo con l'item riguardante la soddisfazione, mentre questa percentuale è del 76% tra gli uomini). Chi ha figli ha riportato una soddisfazione lievemente maggiore: la percentuale di persone che si dichiara almeno abbastanza d'accordo con l'item riguardante la soddisfazione è dell'84% tra chi ha figli, mentre è intorno al 75% tra gli altri.

Il reddito incide, seppure molto lievemente, sul livello di soddisfazione: è comunque da notare che le differenze sono molto piccole, ed è quindi rilevabile come anche i visitatori meno abbienti trovino nella mostra motivi di soddisfazione (*tabella 12.8*).

TABELLA 12.7 **MI RITENGO MOLTO SODDISFATTO DELLA VISITA ALLA MOSTRA CHE HO COMPIUTO OGGI**

	distribuzione % (100%=645)*
assolutamente non d'accordo	-
poco d'accordo	3%
abbastanza d'accordo	17%
d'accordo	47%
completamente d'accordo	34%

* *la somma non è 100 a causa degli arrotondamenti*

TABELLA 12.8 **MEDIA DI SODDISFAZIONE PER CLASSI DI REDDITO**

reddito annuale lordo familiare (milioni di lire)	media del livello di soddisfazione (scala da 0 a 4)
meno di 20	3,0-
da 20 a 40	3,07
da 40 a 70	3,11
da 70 a 100	3,12
da 100 a 150	3,1
oltre 150	3,27

È interessante notare come la soddisfazione non vari per età o livello di istruzione: questo significa che, pur avendo un pubblico mediamente più scolarizzato della media nazionale o comunale, la mostra è in grado di soddisfare anche chi ha un livello di scolarità meno elevato. Ciò evidenzia opportunità di allargamento del mercato: riuscendo a trovare meccanismi di comunicazione e di distribuzione efficaci, è sicuramente possibile riuscire a soddisfare un mercato più ampio di quello attualmente servito.

La soddisfazione della clientela non varia a seconda della provenienza, smentendo la possibile ipotesi che assumerebbe un maggiore coinvolgimento e quindi una maggiore soddisfazione in chi fa uno sforzo rilevante per fruire del servizio. In altri termini, la mostra è in grado di fornire notevole soddisfazione anche a chi non è molto coinvolto nell'esperienza di fruizione, che potremmo definire in questo caso un acquirente occasionale.

La soddisfazione non cambia a seconda del periodo di visita (inizio della mostra, periodo centrale, giorni conclusivi), essendo la soddisfazione media statisticamente non differente tra i vari periodi: ciò significa che alcune caratteristiche della clientela, quali la propensione all'innovazione, che indicherebbero un certo grado di coinvolgimento nell'acquisto, non influenzano la soddisfazione in modo decisivo; in altre parole, si rileva ancora come la mostra sia in grado di soddisfare diverse tipologie di clientela.

Le argomentazioni e i risultati qui proposti supportano la possibilità di servire un mercato ampio sia riguardo alla stratificazione sociale sia rispetto alle occasioni d'acquisto.

12.2.3 I fattori che creano soddisfazione

La soddisfazione della clientela è principalmente funzione di due variabili, il divertimento e l'apprendimento/interesse culturale, la percezione delle quali è riferita al momento di fruizione della mostra (*tabella 12.9*). Non è confermata un'ipotesi di polarizzazione della clientela in un gruppo "culturale" e in un gruppo "orientato al divertimento". Le variabili relative al divertimento da una parte, e all'apprendimento/interesse culturale dall'altra, sono infatti positivamente correlate. I due fenomeni (divertimento e apprendimento/interesse culturale) concorrono invece nel creare soddisfazione, sanzionando la natura di intrattenimento culturale della soddisfazione della clientela. In sostanza chi è meno soddisfatto è colui che percepisce sia un minor divertimento che un minor grado di apprendimento/interesse culturale nell'esperienza della mostra.

Tra le variabili che determinano la soddisfazione, hanno un peso poco rilevante quelle riferite all'opinione generica (indipendentemente dalla fruizione della mostra) dei visitatori riguardo al valore delle mostre come esperienze di apprendimento o di divertimento. Infatti, tra queste variabili "valoriali" l'unica che ha un peso statisticamente significativo è quella che concerne la percezione che le mostre o i musei scientifici accrescano le conoscenze culturali di chi le visita. L'impatto che comunque questa variabile ha sulla soddisfazione è minore di quello delle variabili "situazionali", vale a dire di quelle sperimentate direttamente durante la mostra.

Questi risultati evidenziano che questo tipo di servizio può generare soddisfazione in visitatori molto differenti per valori culturali e personali, attraverso un processo di fruizione nel quale interesse culturale e divertimento siano entrambi offerti al cliente.

TABELLA 12.9 **COEFFICIENTI DI REGRESSIONE (VARIABILI DI SODDISFAZIONE)**

variabile dipendente: "Mi ritengo molto soddisfatto della visita alla mostra che ho compiuto oggi" (la scala delle variabili considerate è da 0 a 4)

variabili indipendenti (1)	**coefficienti beta di regressione multipla (2)**	**valore T**
"Questa mostra scientifica è molto interessante da un punto di vista culturale"	0,34	8,8
"Questa mostra scientifica è molto divertente"	0,27	7,9
"Questa mostra scientifica è utile per l'apprendimento"	0,20	4,8
"Visitare mostre o musei scientifici in genere accresce le mie conoscenze e/o le conoscenze dei miei figli"	0,14	2,7
"Visitare mostre o musei scientifici in genere è un modo divertente di impiegare il tempo libero"	(0,01)	0,2
"Visitare mostre o musei non scientifici in genere è un modo divertente di impiegare il tempo libero"	(-0,04)	-0,9
"Visitare mostre o musei non scientifici in genere accresce le mie conoscenze e/o dei miei figli"	(-0,07)	-1,5

(1) i coefficienti tra parentesi indicano variabili il cui impatto non è statisticamente significativo

(2) varianza spiegata 40% costante 0,48, residui con distribuzione normale

12.2.4 L'intenzione di riacquisto

Un elemento molto importante nella misurazione della performance di marketing è l'intenzione di riacquisto, che nel caso della mostra "I sensi del mondo" è stata misurata come intenzione di visitare nuovamente la mostra. L'analisi dei dati evidenzia un risultato molto soddisfacente: nonostante la mostra fosse temporanea, un'alta percentuale tra gli intervistati ha dichiarato di avere intenzione di ritornare alla mostra. La percentuale di persone che dichiara di voler tornare alla mostra è elevatissima anche abbastanza vicino al termine della mostra stessa. L'intenzione di riacquisto, calcolata escludendo gli intervistati nelle due ultime settimane, è del 56%.[2]

Rispetto a quelli che non sono intenzionati a tornare, i visitatori che affermano di essere intenzionati al riacquisto (vale a dire a ritornare alla mostra) hanno alcune caratteristiche degne di essere analizzate:

- sono più soddisfatti (3,3 rispetto a 2,9, T-Test significativo statisticamente) di quelli che non sono intenzionati a tornare;
- ritengono che questa mostra sia più interessante dal punto di vista culturale (3,2 rispetto a 2,9, T-Test significativo statisticamente);
- si sono divertiti di più (3,2 rispetto a 3,0, T-Test significativo statisticamente);
- ritengono in misura maggiore che questa mostra sia utile per l'apprendimento (3,4 rispetto a 3,0, T-Test significativo statisticamente).

È fondamentale rilevare che quelli che sono intenzionati a tornare non hanno un profilo personale *in partenza* più "culturale". Tra chi è intenzionato a tornare e chi non ha espresso tale intenzione non c'è infatti alcuna differenza statisticamente significativa riguardo a:

- il grado al quale si ritiene che le mostre scientifiche in genere accrescano le conoscenze proprie e/o quelle dei figli;
- il grado al quale si ritiene che le mostre non scientifiche in genere accrescano le conoscenze proprie e/o quelle dei figli.

Inoltre, mentre la percentuale di intenzione di ritorno è mediamente oltre il 50% e, comprensibilmente, è superiore alla media tra chi va molto spesso alle mostre (ad esempio, tra chi ha dichia-

2. Ovviamente l'intenzione di ritorno è più presente tra chi proviene dall'ambito cittadino (tra i visitatori provenienti da Bologna la percentuale è del 61%, tra chi viene dalla provincia di Bologna la percentuale è il 44%); ma è comunque sorprendentemente alta anche tra chi viene da altre città della regione (37%) e da altre regioni (42%). Si conferma l'ipotesi, coerente con l'impostazione della mostra oggetto di analisi, che chi ha figli sia maggiormente intenzionato a ritornare (58% intenzionato al riacquisto, rispetto a un 47%, comunque molto alto, tra chi non ha figli).

rato di avere visitato mostre scientifiche oltre 10 volte negli ultimi tre anni tale percentuale è del 65%); tra chi negli ultimi tre anni non è *mai* andato né a mostre o musei scientifici né a mostre o musei non scientifici tale percentuale è addirittura del 73%, a conferma dell'entusiasmo suscitato dalla mostra nelle persone non abituate a fruire di questo tipo di servizi.

Analogamente, i visitatori che sono intenzionati a tornare non hanno un profilo personale in origine più orientato al divertimento. Tra chi è intenzionato a tornare e chi non ha espresso tale intenzione non c'è infatti alcuna differenza statisticamente significativa riguardo a:

- il grado al quale si ritiene che le *mostre scientifiche* in genere siano un modo divertente per impiegare il tempo libero;
- il grado al quale si ritiene che le *mostre non scientifiche* in genere siano un modo divertente per impiegare il tempo libero.

Le percezioni di divertimento e di interesse e apprendimento culturale decisive per la soddisfazione e per il ritorno alla mostra si formano durante l'erogazione del servizio e non sono frutto di visioni e orientamenti culturali riguardo a tale consumo.

Infine, il fatto di essere un cliente di un giorno feriale o di weekend incide sulla soddisfazione: quest'ultimo indicatore è superiore tra coloro che hanno visitato la mostra nel weekend (3,1 rispetto a 2,9). L'intenzione di riacquisto è inoltre molto superiore tra i visitatori del fine settimana (includendo tutti i visitatori della mostra intervistati, il 55% tra i visitatori del weekend e solo il 43% tra i visitatori dei giorni feriali ha dichiarato una intenzione di ritornare), a conferma che le attività di animazione, che hanno la caratteristica di stimolare l'interazione dei visitatori con il supporto fisico e con il personale di contatto, e che sono state svolte nei fine settimana, hanno un buon impatto sulle percezioni e sui comportamenti della clientela.

12.2.5 La comunicazione

I visitatori della mostra hanno saputo della sua esistenza da fonti differenti. La modalità di comunicazione prevalente è il passaparola (38%), seguita dalla stampa (35%) e dalle affissioni. È interessante notare come il passa-parola sia più decisivo tra i non frequentanti, vale a dire quelli culturalmente meno vicini al segmento tipico dei consumi museali.

Non sembra molto efficace l'invio per posta, ma va considerato che nella fase iniziale del processo di diffusione del passa-parola possono avere un ruolo rilevante pochi *opinion leader* raggiungibili anche con azioni di marketing diretto (*tabella 12.10*).[3]

TABELLA 12.10 **COME È VENUTO A CONOSCENZA DELLA MOSTRA? (PER TIPOLOGIA DI FREQUENTATORI)**

	percentuale sul totale (100%=645)*	tra i frequentatori assidui	tra i frequentatori occasionali	tra i nuovi frequentatori
conoscenti/amici/parenti	38%	38%	36%	44%
stampa	35%	41%	36%	29%
affissioni stradali, stazioni ferroviarie, autobus	24%	21%	24%	27%
scuola	15%	12%	15%	16%
televisione	6%	4%	6%	6%
ci sono passato davanti	6%	7%	7%	2%
ho ricevuto il programma per posta	4%	2%	4%	3%
ufficio del turismo	1%	3%	1%	1%
altro	7%	6%	8%	3%

* *alcuni visitatori hanno riportato più di una modalità di conoscenza della mostra, perciò la somma verticale delle percentuali è superiore a 100*

A parte la stampa, che riesce ad avere un impatto omogeneo sulle varie categorie di visitatori, la modalità di comunicazione rilevante varia a seconda della provenienza: il passa-parola ha un impatto minore dove c'è una minore densità di visitatori (nelle altre regioni); le scuole hanno una importanza cruciale nell'attirare visitatori dalla provincia, la televisione è molto importante per i visitatori di area provinciale e regionale, le affissioni hanno una portata locale. Il motivo per cui le affissioni sembrano avere un impatto anche sui visitatori che provengono da altre regioni è spiegato anche dalla percentuale rilevante all'interno di questo gruppo di visitatori che è venuto a conoscenza della mostra passandoci davanti: si tratta di visitatori che non sono venuti apposta a Bologna, ma che essendo a Bologna hanno notato (attraverso affissioni o passandoci davanti) l'esistenza della mostra e hanno quindi deciso di visitare il museo

3. È da considerare, inoltre, che il campione, essendo costruito soprattutto attraverso interviste effettuate nei giorni non lavorativi, sotto-rappresenta il numero gli insegnanti che hanno accompagnato le scolaresche, tipico obiettivo delle azioni di marketing postale.

(*tabella 12.11*). L'incidenza delle modalità di comunicazione rilevanti per la visita alla mostra varia a seconda del periodo di visita: le affissioni e il passa-parola tendono ad avere un peso crescente, mentre l'invio per posta, la stampa e la televisione hanno il massimo impatto nei primi periodi (*tabella 12.12*).

TABELLA 12.11 **COME È VENUTO A CONOSCENZA DELLA MOSTRA? (PER PROVENIENZA DEI VISITATORI)**

	provenienza dei visitatori in % *			
	BO	provincia di BO	altre città della regione	altre regioni
conoscenti/amici/parenti	42%	36%	38%	23%
stampa	35%	37%	36%	34%
affissioni stradali, stazioni ferroviarie, autobus	26%	25%	14%	27%
scuola	17%	20%	7%	2%
televisione	5%	7%	8%	3%
ci sono passato davanti	7%	3%	3%	10%
ho ricevuto il programma per posta	4%	4%	6%	2%
ufficio del turismo 1%	1%	1%	5%	
altro	7%	4%	7%	13%

* *alcuni visitatori hanno riportato più di una modalità di conoscenza della mostra, perciò la somma verticale delle percentualiè superiore a 100*

TABELLA 12.12 **COME È VENUTO A CONOSCENZA DELLA MOSTRA? (PER PERIODO DI VISITA)**

	periodi di visita (ogni periodo è di 15 giorni, l'ultimo di 13) percentuale sul totale di ciascuna categoria *					
	I	II	III	IV	V	VI
conoscenti/amici/parenti	34%	30%	44%	35%	43%	42%
stampa	43%	37%	41%	25%	29%	32%
affissioni stradali, stazioni ferroviarie, autobus	12%	26%	20%	26%	34%	35%
scuola	11%	20%	11%	25%	14%	11%
televisione	7%	4%	9%	6%	3%	3%
ci sono passato davanti	7%	7%	4%	5%	7%	3%
ho ricevuto il programma per posta	4%	4%	6%	-	2%	3%
ufficio del turismo	-	1%	2%	2%	1%	2%

* *alcuni visitatori hanno riportato più di una modalità di conoscenza della mostra, perciò la somma verticale delle percentuali è superiore a 100*

TABELLA 12.13 **COME È VENUTO A CONOSCENZA DELLA MOSTRA? (PERSONE CON E SENZA FIGLI)**

	persona senza figli	**persona con figli**
	percentuale sul totale di ciascuna categoria*	
conoscenti/amici/parenti	42%	36%
stampa	34%	36%
affissioni stradali, stazioni ferroviarie, autobus	32%	20%
scuola	3%	23%
televisione	9%	4%
ci sono passato davanti	9%	3%
ho ricevuto il programma per posta	2%	4%
ufficio del turismo	2%	1%

* *alcuni visitatori hanno riportato più di una modalità di conoscenza della mostra, perciò la somma verticale delle percentualiè superiore a 100*

Pur rilevando che per tutti i gruppi il passa-parola e la stampa rimangono le modalità di comunicazione più tipiche, è da rilevare che tra gli intervistati che hanno figli la scuola ha un ruolo molto importante, mentre per chi non ha figli le affissioni giocano un ruolo decisivo (*tabella 12.13*). Inoltre, deve essere notato che il passa-parola è più rilevante tra i visitatori dei weekend, a riprova che le attività di animazione attivate sono in grado di innescare un circuito positivo di comunicazione: il 39% dei visitatori del fine settimana (o di altri giorni festivi) è venuto a conoscenza della mostra attraverso conoscenti, amici o parenti, mentre questa percentuale è solo del 28% tra i visitatori dei giorni lavorativi.

Poichè l'analisi della soddisfazione e delle intenzioni di ritorno dei visitatori ha evidenziato buone potenzialità della mostra anche verso la clientela meno orientata agli aspetti esclusivamente culturali, è importante utilizzare modalità di comunicazione che richiamino una clientela il più possibile vasta ed eterogenea. La comunicazione nei confronti dei segmenti non tipici è fondamentale per innescare il circuito passa-parola, che può far crescere enormemente la base di clientela.

La modalità di comunicazione attraverso la quale i visitatori sono giunti a conoscenza della mostra non influisce sulla soddisfazione, che è statisticamente indipendente (cioè né maggiore né minore) a seconda che ogni modalità di comunicazione sia stata o no utilizzata rispetto a ciascun cliente. Nemmeno i visitatori che hanno saputo della mostra attraverso l'invio postale sono più soddisfatti di altri, a conferma che la comunicazione avviene in un mercato molto poco segmentato rispetto al reale livello di coinvolgimento e di preferenza per la mostra durante la fruizione; questo rafforza l'idea che la comunicazione di una mostra di questo genere debba tenere conto delle logiche di servizio nei confronti di un mercato non segmentato (pur sapendo che la composizione del mercato servito tenderà a sovrarappresentare classi culturalmente più evolute).

12.2.6 L'acquisto di prodotti nel punto vendita

I visitatori più soddisfatti acquistano in grande percentuale prodotti nel punto di vendita. Oltre che dall'evidenza empirica mostrata (*tabella 12.14*), questo risulta evidente da un T-Test che con significatività statistica mostra che la media della soddisfazione di chi ha acquistato è (anche se non di molto) superiore (3,2 in una scala da 0 a 4) rispetto a quella di chi non ha acquistato (3).

Risulta quindi evidente che i risultati economici del punto di vendita interagiscono con quelli della mostra non solo riguardo al livello di affluenza, che ovviamente condiziona il potenziale di fatturato del punto di vendita, ma anche rispetto alla soddisfazione che i visitatori traggono dall'esperienza nella mostra. I fattori di soddisfazione alla mostra devono essere quindi considerati, almeno in via derivata, come elementi che condizionano il fatturato del punto di vendita interno. Inoltre, sia il fatto che un visitatore compia acquisti sia che abbia intenzione di ritornare alla mostra deriva almeno in parte dal livello di soddisfazione tratto nell'esperienza di visita.

TABELLA 12.14 **PERCENTUALE DI ACQUIRENTI PER LIVELLO DI SODDISFAZIONE**

"Mi ritengo molto soddisfatto della visita alla mostra che ho compiuto oggi"	percentuale di persone che ha compiuto acquisti nel punto di vendita a seconda del grado di soddisfazione nella visita (100%=645)
assolutamente non d'accordo	–
poco d'accordo	26%
abbastanza d'accordo	40%
d'accordo	42%
completamente d'accordo	55%

TABELLA 12.15 **PERCENTUALE DI ACQUIRENTI E SPESA PER CLASSE DI REDDITO**

reddito annuale lordo familiare dell'intervistato (milioni di lire)	percentuale di visitatori che ha compiuto acquisti in ogni classe	acquisto medio tra chi acquista (migliaia di lire)	acquisto medio totale (migliaia di lire)
meno di 40	37%	18,4	6,8
da 40 a 70	41%	18,2	7,4
da 70 a 100	56%	20,2	11,2
da 100 a 150	52%	19,8	10,2
oltre 150	91%	23,0	20,9
totale	**46%**	**19,2**	**8,8**

TABELLA 12.16 **PERCENTUALE DI ACQUIRENTI E SPESA PER CLASSE DI ETÀ**

età dell'intervistato	percentuale di visitatori che ha compiuto acquisti in ogni classe	acquisto medio tra chi acquista (migliaia di lire)	acquisto medio totale (migliaia di lire)
meno di 25 anni	28%	10,3	2,9
da 25 a 34	32%	13,9	4,4
da 35 a 44	53%	19,5	10,4
da 45 a 54	55%	22,2	12,2
oltre 55	61%	41,4	25,3
totale	**46%**	**19,2**	**8,8**

La percentuale di visitatori che compie acquisti è notevole (46%); tale percentuale è maggiore tra chi ha un reddito elevato, ma il valore dell'acquisto medio di chi acquista dipende solo marginalmente dal reddito (*tabella 12.15*). È quindi interessante ipotizzare che il visitatore che ha molte possibilità di reddito sia incentivato ad acquistare ma non sempre trovi prodotti in grado di sollecitare un acquisto economicamente molto rilevante. La cifra spesa per l'acquisto non varia a seconda che l'acquirente sia uomo o donna; varia invece in parte in funzione dell'età: i visitatori più giovani comprano meno di quelli più anziani: questo vale sia riguardo alla percentuale di chi acquista sul totale dei visitatori sia per il fatturato generato da ciascun acquirente (*tabella 12.16*).

Tra le varie merceologie, i gadget si confermano un fattore di attrazione della clientela verso il punto vendita, formando il gruppo di prodotti che ottiene di maggior numero di acquisti (*tabella*

12.17). Anche questa evidenza empirica è tipica dei mercati di massa poco segmentati: esistono quindi prodotti-richiamo in grado di attrarre una clientela eterogenea verso il punto di vendita. È interessante notare che le persone di età più elevata (la categoria oltre i 55 anni) comprano in grande percentuale oggettistica e non molto giocattoli tradizionali, come ci si poteva invece, almeno in parte, immaginare. I giocattoli scientifici, interattivi o da costruire, (microscopio, piccolo chimico, animali di legno da costruire) non sono acquistati in misura elevatissima tra le persone di reddito molto elevato, come invece avviene tra le altre categorie di prodotti, rispetto alle quali la classe di reddito più alta registra acquisti in percentuali molto superiori. Il reddito si conferma quindi un buon predittore di acquisti tradizionali più che di acquisti culturalmente molto sofisticati (*tabella 12.18*).

Esiste duplicazione di acquisto tra diverse categorie merceologiche (*tabella 12.19*): in molti casi, infatti, sono state comprate da uno stesso individuo diverse categorie merceologiche, a conferma che è necessario tenere in assortimento categorie differenti e non necessariamente collegate strettamente all'argomento della mostra, per aumentare il fatturato del punto di vendita. Ad esempio, molte (il 31%) tra le persone che hanno comprato gadget hanno comprato anche altri prodotti: considerando che questa merceologia è di richiamo su molte tipologie di clientela, essa ha una funzione di traino anche per altre, con un meccanismo di relazione cliente-impresa tipico dei mercati di massa.

TABELLA 12.17 **TIPOLOGIA DI ACQUISTO PER CLASSE DI ETÀ**

% in diverse classi i età e sul totale	**gadget (1)**	**giocattoli scientifici-interattivi o da costruire (2)**	**oggettistica (3)**	**giocattoli tradizionali (4)**
neno di 25 anni	15%	9%	5%	3%
a 25 a 34	18%	8%	5%	8%
a 35 a 44	26%	15%	16%	11%
a 45 a 54	27%	17%	18%	9%
ltre 55	28%	17%	39%	11%
% sul totale	**23%**	**13%**	**13%**	**9%**

1) *(portasapone, portachiavi, pupazzetti)*
2) *(microscopio, piccolo chimico, animali di legno da costruire)*
3) *(orologi, magliette, caleidoscopio, lente di ingrandimento, immagini tridimensionali, illusioni ottiche)*
4) *(puzzle, animali in plastica, piccoli giocattoli per bambini,...)*

TABELLA 12.18 **TIPOLOGIA DI ACQUISTO PER CLASSE DI REDDITO**

reddito annuale lordo familiare dell'intervistato	gadget (1)	giocattoli scientifici-interattivi o da costruire (2)	oggettistica (3)	giocattoli tradizionali (4)
meno di 40	21%	10%	10%	8%
da 40 a 70	21%	11%	11%	7%
da 70 a 100	24%	18%	17%	10%
da 100 a 150	28%	20%	18%	8%
oltre 150	36%	18%	27%	27%
% sul totale	**23%**	**13%**	**13%**	**9%**

(1) *(portasapone, portachiavi, pupazzetti)*
(2) *(microscopio, piccolo chimico, animali di legno da costruire)*
(3) *(orologi, magliette, caleidoscopio, lente di ingrandimento, immagini tridimensionali, illusioni ottiche)*
(4) *(puzzle, animali in plastica, piccoli giocattoli per bambini piccoli,...)*

TABELLA 12.19 **AQUISTO DI PIÙ CATEGORIE**

reddito annuale lordo familiare dell'intervistato	gadget (1)	giocattoli scientifici-interattivi o da costruire (2)	oggettistica (3)	giocattoli tradizionali (4)
% tra chi compra la categoria e anche prodotti di altre categorie	31%	46%	43%	50%
spesa media di chi compra solo la categoria	9400	15200	25000	13800
spesa media di chi compra anche ma non solo la categoria (compra anche altre categorie)	15800	27000	32000	22600

(1) *(portasapone, portachiavi, pupazzetti)*
(2) *(microscopio, piccolo chimico, animali di legno da costruire)*
(3) *(orologi, magliette, caleidoscopio, lente di ingrandimento, immagini tridimensionali, illusioni ottiche)*
(4) *(puzzle, animali in plastica, piccoli giocattoli per bambini piccoli,...)*

TABELLA 12.20 **LE PERCEZIONI E LE OPINIONI (INFLUENZA SULL'ACQUISTO)**

	valore medio di chi non ha comprato (scala da 0 a 4)	valore medio di chi ha comprato (scala da 0 a 4)	medie statisticamente differenti (T-test)
le percezioni riguardo al contesto di acquisto sono importanti per distinguere tra chi compra e chi non compra			
gli oggetti venduti nel negozio all'interno della mostra sono molto educativi	2,2	2,4	si
gli oggetti venduti nel negozio all'interno della mostra sono molto divertenti	2,5	2,8	si
il negozio all'interno della mostra è un divertente luogo dove si potrebbero fare acquisti	2,2	2,6	si
le opinioni riportate rispetto ad alcuni valori personali non sono associate al fatto di acquistare			
è molto importante che un bambino impari mentre gioca	3,7	3,6	no
l'unica cosa importante del gioco è il divertimento	1,5	1,5	no
quando acquisto un giocattolo il prezzo non è determinante	1,5	1,5	no

Si può notare che le percezioni riguardo al contesto di acquisto sono importanti per distinguere tra chi compra e chi non compra (*tabella 12.20*). Questo significa che gli elementi che determinano le percezioni di divertimento nell'acquisto (prodotti e punto di vendita) sono causa di aumento del fatturato. Emerge molto chiaramente come l'animazione del punto vendita, che crea una interazione tra cliente, supporto fisico e personale di contatto, sia quindi decisiva per il fatturato. Analogamente, anche il fatto di percepire il valore educativo degli oggetti influisce sulla propensione ad acquistare i prodotti. Al fine di massimizzare il rendimento del punto di vendita, si conferma la necessità di suscitare nel cliente sia la percezione di divertimento che quella di interesse culturale.

D'altra parte, le opinioni riportate dai visitatori rispetto ad alcuni valori personali riguardanti la sensibilità al prezzo e la funzione del gioco non sono associate al fatto di acquistare. Come in molti altri settori, apparentemente anche molto distanti, quale il largo consumo, anche nella vendita di prodotti associati a una mostra scientifica sono determinanti le percezioni relative al contesto specifico dell'acquisto più che quelle maturate precedentemente.

L'acquisto di prodotti nel punto vendita è stato effettuato anche con l'ausilio di coupon, quale quello pubblicato sul giornale *La Repubblica* (*tabella 12.21*). La percentuale di persone che ha utilizzato il coupon è del 16% tra chi ha acquistato (del 7,4% rispetto alla base complessiva di visitatori). La spesa media di chi ha fruito del coupon è superiore rispetto a quella di chi ha acquistato senza coupon. Questo può rappresentare due fenomeni: innanzitutto può significare che esiste un effetto promozionale con risposta positiva (e più che proporzionale) della domanda, vale a dire che il coupon, facendo sembrare l'acquisto come effettuato in condizioni favorevoli, crea maggior spesa.

La conoscenza dei meccanismi promozionali di altri settori fa ritenere tale ipotesi molto probabilmente verificata. D'altra parte è anche possibile che il coupon sia stato ricercato in anticipo rispetto alla visita e quindi utilizzato in conseguenza di una precisa volontà di acquistare i prodotti del punto vendita. Questa situazione di elevato coinvolgimento e di elevata programmazione dell'acquisto è possibile si verifichi per un numero limitato di persone; tuttavia anche in questo caso avremmo l'effetto di dirottare sul punto vendita acquisti che in condizioni di assenza della promozione non sarebbero stati necessariamente compiuti all'interno del punto di vendita e nella quantità poi realmente verificatasi. L'utilizzo di coupon è doppiamente favorevole alla gestione. Infatti, oltre all'effetto di diffusione della comunicazione dell'ente sponsor si ha anche un aumento della somma spesa dall'acquirente.

Il coupon viene utilizzato in maggior misura dalla donne. Tra chi ha utilizzato il coupon, infatti, la percentuale di donne è del

TABELLA 12.21 **SPESA MEDIA (CON E SENZA COUPON)**

	spesa media di chi ha acquistato con coupon del giornale quotidiano	spesa media di chi ha acquistato con altro coupon	spesa media di chi ha acquistato senza coupon	spesa media di chi ha acquistato (sia con coupon sia senza coupon)
Lire	22400	28500	18200	19200

69%, percentuale che nel campione complessivo è del 59%. Se si considerano tutti i visitatori intervistati, a prima vista sembra che il coupon venga utilizzato di più da chi ha un maggiore reddito, ma questo è dovuto al fatto che chi ha un reddito maggiore acquista di più (sia con coupon che senza). Se si considerano solo i visitatori che hanno compiuto acquisti, il coupon viene utilizzato indipendentemente dal reddito (e quindi nemmeno di più da chi ha un reddito inferiore). Chi ha utilizzato un coupon sembra essere più soddisfatto di chi non l'ha utilizzato: analogamente a quanto riportato relativamente alla relazione tra reddito e utilizzo del coupon, questo dipende dal fatto che chi è più soddisfatto acquista in maggior percentuale; in realtà quindi la soddisfazione non aumenta per effetto dell'utilizzo del coupon, rimanendo allo stesso livello sia per chi acquista con, sia per chi acquista senza coupon. In sintesi, il coupon non crea visitatori più soddisfatti, bensì clienti che spendono di più. È comunque interessante notare che tra i visitatori che hanno acquistato utilizzando un coupon una maggior percentuale (63%) ha intenzione di ritornare (rispetto a quanto manifestato da chi ha acquistato senza utilizzare coupon: 57%).

12.2.7 Il posizionamento del servizio: cultura e divertimento

La correlazione positiva che esiste tra la soddisfazione della clientela e le variabili che esprimono le percezioni di valore culturale e di divertimento nell'esperienza di servizio indicano chiaramente che il posizionamento culturale puro e semplice non è in grado di soddisfare i visitatori, ma diventa capace di creare soddisfazione, intenzione di riacquisto e maggior acquisto di prodotti se viene accoppiato al divertimento.

La visione che i visitatori hanno di questo servizio è di un intrattenimento con un contenuto di apprendimento culturale. Non è sbagliato collocare quindi questo servizio nel mercato del tempo libero, poiché collocarlo nel mercato culturale tenderebbe a condizionare le modalità di gestione, proponendo un tradizionale orientamento al "prodotto" culturale che si rivelerebbe assolutamente inadeguato. Anche la gestione del punto di vendita deve tenere conto in prima istanza delle logiche commerciali, quali l'assortimento ampio e l'animazione, senza dimenticare quelle culturali ma non essendo condizionata solo da queste ultime.

12.2.8 La competizione nel mercato del tempo libero

Se richiesti di indicare a che cosa è simile la mostra, molti visitatori (38%) riportano un'altra mostra o un altro museo. Tuttavia questo non significa che la mostra sia in competizione con un'altra mostra. La competizione, infatti, non avviene necessariamente tra beni simili ma tra beni sostituibili tra loro. Il fatto che un servizio venga percepito ad alta valenza culturale non vuole necessariamente significare che il servizio stesso sia in competizione con altri consumi culturali. Perciò, al fine di misurare il grado di competizione rispetto ad altri servizi o consumi, e quindi per verificare la concorrenza tra questo servizio e i concorrenti, sono state analizzate le modalità alternative di impiego del tempo.

È quindi stato chiesto come sarebbe stato impiegato il tempo trascorso nella mostra se la mostra non fosse esistita, utilizzando in tal caso una metodologia classica e sperimentata in molti diversi settori (*tabella 12.22*). Una parte molto consistente degli intervistati avrebbe svolto, in luogo della visita alla mostra, attività ricreative con scarsissima valenza culturale, quali andare a passeggio (44%), stare in casa a riposare, guardare la tv o giocare con i figli (18%), fare sport (6%), andare al mare o in montagna (5%). Pochissimi (meno del 20%) avrebbero svolto attività quali andare al cinema o a teatro, lettura, visita ad altro museo, visita a una libreria o biblioteca.

Prima di decidere di andare alla mostra, una parte rilevante degli intervistati (33%) aveva programmato di impiegare il tempo libero in modo differente. È interessante notare come le attività più "culturali", più "simili" teoricamente alla mostra (quali lettura, altre mostre o altri musei), vengono sovrastimate nella descrizione delle ipotetiche alternative: infatti, tra chi prima di venire alla mostra non aveva ancora programmato nulla abbiamo un 16% che dichiara che avrebbe probabilmente svolto una attività di quel tipo, mentre nella realtà (nell'opinione di chi aveva già programmato qualche altra attività) questa alternativa è presente solo nel 10% dei casi.

È quindi evidente che il *settore* culturale non è l'ambito competitivo rispetto al quale la mostra conquista o perde visitatori e fatturato. Quest'ambito è molto più allargato, includendo consumi veri e propri (gita al mare, shopping, pattinaggio) e non-consumi (passeggio ai giardini pubblici). È evidente che per questo secondo caso esiste qualche problema legato al fatto che per mantener

TABELLA 12.22 **SE LA MOSTRA DA LEI VISITATA NON FOSSE ESISTITA, COME AVREBBE PROBABILMENTE IMPIEGATO IL SUO TEMPO LIBERO?**

	percentuali sul totale	percentuali tra quelli che avevano programmato qualcosa d'altro (quindi più certi che avrebbero fatto quanto dichiarato come alternativa)	percentuali tra quelli che non avevano già fatto programmi alternativi prima di decidere di recarsi alla mostra
passeggio, parco	44%	39%	46%
casa (riposo, guardare TV,			
giardinaggio,			
gioco con bambini,..)	18%	16%	19%
studio, lettura	8%	6%	9%
sport (bicicletta, calcio,			
piscina, pesca, trekking)	6%	10%	4%
lavoro (sia fuori che in casa)	6%	5%	6%
altro museo, mostra, libreria	6%	4%	7%
gita (mare, montagna,			
campagna, escursione)	5%	9%	3%
cinema, teatro, spettacolo	5%	6%	5%
viaggio (visita città, monumenti)	3%	5%	2%

si in vita l'attività culturale deve essere a pagamento, e quindi va a pre-selezionare la clientela in base alla disponibilità a spendere per il tempo libero.

12.3 Conclusione: le variabili di comportamento d'acquisto e la ridefinizione dell'offerta

È da tempo noto agli studiosi del marketing che in mercati nei quali esistono diversi prodotti o servizi in competizione diretta, la frequenza media con cui viene acquistato un prodotto o un servizio di un'impresa è positivamente correlata con la penetrazione nel mercato del prodotto o servizio in questione (misurata con la percentuale di clienti che compra almeno una volta nel periodo di tempo considerato), pur incidendo meno della penetrazione sulla quota di mercato (Ehrenberg, 1972). Questo effetto, noto come *double jeopardy*, costituisce la più robusta evidenza empirica mai riscontrata dagli studi di marketing, anche se talvolta viene poco considerata poiché evidenzia la difficoltà che un piccolo produttore o un piccolo gestore di servizi deve affrontare per ottenere fedeltà da parte della propria clientela. La sistematicità pressoché assoluta con cui questo risultato si presenta porta a considerare il livello di penetrazione nel mercato come una variabile che nessuna impresa che offre un prodotto avente almeno un sostituto sul mercato può trascurare. Persino nei mercati maturi, dove il numero di clienti non aumenta e dove è difficile strappare clienti ai concorrenti, la scelta di focalizzarsi sulla fedeltà della clientela, pur corretta concettualmente, non deve intendersi in senso assolutistico, poiché gli effetti di esposizione, popolarità e prossimità che rendono elevato il livello di penetrazione sostengono, in modo non fungibile rispetto ad altri effetti, anche la fedeltà. Poiché il livello di differenziazione difficilmente riesce a costruire un'offerta così unica da rendere improponibile al cliente la sola ipotesi di sostituzione, anche le vendite di un'organizzazione museale tendono a subire questo effetto.

L'ipotesi che aumentando la focalizzazione dell'impresa sulle necessità di uno specifico gruppo di clienti si possa ottenere grande fidelizzazione della clientela non è sbagliata in linea di principio; l'analisi delle necessità del mercato è infatti alla base dell'attività d'impresa. Il problema è che innanzitutto la segmentazione del mercato non è un concetto assoluto, bensì costituisce uno schema interpretativo il cui scopo è di analizzare le variabili che possono essere ricondotte con maggiore probabilità a specifiche preferenze di una parte della clientela. In secondo luogo, si è da tempo evidenziato come le segmentazioni socio-economiche tendano a fossilizzare le complesse caratteristiche dei comportamenti d'acquisto in variabili molto semplificatorie quali il livello culturale o il reddito.

La clientela analizzata nella ricerca ha un maggior grado di scolarizzazione rispetto alla popolazione; tuttavia, è stato evidenziato come anche i meno scolarizzati e i meno abituati ai consumi tradizionalmente intesi come "culturali" siano molto soddisfatti di una visita ad alto livello di interazione con supporto fisico e personale di contatto. Perciò, la possibilità di aumentare il numero di visitatori e il fatturato dell'inizativa è collegato a una ancor maggiore capacità di comunicazione con i consumatori nel mercato del tempo libero. Le caratteristiche delle azioni di marketing che risultano efficaci (in termini di risposta del mercato) fanno pensare a un mercato "tecnicamente di massa", vale a dire poco segmentato, le cui potenzialità possono essere sfruttate appieno aumentando gli sforzi sia di comunicazione che di distribuzione.

In definitiva, la definizione del campo d'attività museale come intrattenimento culturale sposta l'attenzione da un segmento autoreferenziale (offrire il servizio a chi è "simile" a colui che lo offre), definito su caratteristiche che non descrivono correttamente i comportamenti d'acquisto dei visitatori, a un mercato molto più ampio.

L'elevato livello di duplicazione di acquisto (chi compra servizi museali compra anche altri servizi e prodotti di intrattenimento culturale), e le precedenti conoscenze derivanti dagli studi di marketing sull'effetto di *double jeopardy* portano a delineare alcuni punti di riferimento per lo studio e la gestione dei comportamenti d'acquisto nei servizi museali:

- il numero di visitatori, le vendite e la quota di mercato di una organizzazione museale si possono ampliare aumentando il numero di clienti più che aumentando la frequenza d'acquisto o il riacquisto;
- il segmento tipico, basato sul livello culturale, costituisce sempre un target di riferimento solo nel senso che è quello che fornisce un'elevata quota dei clienti effettivi;
- il segmento tipico non è facilmente espandibile nel breve periodo;
- il segmento tipico deve essere penetrato maggiormente per poter acquisire da esso una frequenza media di acquisto elevata;
- nel discutere sulle modalità per penetrare maggiormente il segmento tipico è necessario considerare che molti individui che apparterrebbero teoricamente al segmento tipico, in realtà preferiscono non fruire del servizio per motivi legati al basso intrattenimento e alla presenza di servizi o prodotti sostitutivi più appetibili e non necessariamente legati all'ambito culturale;
- la focalizzazione esclusiva sul segmento tipico non aiuta l'impresa ad aumentare le vendite, poiché i motivi che creano difficoltà di aumento di penetrazione non sono legati alla bassa coincidenza tra livello culturale del prodotto e livello culturale dell'offerta (uniche caratteristiche considerate) ma alla non corretta definizione del segmento, mentre i motivi che impediscono un aumento di frequenza sono in gran parte legati a effetti di esposizione e quindi di penetrazione;
- la segmentazione costruita in base alle caratteristiche culturali è quindi destinata a non produrre idee utili per una modifica e un

riposizionamento dell'offerta, poiché non è in grado di cogliere le reali specificità di acquisto, e non fornisce una rappresentazione di preferenze omogenee tra gli appartenenti al segmento;

- il mercato di massa costituisce un punto di riferimento importante per la costruzione di un nuovo sistema di servizio, basato sull'offerta di intrattenimento culturale; all'interno del mercato di massa così definito, è necessario costruire un posizionamento di intrattenimento culturale, la cui fruizione sarà vissuta a diversi livelli di profondità, a seconda della tipologia di cliente;
- la più ampia base di clienti è in grado di provocare gli effetti di aumento della frequenza d'acquisto utili a rafforzare la posizione di quota di mercato.

L'obiettivo fondamentale della trattazione è stato quello di analizzare quali strategie e azioni di marketing possono essere adottate da un'organizzazione operante nel settore culturale per sviluppare un reale orientamento al mercato, per aumentare il numero di visitatori, per generare maggiori risorse e per aumentare la diffusione delle iniziative culturali. Sono stati quindi presentati i concetti che tradizionalmente guidano la relazione tra impresa e mercato nell'ambito dei servizi museali. La logica che viene qui maggiormente posta in discussione è quella della segmentazione culturale, che invece di focalizzare le competenze dell'organizzazione museale, di solito ne limita il mercato potenziale a una *élite* già esistente, che costituisce in definitiva un mercato ristretto e non molto espandibile. La ricerca ha inteso descrivere le percezioni e i comportamenti dei fruitori di una mostra a carattere scientifico e trarre implicazioni non tradizionali sulle modalità di allargamento del mercato, alle luce della necessità dell'impresa di ampliare il mercato allargando sia la base di clienti sia sostenendo la fedeltà della clientela esistente. Viene anche messo in evidenza come le due variabili che costruiscono la posizione competitiva dell'impresa museale siano correlate.

Le caratteristiche che risultano di successo nella mostra esaminata possono essere considerate come spunti di riflessioni per le organizzazioni coinvolte nel campo museale: l'innovazione nella gestione del servizio museale e l'orientamento al cliente creano opportunità di soddisfazione in una base di visitatori molto più ampia in quella normalmente considerata tipica per i musei.

13 La progettazione del punto vendita: il parco archeologico di Fiesole*

Gian Luca Marzocchi

13.1 Introduzione

La legge 4/93 voluta dal ministro Ronchey aveva senz'altro come obiettivo quello di rendere più vitale ed efficiente la gestione dei circa 3500 musei italiani. È sempre stato pensiero comune ritenere poco sfruttato l'immenso patrimonio culturale del paese, con particolare riferimento ai molti musei che praticano spesso orari di apertura scomodi e "antituristici" finendo per perdere molte delle proprie capacità di attrazione dei turisti, in special modo di quelli stranieri.

Come è noto, la legge del 1993 consente, attraverso l'utilizzo di personale in esubero in altri settori dell'Amministrazione pubblica o tramite il volontariato o assunzioni con contratti a termine, di estendere gli orari di apertura in modo da soddisfare le esigenze crescenti dei visitatori (naturalmente più numerosi nei giorni festivi), ma soprattutto permette la concessione a privati dei servizi complementari di vendita, ristorazione, ecc. sotto il controllo amministrativo e qualitativo delle direzioni dei musei. Si consente in questo modo ai privati di svolgere un'attività commerciale all'interno dei musei, comunque sempre sottoposta alla supervisione dell'amministrazione museale, che deve approvare tutti i prodotti venduti all'interno della struttura.

* L'autore desidera ringraziare il dott. Giulio Ghidoni per il prezioso lavoro di ricerca sul campo, nonché per il contributo fornito nella prima stesura del paragrafo introduttivo.

È indubbiamente significativo il fatto che, per migliorare l'offerta museale italiana e avvicinarla maggiormente alle esigenze dei visitatori e dei turisti, si sia immediatamente pensato ai punti vendita collocati all'interno dei musei.[1] Si è trattato senz'altro di un'innovazione importante che ha conferito una maggiore dignità alle attività di vendita all'interno degli spazi museali, che sino a oggi in Italia avevano avuto una rilevanza molto limitata.[2]

Di fatto però i casi di applicazione della legge sono stati piuttosto rari, probabilmente perché il mondo imprenditoriale non ritiene ancora il punto vendita in un museo un investimento che possa assicurare ritorni accettabili. Si tratta indubbiamente di un campo non sufficientemente esplorato, soprattutto per quel che riguarda i musei stabili: di più è stato realizzato all'interno delle grandi mostre temporanee (per esempio, a Palazzo Grassi a Venezia).

Per quel che riguarda i musei stabili, si è rimasti per anni fermi a piccoli punti vendita dove è possibile reperire unicamente le "solite" cose: souvenir, guide, e cartoline molto standardizzate, oggetti del tutto incapaci di soddisfare le reali esigenze dei visitatori. Cercare di soddisfare i bisogni di conoscenza e di comprensione del contenuto del museo è senz'altro una delle principali esigenze dei visitatori, e in questo senso un efficace punto vendita può diventare un fondamentale strumento per ottenere la soddisfazione dei clienti-visitatori. Un esempio molto efficace di quanto fin qui evidenziato proviene dalle numerose esperienze già consolidatesi in paesi esteri.

Un caso particolarmente significativo è offerto dal Metropolitan Museum di New York, le cui prime attività di *merchandising* sono addirittura databili al 1871. Attualmente queste attività generano il 25% delle entrate del museo (l'analogo valore, riferito al complesso dei musei italiani, assomma allo 0,4%), con un catalogo, rinnovato a cadenza annuale, che si caratterizza per l'elevata varietà delle categorie merceologiche in esso rappresentate (che comprendono, fra l'altro, gioielli, cartoline, agende, articoli di cartole-

1. Tali servizi rappresentano il mezzo che la cultura del consumismo offre per avvicinare il museo al quotidiano dei suoi fruitori, in quanto la *Réunion des Musées Nationaux* francese avrebbe già da tempo chiarito che non ci sono profitti nella gestione dei servizi aggiuntivi dei musei italiani (cfr. Mottola Molfino, 1997).

2. Si consideri che solo nel 23.5% dei musei italiani esiste un bar (mentre in Europa mediamente il 61.5% dei musei offre questo servizio) e che solo nel 69.8% dei nostri musei è possibile acquistare cataloghi (in Europa la percentuale sale al 92.3%; cfr. Bagdadli, 1997).

ria, una lunghissima serie di articoli di abbigliamento, riproduzioni di oggetti artistici esposti, tazze, vasi, bicchieri, poster, video, un enorme numero di pubblicazioni, giochi per bambini, ecc.). Va sottolineato che l'acquisto è possibile non solo mediante il punto vendita posizionato all'interno del museo, ma anche attraverso uno dei 15 shop ubicati in varie città americane, oltre che attraverso canali meno convenzionali, quali la vendita per corrispondenza o attraverso Internet. Un dato di particolare rilievo riguarda la coerenza della gamma, che è riconducibile solo parzialmente alla vocazione principale del museo (fermo restando il fatto che i proventi dell'attività commerciale sono comunque destinati a sostentarne l'attività): nei fatti si utilizza la *brand image* del museo quale elemento di stimolo e di rassicurazione del consumatore, che nel marchio dell'istituzione identifica un elemento costitutivo di fiducia, una certificazione di qualità che conferisce prestigio al prodotto e, tramite questo, all'acquirente (per altri esempi del panorama americano negli ultimi anni si rimanda a Reda, 1997).

Di diverso segno è l'esperienza francese, che trova la sua espressione più compiuta nella *Réunion des Musées Nationaux*, un ente pubblico che si prefigge l'obiettivo di contribuire all'arricchimento delle collezioni e alla frequentazione dei musei nazionali attraverso la produzione e la vendita di prodotti, soprattutto gioielli, articoli da regalo, libri e riproduzioni di dipinti, derivati da opere conservate all'interno dei musei (come è intuibile, un ruolo di assoluta preminenza è occupato dal Louvre, e da tutto ciò che a esso è in qualche modo riconducibile). Questo tipo di impostazione è sensibilmente diversa da quella fatta propria dal Metropolitan: viene qui privilegiata la vocazione culturale dell'iniziativa, a tutto vantaggio delle attività di informazione e formazione, pur se con risultati meno brillanti dal punto di vista commerciale.

Questa rapida rassegna non può ignorare una terza modalità di sfruttamento del *brand* museale, tradottasi nella catena Museum Co., nata nel 1989 e formata da 72 punti vendita negli USA, 3 in Canada, 2 a Londra e 9 in Giappone. Tutti i punti vendita sono ubicati al di fuori di ogni contesto espositivo e gli oggetti che ne costituiscono l'assortimento (ceramiche, stampe, riproduzioni, ecc.) non sono in nessun caso attribuibili in modo univoco a uno specifico patrimonio museale. Proprio in virtù dell'assenza di uno specifico legame istituzionale, l'operazione è rivelatrice del potenziale offerto da un segmento di mercato che nella semplice evocazione della parola "museo" individua un elemento di rassicurazione e di stimolo al consumo.

13.2 Oggetto di indagine e obiettivi di conoscenza

13.2.1 Il parco archeologico di Fiesole

Il caso che trova sviluppo e approfondimento in questo capitolo è rappresentato dal museo archeologico di Fiesole. Fiesole, come è noto, è collocata nella prima periferia di Firenze, sulle colline che dominano il capoluogo toscano. È un piccolo paese che gode peraltro di una lunga storia: le prime tracce di insediamento risalgono infatti all'epoca etrusca, con successiva continuità di occupazione in epoca romana e medievale, sino all'età contemporanea.

Se la vocazione turistica di Fiesole è fuori discussione, il museo archeologico ne costituisce certamente una delle attrazioni principali: lo testimoniano, oltre ai dati assoluti di afflusso, i risultati di una ricerca commissionata dal Comune di Fiesole al Centro Studi Turistici di Firenze, eseguita nell'estate del 1996 (il periodo di rilevazione si è esteso dal 21 luglio al 22 settembre 1996, per complessive 625 interviste), da cui si ricava un quadro estremamente dettagliato del turista fiesolano e dei suoi comportamenti di acquisto del prodotto turistico in oggetto.

Adulto, prevalentemente straniero (72% del campione, con Germania, Stati Uniti e Francia come principali paesi di provenienza), di buona cultura e capacità di reddito, spinto da motivazioni squisitamente storico-artistiche, il turista tipo "acquista" Fiesole attraverso un comportamento di scelta deliberato (solo il 30% del campione dichiara di essere giunto a Fiesole in modo casuale: il rimanente 70% ha consapevolmente inserito la località toscana nel proprio *grand tour*). Alla luce di questo dato numerico acquista ulteriore significato l'osservare come ben l'89% degli intervistati abbia posto l'area archeologica al centro della propria visita (restituendone fra l'altro un giudizio ampiamente soddisfacente). Pur non potendosi stabilire una connessione causale diretta, esce certamente rinforzata l'ipotesi che il patrimonio storico e culturale conservato all'interno del Museo archeologico costituisca la principale attrattiva naturale di Fiesole, la proposta artistica più efficace nell'orientare le preferenze e il comportamento d'acquisto del consumatore-turista (per un utile raffronto sui comportamenti d'acquisto dei "turisti d'arte" presso il museo degli Uffizi cfr. Carlini, 1996).

Paradossalmente, è proprio a partire da queste premesse – e dalla centralità occupata dalla visita agli scavi nel processo di fruizione della località turistica – che assume connotati ancora più macroscopici la scarsa popolarità di cui gode il punto vendita annesso all'area museale, attestato su un valore medio di spesa assolutamente trascurabile (alla data della ricerca, nel luglio 1997, le rilevazioni interne segnalavano una spesa media per visitatore inferiore alle 1000 lire).

Si tratta di un dato particolarmente sconfortante, soprattutto se considerato alla luce della particolare fisionomia caratterizzante il museo archeologico di Fiesole. La sua peculiarità rispetto a strutture della medesima categoria è riconducibile al fatto che il museo in esame è affiancato da un'area archeologica, e il visitatore ha la possibilità di muoversi liberamente tra gli scavi: non esiste un percorso obbligato da seguire come in un'esposizione tradizionale e si ha quindi la possibilità di vivere in una forma più personale l'esperienza della visita. Ciò comporta che i visitatori presentino esigenze di informazioni e spiegazioni non solo sui reperti contenuti nel museo, ma anche sulla civiltà e sul periodo storico cui quei reperti si ricollegano. Questo fa sì che il punto vendita possa divenire parte pienamente integrante del museo, costituendo l'ideale completamento della visita attraverso la capacità di soddisfare, e prima ancora stimolare, la curiosità e l'interesse dei visitatori.

13.2.2 Gli obiettivi di conoscenza

Le considerazioni fin qui richiamate suggeriscono la coesistenza di un duplice ordine di obiettivi conoscitivi. A un primo livello, eminentemente diagnostico, l'attenzione si rivolge in via preliminare all'analisi dei percorsi motivazionali che spingono il visitatore a effettuare (o non effettuare) acquisti presso il punto vendita del parco archeologico. Condizione necessaria a questo tipo di ricerca è la preventiva definizione degli attributi caratterizzanti il punto vendita di un museo, e la successiva valutazione dell'impatto da essi rivestito nel discriminare fra differenti atteggiamenti e comportamenti di fruizione nei confronti del punto vendita.

A un secondo livello, più marcatamente progettuale, l'attenzione si sposta all'individuazione di un profilo ideale di punto vendita, soprattutto in termini di assortimento. In particolare, lo studio si prefigge di individuare l'esistenza di sottoinsiemi di visitatori che presentino modelli di preferenze sufficientemente omogenei da suggerire la messa a punto di profili d'offerta differenziati e specifici.

Va da sé che ogni tentativo di costruire un punto vendita coerente con le aspettative dei visitatori non può che transitare da una opportuna indagine condotta sui visitatori medesimi. Su questa convinzione è nato e si è sviluppato il percorso di ricerca che sta alla base di questo lavoro. Per quanto volto a fornire all'Amministrazione comunale di Fiesole risposte di natura certamente operativa, finalizzate in particolare a favorire un ridisegno *customer oriented* del punto vendita del museo archeologico, lo studio che qui presentiamo ha evidentemente ambizioni di generalità che travalicano in buona misura il contesto geografico in cui è venuto sviluppandosi. Se infatti non si può e non si vuole suggerire un'inferenza troppo estesa e generalizzata a partire da un dato empirico comunque concentrato nel tempo e nello spazio, è altrettanto vero che la metodologia utilizzata, e la tipologia di costrutti indagati, legittimano un utilizzo non solo contingente dei risultati ottenuti. La definizione del museo archeologico di Fiesole quale territorio privilegiato di ricerca è stata dettata, oltre che dalla disponibilità dell'Amministrazione comunale, anche da considerazioni di rappresentatività: al di là di un numero limitato di strutture museali a elevata notorietà e altissimo traffico (un immediato riferimento, anche in virtù della prossimità geografica, non può non andare alla galleria degli Uffizi), in cui le attività di *merchandising* acquisiscono un significato del tutto particolare, la grande maggioranza delle strutture museali italiane è caratterizzata da dimensioni e volumi di visitatori certamente più prossimi alla realtà fiesolana (che comunque, con un afflusso pari a 110.730 visitatori nel 1998, si caratterizza per livelli di domanda certamente non trascurabili).

Come avremo modo di constatare, l'indagine è stata progettualmente articolata in cinque fasi logicamente distinguibili:

- analisi esplorativa tramite interviste in profondità;
- elaborazione del questionario sulla base dei risultati delle interviste;
- rilevazione campionaria;
- codifica e analisi dei dati;
- definizione di possibili aree di intervento.

All'approfondimento di queste fasi, e in particolare al commento dei risultati emersi dalla fase analitica dalla ricerca, sono dedicati i successivi paragrafi del capitolo.

13.3 La progettazione dello studio

Le dimensioni salienti scaturite dall'analisi esplorativa, e successivamente utilizzate nella fase empirica della ricerca, risultano raggruppabili in due macrocategorie. La prima, riferita alle caratteristiche più generali del punto vendita, include attributi quali la dimensione del *museum shop*, l'articolazione in reparti specializzati, la presenza di uno spazio per la consultazione, la possibilità di consultare il materiale e manipolare gli oggetti esposti, l'ampiezza dell'assortimento, la presenza di uno spazio audiovisivo che illustri i materiali esposti, l'ambientazione in linea con il tema del museo, la presenza di un bar interno al punto vendita, la capacità di offrire prodotti differenziati rispetto ai tradizionali negozi di souvenir, la qualità e l'ordine dell'esposizione. La seconda tipologia di suggerimenti emersi dalle interviste in profondità è invece riferita alle categorie merceologiche ritenute componenti irrinunciabili di un *museum shop*. Vi sono inclusi cataloghi, guide, monografie tematiche di carattere storico e artistico, videotape, audiocassette, cartoline, diapositive, articoli di abbigliamento, poster, riproduzioni di opere esposte nel museo, stampe, cd-rom, giochi per bambini, souvenir e gadget, artigianato locale, complementi d'arredo (piatti, fermacarte, orologi), gioielli, gastronomia locale, ceramiche, plastici e ricostruzioni.

I risultati della fase esplorativa della ricerca sono stati successivamente discussi sia all'interno del team di ricerca, sia all'esterno dello stesso, facendo ricorso al parere di esperti e operatori del settore, e infine tradotti nello strumento di rilevazione successivamente utilizzato nella fase *field*. Tale strumento riflette la multidimensionalità percettiva emersa nel corso dell'indagine esplorativa. Si è infatti privilegiato l'utilizzo di un questionario a domande chiuse, suddiviso in più sezioni logicamente riconducibili ai differenti obiettivi della ricerca. In particolare, la sequenza di presentazione delle domande si articola secondo la seguente struttura:

1. comportamento d'acquisto del visitatore;
2. valutazione della soddisfazione relativa all'esperienza di visita del punto vendita caratterizzante l'area archeologica di Fiesole;

3. giudizio di importanza sulle caratteristiche di un ipotetico punto vendita museale;
4. giudizio di interesse nei confronti di una molteplicità di articoli caratterizzanti l'assortimento di un ipotetico punto vendita museale;
5. disponibilità di spesa all'interno di un punto vendita;
6. descrittori sociodemografici.

La ricerca è stata condotta su di un campione di visitatori del parco archeologico di Fiesole, nel periodo 30 giugno - 14 luglio 1997. La numerosità campionaria complessiva è stata definita in 200 unità, estratte secondo un piano di campionamento casuale semplice. In assenza di qualsivoglia lista relativa alla popolazione di riferimento si è fatto ricorso a un metodo di estrazione basato sulla selezione sistematica, con passo *n*, dei soggetti che si accingevano ad abbandonare l'area degli scavi al termine della propria visita. Dopo una prima verifica volta a garantire l'integrità formale degli strumenti di rilevazione raccolti, un totale di 199 questionari validi è stato trattenuto per la successiva fase di analisi statistica.

13.4 I risultati della ricerca

13.4.1 La descrizione del campione

È certamente utile, prima di focalizzare l'analisi sui costrutti più direttamente riconducibili agli interrogativi-chiave della ricerca, fornire alcuni brevi elementi di descrizione del campione analizzato, e della popolazione da esso sottesa.

Il primo dato di rilievo riguarda la provenienza geografica dei soggetti che compongono il campione. È preponderante la presenza di visitatori stranieri, e statunitensi in particolare (*tabella 13.1*). Si tratta di un fenomeno già evidenziatosi nel corso della ricerca effettuata nel 1996 (72% di visitatori stranieri), che nel caso di specie trova peraltro una manifestazione ancor più marcata.[3]

3. Trattandosi di un risultato in gran parte prevedibile, si è provveduto a incorporarlo nella fase stessa di disegno della ricerca: il questionario è stato infatti realizzato in due versioni, una in lingua italiana, l'altra in lingua inglese.

TABELLA 13.1 **PROVENIENZA DEGLI INTERVISTATI**

provenienza	frequenza	percentuale
USA	61	30,7
Gran Bretagna	26	13,1
Italia	23	11,6
Germania	20	10,1
Olanda	18	9,0
Giappone	9	4,5
Francia	8	4,0
Belgio	7	3,5
Svizzera	6	3,0
Danimarca	4	2,0
Altri Europa	10	5,0
Altri Mondo	7	3,5
totale	**199**	**100,0**

Un secondo elemento di descrizione, relativo questa volta all'età degli intervistati, rivela una sostanziale equidistribuzione fra le differenti fasce prese in considerazione, con una lieve flessione caratterizzante le classi di età più elevate (*tabella 13.2*).

TABELLA 13.2 **ETÀ DEGLI INTERVISTATI**

classe di età	frequenza	percentuale
0 – 25	48	24,1
26 – 35	45	22,6
36 – 45	46	23,1
46 – 55	34	17,1
56 e oltre	26	13,1
totale	**199**	**100,0**

Il livello di istruzione dei soggetti analizzati è decisamente elevato: poco meno della metà del campione dispone di un titolo di studio universitario (49,2%) e ben il 94% degli intervistati possiede un diploma di scuola media superiore. La tipologia di occupazione riflette questa elevata scolarizzazione: le attività più rappresentate sono infatti quelle dell'insegnamento (22,2%) e delle libere professioni (17,7%). Un ulteriore 18,2% dei visitatori è composto da studenti: riletto congiuntamente all'elevata incidenza di docenti questo dato conduce a concludere che il settore dell'*education* compone, da solo, il 40% del campione analizzato. Si tratta di un dato oggettivo che rinforza quanto già segnalato dalle precedenti indagini, ovvero il ruolo di assoluto rilievo che la componente "vocazionale" riveste nel sistema di valori del visitatore di Fiesole. Tale dato tende a conferire ulteriore credito all'ipotesi di un elevato livello di coinvolgimento nella decisione di acquisto – e nel comportamento di fruizione – del bene artistico in oggetto.

A completamento del profilo fin qui tratteggiato è interessante riportare la distribuzione delle risposte relative alla domanda volta a sondare la generica disponibilità di spesa del visitatore all'interno di un punto vendita museale. Come suggerito dalla *tabella 13.3*, e come è lecito attendersi da un turista così profondamente coinvolto nella complessiva esperienza di visita, il valore dichiarato appare decisamente elevato.

TABELLA 13.3 **DISPONIBILITÀ DI SPESA (VALORE DICHIARATO)**

classe di spesa	frequenza	percentuale
0 – 15.000	63	32,1
15 – 30.000	88	44,9
30 – 50.000	37	18,9
50 – 100.000	7	3,6
100.000 e oltre	1	0,5
totale	**199**	**100,0**

Acquisita una prima, superficiale conoscenza del turista in visita presso il complesso archeologico di Fiesole, è ora interessante procedere all'esame dei suoi comportamenti. Fra i 199 intervistati ben 148 (il 74,4%) dichiarano di avere visitato il punto vendita del museo. Si tratta di un risultato che in prima battuta può apparire rassicurante, soprattutto se riletto congiuntamente all'elevato ammontare di disponibilità alla spesa precedentemente evidenziato: tre visitatori su quattro, concludendo la visita, manifestano un qualche tipo di interesse verso la possibilità di effettuare acquisti all'interno del museo.

Il quadro assume però caratteri meno brillanti quando lo si vada ad arricchire di alcuni ulteriori dettagli.

Il primo elemento di riflessione riguarda il numero di soggetti che, pur avendo visitato il punto vendita, ne escono senza avere effettuato alcun acquisto (74 soggetti, pari esattamente al 50% del sottocampione preso in considerazione ai fini dello specifico quesito). Si tratta di un valore che, in assenza di dati di confronto storici, o di parametri di riferimento (*benchmark*) elaborati in contesti simili per caratteristiche e flussi, si presta a considerazioni quantomeno ambivalenti, se non palesemente inconclusive: in funzione della prospettiva assunta, un tasso di acquisto del 50% può infatti apparire un valore tanto lusinghiero quanto deludente. A impressionare negativamente è però un secondo dato, che si innesta sul precedente, relativo questa volta al basso scontrino medio fatto registrare da quel 50% di visitatori del punto vendita che effettua comunque un acquisto: l'importo medio ammonta a circa 7000 lire, ed è sostanzialmente originato dalla vendita di cartoline (l'83% degli acquirenti limita infatti i propri acquisti a questa specifica categoria merceologica).

Si tratta di un dato in netta discrepanza con l'elevata disponibilità alla spesa dichiarata in precedenza, discrepanza che può essere ricondotta a un duplice ordine di ipotesi:

- la sistematica tendenza a distorcere, sovrastimandola, questo tipo di informazione, un fenomeno riconducibile alla ben nota tendenza a fornire risposte socialmente desiderabili, ovvero finalizzate a convogliare un'immagine positiva di sé (Zammuner, 1998);
- l'assenza di un assortimento capace di soddisfare, in termini di ampiezza e varietà, le aspettative della clientela.

I dati acquisiti attraverso questa indagine non consentono di rigettare la prima ipotesi, che è anzi ragionevole considerare quale fattore comunque suscettibile di esercitare una sensibile influenza sul rispondente. Ciò premesso, appare però ingiustificato sul piano teorico, oltreché controproducente sul piano gestionale, esasperarne la rilevanza. Il seguito dell'analisi vuole invece concentrarsi sulla definizione di quali fattori, manipolabili dal management della struttura museale coinvolta, possano contribuire a spiegare i comportamenti di (non) acquisto manifestati dal visitatore.

13.4.2 Le determinanti della soddisfazione

Come si è più sopra avuto modo di osservare, la possibilità di produrre soddisfazione per il cliente e, tramite questa, valore per un'organizzazione, transita da una corretta comprensione degli elementi del prodotto/servizio che più di altri incorporano il sistema di aspettative della clientela, e del contributo relativo da essi portato alla costruzione di un giudizio complessivo di soddisfazione.

In particolare, in questa prima fase dell'analisi, si vuole indagare il contributo che differenti elementi caratterizzanti il punto vendita del complesso archeologico di Fiesole esercitano sulla soddisfazione dei visitatori dello stesso (ciò implica la ovvia restrizione dell'analisi a quei soli 148 soggetti che si sono fisicamente recati all'interno del negozio). In particolare, vengono prese in considerazione variabili quali la *collocazione all'interno dell'area*, l'*ampiezza dell'assortimento*, la *qualità degli articoli*, le *dimensioni del punto vendita*, la *cortesia del personale*, la *competenza del personale*, la *presentazione e la collocazione degli articoli* all'interno del negozio. L'obiettivo è quello di utilizzare queste dimensioni di servizio quali variabili indipendenti all'interno di una equazione di regressione che le ponga in relazione con la variabile dipendente *giudizio globale di soddisfazione*. La dimensione empirica della ricerca è evidentemente circoscritta all'area archeologica di Fiesole: questo dato impone di restringere l'analisi a quei soli elementi che, alla data della ricerca, siano comunque riferibili al punto vendita in esame. La generalità delle dimensioni trattate appare comunque capace di garantire l'estensibilità dei risultati a un insieme più ampio di contesti organizzativi.

L'analisi preliminare della matrice di correlazione suggerisce l'opportunità di condensare le sette variabili indipendenti in una struttura fattoriale di più ridotta dimensionalità (l'indice KMO presenta infatti il valore, altamente significativo, di 0,798). Un'analisi dei fattori,[4] effettuata con il metodo dei fattori principali, ha determinato l'estrazione di quattro variabili latenti, che complessivamente assommano al 65% della varianza originaria. La successiva fase di rotazione (metodo Varimax) ha suggerito l'accorpamento delle variabili "competenza" e "cortesia" nel fattore definito *personale di contatto*, e le variabili "ampiezza dell'assortimento", "qualità degli articoli" e "presentazione articoli" in un unico fattore *assortimento*. Si è quindi proceduto a calcolare i pesi fattoriali relativi a ciascuno dei 148 casi analizzati con riferimento

4. L'analisi dei fattori è una tecnica statistica multivariata che viene utilizzata per indagare le interrelazioni esistenti all'interno di un elevato numero di variabili, spiegando questi legami in termini di un più ristretto numero di dimensioni latenti sottostanti, sacrificando una quantità modesta dell'informazione originaria.

alle quattro dimensioni emerse dall'analisi fattoriale: questi punteggi costituiscono le variabili indipendenti poste in relazione con la variabile dipendente *giudizio globale di soddisfazione*. I risultati della regressione, espressi sotto forma di coefficienti di regressione standardizzati (*beta*), sono illustrati in *tabella 13.4*. I coefficienti riportati possono essere interpretati come pesi di importanza: rappresentano in altre parole la misura in cui ciascun fattore contribuisce a "spiegare" la soddisfazione complessiva verso il punto vendita.

TABELLA 13.4 **COEFFICIENTI STANDARDIZZATI DI REGRESSIONE (BETA)**

variabile indipendente	beta
collocazione spaziale	0,04
dimensione	0,15[a]
personale di contatto	0,22[a]
assortimento	0,58[a]
	$R^2_A = 0{,}70$

Nota: [a] *significativo con* p < 0,01, *ipotesi bidirezionale*

Come si può immediatamente notare dall'elevato valore assunto dal coefficiente di determinazione (R^2), le dimensioni utilizzate per la costruzione del modello riescono a rendere conto in misura significativa del fenomeno indagato. È quindi legittimo procedere nell'analisi andando a osservare il contributo individuale recato da ciascuna variabile indipendente.

Appare a questo riguardo evidente che il maggior impatto sulla soddisfazione complessiva relativa al punto vendita è esercitato, e in misura preponderante, dal fattore *assortimento* (coefficiente beta = 0,58). In altre parole, sono la qualità, la varietà e la modalità di presentazione degli articoli a influenzare in maggior misura la reazione del visitatore. Il dato non è di per sé sorprendente: l'assortimento di un punto di vendita al dettaglio costituisce l'elemento cardine della sua offerta, e il punto vendita di un museo non costituisce in questo senso un'eccezione; piuttosto, colpisce l'intensità del fenomeno, nonché il ruolo subordinato cui sembrano relegati fattori solitamente rilevanti in simili contesti quali l'*ambiente di servizio* (qui sintetizzato nelle variabili "dimensione" e "collocazione spaziale", con coefficienti beta rispettivamente pari a 0,15 e 0,04, valore quest'ultimo statisticamente non significativo) e il *personale di contatto* (beta = 0,22).

13.4.3 La composizione dell'assortimento

L'obiettivo di questa seconda parte dell'analisi è diretto a una migliore comprensione delle dimensioni cognitive che i visitatori di un museo utilizzano nel categorizzare, e successivamente nel valutare, l'assortimento offerto dal punto vendita annesso al museo stesso. L'interesse verso una gestione dell'assortimento articolata per categorie merceologiche affini (*category management*) è oggi un tema centrale della letteratura e della prassi della distribuzione al dettaglio. A questo approccio è abitualmente associato un duplice ordine di benefici: da un lato, una più efficiente gestione degli approvvigionamenti e della logistica complessiva, in virtù della specializzazione funzionale di apposite figure professionali (*category manager*) preposte alla selezione e gestione dei fornitori dei beni afferenti alla categoria; dall'altro, una superiore sensibilità ai bisogni della clientela, e in ultima analisi una più ampia opportunità di differenziazione della propria offerta, stante la possibilità di definire i confini della categoria non solo e non tanto in base a vincoli di contiguità produttiva fra beni omologhi, quanto piuttosto in virtù della rispondenza di tali beni a medesimi bisogni o situazioni d'uso.

È quest'ultimo aspetto a presentare i maggiori potenziali di applicazione al contesto di specie, e a suggerire un più attento esame delle categorie cognitive sottostanti al comportamento di fruizione caratterizzante il punto vendita di un museo.[5] Da un punto di vista metodologico, il metodo più diretto per apprezzare l'esistenza di *pattern di acquisto* riconducibili a processi di categorizzazione cognitiva è individuabile nelle tecniche di *basket analysis*, ovvero nell'analisi sistematica dei dati di vendita (desunti dai terminali POS), a livello di singolo cliente, al fine di individuare le più ricorrenti associazioni di acquisto fra prodotti.

Per quanto semplice ed elegante, un simile approccio presenta però due vincoli fondamentali: la grande quantità di osservazioni necessaria alla definizione empirica delle categorie; l'esistenza di un assortimento sufficientemente ampio e rappresentativo da consentire l'emergere di pattern sufficientemente stabili e riconoscibili. Entrambe queste condizioni non erano verificate nel con-

5. I recuperi di efficienza connessi alla specializzazione funzionale nei processi di acquisto non appaiono suscettibili di determinare, almeno alla scala dimensionale caratterizzante la gran parte dei musei italiani, effetti di particolare rilievo.

testo di Fiesole: in particolare, la specificità (ovvero l'esiguità) dell'assortimento caratterizzante il punto vendita alla data della ricerca avrebbe reso assolutamente non generalizzabile ogni risultato eventualmente scaturito da una *basket analysis* condotta sui comportamenti di spesa dei turisti analizzati.

Si è quindi fatto ricorso a un approccio differente, basato sull'analisi simultanea dei giudizi di preferenza che i 199 turisti intervistati hanno fornito con riferimento alle 20 categorie merceologiche incluse nell'analisi (per un elenco puntuale delle stesse si rimanda alla *tabella 13.5*). L'ipotesi che ha guidato l'indagine è che prodotti percepiti simili (ovvero categorizzati attraverso i medesimi processi cognitivi) determinino, nel rispondente, livelli simili di preferenza.

TABELLA 13.5 **ANALISI FATTORIALE ESPLORATIVA: MATRICE DEI "FACTOR LOADING" (ROTAZIONE VARIMAX)**

abili	fatt. 1 bazar	fatt. 2 cataloghi	fatt. 3 stampe	fatt. 4 cd-rom	fatt. 5 giochi/ abbigliam.	fatt. 6 audiovisivi	fatt. 7 cartoline
amiche, vassoi	0,76						
elli	0,70						
tti, fermacarte	0,64						
gianato locale	0,50						
tronomia locale	0,49						
de		0,80					
alogo museo		0,76					
nografie a tema		0,51					
mpe			0,76				
oduzioni			0,69				
ter			0,67				
stici				0,73			
iocassette				0,60			
rom				0,41			
chi bambini	0,36				0,60		
igliamento					0,55		
positive						0,57	
eocassette						0,57	
oline							0,60
venir	0,35						0,37

a: *i factor loading inferiori a 0,30 non sono evidenziati*

Ancora una volta, il problema sostantivo si traduce, sul piano dell'analisi empirica, nella determinazione delle dimensioni latenti sottostanti alla matrice di punteggi di interesse forniti dai 199 rispondenti relativamente alle 20 categorie merceologiche considerate. L'analisi della matrice di correlazione conferma l'opportunità di condensare le venti variabili in una struttura fattoriale di più ridotta dimensionalità (l'indice KMO presenta infatti il valore, altamente significativo, di 0,802). L'analisi dei fattori, effettuata anche in questo caso con il metodo dei fattori principali, ha determinato l'estrazione di sette variabili latenti, che complessivamente assommano al 70% della varianza originaria. La successiva fase di rotazione (metodo Varimax) ha fatto emergere la struttura fattoriale riportata in tabella 13.5.

Concentrandosi sull'interpretazione concettuale dei sette fattori estratti possiamo osservare come il primo di questi riunisca variabili quali ceramiche, vassoi, gioielli, piatti, gastronomia (si notino altresì i *loading* relativamente elevati di variabili quali giochi e souvenir): l'interpretazione del fattore, basata sugli *item* con più elevato *loading*, suggerisce l'etichetta *bazar*, a sottolineare l'intrinseca despecializzazione di questa parte dell'assortimento, che evidentemente risulta connettersi in misura solo marginale con il tema del museo, e appare invece riconducibile (sia pure in misura non marcata) a un generico rapporto con il territorio in cui la struttura insiste. Il secondo fattore (*cataloghi*) appare invece molto più connotato da una forte vocazione tematica, in cui predomina l'interesse per il museo in quanto tale, e per gli approfondimenti culturali a esso riconducibili. Il terzo fattore, qui definito *stampe*, presenta anch'esso una forte caratterizzazione, individuabile nella riproduzione delle opere d'arte esposte nel museo. Il quarto fattore, denominato *cd-rom*, definisce un paniere di prodotti a più elevato contenuto tecnologico, volti a favorire una fruizione multimediale (e multisensoriale) del museo. Il quinto fattore è un fattore misto, che compendia prodotti generici, sia pure a forte contenuto edonistico, quali l'*abbigliamento* e i giochi per bambini. Il sesto fattore è inequivocabilmente un fattore *audiovisivo*, mentre il settimo e ultimo fattore compendia categorie merceologiche caratterizzate dall'elevata genericità e dal basso costo unitario (*cartoline*).

La *tabella 13.6* restituisce invece il giudizio medio di interesse calcolato, per l'intero campione, su ciascuno dei sette "panieri", o categorie merceologiche, suggerite dall'analisi fattoriale[6] (fra

6. I punteggi complessivi per categoria sono stati calcolati come media semplice delle valutazioni di interesse attribuite agli item con più elevato *loading* sui rispettivi fattori.

parentesi è riportato l'ordine relativo di importanza fra le sette categorie). I dati sono di facile lettura: si può osservare il netto interesse dimostrato dagli intervistati nei confronti dei prodotti a più forte caratterizzazione museale, quali i cataloghi e guide a contenuto artistico-culturale (punteggio medio di interesse pari a 5,23) e verso le riproduzioni di opere d'arte (punteggio medio di 4,62). Di gran lunga minoritari appaiono invece i punteggi medi attribuiti alle componenti dell'assortimento a minore coerenza con la vocazione del punto vendita, quali le categorie bazar, giochi e abbigliamento.

TABELLA 13.6 **PUNTEGGI DI INTERESSE PER CATEGORIA**

categoria merceologica	interesse	(rank)
bazar	3,09	(5)
cataloghi, guide, libri	5,23	(1)
stampe, riproduzioni	4,62	(2)
cd-rom, audiocassette	3,08	(6)
giochi, abbigliamento	2,54	(7)
audiovisivi	3,45	(4)
cartoline, souvenir	4,41	(3)

13.4.4 I sottoinsiemi di preferenze

In realtà, come spesso avviene, la semplice rilevazione dei valori medi relativi ai differenti caratteri di una popolazione tende a occultare la dispersione di ogni carattere attorno al proprio valore centrale, dispersione che può essere a volte assai ampia. In altre parole, un approccio puramente descrittivo non è sempre in grado di rivelare la presenza di eventuali sottopopolazioni caratterizzate da percezioni e/o bisogni specifici. Per ovviare a questo limite si è proceduto a realizzare un'analisi dei gruppi (*cluster analysis*) volta a individuare insiemi di turisti caratterizzati da una comune percezione del proprio rapporto con l'assortimento offerto da un generico punto vendita museale. Le variabili utilizzate nel processo di *clustering* sono evidentemente costituite dai punteggi di interesse calcolati relativamente alle sette categorie merceologiche precedentemente ricavate. Un simile tentativo di "segmentazione" (l'espressione è qui utilizzata in senso deliberatamente estensivo, ancorché parzialmente improprio) può permettere di distinguere i visitatori in gruppi con esigenze differenziate, ma omogenee all'interno di ciascun segmento, facilitando così il compito di messa a punto di un sistema di offerta calibrato.

I risultati della *cluster analysis*,[7] realizzata attraverso l'utilizzo di un algoritmo di classificazione gerarchica (metodo di Ward) i cui risultati hanno costituito l'input per la successiva applicazione di un algoritmo di classificazione diretta (metodo delle k-medie), suggeriscono l'esistenza di cinque gruppi distinti, ciascuno caratterizzato da un vettore di preferenze a esso peculiare. La tabulazione dei valori medi che caratterizza ciascun cluster con riferimento alle sette variabili utilizzate nella procedura di aggregazione consente un'immediata interpretazione dei gruppi stessi (vedi *tabella 13.7*):

TABELLA 13.7 ***CLUSTER ANALYSIS*: COORDINATE DEI CENTROIDI (VALORI MEDI DELLE VARIABILI DI *CLUSTERING*)**

variabili	clus. 1	clus. 2	clus. 3	clus. 4	clus. 5	totale
bazar	2,14	3,75	2,49	1,93	4,46	**3,09**
cataloghi, guide, libri	5,77	3,00	3,19	6,11	5,74	**5,23**
stampe, riproduzioni	2,55	3,89	4,63	5,26	5,35	**4,62**
cd-rom, audiocassette	1,87	4,06	1,98	3,25	3,77	**3,08**
giochi, abbigliamento	1,83	3,37	2,58	1,68	3,32	**2,54**
audiovisivi	2,46	3,46	2,33	3,71	4,24	**3,45**
cartoline, souvenir	4,22	2,93	4,95	3,81	4,96	**4,41**
numerosità cluster	33	16	31	49	66	**195**
peso percentuale	17%	8%	16%	25%	34%	**100%**

- il primo cluster, costituito dal 17 % del campione, presenta uno spiccato orientamento verso cataloghi, guide e libri, nonché un interesse allineato alla media del campione per ciò che riguarda il paniere caratterizzato da cartoline e souvenir; sono decisamente più bassi della media, all'interno del gruppo, i punteggi di interesse attribuiti alle rimanenti dimensioni dell'assortimento;
- il secondo cluster, composto dall'8% del campione, si caratteriz-

7. La *cluster analysis* (analisi dei gruppi) è una tecnica statistica multivariata che viene utilizzata per costruire sottoinsiemi significativi di individui od oggetti. Più specificamente, l'obiettivo perseguito è quello di classificare le entità analizzate in un insieme ridotto di insiemi mutuamente esclusivi fondati sulle similarità fra gli attributi caratterizzanti le entità stesse.

za per il marcato disinteresse verso i prodotti più direttamente riconducibili alla tematica museale (ovvero cataloghi, guide, stampe e riproduzioni), privilegiando invece, come appare evidente dal confronto con i punteggi medi relativi all'intero campione, prodotti indifferenziati e non tematici quali cd-rom, gioielli e artigianato locale;

- il terzo cluster (16% del campione) presenta una caratterizzazione poco definita, salvo esprimere uno scarso interesse verso cataloghi e guide, e un interesse superiore alla media per cartoline e souvenir;
- il quarto cluster (25% del campione) sembra invece contenere le forme di turismo culturale più sofisticato: si registra infatti uno spiccato interesse verso cataloghi, guide e riproduzioni artistiche, nonché il contemporaneo rifiuto delle componenti più generiche e culturalmente povere dell'assortimento, qui rappresentate dalle dimensioni bazar e giochi/abbigliamento (i valori sono i più bassi fra quelli rilevati nei cinque gruppi);
- il quinto e ultimo cluster (34% del campione) dichiara un elevato e sistematico interesse verso il punto vendita considerato in tutte le sue componenti di assortimento, anche se i maggiori scostamenti dalla media del campione si registrano nelle dimensioni bazar e audiovisivi.

È interessante considerare la *tabella 13.8*, che contiene i risultati dell'analisi della varianza relativa alla differenza fra le medie delle variabili nei diversi gruppi. In particolare, il rapporto fra scarto quadratico medio *tra* i gruppi (indicato con *cluster MS*) e scarto quadratico medio *nei* gruppi (indicato con *error MS*) è indicato nella colonna *F*: quanto più elevato è il valore di F, tanto meno verosimile è l'ipotesi di uguaglianza delle medie delle variabili nei diversi cluster.

Come si può osservare, le variabili utilizzate nella procedura di *clustering* si caratterizzano per livelli fortemente disomogenei nel valore del test *F*: da un lato si collocano variabili a elevata capacità discriminante fra i gruppi, quali le categorie bazar, cataloghi, stampe e riproduzione e, sia pure in minor misura, cartoline e souvenir; dall'altro si evidenzia invece un gruppo di variabili la cui capacità di differenziazione è assai più modesta: cd-rom, giochi e abbigliamento, audiovisivi (si noti, a questo riguardo, la bassa differenza fra le medie *intercluster* evidenziata dalla tabella 13.7 con riferimento a tali categorie).

TABELLA 13.8 ***CLUSTER ANALYSIS*: ANALISI DELLA VARIANZA**

variabili	cluster MS	DF	error MS	DF	F	prob.
bazar	19,7327	4	2,49	190	51,2294	,000
cataloghi, guide, libri	20,7314	4	3,19	190	55,4498	,000
stampe, riproduzioni	18,0824	4	4,63	190	42,7533	,000
cd-rom, audiocassette	5,4702	4	1,98	190	9,5861	,000
giochi, abbigliamento	3,6252	4	2,58	190	6,5943	,000
audiovisivi	2,5797	4	2,33	190	4,8073	,001
cartoline, souvenir	7,6104	4	4,95	190	17,7007	,000

Se si confrontano questi risultati con i punteggi medi di importanza rilevati sull'intero campione (vedi tabella 13.6) si può osservare un'interessante simmetria: le categorie per cui si riscontra la minore capacità discriminante fra i cinque cluster (*cd-rom*, *giochi-abbigliamento* e *audiovisivi*) sono altresì caratterizzate da un basso punteggio di interesse. Si tratta di una correlazione che non appare casuale, ma che al contrario può essere ricondotta al modesto grado di coinvolgimento che i visitatori sembrano uniformemente presentare, con poche eccezioni, nei confronti di queste tipologie di articoli. Considerazioni di segno opposto valgono naturalmente per le categorie *cataloghi-guide*, *stampe-riproduzioni* e *cartoline-souvenir*: l'elevato punteggio medio di interesse, unitamente alla forte capacità discriminante fra i cinque cluster, testimoniano la presenza di un sistema di preferenze consapevole e articolato, evidentemente riconducibile alla più elevata salienza che tali categorie rivestono nel sistema di giudizio del visitatore.[8]

Il differente contributo che le categorie merceologiche qui derivate portano alla caratterizzazione dei cluster di visitatori, nonché il posizionamento di tali cluster in uno spazio percettivo multidimensionale, possono essere efficacemente visualizzati attraverso il ricorso all'analisi discriminante. Nello specifico, la variabile dipendente (categorica) è stata individuata nel cluster di appartenenza degli individui componenti il campione; le variabili indipendenti sono invece rappresentate dai punteggi

8. L'importanza della pertinenza dell'assortimento dello shop rispetto al tema del museo/mostra, viene riaffermata nella ricerca condotta presso i visitatori del Palaexpo di Roma. "Studio di fattibilità per la trasformazione del Palazzo delle Esposizioni di Roma in Azienda Speciale", maggio 1995.

fattoriali relativi ai giudizi di interesse espressi nei confronti delle differenti tipologie di assortimento. Obiettivo dell'analisi è derivare quelle combinazioni lineari delle variabili indipendenti capaci di meglio discriminare i cinque gruppi di visitatori precedentemente determinati.

Restringendo l'analisi alle prime due funzioni discriminanti, che da sole spiegano il 62% della varianza fra i gruppi, e utilizzando la correlazione fra le variabili indipendenti e le funzioni stesse quale criterio di interpretazione del significato delle dimensioni di sintesi così ottenute, si può riscontrare come la prima funzione discriminante (33% di varianza spiegata) presenti la massima correlazione (0,93) con la categoria *cataloghi-guide-libri* (si tratta evidentemente di una dimensione che rivela la propensione artistico-culturale del visitatore); la seconda funzione discriminante, con il 29% di varianza spiegata, presenta invece una forte correlazione con la categoria merceologica *bazar* (ovvero artigianato, oggettistica, gioielli e gastronomia; l'indice di correlazione r è uguale a 0,91) e un legame più debole, ma comunque significativo (r = 0,27), con la categoria *giochi-abbigliamento* (è altrettanto evidente, in questo caso, l'emergere di una dimensione ludico-edonistica, scarsamente correlata alle motivazioni culturali della visita, ma orientata piuttosto alla gratificazione istantanea connessa all'atto dell'acquisto).[9]

La *figura 13.1*, ottenuta mappando i rispondenti, nonché i centroidi dei rispettivi cluster di appartenenza, nello spazio bidimensionale definito dalle prime due funzioni discriminanti, consente di apprezzare con grande chiarezza il posizionamento relativo dei cinque gruppi rispetto a questo nuovo sistema di riferimento, nonché le distanze reciproche fra gli stessi. A questo riguardo appare evidente anche a un'ispezione visiva come la massima dispersione dei rispondenti, e dei baricentri dei relativi cluster, si manifesti lungo l'asse definito dalla prima funzione discriminante (F1). Si percepisce una contrapposizione piuttosto nitida fra i gruppi 2 e 3, accomunati da un marcato disinteresse verso la componente artistico-culturale dell'assortimento caratterizzante il punto

9. L'esame della matrice di classificazione, che riassume il numero di previsioni corrette e non corrette per ogni gruppo, evidenzia un valore estremamente elevato, pari al 97% dei casi esaminati: ciò equivale a dire che, utilizzando a fini previsivi i risultati dell'analisi, si potrebbe giungere ad assegnare un ipotetico visitatore al cluster di appartenenza, essendo noti i suoi giudizi di importanza, con un errore contenuto entro il limite massimo del 3%.

vendita museale, e i gruppi 1, 4 e 5, che invece presentano un comune, analogo apprezzamento verso questa dimensione. A sua volta, la seconda funzione discriminante (F2, connessa alla dimensione ludico-edonistica dell'acquisto) non sembra differenziare in modo particolarmente accentuato i gruppi 2 e 3, che anzi si confermano piuttosto simili, quanto piuttosto i gruppi 4 e 5: le coordinate lungo F2 dei centroidi relativi ai due cluster risultano infatti molto distanziate, e precisamente pari rispettivamente a -1,5 e 1,3.

FIGURA 13.1 **FUNZIONI DISCRIMINANTI CANONICHE**

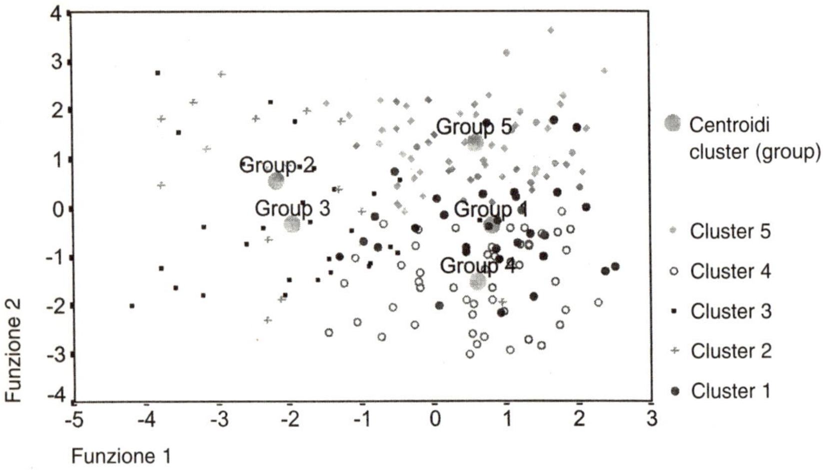

13.4.5 La descrizione dei gruppi

Resta ora da compiere un ultimo importante passaggio analitico: avere identificato l'esistenza di cinque gruppi di visitatori (o "segmenti", se così li si vuole definire) mossi da sistemi assai diversi di aspettative nei confronti del punto vendita di una struttura museale è di per sé un risultato degno di nota, su cui ci soffermeremo nella parte conclusiva di questo lavoro; ancora più utile è però tentare di tracciare un profilo di questi gruppi, evidenziando, per analogie e differenze, quali caratteristiche sociodemografiche, o comportamentali, si associno a essi in modo sistematico. Per effettuare quest'ultima serie di analisi si ricorrerà a variabili non utilizzate nel processo di aggregazione, ma comunque rilevate nel corso della fase empirica della ricerca.

Un primo contributo descrittivo deriva dalla rilettura dei cinque cluster rispetto alle risposte fornite alla domanda volta a sondarne le preferenze relativamente alle caratteristiche più generali del punto vendita.[10] È interessante constatare che, fra gli attributi suscettibili di evidenziare una differenza statisticamente significativa nei valori medi di preferenza fra i cinque cluster (tali attributi sono: la presenza di un bar interno al punto vendita, l'ambientazione in linea con il tema del museo, l'articolazione in reparti specializzati, la qualità e l'ordine dell'esposizione e infine la possibilità di esaminare e consultare il materiale esposto), il maggior potere discriminante sia associato agli attributi "consultazione del materiale", "ambientazione in tema con il museo" e "articolazione in reparti specializzati": non sorprendentemente, stante la correlazione di questi attributi con le dimensioni fruitive più vicine alla dimensione artistico-culturale, e comunque tematica, i più bassi valori medi di interesse si riscontrano nei segmenti "edonici", ovvero il 2 e il 3; il valore massimo è invece rilevabile nel segmento "impegnato", ovvero il 4. All'opposto, e significativamente, la presenza del bar (un attributo edonico per eccellenza) riceve la sua massima valutazione dai visitatori del segmento 2. Esce quindi rinforzata la sensazione già emersa e segnalata nella precedente fase dell'analisi, ovvero la compresenza di due grandi gruppi di visitatori: gli uni fortemente motivati dalle dimensioni culturali, o comunque tematiche, dell'assortimento; gli altri, mossi da un bisogno più generico e indifferenziato, riconducibile al soddisfacimento di un'esperienza edonica non connessa necessariamente all'esperienza di visita.

Una tipica variabile sociodemografica lungo cui i cinque segmenti possono essere utilmente descritti è costituita dall'età: qui i risultati appaiono meno conclusivi. Nonostante la contrapposizione fra gruppi 2 e 3 verso gruppi 4 e 5 risulti comunque percepibile (il cluster 4 presenta l'età media più elevata, pari a 41 anni, mentre il cluster 2, con 35 anni di età media, è composto dagli individui in assoluto più giovani), le differenze riscontrate nel campione non risultano sufficientemente rilevanti da consentire di rigettare l'ipotesi nulla di omogeneità del carattere *età* nella popolazione di riferimento.

10. Che la fase esplorativa della ricerca aveva identificato in: dimensione del *museum shop*, articolazione in reparti specializzati, presenza di uno spazio per la consultazione, possibilità di consultare il materiale e manipolare gli oggetti esposti, ampiezza dell'assortimento, presenza di uno spazio audiovisivo che illustri i materiali esposti, ambientazione in linea con il tema del museo, presenza di un bar interno al punto vendita, capacità di offrire prodotti differenziati rispetto ai tradizionali negozi di souvenir, qualità dell'esposizione.

La posizione professionale riveste un ruolo per molti versi simile: pur non risultando capace di differenziare, da un punto di vista rigorosamente statistico, i differenti cluster, si presta cionondimeno ad alcune utili considerazioni. Emerge infatti, per il cluster 2, una netta sovrarappresentazione della categoria professionale impiegatizia, e una sottorappresentazione di studenti e insegnanti; una situazione quasi speculare si riscontra invece nei cluster 3 e 5, dove la presenza di studenti e operatori culturali è preponderante. Interessante il rilievo sul cluster 4, caratterizzato da una pressoché totale assenza di studenti, a vantaggio di una consistente sovrarappresentazione delle categorie "libero professionista" e "imprenditore".

Poco significative le differenze nella scolarizzazione fra i differenti cluster (si è proceduto a operazionalizzare il costrutto attraverso la trasformazione della variabile categorica "titolo di studio" nella variabile continua "numero di anni di scolarizzazione"). A fronte di una media campione già piuttosto elevata (14,6 anni di studio, equivalenti a una formazione parauniversitaria), si riscontrano oscillazioni deboli, e comunque non rilevanti sul piano strettamente statistico: il valore minimo si riscontra nel cluster 2, con 13,43 anni di scolarizzazione; il valore massimo nel cluster 4, con 15,04 anni.

Muovendo alle dimensioni più marcatamente comportamentali, si riscontra innanzitutto una differenza significativa, anche sul piano statistico,[11] nella disponibilità alla spesa dichiarata dai visitatori appartenenti ai cinque segmenti emersi dall'analisi. Una prima ispezione della relazione evidenzia come le classi di spesa più elevate (superiori alle 50.000 lire) caratterizzino i soli gruppi 4 e 5, e siano invece assenti nei gruppi 1, 2 e 3. Un confronto più dettagliato, anche se statisticamente meno robusto, può essere attuato attraverso la definizione di un valore di riferimento arbitrariamente assunto quale rappresentativo di ciascuna classe di spesa (si è optato per i valori di 0, 10.000, 20.000, 40.000, 80.000 e 150.000 lire), per poi procedere al calcolo di una media per segmento ponderata per le numerosità delle differenti classi che lo compongono. Attraverso questo semplice procedimento (il cui limite sta nella definizione arbitraria del valore assoluto rappresentativo della classe, non nella significatività dei confronti relativi fra le

11. Il test di indipendenza relativo alla distribuzione delle due variabili presenta un valore del chi-quadro pari a 27,94 con 16 gradi di libertà, $p = 0,03$.

medie ponderate intercluster) si è giunti ad associare a ciascun segmento un valore ponderato di disponibilità alla spesa. I valori sono di seguito riportati: per il cluster 1, 20.300 lire; cluster 2, 18.750 lire; cluster 3, 19.000 lire; cluster 4, 24.900 lire; cluster 5, 27.120 lire.

I risultati appaiono di grande interesse: la più volte sottolineata distinzione fra segmenti *ludico-edonici* (cluster 2 e 3) e segmenti *cultural-impegnati* (cluster 4 e 5; le etichette attribuite ai segmenti sono evidentemente convenzionali) si riflette specularmente sul valore medio di disponibilità alla spesa, suggerendo una ben diversa capacità di contribuzione dei segmenti. Il forte interesse commerciale associabile a questi due cluster esce ulteriormente rinforzato dall'analisi della dimensione relativa dei segmenti considerati: i gruppi 4 e 5 sono infatti rispettivamente composti da 49 e 66 individui, assommando congiuntamente a circa il 59% del campione analizzato. Una quota importante del proprio mercato di riferimento, sia in volume che in valore, che non può non influenzare le future scelte di assortimento del punto vendita.

La disponibilità alla spesa dichiarata dai visitatori rappresenta una possibile operazionalizzazione del costrutto "intenzione di acquisto"; è però utile affiancare a questo dato un'analisi degli effettivi comportamenti di spesa evidenziati dai soggetti analizzati. Soffermandoci in prima battuta sulla frequentazione del *museum-shop* si confermano le tendenze già emerse: l'84% dei visitatori appartenenti ai cluster 4 e 5 ha visitato il punto vendita del parco archeologico, una percentuale che scende al di sotto 60% nel caso dei cluster 1, 2 e 3. La spesa effettiva, un ulteriore indicatore comportamentale, è a sua volta significativamente diversa fra i cinque cluster: il massimo (relativo, vista l'esiguità dei valori assoluti) si registra nel cluster 5, con una media individuale di spesa pari a 10.893 lire; seguono il cluster 1, con 8607 lire, e il cluster 4 con 6355 lire; lo scontrino medio scende a 3.045 lire nel cluster 3, per poi crollare a sole 1.433 lire nel caso del cluster 2.

13.5 Conclusioni

Gli obiettivi conoscitivi che hanno guidato questo studio sono dichiaratamente esplorativi, e ogni evidenza emergente non può che essere considerata come un'ipotesi di spiegazione necessariamente provvisoria. In particolare, è necessario tenere conto delle specificità spaziale e temporale entro cui la ricerca si è sviluppata. Dall'analisi emergono comunque alcuni elementi di particolare rilievo, che si è peraltro proceduto a commentare in modo esaustivo nel corso dell'esposizione. Nonostante questo, può essere utile sintetizzare brevemente le tendenze più evidenti e più suscettibili di successivi approfondimenti:

- il punto chiave che determina il giudizio di un punto vendita è l'assortimento degli oggetti; molto più delle dimensioni, della sistemazione all'interno dell'area, del rapporto col personale, ciò che determina l'acquisto è la varietà e la qualità degli oggetti; occorre quindi che i visitatori del museo possano scegliere all'interno di un assortimento ampio e sufficientemente profondo;
- i visitatori tendono a condividere una rappresentazione cognitiva dell'assortimento piuttosto nitida, articolata in un numero limitato e differenziato di categorie merceologiche;
- tale rappresentazione sembra essere caratterizzata da due macrodimensioni percettive: da un lato articoli tematici, a forte significato artistico-culturale, volti ad assicurare una migliore fruizione, o comprensione, dell'esperienza connessa alla visita; dall'altro articoli generici, non collegati alla struttura museale, ma semmai al territorio, e a cui sono associate gratificazioni di natura ludico-edonistica;
- simmetricamente emerge, sintetizzando i risultati della *cluster analysis* sui giudizi di preferenza verso le differenti componenti dell'assortimento, la compresenza di due grandi gruppi di visitatori: gli uni fortemente motivati dalle dimensioni culturali, o comunque tematiche, dell'assortimento; gli altri, mossi da un bisogno più generico e indifferenziato, riconducibile al soddisfacimento di un'esperienza edonica non connessa necessariamente all'esperienza di visita;
- infine, per tutti i soggetti intervistati ha molta importanza che l'ambiente del punto vendita sia in tema con il museo.

L'analisi di questi dati determina, nello specifico caso particolare, e per estensione in tutte le situazioni paragonabili, alcune possibili proposte relativamente alle scelte di gestione del punto vendita :

- *ampliare la varietà degli oggetti in vendita* e agire verso un consequenziale aumento delle dimensioni del punto vendita stesso;
- *dare al punto vendita un'ambientazione in tema col museo*: a questo proposito sarebbe utile una collocazione più inserita nell'esperienza di visita;

- *curare particolarmente l'offerta di stampe e riproduzioni* sia perché sono tra gli oggetti più ricercati da parte di chi è entrato, ma non ha fatto acquisti, sia perché sono con le cartoline gli unici oggetti a ottenere un elevato gradimento anche presso i clienti meno motivati;
- *mantenere una buona qualità nell'offerta delle cartoline e delle guide* appare determinante nei confronti dei clienti con scarsa disponibilità di spesa e dei clienti giovani in generale.

PARTE TERZA

I processi di cambiamento del comparto museale italiano: problemi e prospettive di analisi

14 Processi cognitivi e opzioni strategiche nella gestione museale

Gianni Lorenzoni e Vincenza Odorici

14.1 Introduzione

C'è qualche buona ragione per scegliere il museo come unità di indagine per lo studio dei processi di decisione. Il carattere fortemente distintivo e idiosincratico del museo come organizzazione complessa può fornire un laboratorio di ricerca in cui affinare strumenti e metodi di indagine propri dell'economia e dell'organizzazione aziendale. Questa affermazione assume esplicitamente che l'organizzazione museo non è un oggetto a cui trasferire conoscenze e procedure codificate ma è un'occasione per mettere alla prova metodi di indagine e paradigmi consolidati nel momento in cui si riconoscono le specificità e le peculiarità proprie di tali organizzazioni.

Nelle riflessioni e nei dibattiti sul governo delle attività culturali emergono prospettive diverse o modi differenti di intendere e di tradurre in azione le attività delle istituzioni coinvolte (musei, teatri, ecc.). Le differenze marcate, la rilevanza del retroterra culturale e del sistema delle idee degli attori chiave ci hanno fin dall'inizio segnalato l'opportunità di impiegare nell'analisi delle organizzazioni approcci in grado di assicurarci diversi piani di lettura. Nell'ambito degli studi di strategia, ad esempio, persiste ancora un'incapacità di prendere in considerazione il ruolo giocato dall'interpretazione insieme a quello della situazione nella determinazione del comportamento delle organizzazioni. Viceversa, l'apprezzamento dell'*imprint*, delle assunzioni degli attori, quindi delle rappresentazioni del sistema e delle leve che ne presidiano il funzionamento garantiscono contro i tentativi di manipolazione e colonizzazione del mondo museale.

Gli "archetipi", identificati dagli studiosi di *system dynamic* (Senge, 1990), sono utilizzati come punto di partenza per introdurre un'analisi delle diverse modalità gestionali dei musei. Gli archetipi sono modelli di struttura che ricorrono continuamente nelle rappresentazioni mentali dei nostri problemi personali e organizzativi quotidiani e sono in grado di descrivere determinati comportamenti. Questi componenti sono organizzati attorno a una distinta struttura di feedback, bilancianti e rafforzanti, e di ritardi, che ci consente di capire come mai piccoli cambiamenti possono dare vita a veri e propri stravolgimenti nell'ambiente decisionale (laddove vi siano molti feedback positivi) o, al contrario, perché sia così difficile avviare il sistema al cambiamento (laddove vi siano forti ritardi). L'individuazione degli archetipi nelle rappresentazioni mentali consente di mettere allo scoperto le connessioni delle decisioni rispetto a conseguenze attese e non (Lomi, Larsen, 1999). All'interno di questi sistemi una causa iniziale si trasmette lungo la catena circolare di cause ed effetti finché quella stessa causa diventa un effetto indiretto di sé stessa (Roberts *et al.*, 1983). L'esplorazione degli elementi comuni alle rappresentazioni dell'attività museale si fonda sul presupposto che l'indagine in questo ambito sia importante per comprendere sia i limiti sia le leve di un possibile cambiamento. Lo scopo non è di condurre una riflessione sui problemi e le soluzioni più ricorrenti nella gestione delle attività museali, ma sul modo con cui si identificano i primi e si ricercano le seconde.

Se si vogliono apportare dei cambiamenti nel mondo museale, indipendentemente dalla loro natura e forma, si dovranno necessariamente fare i conti con i meccanismi interpretativi diffusi fra i diretti protagonisti.

14.2 Il pensiero sistemico e l'uso degli archetipi

Ci è parso utile usare gli archetipi per interpretare le difficoltà insite nel processo di definizione dei problemi e delle soluzioni e per stimolare una riflessione sulle diverse interpretazioni coesistenti in merito alla gestione delle organizzazioni museali italiane. Il primo problema è relativo alla struttura duale che sembra caratterizzare l'offerta museale italiana, dove molti musei poco visibili vedono peggiorare la loro situazione a dispetto di pochi grandi che attirano un numero enorme di visitatori. Il secondo problema è costituito dai limiti degli interventi istituzionali a sostegno dei musei, focalizzati sulla scarsità delle risorse a disposizione di queste organizzazioni.

a. ***Una struttura duale nel settore dell'offerta museale: "successo a chi ha successo"***

Il primo problema consiste nella natura dicotomica del settore museale. A fronte di poche grandi realtà di successo vi è una moltitudine di medie e piccole organizzazioni incapaci di catalizzare l'attenzione del pubblico.

Questa mancanza di visibilità non è necessariamente connessa al valore del patrimonio artistico conservato nel museo. Numerosi sono in Italia i musei che ospitano collezioni di grande valore e bellezza in importanti città e che tuttavia non riescono ad attrarre i visitatori. La distanza tra i pochi musei grandi e famosi e il resto della realtà museale italiana sembra aumentare. I primi destano sempre più attenzione sia a livello nazionale sia internazionale, divenendo tappe obbligate nelle rotte turistiche lungo la penisola, mentre i secondi rischiano di ritrovarsi sempre più poveri.

Il problema della realtà museale italiana sembra poter trovare una traduzione efficace nell'archetipo denominato "successo a chi ha successo" (*figura 14.1*). L'archetipo descrive le situazioni competitive nelle quali due attività dipendono dalle stesse risorse per il loro sostentamento. Nel momento in cui una delle due inizia ad avere più successo dell'altra, questa differenza si andrà accentuando perché consentirà alla prima di raccogliere molte risorse a scapito dell'attività più debole per la quale la vita diventerà sempre più difficile. Questo archetipo mette in evidenza la forza centrifuga della competizione che accentua la distanza tra le due tipologie. Rappresentando un museo nella sua forma istituzionale e consolidata, esso suggerisce che il successo si realizza solo fra coloro che hanno già visibilità, mentre non vi sono leve in grado di sostenere le organizzazioni collocate "in mezzo al guado".

FIGURA 14.1 **"SUCCESSO A CHI HA SUCCESSO"**

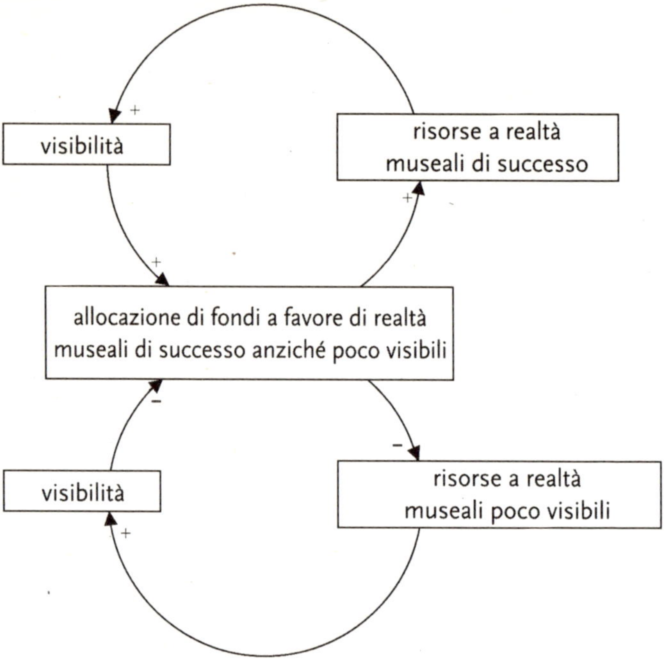

La soluzione possibile metodologicamente è quella di indebolire la connessione esistente, evitando che organizzazioni molto diverse in quanto a visibilità dipendano dalle stesse risorse. Due le strade da percorrere per interrompere questa tendenza:

- Da una parte, a rallentare questo trend in atto nel mondo museale possono e devono contribuire delle politiche per i beni culturali non generalistiche (che continuerebbero a mettere sullo stesso piano organizzazioni grandi e piccole finendo con l'accentuare un confronto che le più deboli sono destinate a perdere in partenza), in grado di cogliere le differenze e la complessità del panorama museale italiano, rispetto al quale non possono essere confezionate ricette generali né tanto meno precostituite. Un intervento che tenda a cogliere esclusivamente le questioni macro di queste organizzazioni è destinato a rafforzare ulteriormente le tendenze già in atto, mentre si tratta di imprimere a questo settore, attraverso interventi mirati e circoscritti, una varietà di nuove direzioni di sviluppo rispetto alle quali le organizzazioni, nello loro peculiarità, possano trovare spazio vitale per le proprie iniziative e i propri servizi. Per inciso tale impostazione "contestualista" ribadisce la necessità di una ricerca empirica sulle concrete esperienze di gestione dei musei – obiettivo di fondo di questo volume – in grado di ridurre le tentazioni verso facili generalizzazioni.

- Dall'altra, gli effetti dei due *loop* rinforzanti del "successo a chi ha successo" possono essere spezzati attraverso il contributo degli studi sulle strategie in grado di suggerire l'impiego di capacità non convenzionali e consolidate per sovvertire la condizione di dominanza degli attori incombenti. L'attenzione per la qualità delle risorse e delle competenze sia nell'interpretazione dei problemi sia nella capacità di "inventare" soluzioni attraverso processi decisionali efficaci, mostrano la possibilità di successo per gli attori meno dotati di risorse tangibili. Lo sviluppo di nuove conoscenze e i processi di sperimentazione sono l'antecedente delle alternative strategiche per le imprese non "di successo". Esse sono obbligate a non imitare, anzi, a differenziare sostanzialmente i comportamenti, rispetto alle imprese "vincenti" e con forte visibilità.

b. *I limiti degli interventi museali: il "transfert"*

Un problema che preoccupa sia le istituzioni sia i responsabili delle organizzazioni museali è la totale insufficienza delle risorse messe a disposizione di questi ultimi. L'enorme quantità di fondi richiesta dalla gestione del patrimonio artistico custodito nei musei italiani sembra dover essere soddisfatta attraverso maggiori sforzi finanziari da parte del sistema.

La mancanza di risorse viene interpretata essenzialmente come problema e assai più raramente come sintomo le cui cause andrebbero ricercate anche altrove e questo ha ripercussioni sull'efficacia del processo di ricerca della soluzione. Infatti, focalizzare il dibattito unicamente sulla scarsità di risorse che i musei stanno fronteggiando distrae lo Stato, gli Enti pubblici e gli stessi direttori dalla questione cruciale dello sviluppo di competenze manageriali e gestionali che trasformino il museo e la gestione del patrimonio artistico.

L'archetipo in questione è quello che Senge (1990) chiama "transfert" e descrive le situazioni in cui agendo sullo stimolo anziché sulle cause che lo generano si finisce con il dipendere sempre più dalla soluzione sintomatica indebolendo la capacità di sviluppare una soluzione definitiva. A questo proposito, la possibilità di distribuire le risorse ai musei in base ai meriti potrebbe peggiorare la situazione (*figura 14.2*). Il concentrarsi unicamente sulle risorse finanziarie produce come effetto collaterale quello di acuire la competizione per le stesse, peraltro sempre più scarse, distraendo i gestori dallo sviluppare competenze nuove che permettano di aumentare la visibilità della loro organizzazione presso il pubblico, di ricercare percorsi nuovi e nuovi canali di finanziamento. Come abbiamo visto, la struttura duale dell'offerta museale richiede alle imprese "in mezzo al guado" un ripensamento dell'attività e soprattutto degli obiettivi che le porti a differenziarsi rispetto alle organizzazioni note.

FIGURA 14.2 **TRANSFERT**

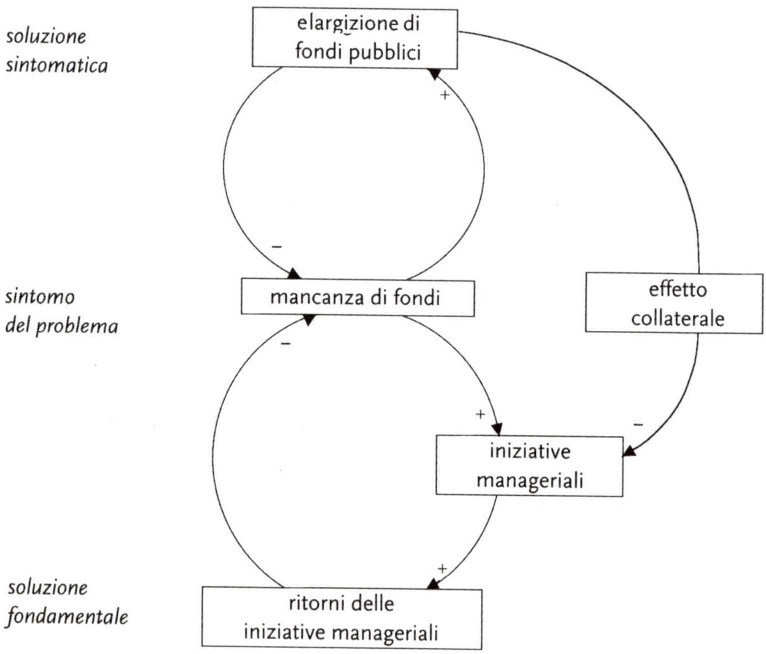

Il gap tra questi due mondi che sembrano crescere e svilupparsi con ritmi diversi gli uni dagli altri può essere colmato solo con le competenze che consentano alle organizzazioni più deboli di non concorrere alle risorse delle grandi. È indubbio che lo sviluppo di nuove competenze di direzione non può essere la soluzione di tutti i problemi che affliggono la realtà museale italiana, ma è opinione di chi scrive che rappresenti sicuramente una mossa importante.

14.3 Dalle percezioni ai processi decisionali

Il semplice esercizio di comprensione della struttura alla base di problemi rilevanti quali quelli descritti in queste pagine può rappresentare un esempio di quello che riteniamo essere il primo passo per la realizzazione di un efficace cambiamento delle organizzazioni museali. Il ricorso al pensiero sistemico serve soprattutto per individuare le aree sulle quali intervenire e rispetto alle quali ricercare le soluzioni; tuttavia è una condizione necessaria ma non sufficiente per garantire un reale cambiamento delle organizzazioni museali.

Un secondo processo necessario al cambiamento è il ripensamento dei modelli mentali di coloro che gestiscono attualmente le organizzazioni artistiche, ovvero di idee profondamente radicate rispetto agli obiettivi, al funzionamento e alle attività delle organizzazioni culturali. Se ci limitiamo a questi pur importanti processi di tipo analitico e di tipo cognitivo non riusciamo tuttavia a realizzare un trasferimento apprezzabile nelle prassi decisionali delle intuizioni proposte. Sono di ostacolo a tali cambiamenti le opzioni limitate nei contenuti e negli orizzonti, le azioni convenzionali, le restrizioni nei metodi e nei modi di organizzare la loro messa in atto.

Rispetto a queste due condizioni, gli esercizi condotti suggeriscono un terzo ambito di intervento relativo ai contenuti veri e propri del cambiamento auspicabile. Occorre infatti uno spostamento di enfasi dalle risorse intese come *vincolo* rispetto allo sviluppo delle organizzazioni, alle risorse intese come *opportunità* sulle quali fare leva attraverso nuove percezioni e/o attraverso la creazione di competenze gestionali e manageriali.

14.4 L'articolazione delle risorse e delle capacità nelle organizzazioni

L'attenzione alle risorse più banali del bagaglio a disposizione dei responsabili del governo delle organizzazioni riduce lo spettro interpretativo non solo dei problemi, ma anche delle leve necessarie per affrontarli. Il processo di cambiamento risente della capacità di articolare risposte che non si limitino alle risorse tangibili, ma si spostino sulle competenze necessarie all'impiego e alla scoperta di nuove risorse combinandole tra loro in modo coerente.

A questo proposito, come esercitazione logica a fini puramente esemplificativi, è utile introdurre una dicotomizzazione tendente a tracciare i connotati di due tipi ideali di museo, per quanto in via semplificata: il primo – che denomineremo *adattivo* – attestato sulle routine di sempre, il secondo – *proattivo* – con vocazione più esperienziale. Limitandoci a poche funzioni essenziali di creazione del valore nell'attività museale (acquisizione, gestione, conservazione, esposizione, valorizzazione) è possibile declinare le due prospettive. Il museo *adattivo* si distingue per una concentrazione marcata, praticamente esclusiva, sulle attività centrali di conservazione e gestione del patrimonio, ma esclude le attività di acquisizione e di valorizzazione. Il museo *proattivo* viceversa ha una visione dilatata della propria missione, agisce su tutto lo spettro delle attività di creazione del valore e i curatori ritengono che l'attivazione congiunta di più attività abbia effetti positivi sul patrimonio museale, sul servizio offerto, sull'immagine complessiva del museo.

Le due configurazioni si distinguono anche per la direzione o la sequenzialità assunta dai processi di formazione delle decisioni e quindi delle azioni e politiche seguite. Nel museo *adattivo* le decisioni prendono le mosse dalle risorse museali esistenti, conservate nel museo, e in modo sequenziale affrontano le altre attività a valle per concludersi con l'esposizione. Questo percorso non è respinto dal museo *proattivo* che impiega anche un percorso opposto che origina dall'attività finale di valorizzazione per risalire a monte.

Le differenze tra i due tipi ideali di museo *adattivo* e museo *proattivo* non risiedono tanto nell'elenco di attività possibili, quanto nelle attività concrete capaci di realizzarle. Non è l'organizzazione ma l'organizzare che fa la differenza.

- Il museo *adattivo* ha la caratteristica della "immobilità": le collezioni sono cioè sempre le stesse, non mutano o mutano ma nessuno lo sa o se ne accorge, mentre le iniziative e gli eventi paralleli non riescono a fornire a sufficienza una immagine di vitalità. Il museo è quel luogo dove una volta effettuata una visita non si offrono o non si ravvisano incentivi per una nuova visitazione. In una prospettiva aziendalistica si assume che i prodotti o i servizi diventano rapidamente obsoleti ed è quindi necessario mutare prodotti e servizi, o almeno ringiovanirli quando non è possibile cambiarli. Il museo *proattivo* non cerca di applicare in modo pedestre questi orientamenti, ma ricerca delle applicazioni efficaci attraverso nuove acquisizioni, prestiti, eventi e mostre temporanee in grado di rivitalizzare l'attenzione.

- Nel museo *adattivo* vi sono poche posizioni, al limite una sola, in grado di prendere decisioni o di influenzare il processo decisionale fornendo informazioni ed esperienze. Se la direzione artistica di un museo deve essere affidata a uno storico dell'arte e la direzione di un'orchestra a un musicista, a chi va affidata l'attività di promozione e di valorizzazione dei servizi dispensati? Nel museo *proattivo* lo svolgimento di attività differenziate e non convenzionali viene soddisfatto attraverso uno spettro di competenze polifunzionali e un'attenta politica delle risorse umane.
- Anche nelle organizzazioni museali è possibile distinguere fra servizi centrali e servizi periferici. Nel museo *adattivo* il servizio centrale (quello più visibile o finale) del museo è costituito dall'esposizione degli oggetti che fanno parte della collezione. Nel museo *proattivo* al servizio centrale sono affiancati servizi periferici che possono essere molto numerosi e fornire un sostanziale contributo allo sviluppo delle attività. Sebbene siano di valenza diversa e spesso abbiano poco o nulla a che fare con la cultura, sarebbe riduttivo considerarli delle semplici appendici, quanto meno dal punto di vista economico.
- Nel museo *adattivo* le difficoltà oggettive di governare un sistema molto articolato di attività fra loro dissimili, la scarsità di mezzi finanziari e di personale, le diseconomie di scala dei musei più piccoli e decentrati, stimolano le proposte (e scarse realizzazioni) di creazioni di cosiddette reti di musei di impatto limitato. Frutto di progetti casuali e contingenti piuttosto che su legami forti e di largo spettro hanno un impatto circoscritto. Uno sponsor per una mostra temporanea aiuta a porre in essere un evento ma si esaurisce con lo stesso. Nel museo *proattivo* le relazioni con altri musei sono stabili, sistematiche, rese tali da qualche iniziativa comune preventivamente identificata anche se di entità limitata (un biglietto o una tessera valida per tutti gli aderenti alla rete) con possibilità di elevare progressivamente lo spessore delle relazioni. Gli interlocutori potenziali non prescrivono "quello che non si deve fare", ma favoriscono "cose nuove da fare" affiancando il museo nella sua attività.
- Il museo *adattivo* non ha piena disponibilità delle risorse, ma si limita a controllare le uscite. Di conseguenza mancano i presupposti di una gestione economica basata su entrate/uscite, le prime

vengono semplicemente trasferite ad altre istituzioni. Questo chiaramente rende il museo *adattivo* un sorta di organismo "menomato" a cui è negata la libertà di disporre delle risorse che provengono dalla propria attività organizzativa e a cui vengono meno tutti gli stimoli che possono derivare da questa gestione. Al contrario, nel museo *proattivo* l'attività è allargata alla gestione delle uscite e delle entrate, e quindi non deve attenersi scrupolosamente alle dotazioni di risorse per scegliere le attività da svolgere, ma può iniziare a scegliere i propri comportamenti ricercando attivamente le risorse per poterli realizzare.

In sintesi si può affermare che l'ingessatura che ostacola la gestione più efficiente dell'attività museale, una volta apprezzata la rappresentazione cognitiva, è l'impiego di un numero limitato di leve decisionali e l'utilizzo di uno spettro di capacità ridotto, non solo sul piano organizzativo e ma anche su quello più proprio dell'attività caratteristica (cfr. anche capitolo 17).

Accettando questa interpretazione si chiarisce bene anche il tipo di contributo che gli studiosi delle organizzazioni possono fornire: il vero obiettivo non è di dare ai gestori dei musei delle chiavi di lettura originali dei loro problemi organizzativi, ma di dare loro degli strumenti attraverso i quali possano creare e reinventare il significato delle sfide più urgenti che sono chiamati a fronteggiare e quindi delle soluzioni perseguibili. La creatività e l'acquisizione di nuove competenze sono quindi necessarie sin dalle fasi di identificazione e definizione dei problemi. Se l'apprendimento non si riduce a un processo di assimilazione ma consiste in un processo di costruzione, lo sviluppo di competenze e conoscenze investirà non solo gli attori delle organizzazioni museali ma anche gli studiosi di processi organizzativi (Richmond, 1993). Del resto, se così non fosse, l'esercizio risulterebbe assolutamente sterile ed esclusivamente celebrativo.

15 Il marketing nella gestione dei musei

Gian Luca Marzocchi e Angelo Manaresi

Molte sono le categorizzazioni e i punti di vista sulle attività di marketing all'interno dei musei. Esiste comunque quasi unanime accordo sul fatto che alcune attività, quali l'analisi della clientela, la comunicazione e la definizione di modalità di fruizione orientate al cliente, attività quindi tipicamente di marketing, vengano svolte come parte della gestione tipica del museo (Bradford, 1994). Bradford ha evidenziato che, come accade anche per le imprese, i musei di successo vedono le attività di marketing come qualcosa di non estraneo o accessorio, bensì connaturato e integrato nell'attività museale.

Gli operatori tradizionali del settore museale per cultura sono orientati a presidiare lo scopo finale ed etico (in tal caso la parola "missione", che in campo aziendale fa spesso sorridere, qui può essere utilizzata con maggior significato) dell'esistenza dell'istituzione museale di cui sono parte. Costruire all'interno dell'organizzazione museale una cultura e un senso del mercato, secondo Ames (1988), significa fornire gli strumenti per realizzare tale "missione".

L'idea che i musei debbano osservare le tendenze di fruizione del pubblico per rispondere a esse e cercare la massima diffusione delle iniziative culturali comincia a essere accettata dagli studiosi. Negli operatori e nelle organizzazioni museali le resistenze sono invece molteplici. Il management del museo, allo stato attuale dei sistemi di incentivo, non è spinto dall'organizzazione ad aumentare l'affluenza e il fatturato del museo. Tali attività possono, invece, essere percepite come generatrici di problemi, poiché potrebbero creare rischi al patrimonio artistico o rendere l'attività di gestione più complessa. Dire che l'obiettivo maggiormente coerente con il sistema d'incentivi del management del museo è "tenere il museo chiuso per restauri" sarebbe eccessivo e inutilmente provocatorio, ma dire il contrario sarebbe inesatto. L'orientamento al mercato non trova quindi solamente ostacoli, come succedeva nei decenni scorsi nelle imprese di produzione, nella mentalità manageriale: si tratta di un complesso di fattori istituzionali che, anche quando il management tenta strade di maggiore vicinanza alle necessità di fruizione del pubblico, vincolano la gestione delle imprese museali a un orientamento tradizionale.

15.1 I diversi punti di vista negli studi sulla fruizione dei servizi museali

Seppur condotte in condizioni, per scopi e con metodologie non omogenee, le indagini sui frequentatori dei musei presentano convergenze tali da far ritenere generalizzabili alcuni dei risultati.

15.1.1 Indagini socio-economiche

Le indagini sul pubblico effettivo dei musei condotte utilizzando variabili quali reddito, età e titolo di studio, conducono tradizionalmente a una segmentazione descrittiva, e non orientata allo sviluppo dell'attività, dell'utenza dei servizi museali. Le segmentazioni socio-economiche, pur presentando un certo valore informativo per la gestione dell'impresa museale, forniscono una rappresentazione statica delle caratteristiche della domanda effettiva museale, senza elementi che possano sostenere una politica di sviluppo della stessa al di fuori dei segmenti tipici.

Infatti, con l'uso di variabili quali il livello culturale e reddituale individuale si definiscono segmenti ma non si spiegano le dimensioni del comportamento d'acquisto né le diverse percezioni relativamente ai servizi museali.

Secondo un approccio puramente economico, sarebbe possibile valutare il comportamento dei segmenti così ottenuti attraverso l'analisi dei costi e benefici per il consumatore, dove il costo può esser diviso in sei componenti: il prezzo del biglietto; i costi di trasporto; il tempo necessario (di andata e ritorno, nonché per la visita); i costi per raccogliere informazioni sul modo migliore per raggiungere il museo e su quali opere vi siano esposte; i costi che è necessario sostenere per essere in grado di apprezzare le opere esposte; il costo di comunicare ad altre persone le proprie impressioni (le ultime tre componenti sono correlate negativamente con il livello di istruzione di un individuo: Frey, Pommerehne, 1991).

Tale approccio teorico individua nel segmento con più elevato livello di istruzione e basso reddito marginale il pubblico che frequenta più assiduamente i musei, evidenziando come il livello di istruzione rappresenti la variabile chiave nel determinare la frequenza rispetto al livello reddituale (in altro modo, dal segmento con basso livello di istruzione e alto reddito, ci si attende un basso numero di visite).

Occorre considerare come in conseguenza dell'analisi economica tradizionale si sia portati a stimolare l'acquisto/consumo dei servizi culturali solo attraverso una maggiore accessibilità del servizio (il prezzo del biglietto e gli orari di apertura), che in alcuni casi può essere una condizione di maggior diffusione del servizio. Tuttavia, se non viene realizzato anche un mutamento del sistema di erogazione, che invece in tutte le categorie di servizi risulta essere elemento determinante per l'orientamento e l'espansione del mercato, le possibilità di espansione sembrano limitate.

Riconsiderare il servizio nella sua unitarietà significa porsi di fronte al visitatore cercando di comprendere quali sono le necessità di fruizione che possono mettere il visitatore a suo agio e migliorare la possibilità che lo stesso visitatore accolga un messaggio culturale reso a questo scopo più comprensibile.

15.1.2 Gli effetti di modificazioni dei prezzi dei biglietti e degli orari di apertura

Nell'ambito dei musei pubblici italiani, il prezzo rappresenta una variabile esogena, derivante storicamente più da logiche politiche che di mercato.[1]

1. Come è noto, nei musei statali la determinazione del biglietto di ingresso è di competenza del Ministero e gli introiti vengono destinati dal Ministero alla tutela di tutti i beni culturali, indipendentemente dalla fonte di provenienza.

L'analisi dei dati delle affluenze presso grandi realtà italiane, che trova peraltro conferma in ricerche condotte in altri paesi (Bagdadli, 1997), consente di evidenziare come incrementi della tariffa d'ingresso (+50%, +100% e oltre) non determinino necessariamente riduzioni nei flussi d'entrata.[2]

Occorre inoltre considerare come la peculiare natura pubblica dei servizi culturali faccia sì che, talvolta, la relativa domanda possa scontare attese di gratuità. Quando però tale gratuità viene offerta si può verificare una generale sottovalutazione del servizio reso. Al contrario, come evidenziano eventi concepiti e realizzati per il grande pubblico, secondo un orientamento gestionale più prossimo al mercato e commercializzati attraverso una comunicazione in grado di ben specificare il contenuto del servizio e la relativa dimensione di intrattenimento, l'entità del biglietto d'ingresso si colloca anche significativamente al di sotto della disponibilità a pagare da parte del pubblico, maggiormente legata agli aspetti qualitativi del servizio (IZI S.r.l., 1995).

Più elevata, al contrario, sembrerebbe essere l'elasticità della domanda rispetto agli orari di apertura (Bagdadli, 1997). In particolare, ben l'85,6% degli intervistati nell'ambito della ricerca condotta per il Ministero dei Beni Culturali ha dichiarato che il prolungamento degli orari di apertura rappresenterebbe un incentivo a frequentare maggiormente i musei (non si può peraltro prescindere dal fatto che esso sia, almeno in parte, attribuibile all'intensa campagna di comunicazione da cui sono accompagnate). In realtà, il prolungamento degli orari di apertura ha avuto esiti molto diversi: se nel 1997 coloro che hanno scelto di usufruire degli orari serali ammontano a meno del 3% dei visitatori complessivi del periodo estivo (Palazzo Reale di Caserta), in altri casi essi rappresentano ben oltre il 20% (per esempio Galleria Nazionale di Palazzo Spinola, Genova). Allo stesso modo, gli introiti derivanti dai visitatori paganti in orario serale sono molto diversificati: mentre la maggior parte degli istituti ha fruito di

2. A questo proposito, ad esempio, i dati annuali relativi ai visitatori paganti raccolti presso il Museo Archeologico Nazionale di Napoli evidenziano come incrementi di rilevanza diversa (rispettivamente +20% nel 1994 e +50% nel 1985) non abbiano intaccato i positivi trend di crescita del numero dei visitatori. Inoltre, laddove incrementi più significativi (per esempio +100% nel 1990) vengano seguiti da una contrazione del pubblico pagante, la stessa è destinata a rientrare negli anni immediatamente successivi.

introiti tra i 50-100 milioni di lire (366 gli Uffizi) altri hanno realizzato introiti ben al di sotto dei 10 milioni sull'intero periodo di apertura serale, il che necessariamente induce a considerazioni sull'opportunità economica di tale prolungamento. Analogamente, nel 1998, musei o siti archeologici interessati da una o più delle iniziative citate, hanno evidenziato esiti profondamente diversi sia in termini di flussi di visitatori che di introiti. Tale evidenza, pur in presenza di un bilancio complessivamente positivo a livello nazionale, ci induce a considerare come, rispetto alla maggiore accessibilità di tali servizi, sia prioritario creare attrattiva presso il pubblico effettivo e/o potenziale, o attraverso semplice comunicazione, o addirittura attraverso la costruzione di sistemi di erogazione differenti.

15.1.3 Le variabili psicografiche e il nuovo concetto di visita museale

Una segmentazione psicografica su base comportamentale (tasso di utilizzo del servizio) "consente di delineare meglio le caratteristiche del pubblico effettivo e potenziale in relazione ai diversi modelli di risposta al servizio" (Weinstein, 1987).

Tra le più celebri indagini in questo senso, quella condotta da Marilyn Hood citata da Hooper-Greenhill (1989) delinea, accanto ai frequentatori abituali, il profilo dei non frequentatori e dei frequentatori occasionali. Questi ultimi sono i destinatari privilegiati di una politica di allargamento del mercato, in quanto concretizzano già un loro orientamento a questo tipo di servizi. In particolare, tale ricerca puntualizza come gli adulti scelgano le modalità di impiego del tempo libero sulla base di sei elementi: affrontare nuove esperienze, fare qualcosa di utile, imparare qualcosa di nuovo, partecipare attivamente, sentirsi a proprio agio, stare con gli altri.

A tali elementi, tutti presenti nella decisione di visitare un museo, viene in realtà attribuita dai singoli diversa rilevanza; in particolare, i frequentatori occasionali, e in misura ancora più spiccata i non frequentatori, sottolineano l'importanza degli ultimi tre aspetti: la non regolarità (o l'assenza) dell'acquisto/consumo del servizio culturale è riconducibile alla sensazione di disagio che esso crea, derivante principalmente dalle restrizioni al comportamento che essa comporta e dalla limitata dimensione sociale della visita. Per fronteggiare questi problemi nella fruizione è quindi necessario un diverso orientamento gestionale nel senso di garantirne una maggiore appetibilità del sistema di erogazione del servizio e dei suoi elementi. Occorre inoltre considerare il ruolo delle variabili situazionali nella valutazione dell'esperienza e nell'immagine che può derivarne.[3]

Chi visita un museo nel tempo libero ricerca un'esperienza piacevole in un ambiente culturalmente stimolante, il cui gradimento non deriva unicamente dal servizio di base fornito, la visione dell'esposizione permanente e il suo valore intrinseco, ma dalla gestione del servizio globale, inteso come sintesi degli elementi di cui fruisce nel corso dell'esperienza. In altri termini, si può affermare che "l'enfasi da parte del pubblico si trasferisce dall'opera d'arte allo stesso museo in quanto esperienza primaria." (De Montebello, 1997).

Alla luce di queste evidenze empiriche, risulta che un notevole ostacolo all'ampliamento del mercato potenziale dei visitatori risiede in quello che nel marketing si definisce "orientamento al prodotto" (per opposto all'"orientamento al mercato") che denota una attenzione di chi gestisce verso le proprie competenze e non verso l'utilizzo che il mercato fa del bene acquistato. In realtà le imprese hanno capito che l'orientamento al mercato non svilisce le competenze aziendali ma le orienta verso lo sviluppo ed evita il fallimento: le imprese che non si orientano al mercato scompaiono nei mercati non monopolisti. Nel settore culturale e museale tale atteggiamento, spesso "effetto collaterale" delle notevoli competenze tecniche e artistiche di chi si occupa della gestione museale, spinge a focalizzare l'attività di chi gestisce il museo su gruppi molto ristretti di visitatori potenziali, quelli culturalmente più simili allo stesso gruppo di gestione, in grado di interessarsi e focalizzarsi sul "prodotto" mostrato (ad esempio un quadro) piuttosto che sul servizio museale.

3. La rilevanza del supporto fisico (strutture, ambiente ed esposizione) nella costruzione della qualità dell'esperienza trova conferma in una lunga ricerca (1976-1981) condotta presso il British Museum di Londra con lo scopo di conoscere il pubblico dei visitatori al di là di situazioni contingenti o fenomeni di stagionalità (Hendon, Costa, Rosenberg, 1989). Tale ricerca, negli anni 1976-1979, evidenziò come la maggior parte del pubblico visiti il museo con una generale aspettativa di acquisire conoscenza stimolando i propri interessi e divertirsi. Negli anni successivi venne condotto uno studio che ha evidenziato come un fattore primario nello svolgimento di ogni visita sia, parimenti agli interessi personali, il layout del museo. Mediamente, infatti, il 41% degli interpellati ha dichiarato di essere giunto al museo aspettandosi solo di girovagare e fermarsi davanti a qualsiasi cosa catturi la loro attenzione.

15.2 La gestione del servizio museale

Lo studio di alcune "mostre evento" che sono in grado di attrarre un pubblico fortemente eterogeneo e culturalmente diversificato (capitolo 12), induce a riconsiderare l'intero sistema di erogazione del servizio, anche in considerazione del ruolo delle variabili situazionali nella determinazione della soddisfazione dei visitatori.

In particolare, i risultati delle rilevazioni dicono che l'erogazione di questo tipo di servizi deve avvenire ricercando lo sviluppo della dimensione dell'intrattenimento accanto alla tradizionale dimensione culturale, anche in considerazione del reale ambito competitivo delineato per questi servizi; questo può anche innescare positivi circoli di comunicazione verbale in grado di avvicinare il pubblico meno "tipico", determinando una maggiore penetrazione del servizio nel pubblico e, indirettamente, una maggiore frequenza nel consumo dello stesso.

15.2.1 La comunicazione esterna e interna

Studi condotti allo scopo di valutare gli atteggiamenti del pubblico effettivo e potenziale dei musei hanno concluso che visitatori e non visitatori allo stesso modo percepiscono il museo come un'istituzione che non soddisfa le aspettative e che non è in grado di offrire un'esperienza attiva, piacevole e gratificante, e come qualcosa di scomodo e difficile che richiede un alto livello di conoscenze relative alle collezioni (Hooper-Greenhill, 1989).

Questo tipo di percezioni genera evidentemente un'immagine che contrasta con l'obiettivo di aumentare la frequenza dei visitatori occasionali e la penetrazione presso i non frequentatori e che occorre modificare anche alla luce delle caratteristiche della domanda di nuovi servizi culturali. In particolare, l'attuale domanda per forme di intrattenimento culturale induce ad agire per accentuare la percezione di intrattenimento dei musei e dei relativi servizi per attrarre i potenziali visitatori che, altrimenti, potrebbero essere indotti a ricercare altre forme di soddisfacimento dei loro bisogni (cinema, lettura, televisione ...). Si può ritenere che il recupero di questa dimensione consenta di delineare per questo tipo di servizi un mercato potenzialmente di massa, quando venga avvicinato da adeguate forme di comunicazione, capaci di incidere, tra l'altro, sull'immagine che il museo ha presso il pubblico.

L'elaborazione di una strategia di comunicazione che si ponga come obiettivo il mutamento dell'immagine del museo deve partire dall'analisi della realtà del servizio (per esempio considerando il tipo di museo, il valore della collezione nonché la quantità e la qualità dei servizi erogati), dalla sua immagine attuale e infine dal suo posizionamento, ovvero dall'analisi della sua posizione relativa, nella mente del destinatario, rispetto ai concorrenti più diretti.

Inoltre, si potrebbe perseguire la maggiore penetrazione del servizio attraverso forme di distribuzione congiunta (per esempio attraverso biglietti multipli) e trasversali rispetto a un medesimo ambito culturale.

Il pubblico che meno assiduamente frequenta musei è il pubblico che ritiene di non avere un retroterra culturale sufficiente a decodificare il messaggio del museo e ciò determina una complessiva sensazione di disagio e frustrazione che pregiudica l'acquisto o il riacquisto del servizio museale. Un museo, dunque, se vuole aumentare il mercato potenziale, deve rendersi comprensibile al pubblico;[4] l'informazione interna deve guidare anche il visitatore inesperto e rendere l'esperienza comprensibile e non noiosa, ad esempio attraverso la creazione di supporti e percorsi di facile fruibilità: ad esempio l'audioguida rispetto alle didascalie scritte diminuisce i tempi e gli sforzi nella fruizione.

15.2.2 L'interazione con l'ambiente museale

Secondo un'impostazione tradizionale, il servizio museale è caratterizzato da un bassissimo grado di interazione con i visitatori-clienti, che si limitano per lo più a passeggiare tra le sale senza ulteriori contatti con le strutture museali o con il personale addetto se non nell'ambito dei servizi di accoglienza, laddove presenti. Si consideri inoltre che la scarsità nell'acquisto/consumo di questo tipo di servizi è stata in parte ricondotta alla sensazione di disagio fisico e psicologico causata dall'ambiente museale. Fondamentale quindi un incremento dell'interazione del visitatore con l'ambiente museale, che riguarda sia la dimensione personale sia quella del supporto fisico.

4. La citata indagine del Ministero per i Beni Culturali ha evidenziato che l'84.4% del pubblico sarebbe spinto a frequentare maggiormente i musei potenziando le informazioni sulle opere esposte (apparati informativi, pannelli illustrativi e supporti multimediali).

a. *Visitatori e personale di contatto*

Il personale di contatto di un museo comprende tutti coloro che svolgono il proprio lavoro a contatto con i visitatori. Si intende qui sottolineare la rilevanza del ruolo relazionale del personale: dall'interazione con il pubblico dei visitatori può dipendere significativamente la percezione della qualità del servizio globale (inoltre il contatto sociale rappresenta un aspetto fondamentale soprattutto per il pubblico che solo saltuariamente frequenta le istituzioni museali). Si consideri, per esempio, lo svolgimento di una visita guidata, tipico servizio periferico offerto dai musei e derivante dall'avvertita necessità di illustrare i temi esposti a un pubblico che viene ospitato nelle sale e rispetto al quale esiste un notevole divario culturale. Nell'ambito di un maggior orientamento al cliente, questo momento di contatto con il visitatore diviene un'importante occasione per modificare la radicata immagine di museo come luogo inaccessibile, influenzando lo stato d'animo e stimolando la partecipazione emotiva del visitatore.

b. *Visitatori e supporto fisico*

Il servizio museale di base è tipicamente un servizio immateriale supportato da elementi tangibili, ovvero l'osservazione della collezione permanente e/o della mostra temporanea. L'adozione di un orientamento alle esigenze di un pubblico diversificato rispetto a quello degli abituali frequentatori impone, in primo luogo, una revisione dei criteri che guidano la realizzazione dell'esposizione. Il contesto complessivo e il modo con cui un oggetto viene presentato possono significativamente influenzarne la capacità di attrazione e di stimolo dell'interesse; perciò, pur lasciando libero il visitatore di costruire la propria esperienza di visita secondo interessi e attrattive personali, e agevolando l'accesso al museo e alla fruizione di tutti i servizi attraverso indicazioni e piantine, occorre concepire un percorso espositivo equilibrato in cui sia possibile una complessiva compensazione degli sforzi fisici, visivi e intellettuali a cui il visitatore meno avvezzo è sottoposto.

L'interazione rappresenta un punto fondamentale ai fini della percezione della qualità e della conseguente soddisfazione del visitatore: la partecipazione fisica del visitatore, la sua interazione con le strutture messe a disposizione, che sollecita la partecipazione intellettuale ed emotiva, esaltano allo stesso modo le dimensioni culturali e di intrattenimento della visita, realizzando forme di apprendimento emotivo: il visitatore, cioè impara divertendosi (Angela, 1988). Molti musei scientifici, per esempio, hanno predisposto con successo percorsi lungo i quali i visitatori sono invitati a manipolare reperti e *exhibit* messi a disposizione. A prescindere poi dalla tipologia di museo, l'interazione con tecnologie informatiche rende possibile aumentare notevolmente il livello di personalizzazione del servizio, offrendo un'occasione di fruizione differenziata e standardizzando il livello di qualità nel servizio erogato. Molti musei, per esempio, si sono dotati di computer che, posti in diversi punti delle esposizioni, consentono ai singoli di ottenere diversi tipi d'informazione con livelli diversi di approfondimento del tema e soddisfano quindi sia lo specialista che il visitatore inesperto.

16 Musei e reti interorganizzative

Alessandro Baroncelli e Cristina Boari

In questa sezione intendiamo affrontare il tema delle reti delle organizzazioni museali con l'intento di coglierne le tipologie, le determinanti e le principali implicazioni organizzative e manageriali. Dopo un esame della letteratura specialistica, proponiamo una tipologia allargata di reti. Nell'ultimo paragrafo proponiamo una sintesi delle evidenze emerse dal confronto delle realtà osservate e le immediate implicazioni da esso scaturite.

16.1 Le reti museali in letteratura

Gli studi sulle "reti museali" (Lassalle, 1990-1991; Duprat, 1994), hanno per lo più applicato (in maniera più o meno restrittiva) un concetto di rete che identificava come tali le organizzazioni basate su relazioni ripetute tra singoli musei che hanno per oggetto la gestione comune di risorse tangibili finalizzate a operazioni di sviluppo culturale e patrimoniale o di tipo amministrativo. In questi casi esistono servizi specializzati (ad esempio servizi tecnici, comunicazione interna ed esterna, animazione, assistenza al pubblico, ecc.) che vengono svolti sotto la responsabilità di (o sono coordinati da) un'unica Direzione per tutte le unità (i singoli musei) della rete. I singoli musei conservano la propria autonomia sullo svolgimento di altre attività, in particolare su quelle di progettazione scientifica delle esposizioni e su quelle museografiche.

Tale concetto, che presuppone lo sviluppo di relazioni ripetute che in alcuni casi possono tradursi anche in assetti organizzativi istituzionalizzati, si distingue invece in maniera rilevante da un altro concetto di rete museale inteso come sistema relazionale informale e non necessariamente istituzionalizzato.

Rientrano in questa seconda nozione di rete museale le reti di informazione, di produzione e scambio di dati tra musei, utili soprattutto all'attività scientifica (catalogazione, presentazione delle opere), che non presuppongono il soddisfacimento di nessuno dei requisiti di tipo strutturale precedentemente indicati. Tra le reti museali di tipo "informale", che non presuppongono l'esistenza di relazioni interorganizzative strutturate, particolare rilievo ha assunto l'attività di scambio di opere che caratterizza in modo diffuso la gestione dell'attività espositiva, soprattutto dei musei di tipo omogeneo (Boari, Zan, nel capitolo 4; Baroncelli, Järvenpää, Mäki, 1999).

Particolarmente utile ai fini della comprensione delle implicazioni connesse con un assetto di tipo reticolare all'interno dei musei è il lavoro di Danilov (1990). Danilov fornisce una descrizione approfondita dei sistemi museali americani che si configurano come reti di musei più o meno strettamente connesse (rispetto al grado di integrazione delle attività), diversamente caratterizzate sul piano istituzionale (privati e pubblici; federali, statali, locali e universitari) e distinte sul piano del contenuto delle collezioni (reti di musei omogenei o eterogenei).

Nell'esperienza francese si distingue tra varie tipologie di rete dal punto di vista della localizzazione geografica, dell'appartenenza istituzionale e dell'omogeneità delle collezioni dei musei affiliati (Duprat, 1994).

Nelle *reti municipali* caratterizzante è l'assetto istituzionale, che prevede la creazione di una Direzione che coordina sul piano organizzativo-gestionale l'attività dei singoli musei. In queste reti l'attività gestionale è fortemente centralizzata e le principali decisioni (politiche espositive, comunicazione, acquisizioni) sono demandate al direttore della rete.

Nelle *reti di regioni urbane* i musei affiliati presentano elementi di omogeneità/coerenza in base alla prossimità geografica, al comune pubblico di riferimento, alla complementarità delle collezioni dei singoli musei e all'esistenza di legami con l'identità e la storia della regione nella quale sono collocati.

Nelle *reti di musei regionali* vengono distinte *reti eterogenee* (in realtà associazioni di curatori di singoli musei che hanno in comune la semplice dislocazione geografica, il cui scopo è di favorire i contatti tra i curatori più che una significativa ristrutturazione dell'attività dei musei membri); *reti omogenee* (aggregazioni di musei con collezioni dello stesso tipo, dislocati nella stessa regione, con lo scopo di rafforzare la notorietà presso la collettività o di sostenerne il potere contrattuale presso l'amministrazione centrale); e *reti guidate* da un museo che svolge il ruolo di unità centrale rispetto agli altri musei (l'istituzione capofila – denominata *tête de réseau* da Duprat, 1994 – ha il compito di coordinare l'attività dei musei minori e di fornire loro dei servizi).

Infine vengono individuate *reti nazionali* e *internazionali*, aggregazione di curatori di singoli musei allo scopo di facilitare lo scambio di informazioni, di difendere interessi collettivi e di attivare iniziative promozionali congiunte; e *reti miste*, aggregazioni di musei e di altri soggetti (imprese, istituzioni locali, università, ecc.) le cui finalità prevalenti sono la cura degli aspetti amministrativi e la valorizzazione delle collezioni.

Gli studi sulle reti museali, oltre che occuparsi della definizione del concetto di rete museale, si sono indirizzati verso la discussione dei vantaggi che l'assetto reticolare presenterebbe rispetto agli assetti consolidati o alternativi. Esistono già alcuni contributi che evidenziano rispettivamente gli aspetti organizzativi (Querrien, 1982; Latarjet, 1992; Bagdadli, 1995; Bianchi, 1996) o economici (Peacock, Godfrey, 1974; Sukel, 1974; Jackson, 1988; Danilov, 1990; Di Maggio, 1991; Bayart, Benghozi, 1993; Paulus, 1994) della costituzione di una rete museale. In base a questi aspetti si discute l'opportunità di costituire una rete museale, attuando le opportune ristrutturazioni che questo sistema di funzionamento impone alle aziende museali che vi aderiscono, in sostituzione dell'assetto tradizionale e più diffuso che prevede la formula dell'azienda museo, che enfatizza l'indipendenza dei singoli musei.

I vantaggi economici indicati sono rispettivamente riconducibili a economie di scala (Peacock, Godfrey, 1974; Jackson, 1988) o a economie di scopo (Di Maggio, 1991) o a entrambi gli aspetti (Paulus, 1994). Laddove esistano dei riscontri empirici, essi riguardano o la reticolarizzazione di attività specifiche (ad esempio la raccolta di risorse di finanziamento: Danilov, 1990; Bayart, Benghozi,

1993) o di realtà museali specifiche (ossia aggregazioni di musei vicini geograficamente) e assetti organizzativi definiti (direzione accentrata e gestione comune delle risorse: Paulus, 1994).

Coerentemente con i risultati di Jackson (1988) basati su una ricerca condotta sui musei privati americani, la ricerca di Paulus (basata su questionari somministrati a un campione di 125 musei francesi e di 1987 musei tedeschi) evidenzia che i minori effetti delle economie di scala si hanno nelle reti di musei d'arte, mentre nei musei archeologici, storici, etnologici e più in generale in quelli di natura più specialistica, si ha una massimizzazione dei vantaggi di scala. I vantaggi derivanti dalla scala che si collocano nella media del campione di Paulus si hanno nei musei di scienze naturali e in quelli di storia locale. Per quanto attiene all'ampiezza dei servizi offerti, Paulus ha evidenziato cinque tipologie di attività: la ricerca, la divulgazione tramite l'organizzazione di visite scolastiche, l'attività espositiva, l'acquisizione e il restauro degli oggetti di collezione. La capacità delle reti di musei di offrire una gamma di servizi più ampia suggerisce l'esistenza di economie di scopo, che si aggiungerebbero alle economie di scala.

Dal punto di vista organizzativo sono state individuate (Bianchi, 1996) le aree d'attività che risultano maggiormente interessate dai cambiamenti indotti da un assetto reticolare. Si tratta delle attività di gestione delle relazioni con l'esterno dell'organizzazione (raccolta di finanziamenti, attivazione del volontariato), della gestione dei materiali e dello scambio di personale qualificato (per interventi di restauro e di allestimento), del servizio di accoglienza dei visitatori. Infine esistono possibilità di interconnessione informatica delle unità museali, che consentono di modificare la gestione della comunicazione tra i musei in rete e l'attività di catalogazione.

Una lettura delle implicazioni organizzative derivanti dalla costituzione di una rete museale ha evidenziato anche una serie di effetti economici negativi. Una riorganizzazione di tipo reticolare di un insieme di singoli musei comporterebbe molto probabilmente una serie di costi aggiuntivi a causa del conseguente, pressoché inevitabile, allargamento delle attività. Sukel (1974) ha fatto emergere come il comportamento di alcuni degli attori dell'organizzazione museale entri in alcuni casi in conflitto con gli obiettivi dell'organizzazione. In particolare, secondo Sukel, l'articolazione reticolare dei musei genera un allargamento delle loro attività legato alla "cultura" e agli interessi dei curatori tale da determinare un aumento sensibile dei costi. In altre parole l'aggregazione delle risorse favorirebbe l'approvazione di iniziative (di acquisizione di opere, di organizzazione di mostre, di avvio di attività di ricerca, ecc.) tanto più ambiziose quanto più sviluppata è la capacità progettuale dei curatori. Analogamente Danilov (1990) giunge a conclusioni negative sulle conseguenze economiche della reticolarizzazione, analizzando le performance delle reti di musei nell'attività di ricerca di fonti esterne di finanziamento. Esse infatti risulterebbero peggiori di quelle che si potrebbero ottenere se i musei che costituiscono la rete svolgessero questa attività separatamente. Secondo Martin *et al.* (1994) la costituzione di una rete museale determina un aumento delle attività che, pur consentendo di ottenere economie di scala, produce una lievitazione dei costi data dalla maggiore complessità della struttura.

16.2 La proposta di una tipologia allargata di reti delle organizzazioni museali

Dall'analisi svolta sulla letteratura riguardante le reti museali emerge prevalente un'idea di rete museale fortemente connotata sotto diversi punti di vista.

Innanzi tutto l'attenzione si concentra su strutture progettate dalle istituzioni da cui le diverse organizzazioni museali dipendono e che, quanto meno inizialmente, risultano subite, piuttosto che promosse o avviate, da queste ultime. Rappresentano per i musei ciò che alcuni interventi di politica economica avviati dalle istituzioni pubbliche rappresentano per le imprese.[1]

In secondo luogo, gran parte delle strutture descritte, quanto meno le più caratterizzate, sono reti fondate sulla localizzazione, si identificano cioè con relazioni tra organizzazioni che condividono la prossimità fisica. In terzo luogo (a eccezione delle reti miste) le stesse organizzazioni hanno in comune il fatto di svolgere un'attività museale (anche se non necessariamente dello stesso tipo museologico). Abbiamo denominato (Baroncelli, Boari, 1999) queste reti di musei come reti locali (*location-based network*).

1. Si pensi ad esempio ai consorzi promossi dalle istituzioni pubbliche in talune aree distrettuli, con l'intento di ridurre i costi di alcune attività o di migliorare la penetrazione internazionale delle imprese locali.

Notiamo tra l'altro che la letteratura citata individua soprattutto due motivazioni prevalenti perseguite attraverso tali network: in via prioritaria, il miglioramento dell'efficienza operativa delle organizzazioni coinvolte e, in secondo luogo, la possibilità di sfruttare sinergie realizzate attraverso una condivisione di risorse e competenze.

L'idea di reti di organizzazioni museali che emerge dalla letteratura specialistica appare peraltro limitata se si tiene conto, da un lato, degli stimoli forniti dall'ampia letteratura sulle strutture e determinanti delle relazioni interorganizzative e, dall'altro, delle evidenze empiriche che alcuni dei casi precedentemente presentati nel presente volume hanno offerto.

Un primo stimolo fornito dalla letteratura a favore di un'estensione del concetto di rete delle organizzazioni museali riguarda il ruolo riconosciuto al singolo attore, piuttosto che a fattori localizzativi o di contesto. La letteratura sulle relazioni interorganizzative, a parte il più recente interesse per gli *industrial cluster* (Porter, 1998), rispetto ai quali la localizzazione e la prossimità fisica delle organizzazioni coinvolte appare cruciale, si è focalizzata sulle relazioni diadiche tra imprese e, in misura minore, sulle relazioni di tipo orizzontale e verticale tra imprese appartenenti allo stesso settore (Nohria, Garcia-Pont, 1991) o sulla rete complessiva di relazioni allargate e differenziate che singole imprese sviluppano, in particolari contesti, indipendentemente da fattori strettamente localizzativi (Powell, Koput *et al.*, 1996; Lorenzoni, Lipparini, 1999). Soprattutto quest'ultimo approccio ha mostrato come alcune organizzazioni sono in grado di costruire nel tempo e di gestire contemporaneamente una gamma articolata di relazioni con organizzazioni, non solo legate da rapporti di concorrenza, ma anche con clienti, fornitori, imprese diversificate e istituzioni varie, riuscendo in tal modo ad accedere a un insieme eterogeneo di risorse e competenze con un impatto significativo sulla loro posizione competitiva. Seguendo tale prospettiva l'attenzione si sposta da reti fondate sulla localizzazione (*location-based network*) a quelle che, per converso, abbiamo denominato *actor-centred network* perché progettate e realizzate da una singola organizzazione coinvolgendo un set ampio di attori.

Un secondo stimolo che la letteratura fornisce a favore di una revisione del concetto di reti delle organizzazioni museali, riguarda le cosiddette determinanti della formazione di relazioni interorganizzative. Il tema ha trovato nella letteratura organizzativa e manageriale sviluppi articolati nell'ambito delle diverse teorie che ne hanno di volta in volta enfatizzato i differenti aspetti: la chiave interpretativa più diffusa è stata quella fornita dalla teoria dei costi di transazione, che vede come determinante la ricerca di efficienza (Williamson, 1991); secondo i teorici della dipendenza dalle risorse, la creazione di relazioni interorganizzative si caratterizza come risposta adattativa a incertezze ambientali, come strumento per esercitare potere o controllo su altre organizzazioni, così come può essere il risultato della necessità o di un'imposizione subita (Pfeffer, Salancik, 1978); i neo-istituzionalisti hanno enfatizzato come determinante il miglioramento o il mantenimento di un'adeguata reputazione da parte dell'organizzazione (Di Maggio, Powell, 1983); secondo altri autori, fra i quali spiccano i più recenti contributi dei teorici della *resource-based view*, le relazioni interorganizzative sono determinate dal bisogno di sfruttare situazioni di reciprocità procurando risorse e competenze critiche alle organizzazioni coinvolte (Eisenhardt, Schoonhoven, 1996). Le motivazioni sottostanti la creazione di relazioni interorganizzative possono combinarsi tra loro, modificarsi nel tempo ovvero avere diversa rilevanza a seconda della fase di sviluppo che la singola organizzazione attraversa (Oliver, 1990; Boari, 1993). Quest'ultima prospettiva dà conto di una gamma più ampia di determinanti di quelle che abbiamo citato per le reti museali di tipo localizzativo e stimola, rispetto alle diverse strutture di reti delle organizzazioni museali – sia *location-based* che *actor-centred* – una verifica empirica che travalichi le sole motivazioni connesse alla ricerca di efficienza e di sinergie.

16.3 Reti a confronto

Senza dubbio l'analisi di taluni dei casi analizzati nei capitoli precedenti – e in particolare di quelli che maggiormente si sono focalizzati sulle relazioni instaurate dalle organizzazioni museali, (si pensi al caso GAM di Bologna, al caso di Strasburgo e a Bologna dei Musei) – dà conto della anticipata necessità di allargare l'idea di rete delle organizzazioni museali, rispetto a quella ereditata dalla letteratura specialistica. Oltre a emergere con forza la presenza di entrambe le strutture di rete proposte, appare evidente la rilevanza che le reti progettate e gestite da singole organizzazioni museali possono avere nel favorirne lo sviluppo. Ovviamente è manifesta la possibilità che entrambe le forme possano convivere rispetto alla medesima organizzazione museale.

Per quanto riguarda le determinanti della partecipazione alle diverse reti, emerge quanto poco realistico sarebbe limitarle alla sola ricerca di efficienza e di sinergie. Seppure, in generale, la ricerca di efficienza sembra prevalentemente informare la costituzione dei *location-based network*, molti dei fattori proposti dalla letteratura sostengono potenzialmente entrambe le tipologie. Si pensi, ad esempio, alla ricerca di reputazione perseguita, attraverso Bologna dei Musei, dai musei della città (poco presente negli itinerari turistici) e ricercata attraverso una rete di relazioni con prestigiosi musei europei e critici d'arte dalla Galleria d'Arte Moderna di Bologna. Anche la ricerca di sinergie può favorire la creazione o comunque la partecipazione a entrambe le tipologie di rete. Ci pare opportuno rilevare che in un contesto istituzionale quale quello descritto, la possibilità di realizzare sinergie, ad esempio accedendo a risorse e competenze di altri membri della rete, può essere un'importante determinante dell'adesione dei singoli musei a reti *location-based* promosse da istituzioni locali. Al contrario la ricerca di efficienza può apparire più attrattiva per l'istituzione proponente che spesso rappresenta il patron (e quindi il principale finanziatore) di una parte dei musei coinvolti, e quindi risulta più motivata del singolo museo a contenere i costi connessi alle attività museali.

Se entrambe le strutture di network sembrano potenzialmente consentire alle organizzazioni museali di acquisire o di *accedere* a risorse e competenze di altre organizzazioni, per il singolo museo la rete *actor-centred* appare più impegnativa, non solo sul piano delle capacità di progettazione, ma anche sul piano delle capacità relazionali richieste (Lorenzoni, Lipparini, 1999). È infatti necessario selezionare i partner della rete rispetto agli obiettivi perseguiti e gestire una gamma allargata di relazioni con altre organizzazioni museali e non.

Un ulteriore risultato dell'analisi empirica, interrelato con il precedente, riguarda la rilevanza delle relazioni interpersonali nello sviluppo delle reti delle organizzazioni museali. In particolare, nel caso di GAM i contatti personali tra direttori di musei, artisti e galleristi hanno contribuito ad attivare e a sostenere le relazioni tra tali organizzazioni e il museo, a supporto delle capacità relazionali di quest'ultimo. Non mancano nella letteratura sulle relazioni tra organizzazioni i riferimenti al ruolo strategico delle relazioni interpersonali, di tipo informale, tra i membri delle varie organizzazioni (Granovetter, 1985; Jones, Hesterly *et al.*, 1997). L'osservazione può avere implicazioni sul profilo relazionale del direttore di un'organizzazione museale, rispetto al quale possono apparire rilevanti, non solo le capacità artistica e manageriale, ma anche la sua posizione in un network allargato di relazioni (Di Maggio, 1992).

Concludiamo con un'osservazione scaturita dal confronto tra i due casi di reti fondate sulla localizzazione, seppure caratterizzati da una diversa fase di sviluppo: "Bologna dei Musei"e i "Musées de la Ville de Strasbourg". Emergono chiaramente i problemi connessi all'avvio di reti locali di musei partendo da organizzazioni istituzionalmente e per tradizione distinte (Bologna dei Musei), rispetto ad assetti di attività museali progettate originariamente come strutture a rete (Rete museale di Strasburgo). Il primo caso mostra inoltre che l'implementazione della rete passa attraverso difficoltà nel comunicare le ragioni della collaborazione e nel creare condizioni (ad esempio sul piano delle informazioni necessarie sui singoli nodi della rete) per favorire sinergie ed efficienza, sottolineando la necessità per l'istituzione promotrice di dotarsi non solo di capacità di visione e pianificazione a livello di definizione di obiettivi, ma anche di progettualità di processo per realizzarli.

17 Conservazione e restauro come "attività caratteristica" nella filiera museale

Gianni Lorenzoni, Alessandro Narduzzo, Luca Zan

17.1 Conservazione e restauro: un anello mancante nel dibattito sul management dei musei

Se in generale esiste una contraddizione apparente tra conservazione e innovazione – così come il titolo di questo libro vuole evocare – ciò è tanto più vero qualora si consideri l'elemento di fondo del discorso museologico, la preservazione nel tempo degli oggetti museali. Da questo punto di vista, anzi, si può osservare sul piano logico – e la ricerca sul campo lo conferma – che lo studio e il restauro sono attività caratteristiche di un museo, elemento centrale del processo di conservazione e presupposto di ogni possibile fruizione; attività di *back-office* troppo spesso trascurata da indagini che trovano più facile concentrarsi sulla *front-line*. Non a caso, tra i museologi, esiste una forte tradizione di studio di questa disciplina (per tutti cfr. Sangalli, 1986; Keene, 1996, Bonsanti, 1999).

Nella direzione di rispondere a una critica spesso sollevata nei confronti di aziendalisti ed economisti nel campo dei beni culturali di focalizzarsi sempre e solamente sugli aspetti legati alla fruizione, il nostro contributo ha voluto invece sviluppare una prima serie di riflessioni in chiave economico-aziendale sulle attività e sul comparto della conservazione e del restauro, sulla base di indagini empiriche sul campo con riferimento a organizzazioni totalmente dedite al restauro, ovvero con particolare attenzione ai problemi del restauro in altri casi analizzati; alcune di queste ricerche sono state illustrate nei precedenti capitoli (OPD, Archeologico e GAM di Bologna, Pompei) , altre sono ancora in corso (tra cui: ICR; mummia del Similaun; più una serie di interviste ad alcuni testimoni privilegiati del comparto del restauro in Emilia-Romagna).[1]

Alla luce delle nostre ricerche emergono alcuni importanti elementi che meritano di essere ripresi e discussi: prime riflessioni dunque, in via tentativa e con estrema cautela. Totalmente consapevoli della estrema difficoltà dell'analisi e della necessità di dedicarvi ancora consistenti energie di ricerca, con queste note infatti vogliamo più che altro aprire una prospettiva di studio, delineare quasi una sorta di *research agenda* per il futuro, più che non proporre un punto di arrivo:

- in primo luogo sembra possibile evidenziare un processo di organizzazione del comparto, con l'emergere e articolarsi di una variegata serie di entità dedite specificamente al restauro. Ciò si accompagna a livelli accentuati di esternalizzazione di attività produttive qualificate pur sotto il controllo della Direzione del museo e/o della Soprintendenza. In altri termini, se pure Direzioni e Soprintendenze mantengono un forte controllo sull'esecuzione dei lavori, questi vengono svolti in misura sempre minore da addetti interni alle amministrazioni;
- questa tendenza a esternalizzare attività caratteristiche e fondamentali per un museo avviene in un contesto caratterizzato da un ampliamento dello spettro e soprattutto da una specializzazione delle competenze messe in campo nel corso di un progetto di restauro; sempre più spesso, infatti, l'attività manuale qualificata si accompagna a interventi di alta tecnologia;
- gli effetti di queste trasformazioni incidono nelle relazioni tra vari attori (committenti, esperti, direttori responsabili dei lavori,

1. Cogliamo l'occasione di ringraziare per l'attenzione riservataci il dr. Michele Cordaro dell'ICR; il dr. Dal Rì della Soprintendenza di Bolzano, il dr. Capasso, coordinatore dello S.T.R.A.P. del Ministero per i Beni Culturali e Ambientali, e i proff. Spindler, Platzer, Moser e Bortenschlager dell'Università di Innsbruck relativamente al sottoprogetto di ricerca sulla mummia del Similaun, condotto in collaborazione al collega Michael Habersam e Raffaele Corrado; Giovanni Morigi del "Laboratorio di restauro Morigi e Figlio" di Bologna, e Maricetta Parlatore del "Laboratorio degli Angeli" di Bologna.

esecutori) che di norma intervengono nel processo di restauro apportando un proprio repertorio di competenze specializzate solo parzialmente condivise. Se negli anni recenti i direttori dei musei sono stati (a torto o a ragione) criticati per la loro incapacità a ragionare in termini di management, da questo punto di vista emerge invece un fenomeno ben più critico: dato il crescente ricorso all'esternalizzazione del restauro, e i connessi processi di estensione/specializzazione del dominio delle competenze, il direttore di museo – specie se storico dell'arte o comunque lontano da esperienze e conoscenze di tecnologia del restauro – rischia di ritrovarsi interlocutore non adeguatamente professionalizzato anche con riferimento a una delle *mission* essenziali del museo, la conservazione.

17.2 La disciplina del restauro e il referente empirico: qualche dato aggregato

Il tentativo di descrivere anche solo velocemente la struttura del comparto del restauro italiano si scontra con una cronica carenza di dati strutturati (cfr. anche Nomisma, 1989). In tale assoluta carenza di fonti secondarie anche qualche dato parziale appare importante, quale ad esempio lo studio di settore elaborato a fini fiscali dal Ministero delle Finanze sulle dichiarazioni 1997 (attività 74.84.A: Attività di conservazione e restauro delle opere d'arte), basato su 1035 risposte valide rispetto ai 1409 invii. Anche nell'essenzialità delle poche informazioni disponibili (e scontando gli effetti di eventuali fenomeni di elusione), si può cogliere un tratto saliente del comparto, l'elevato livello di polverizzazione. In particolare si riscontra:

- un numero ridotto di "grandi imprese che eseguono interventi di restauro prevalentemente su opere immobili tutelate" (cluster 1, con 58 imprese pari al 5.6% dei rispondenti);
- un numero più consistente di imprese di media o piccola dimensione che operano su opere immobili tutelate (cluster 2, con 392 imprese pari al 38%) o "piccole imprese che eseguono interventi di restauro prevalentemente su opere mobili tutelate" (cluster 3, con 330 imprese, pari 32%);
- un'accentuata presenza di "piccole imprese che eseguono inter-

venti di restauro prevalentemente su opere mobili non tutelate" (cluster 4, con 255 imprese, pari al 25%).[2]

Anche le "grandi imprese" nel comparto sono realtà in assoluto di piccole dimensioni, più dell'impresa artigiana che di quella industriale (Sangalli, 1986): ad esempio, secondo la ricerca del Ministero delle Finanze, i locali dedicati all'attività presentano una media di 150 mq. Nel complesso, la forma prevalente è quella della ditta individuale (84% nel secondo e terzo cluster, 90% nel quarto), con scarsa presenza di personale dipendente.[3]

Questi pochi dati non evidenziano in realtà alcune importanti caratteristiche e dinamiche del comparto, che sembra di poter cogliere nei nostri colloqui:

a. una forte *crescita dimensionale* del comparto nel suo insieme, per quanto di difficile quantificazione, legata a un aumento di domanda di restauro da parte privata ma soprattutto pubblica, che ha portato a un notevole incremento del numero dei restauratori rispetto a qualche decennio addietro, in cui a livello locale "tutti ci conoscevamo". Tale crescita del numero dei restauratori è un fenomeno che si è spesso realizzato attraverso processi di *spin-off* di botteghe più consolidate (ad esempio, dal Laboratorio degli Angeli di Bologna sono nati altri sei studi di restauro, e circa il doppio dai laboratori di Nonfarmale, sempre di Bologna (fonte: ns. intervista a Maricetta Parlatore, giugno 1999). Un ulteriore elemento che conferma la crescita dimensionale del comparto è dato dalla diffusione di scuole e corsi di formazione per restauratori;

b. una *complessa struttura relazionale* interna al settore, in cui il piccolo in alcuni casi collabora intensamente con il grande restauratore sia per particolari lavorazioni specializzate, sia per fronteggiare "punte" di lavoro, mentre in altri casi si caratterizza come attività interstiziale su interventi "minori" (almeno in senso economico); in cui comunque un gioco cruciale viene esercitato dalle singole Soprintendenze nell'indirizzare – almeno per i beni tutelati –

2. A sovrastimare il fenomeno della polverizzazione potrebbe intervenire anche il ricorso a forme di lavoro formalmente autonomo anche in presenza di rapporti che sotto il profilo sostanziale si potrebbero configurare come rapporti di dipendenza.

3. Questo dato conferma quanto emergeva per l'Emilia-Romagna dalla ricerca Nomisma (1989), che evidenziava un 86.4% di ditte individuali; nel complesso il 47.6% delle imprese aveva 1 occupato, e solo il 14% oltre 5 occupati.

gli interventi di restauro; con una crescente influenza di centri di ricerca esterni – CNR e università in primo luogo – ma soprattutto dei due principali istituti centrali di restauro, l'ICR e l'OPD;

c. con una dinamica che tende a modificare radicalmente i contenuti in connessione a un processo di *crescente specializzazione delle conoscenze*, che in parte è legato "naturalmente" a processi di evoluzione tecnologica, ma in buona parte è la risultante di un crescente processo di normazione e di strutturazione delle conoscenze in cui un ruolo cruciale viene giocato dai due istituti centrali, ben al di là di una semplice funzione didattica.

17.3 Conservazione e restauro: tradizione e innovazione

I tre elementi individuati, vale a dire la crescita del comparto e del numero di attori a vario titolo coinvolti nel restauro, la struttura relazionale sempre più intensa e soprattutto la specializzazione delle competenze, hanno influenzato profondamente la storia recente del restauro. Ci sono alcuni segni visibili di questo cambiamento: nella percezione che gli attori interni hanno del loro ruolo e, soprattutto, nel rapporto che lega tradizione e innovazione.

Uno degli aspetti più visibili è l'innovazione nel restauro in seguito a un processo di contaminazione con altre discipline o campi di ricerca. Raramente questa contaminazione avviene in forma di passiva e acritica importazione di strumenti scientifici e tecnologie sviluppati altrove; piuttosto, essa presuppone un'attività di ricerca specifica, volta ad affinare e adattare le soluzioni innovative agli specifici problemi che il restauro pone. Al di là degli esempi più evidenti, come ad esempio l'uso del laser per la pulitura delle opere lapidee oppure delle analisi spettrografiche per la diagnosi delle cause di deterioramento delle opere, l'applicazione al restauro, per estensione, di nuove tecnologie è fenomeno molto diffuso e si manifesta in moltissime microinnovazioni, spesso poco visibili (cfr. il caso dell'OPD al cap. 8, par. 8.2.2).

Uno dei motori più forti che alimenta la contaminazione e lo sviluppo di innovazioni è la ricerca di soluzioni che soddisfino in modo più adeguato i principi teorici che nel tempo si sono affermati nella disciplina; in altre parole, la ricerca è guidata da un rispetto sostanziale di principi consolidati. Tecniche tradizionali sono state abbandonate a vantaggio di altre più rispettose del principio di reversibilità dell'intervento e di non invasività dell'opera d'arte. Da questo punto di vista è paradigmatico il caso della mummia del Similaun. Il ritrovamento della mummia ha avviato un processo di ricerca e di analisi estremamente complesso, in parte per la mancanza di precedenti casi di riferimento, ma soprattutto come conseguenza della scelta iniziale di adottare esclusivamente soluzioni non invasive, escludendo la possibilità di preservare la mummia con agenti chimici. Date queste premesse, la prima idea applicata per la conservazione del reperto è stata quella di ricreare le condizioni climatiche del ghiacciaio in cui la mummia era rimasta sino al momento del ritrovamento (temperatura – 6 °C, umidità 98%), rivestendola in sacchi di plastica e nylon riempiti di scaglie di ghiaccio e riponendo il tutto nella cella frigorifera dell'istituto di Patologia dell'Università di Innsbruck. La progettazione della camera frigorifera per il museo, che a fini espositivi doveva essere realizzata rendendo invece la mummia visibile (ma sempre alle stesse condizioni di temperatura e umidità), ha posto un ulteriore problema di ricerca di materiali e costruttivo, risolto applicando per estensione conoscenze di tecnologie del freddo sviluppate nel settore aerospaziale (ricerca di Syremont e realizzazione Angelantoni: Cianflone, 1997). In modo analogo, per avere informazioni sulle strutture anatomiche interne senza distruggere i tessuti della mummia sono state messe a punto soluzioni – la stereolitografia, una sorta di TAC – poi utilizzate in medicina. La studio della mummia ha stimolato una attività di ricerca interdisciplinare, in cui ciascun gruppo di studiosi ha potuto applicare conoscenze e strumenti di analisi estremamente specializzati, talvolta sviluppati in contesti radicalmente diversi, con l'unico vincolo costituito dal principio di conservazione non distruttiva. Archeologi, paleontologi, botanici, chimici, antropologi hanno lavorato in parallela destinazione (basti consultare l'indice degli atti del Convegno di Bolzano del Gennaio 1998), effettuando analisi che hanno permesso di analizzare ad esempio il DNA della mummia, l'ultimo pasto consumato, il polline passivamente ingerito, lo stress dell'unghia, ecc., e di formulare così delle indicazioni verosimili su Ötzi, il suo stato di salute e le patologie, le condizioni di vita, le attività produttive, la provenienza e così via (cfr. Spindler *et al.* 1996; De Marinis, Brillante, 1998; AA.VV., 1999; Capasso, D'Anastasio, 1999).

L'interazione di individui e gruppi di ricerca con competenze altamente specializzate ha prodotto dei mutamenti importanti, soprattutto nel modo in cui oggi restauro e conservazione sono percepiti dagli attori stessi. Da questo punto di vista è emblematico il caso di Pompei, in cui l'oggetto di studio è progressivamente cambiato nel tempo. Ad esempio, i cambiamenti epistemologici intervenuti nella moderna archeologia hanno portato al superamento di un certo "feticismo del reperto" verso una più articolata attenzione alla ricostruzione del contesto. Questa evoluzione nell'oggetto di studio ha aperto nuove direzioni di ricerca e verosimilmente ha dischiuso nuovi problemi di conservazione e/o restauro, come ad esempio l'utilizzo dello studio di feci e pollini, ovvero ha indotto a cercare negli stessi oggetti e manufatti informazioni diverse, acquisibili con altri tipi di analisi (cfr. ad esempio Varone, 1993). L'interdisciplinarità ha avuto un effetto immediato sulla generazione e la falsificazione di ipotesi. Sempre con riferimento a Pompei, gli studi recenti sulle eruzioni piroclastiche in vulcanologia hanno indotto a rivedere e ripensare profondamente le interpretazioni degli eventi (risolvendo alcuni dilemmi) del 79 in Pompei, e per differenza in Ercolano (cfr. BBC, 1998; Van Rose, Mercer, 1991).

Al di là dell'eccezionalità degli esempi riproposti, l'attività di restauro oggi presuppone la compresenza di conoscenze storico-critiche, tecniche e scientifiche; tuttavia questo aspetto tende a essere sottovalutato limitando la comprensione dei problemi di integrazione e di coordinamento di domini di competenze così eterogenee. Infatti, mentre le competenze storico-artistiche sembrano essere più di tipo individuale e codificabili, le competenze tecniche rimandano a una dimensione collettiva della conoscenza che si manifesta innanzitutto nella capacità del fare; infine, le competenze scientifiche assumono tendenzialmente la forma normativa e definiscono le procedure di corretta applicazione di strumenti, tecniche e soluzioni. Tutto ciò è rilevante non solo sotto il profilo analitico, ma anche dal punto di vista delle diverse modalità di accesso e di trasferimento delle conoscenze.

Rispetto all'accumulazione e al trasferimento di competenze più ampie e specializzate, gli istituti come l'Opificio delle Pietre Dure e l'ICR esercitano un ruolo fondamentale, svolto in direzioni diverse: attraverso la scuola e l'attività di formazione, con la pubblicazione della propria attività di ricerca e dei progetti di restauro, con l'attività di consulenza all'esterno verso le Soprintendenze e gli altri laboratori di restauro (come emerso dai colloqui all'OPD e con Morigi e Parlatore), attraverso la direzione dei lavori effettuati da restauratori esterni. L'ICR, inoltre, è direttamente impegnato in un'attività di normazione, con la pubblicazione e la diffusione di una serie di Raccomandazioni NorMAL (Normativa Manufatti Lapidei) aventi lo scopo di stabilire e diffondere degli standard su alcune tecniche di intervento (ad esempio, come effettuare delle analisi o utilizzare degli strumenti di misurazione). Un esempio significativo di questo tentativo di codificare la conoscenza per favorire il trasferimento dell'esperienza accumulata è la recente definizione di alcuni modelli di capitolato, che la Commissione NorMAL propone come standard di riferimento per gli appalti. Ciascuno di questi canali di diffusione è estremamente importante e assolve a proprio modo alla funzione di coniugare innovazione e tradizione nella pratica del restauro. Sotto questa luce, non sorprende che le reti di relazioni informali continuino a essere un passaggio fondamentale nel processo di interazione tra attori e competenze che diversamente rischierebbero di restare isolati e confinati in se stessi.

17.4 Conclusioni

Queste prime osservazioni da un lato mettono in evidenza la criticità del restauro nella filiera museale, dall'altro suggeriscono la necessità di un ulteriore approfondimento, volto soprattutto a ricostruire i momenti di profondo cambiamento intervenuti negli anni. Un cambiamento che in parte è poco trasparente agli attori stessi e che ha ampie ripercussioni, ad esempio sul sistema delle professioni, sui ruoli e sul dominio di competenze necessarie oggi in una Soprintendenza o presso la direzione di un museo. Prima di lamentare l'assenza di una gestione manageriale dei musei, volta ad esempio a restituire la centralità al momento della fruizione o alle attività di marketing, sembra appropriato analizzare in modo più attento i problemi specifici che pone la gestione caratteristica di un museo, rispetto ad altre imprese di servizi.

Già ora comunque dalle nostre ricerche (su OPD, ICR, Pompei, Ötzi) emerge molto chiaramente il forte dinamismo che fa del restauro un settore *hi-tech*, fortemente *competence-intensive*. Tutto ciò dovrebbe orientare il dibattito su alcuni aspetti importanti, nel difficile "discorso sul management" del sistema dei beni culturali:

- evitando facili scorciatoie nella logica della valutazione economica della singola organizzazione, viste le enormi esternalità potenziali realizzabili in questo comparto (aspetto su cui torneremo);
- considerando l'effetto di moltiplicatore dello sviluppo economico che un comparto come il restauro può alimentare esercitando un ruolo analogo a quello svolto dal settore militare. Il restauro pone problemi molto concreti le cui soluzioni potrebbero generare potenziali occasioni di business (si pensi al caso del sistema per le radiografie di grande formato sviluppato all'OPD, oppure alla cella frigorifera per la mummia del Similaun) se vi fossero le condizioni istituzionali per agire;
- infine, riconoscendo che i livelli di complessità e di competenze specialistiche in gioco pongono enormi problemi di gestione e organizzazione e di management delle entità coinvolte, rispetto ai quali le forme storiche di amministrazione della cosa pubblica (e qui poco importa la locazione geografica, se statale o regionale o comunale) mostrano limiti enormi. Il tema dell'autonomia della gestione da questo punto di vista può segnare una svolta decisiva. Allo stesso tempo una acritica ideologia dell'esternalizzazione in modo indifferenziato potrebbe avere conseguenze negative, andando a intaccare i meccanismi e le condizioni di produzione e accumulazione del sapere.[4]

4. Il trafiletto su *Il sole 24 ore* del 2.11.97 dal titolo "Corte dei Conti approva le consulenze esterne degli enti pubblici" riporta alcuni stralci della sentenza n. 21 della sezione giurisdizionale del Lazio la cui conclusione è da questo punto di vista illuminante, nella incapacità a discriminare relazioni che possono essere esternalizzate senza problemi e relazioni che vanno invece presidiate: "Non appare superfluo ricordare che attualmente il ricorso esterno è incentivato dal legislatore. Se nell'immediato, può risultare più elevato il costo dei servizi resi con questo modulo organizzativo, nel medio e lungo periodo il costo risulta inferiore, perché viene depurato degli oneri riflessi immediati e, soprattutto, futuri".

18 Risorse umane e organizzazione

Luca Zan

Se l'importanza delle risorse umane è elemento comune a tutte le organizzazioni, ciò è tanto più vero per le organizzazioni museali, in quanto organizzazioni di servizi, organizzazioni *knowledge-intensive* e soprattutto in quanto organizzazioni professionali. Aspetti, questi, che caratterizzano in sé le organizzazioni museali e impongono una nuova attenzione alle problematiche connesse alla gestione delle risorse umane (Griffin, 1988, 1991; Cannon-Brookes, 1989; Brown, Hackett, 1991; Boylan, 1992b; Friedman, 1994; Kavanagh, 1994; Glaser, Zenetou, 1996).

Alla crucialità sul piano logico si accompagna forse la criticità maggiore che caratterizza tutto il sistema museale pubblico in Italia (come noto, sui circa 3500 musei circa 500 sono statali e 1500 civici: cfr. Bagdadli, 1997: 26), vale a dire la impossibilità di gestione diretta di questa variabile da parte dei vertici delle organizzazioni museali (Soprintendenze incluse). Detto in altri termini: se in generale nel resto del mondo il problema delle risorse umane si pone come problema di trasformazione culturale, formazione e aggiornamento di *professional* che tende a porre in rapporto dialettico competenze estetico-sostanziali e competenze generico-manageriali (Cannon-Brookes, 1987; M&GC, 1987; Noble, 1989; Tramposh, 1994; Sola, 1994; cfr. anche Guerzoni, 1998), nel nostro paese questo problema – pur presente – è offuscato da questioni di ben altri ordini di grandezza, trascurando i quali si rischia di mistificare il complessivo problema della gestione museale e dei connessi processi di cambiamento.

18.1 Squilibri nella composizione degli organici e polverizzazione dei musei

Sotto il profilo sostanziale, aspetto principale è il tendenziale squilibrio nel dimensionamento quali-quantitativo delle risorse umane nelle organizzazioni museali. Il fenomeno, già a suo tempo segnalato da Valentino (1993) a livello aggregato, trova in molti dei materiali empirici qui discussi una conferma a dir poco drammatica. Pompei è forse il caso più emblematico di totale scollamento tra fabbisogni di figure professionali e pianta organica (definita da altri, in questo caso dal Ministero); scollamento che non è estraneo allo stesso processo di degrado di Pompei. Talora si riscontrano carenze di organici, che possono riguardare lo stesso vertice, il soprintendente, per periodi anche prolungati (si veda il caso di Pisa). Ma anche in situazioni più favorevoli, come quella dell'Opificio delle Pietre Dure, l'impossibilità di intervenire sul reintegro delle posizioni liberate per pensionamento e l'assoluta irrilevanza delle assegnazioni rispetto alle esigenze si dimostra "il problema principale della gestione", come affermava il soprintendente all'Opificio. Oppure – come nel caso dell'Archeologico e del Comune di Bologna – in situazioni di gestione delle risorse umane volte al ridimensionamento complessivo del numero dei dipendenti comunali, può darsi che il museo si trovi a sopportare la pressione di un processo di *outsorcing* che potrebbe alla lunga risultare eccessivo.

Ai nostri casi e al dato aggregato di Valentino si possono aggiungere gli innumerevoli esempi e riferimenti spesso lamentati dagli stessi operatori nelle loro manifestazioni (si vedano gli incontri del Comitato Coordinamento dei Direttori di Musei, in particolare quello del giugno 1998 su *Gli stati generali dei musei italiani – la professione del museologo* e, tra tutti, i contributi di Fusco e Pinna). C'è ragione di credere, anche in assenza di una generalizzabilità in senso statistico, che questo problema di cattivo dimensionamento quali-quantitativo caratterizzi molte delle realtà pubbliche.

Sempre sotto il profilo sostanziale, secondo elemento che vale la pena riprendere è la piccola dimensione che caratterizza la prevalenza dei musei italiani. Su questo aspetto, i dati sono più difficili da ricostruire: spesso non si hanno del tutto, anche perché in piccole realtà il personale è in carico all'Amministrazione locale. Sulla base di una serie di indicatori tuttavia si può ritenere che il problema sia serio. Ad esempio, nella pur non recente ricerca dell'IBC sui musei emiliano-romagnoli (Bonilauri, 1985) emerge che i 204 musei allora presenti in Regione occupavano 657 addetti, con una media di 3.2 unità (rispettivamente 8.8 per i musei statali, 1.2 per gli universitari, 3.7 per i comunali, 0.8 per gli ecclesiastici, 2.4 per i privati).

Questo quadro si lega alla storia del nostro paese, e il carattere di "museo diffuso" (Emiliani, 1996; Paolucci, 1996) è un tratto verosimilmente irrinunciabile del nostro sistema museale. Ciò non toglie tuttavia che le conseguenze siano pesanti sotto il profilo della configurazione degli assetti organizzativi e delle dotazioni di risorse umane. E se, a tal riguardo, è possibile e opportuno perseguire livelli maggiori di flessibilità (Argano, 1999), va notato che questa soluzione non può estendersi all'infinito e forse, in molti casi, si potrebbe/dovrebbe porre il problema di un ridisegno dei confini organizzzativi come soluzione più congrua per consentire livelli minimi di efficacia organizzativa con particolare riguardo alle dotazioni di personale. Da questo punto di vista i musei universitari rappresentano anche sotto questo aspetto – oltre ad altri che li fanno configurare come "vergogna nazionale" secondo Pinna (1998) – un caso emblematico, con strutture estremamente piccole, controllate dai dipartimenti (per i quali non svolgono più una funzione didattica e all'interno dei quali non hanno più, in molti casi, alcun significato in connessione alle priorità organizzative e di ricerca). Non è raro trovare casi con un addetto, sotto la supervisione di un docente che *part time* ricopre questo incarico, con un risultato complessivo di tendenziale incapacità a garantire anche minimi livelli di fruizione al pubblico (Emiliani, 1987; Pinna, 1999). In termini più sistematici, da una recente indagine sui musei scientifici (Reale, 1998) viene confermato il dato sulla estrema polverizzazione delle dotazioni di personale: "La mancanza di personale è un problema centrale nei musei scientifici italiani: il 41% delle strutture (169) non ha personale dipendente e il 77% dei musei che hanno personale non va oltre le 3 unità complessive". In totale – emerge dalla ricerca Cnr-Isrds – ben 237 musei scientifici su 413 hanno dotazioni minime o nulle di personale. Si badi che al di là degli effetti di inefficienza che una tale configurazione comporta in connessione a verosimili diseconomie di scala (su cui torneremo), in questo caso sono gli stessi profili di efficacia professionale a essere messi in gioco: al di là di un problema di spreco cioè, c'è un problema ancora a monte, di incapacità a garantire le stesse funzioni di conservazione e fruizione.

18.2 I sistemi operativi di gestione delle risorse umane

Queste due principali carenze sostanziali – cattivo dimensionamento quali/quantitativo e tendenziale polverizzazione in molte piccole realtà museali – richiamano le carenze procedurali che rendono possibile tale situazione. E qui ci si potrebbe sbizzarrire sulle caratteristiche dei sistemi operativi di gestione del personale riscontrabili nel comparto, come si è visto nei capitoli precedenti in modo estensivo.

In primo luogo il *reclutamento* si dimostra variabile critica, esposta ai rischi di lottizzazione e clientelismo nei peggiori dei casi, ma comunque abbandonata al carattere di esogenità delle assegnazioni di risorse umane rispetto alle singole organizzazioni. Qui forse le logiche del sistema ministeriale e quelle che caratterizzano i musei inseriti nelle Amministrazioni locali cambiano un poco, ma gli esiti sono sempre dello stesso segno.

Nel caso del sistema statale ci si "impantana" – se è lecita l'espressione – nella determinazione della pianta organica da parte del Ministero e nelle eventuali assunzioni secondo le logiche dei concorsi pubblici, che in questo caso trovano forme di inefficienza sorprendenti anche per chi sia abituato al sistema universitario italiano (si vedano i tempi del concorso per restauratori, con interruzione dovuta all'esaurimento dei fondi per il pagamento delle missioni dei commissari, cui si è accennato al capitolo 8). Che poi i concorsi si riesca a espletarli sul serio fino in fondo, in connessione ai periodici blocchi (indistinti) delle assunzioni è altro paio di maniche: del resto la riqualificazione degli organici mediante sostituzione delle professionalità specifiche, meno povere, se non proprio più "moderne", è problema che non viene posto a livello politico.

Similmente, sono veramente pochi – si può ritenere – i direttori di musei civici che possono selezionare i propri collaboratori, i quali piuttosto vengono assunti da altri all'interno dell'Amministrazione comunale, per costituire un serbatoio di risorse che presenta potenzialmente livelli elevati di mobilità, i cui esiti – rispetto alle conoscenze necessarie per lavorare in una organizzazione professionale – sono facilmente immaginabili. Il che è di particolare gravità in situazioni di piccoli numeri, dove un addetto su cinque o dieci che crei problemi configura una situazione di difficile gestione.

Per non dire poi delle innumerevoli situazioni di ripiego – rispetto a più compiute scelte di reclutamento – che si possono incontrare, talvolta con qualche sfumatura di demagogia: dal personale prestato da altri settori con l'introduzione di forti disparità di trattamento a parità di posizione (ad esempio il personale scolastico – prestato dall'Assessorato alle politiche scolastiche all'Archeologico di Bologna – che conserva tutti i privilegi dell'inquadramento di provenienza); alle infinite possibilità di comando e prestito di personale (circa il 10% nel caso di Pompei), rendendo ulteriormente confuso il problema della semplice determinazione delle risorse effettivamente disponibili; per non parlare poi di forme sulla cui utilità i dubbi sono più che consistenti (lavori socialmente utili, obiettori, ecc.).

Sulla mancanza di strumenti di motivazione/incentivazione/responsabilizzazione nella gestione del personale la nostra ricerca non fa che confermare quanto ormai noto (per tutti cfr. Fusco, 1998). Sui *sistemi retributivi* in particolare si rimanda alla lucida analisi di Guerzoni (1999), che ben evidenzia (tabella 18.1) lo scollamento delle retribuzioni dei musei pubblici e in particolare statali rispetto ai musei privati e a quelli esteri: non a caso, con una maggiore penalizzazione dei livelli dirigenziali, a conferma di un orientamento ben preciso nella gestione del personale in linea con istanze di egualitarismo sindacale, o comunque più sensibile alle richieste della base che a quelle dei quadri intermedi e manageriali. Nel corso delle nostre indagini in effetti ci è spesso capitato di parlare con archeologi, storici dell'arte e comunque quadri direttivi se non componenti del "top management" (evitiamo di proposito il riferimento ai "livelli") di carriera ventennale, con stipendi da 2/2.2 milioni netti al mese.

TABELLA 18.1 **I LIVELLI RETRIBUTIVI**

qualifica	**musei statali**	**musei civici**	**musei privati**	**musei Usa**	**musei Europa**
direttori	2200-3600	2300-5000	2800-4000	6000-12000	5000-10000
conservatori/dirett. funz.	2000-2300	2300-5000	2000-2800	3500-7000	3000-6000
assistenti conservatori	1600-2000	1900-2300	1800-2400	2200-4000	2600-4000
amministrativi e segretariato	1600-1900	1700-2300	1600-1900	1700-2100	1800-2500
tecnici	1600-1800	1700-1800	1600-1900	1900-2500	2000-2500
custodi	1300-1600	1400-1600	1500-1800	1300-1800	1600-2000

Fonte: Guerzoni

Basti solo ribadire in questa sede che non si può parlare seriamente di "managerializzazione" o aziendalizzazione dei musei (pubblici) senza porre mano a questa situazione, rompendo quel "patto scellerato" tra Stato e suoi dipendenti per cui si paga poco e si chiede poco.[1]

18.3 Gestione delle risorse umane e organizzazione del lavoro

Se a questi problemi di natura sostanziale e procedurale propri della gestione delle risorse umane si assommano le carenze del modello organizzativo proprio della forma Soprintendenza nel caso dei musei statali (con strutture monocratiche; frammentazione delle mansioni; enfasi sui livelli più che sui ruoli e compiti; potenziali conflitti tra diverse istanze interne alla Soprintendenza, ad esempio tra direttori di musei e soprintendente; per non dire della totale subalternità del soprintendente al Ministro sulla base di un rapporto fiduciario non strutturato in un mandato vero e proprio, con istantanea amovibilità), ci si rende conto della carica esplosiva di una situazione del genere.

In sintesi – nel suo dimensionamento quali/quantitativo e nei meccanismi operativi di gestione – la variabile risorsa umana è per gran parte fuori controllo rispetto alle singole organizzazioni:

- ciò vale per tutte le Soprintendenze, nel loro insieme e con riferimento alle eventuali articolazioni interne;

1. È curioso notare come si tratti di un patto di lunghissima data, se è vero che già nel dibattito sul management dell'Arsenale di Venezia a fine Cinquecento si denunciava il basso livello di salari, in cambio di impegni lavorativi meno cogenti, rispetto alla cantieristica privata (cfr. Zan, Hoskin, 1999).

- ciò vale – come visto nella nostra indagine, con esito inatteso – anche per la Soprintendenza di Pompei, con un forte ridimensionamento del senso della riforma "zoppa" dell'autonomia;[2]
- ciò vale per tutti i civici, e per la nostra esperienza in buona parte anche per i musei locali gestiti sotto forma di istituzione (forse con qualche grado di libertà e di possibilità in più di ricorso a "soluzioni di ripiego").

Sia chiaro: non si tratta di una insoddisfazione per una incompletezza formale dei tentativi di riforma, di uno sbilanciamento che rende concettualmente ineleganti le soluzioni sperimentate. Più radicalmente, l'impossibilità di una effettiva gestione diretta delle risorse umane rende impossibile un effettivo processo di (ri)organizzazione del lavoro in modo efficace. L'esperienza di Arti Doria Pamphilj è da questo punto di vista illuminante, con il ridisegno degli organici, dell'organizzazione del lavoro e dei tempi lavorativi come elemento cruciale nel processo di rilancio. Si ricordi invece l'esempio di Pompei, e il disincentivo a esternalizzare le attività che si associa ai meccanismi di finanziamento della Soprintendenza "autonoma" (ma non certo autonoma nella gestione del personale, come la soluzione inglese del *one-block grant*, che qui interessa richiamare come alternativa possibile con riguardo al controllo effettivo delle risorse umane). Peraltro, la sorprendente vitalità della Soprintendenza di Roma (cfr. Friggeri, capitolo 7), si realizza solo grazie a una miracolosa coincidenza tra innovazione "locale", interna ai processi decisionali di quella organizzazione (nella gestione dei servizi accessori biglietteria, audioguide, editoria, boockshop, ecc. tramite ricorso a esternalizzazione), resa possibile da una assenza di ostruzionismo sindacale perché le risorse interne in precedenza utilizzate (custodi) e poi sostituite con il concessionario esterno hanno potuto essere allocate a nuove posizioni rese possibili "dall'espansionismo" veltroniano (l'apertura di Palazzo Altemps, Palazzo Massimo, ecc.).

Il dramma è che di tutto ciò si parla poco, anche da parte di museologi e addetti (salvo qualche eccezione, tesa soprattutto alla rivendicazione di un albo professionale: Dalai Emiliani, 1996;

2. Tanto per aggiungere un dato a quanto già discusso, non risulta che a un anno di distanza il "city manager" abbia potuto costruire una propria squadra anche con apporto di risorse esterne, come in una qualsiasi realtà autonoma ci si poteva attendere.

Mangani, 1996; Bonsanti, 1997a, 1997b; Lucchini, 1998; Vettese, 1998; Zanardi, 1998), e comunque i museologici devono assumersi parte della colpa, se non altro di non essere riusciti a porre questi aspetti al centro del dibattito, quasi fosse un aspetto marginale. Viceversa, è impressione di chi scrive che i primi a fare le spese di questa carenza di logica manageriale nella gestione delle risorse umane nei musei pubblici siano proprio i *professional* (ancora una volta si pensi all'assurda pianta organica di Pompei, con 16 archeologi e storici dell'arte su 711 addetti in servizio).

Da questo punto di vista, allora, la gestione delle risorse umane è una "bandiera" lasciata cadere da altri – le Amministrazioni da cui i musei pubblici dipendono – e che i *professional* dovrebbero raccogliere e fare propria: appropriarsi di questo aspetto del discorso manageriale – ovvero rivendicare la gestione diretta del personale – come condizione di sviluppo dei processi di managerializzazione dei musei.

Il che richiede – e invero di per sé già configurerebbe – una significativa ridefinzione dei profili istituzionali dei musei pubblici.

19 Risorse finanziarie, rappresentazione economica e controllo

Luca Zan

Elemento cruciale nei processi di cambiamento del comparto museale è la crescente pressione nell'assegnazione di risorse economico-finanziarie, con tutte le conseguenze in termini di nuova enfasi ai profili economici e alla loro rappresentazione in logica di controllo economico. Ma anche su questi aspetti i problemi sono notevoli.

19.1 I limiti del dibattito italiano in prospettiva economico aziendale

Già a livello internazionale è interessante evidenziare uno dei limiti del discorso sul management dei musei all'interno del comparto e tra addetti ai lavori: se sono sempre più frequenti accenni o trattazioni che interessano il profilo del procacciamento delle risorse finanziarie e del *fund-raising* (cfr. ad esempio Calvocoressi, 1991; Challans, Sargent, 1991; Nayler, 1991; Tweddy, 1991; National Heritage Committee, 1996; Arts Council of England, 1994; Koboldt, 1996; London Economics, 1997), sono virtualmente assenti contributi che si focalizzino sui profili di gestione dei costi (o comunque delle uscite) dei musei. Mancano cioè contributi in tema di controllo di gestione, a dimostrazione di una problematica comprensione da parte degli addetti delle logiche di fondo dei processi manageriali.

Nel nostro paese la situazione non è migliore: anzi si può notare come tutto il dibattito sul "museo diffuso" e sulla valorizzazione dei beni culturali tenda a collocarsi meramente dal lato del reperimento delle risorse, dei finanziamenti più o meno straordinari, ma raramente – mai – dal lato dei costi, di una gestione appropriata, "economica" delle risorse stesse.

Emblematico è il caso della totale assenza dal dibattito tra museologi di qualsiasi riferimento a possibili fenomeni di economie di scala. In effetti in questa situazione è difficile a priori – consultando la letteratura e prima di andare "sul campo" nello svolgimento di ricerca empirica – rendersi conto se esistano e quanto possano pesare economie di scala nel settore museale italiano: la questione è semplicemente ignorata, non è "nell'agenda", non se ne discute affatto.

Non si vuole qui sostenere che un museologo dovrebbe sempre e totalmente inchinarsi agli imperativi "dell'economico" e di eventuali economie di scala cui sacrificare deterministicamente priorità di carattere sostanziale sul piano museologico: ma qui non sembra neppure mai porsi il problema di un *trade-off* tra esigenze museologiche ed esigenze di efficienza.

Gli esempi in merito non mancano certo. Si pensi alla duplicazione di costi che l'apertura di una nuova sede museale comporta, come nel caso del Museo Morandi di Bologna rispetto alla sede centrale della Galleria d'Arte Moderna e alle vere e proprie diseconomie dimensionali (biglietteria, custodia, ecc.) in cui si incorre: in questo caso, a dire il vero, il senso sostanziale dell'operazione è di per sé controverso tra gli stessi museologi; il senso economico è comunque ignorato e tantomeno si può rintracciare una comparazione tra i due discorsi, o tra le differenti alternative che una scelta del genere induce in termini di innalzamento dei fabbisogni finanziari dell'Amministrazione comunale o di rinuncia ad altri servizi pubblici (a quante classi di asilo si deve rinunciare per tenere aperta l'addizionale sede museale, a parità di entrate nel bilancio comunale?).

Si pensi ancora alla realtà dei musei universitari, dispersi e polverizzati nelle dimensioni, con livelli di inefficacia totale su cui ogni tanto si soffermano i museologi (Pinna, 1998) e di incredibile livello di inefficienza nell'uso delle risorse. Sul piano generale ci si potrebbe interrogare se una visione museologica radicale, di mantenimento totale dei contesti e delle connesse limitazioni a interventi di riorganizzazione abbia mai fatto i conti, per un solo istante, con i costi (e i disservizi) che una tale situazione comporta (come spesso accadeva nel caso di "biblioteche di istituto" rispetto a soluzioni più razionali di centralizzazione). O se, almeno, possibili economizzazioni siano state considerate come fonti per poter spendere "meglio", in altre direzioni, a parità di dotazioni complessive.

La stessa ignoranza di tali fenomeni è estremamente pericolosa. Nel caso di Pompei si è visto come le diseconomie di scala nell'attività di custodia dei vari siti archeologici in cui si articola la Soprintendenza (38 custodi per Boscoreale, con una casa e un museo, a fronte dei 198 custodi per le 1400 case di Pompei scavi) siano sì intrinseche e ineliminabili: ma se non vengono individuate e opportunamente gestite queste, possono attivare ulteriori processi di spreco (nella fattispecie, incrementi notevoli di costi in seguito alla replica in periferia del disegno organizzativo del centro).

19.2 Le carenze dell'informativa economico-contabile nei musei pubblici

Più in generale, al di là delle difficoltà "culturali" nel far ragionare o almeno dialogare l'esperto museologo con le conoscenze economico-aziendali, esiste nel nostro paese un problema di fondo, quasi dirompente: vale a dire l'impossibilità di basare un discorso economico su dati elementari significativi. Solo per i musei privati e le fondazioni è possibile avere un bilancio vero e proprio. Negli altri casi i bilanci semplicemente non esistono, in relazione – guarda caso, il tema riemerge un'ennesima volta – agli assetti istituzionali dei musei pubblici.

Se per i privati si pone talora il problema della disponibilità e dell'accesso ai dati di bilancio in assenza di una tradizione di *information disclosure* sensibile alle esigenze di "terzi" lettori (si noti che anche nel caso Arti Doria Pamphilj – cfr. capitolo 2 – non è stato possibile ottenere informazioni di questa natura), la situazione è particolarmente critica per i musei statali, come ampiamente illustrato nei casi discussi, in cui tutto ciò di cui può disporre l'analista (anche interno) sono gli importi relativi ai pochi capitoli di spesa in cui si strutturano le assegnazioni di una

Soprintendenza; con una totale mancanza di sottoarticolazione in centri di spesa, anche quando si dovesse trattare di musei di grandi dimensioni (come nel caso degli Uffizi). E con una totale, radicale e disarmante indisponibilità di dati di costo del personale (anche nel caso della cosiddetta autonomia di Pompei).

Solo lievemente migliore è la situazione dei civici, in presenza di maggiori livelli interni di articolazione dell'informazione contabile e di imputazioni di costi (anche in connessione alle innovazioni introdotte più di recente dalla normativa: per tutti cfr. Anselmi, 1995; Marcon, 1996; Farneti, 1997; Pezzani, 1997).

Certo un Assessorato come quello alla cultura del Comune di Bologna ha oggi a disposizione una base – almeno relativamente ad altri contesti – sofisticata di ricostruzione del costo (pieno) dei vari musei (vedi *tabella 19.1*; per ciascuno dei "centri di costo produttivi" (*sic*) viene poi sviluppata una scheda analitica del tipo illustrato nella tabella 3.8 al capitolo 3, compreso un tentativo di determinazione dei costi per attività); base dati, questa, che si integra con altre informazioni di grande importanza come quelle su ingressi e indicatori di domanda che ci hanno consentito di strutturare un'indagine approfondita come illustrato nei capitoli 2 e 3.

Si tratta certo di una premessa indispensabile per un più compiuto sviluppo in chiave "manageriale" dei processi di gestione. Ma se è verosimile ipotizzare che questa sia una tra le situazioni più avanzate nel paese, esistono limiti consistenti di:

- *incompiutezza* in senso analitico: si tratta solamente di dati di costo e non si arriva nemmeno alla determinazione di un "conto economico virtuale" o – per dirla con Besta – di un "bilancio di fatto"; inoltre i dati sono generati con ritardi notevoli (il documento "Consuntivi di contabilità analitica 1996-1997", dal quale partono poi le altre elaborazioni, reca la data "Ottobre 1998");
- *irrilevanza* organizzativa: le logiche di imputazione di alcune voci sono semplicemente ignote agli stessi direttori dei musei (ad esempio consumi, utenze), alla faccia di ogni principio di "controllabilità" che costituisce aspetto centrale dei processi di controllo manageriale (Amigoni, 1979; Brunetti, 1979; Johnson, Kaplan, 1989); i costi delle attività non si basano su determinazioni credibili o comunque condivise dai *professional*; e in ogni caso si tratta spesso di semplici determinazioni virtuali, cui non fa riscontro una responsabilizzazione economica ben precisa;

TABELLA 19.1 I COSTI PIENI DELL'ASSESSORATO ALLA CULTURA DEL COMUNE DI BOLOGNA: PROSPETTO DI SINTESI

SETTORE CULTURA E RAPPORTI CON L'UNIVERSITA'
PROTOTIPO DI CONTABILITA' ANALITICA, ANNO 1997- STEP5 -

Chiusura del Cdc di struttura "Direzione, amministrazione, cdg/altro" sui Cdc produttivi.

SINTESI DEI COSTI DI SETTORE (step 5):

RISORSE / CDC PRODUTTIVI	N. PERS 1997	PERSONALE	CONSUMI	UTENZE	CONSUMI SPECIFICI	AFFITTI	ALTRE SPESE	MANUT.	ONERI FINANZ.	AMMORT.	COSTO DIR. CDC	COSTI DA CDC AUS.	COSTO PIENO D'AREA	COSTI DA CDC DI STRUT.	COSTO PIENO DI SETTORE
ATTIVITA' CULTURALI/SALE	8	469.665	37.696	101.582	1.512.308	14.909	9.203				**2.145.364**		**2.145.364**	277.683	**2.423.046**
DIV. SCIENTIFICA/UNIVERSITA'	4	224.459	20.366	5.506	758.289	0	6.760				**1.015.380**		**1.015.380**	277.683	**1.293.063**
TEATRI/SPETT./GIOV. ARTISTI	7	346.411	35.641	314.647	5.200.179	196.444	79.365				**6.172.686**		**6.172.686**	277.683	**6.450.369**
BIBLIOTECA DELL'ARCHIGINNASIO	67	3.534.470	154.960	391.140	951.023	220.552	0				**5.252.144**		**5.252.144**	44.429	**5.296.573**
BIBLIOTECA CENTRALE/DONNE	52	2.728.207	104.645	204.820	740.672	620.720	24.560				**4.423.623**		**4.423.623**	44.429	**4.468.053**
MUSEO ARCHEOLOGICO	19	1.019.722	170.347	215.136	868.950	0	0				**2.274.155**		**2.274.155**	44.429	**2.318.584**
MUSEI CIVICI D'ARTE ANTICA	22	1.124.564	157.461	166.758	911.376	390.881	0				**2.751.040**		**2.751.040**	44.429	**2.795.469**
MUSEO DEL PATRIM. INDUSTRIALE	4	238.288	3.706	202.506	289.190	0	0				**733.689**		**733.689**	44.429	**778.118**
ENTI CULTURALI NON GEST.	11	571.374	21.119	105.759	259.683	125.934	3.456				**1.087.325**		**1.087.325**	33.322	**1.120.647**
ISTITUZIONE GAM	21	1.249.314	73.781	77.219	2.345.000	0	267.536				**4.012.850**		**4.012.850**	11.107	**4.023.957**
ISTITUZIONE CINETECA	22	1.233.441	31.803	179.069	901.000	434.493	2.844				**2.782.651**		**2.782.651**	11.107	**2.793.758**
TOTALE SETTORE	**237**	**12.739.914**	**811.524**	**1.964.142**	**14.737.669**	**2.003.933**	**393.724**	**0**	**0**	**0**	**32.650.906**	**0**	**32.650.906**	**1.110.732**	**33.761.638**

Fonte: Assessorato

- *conflitto* organizzativo: è difficile far convivere ciò che sarebbe rilevante a livello di museo, di Assessorato e di Amministrazione centrale, col rischio – classico – di imposizione di determinazioni che non presidiano la differenziazione delle singole unità (si veda per tutti il costo pieno per visitatore e i limiti di questo indicatore, già discussi; e comunque con processi reali di allocazione delle risorse che sembrano continuare a muoversi sulla logica della politica piuttosto che su informazioni e indicatori di performance adeguatamente elaborati.

Quello poi che colpisce lo studioso di management dei musei è la misura e la variabilità delle specificità introdotte sui processi di rappresentazione contabile e soprattutto sui processi di allocazione delle risorse dalla diversa appartenenza del museo al settore pubblico (museo statale, civico, ecc.). Non è tanto strano il fatto che un museo inserito in una determinata amministrazione ne debba "acquisire" alcuni elementi propri nei processi di rappresentazione contabile. È la *misura* di questo processo che stupisce, e in un certo senso l'arroganza e l'autoreferenzialità con cui l'Amministrazione pubblica impone al museo norme e pratiche di rappresentazione e allocazione delle risorse assolutamente irrilevanti quando non dannose (si veda per tutti l'effetto perverso della parcellizzazione dei lotti di restauro in Pompei).

È opinione di chi scrive che una redefinizione delle strutture informative e contabili di *tutti* i musei pubblici (non solo i maggiori e non solo gli statali) si ponga come priorità centrale, condizione imprescindibile e parte costitutiva del processo di managerializzazione di cui tanto si parla.

Del resto, in assenza di una informativa a livello elementare, viene a precludersi anche la strada di un'indagine nel merito dell'economicità che vada al di là dei singoli casi. Infatti, si pensi solo a come l'attuale situazione renda impossibile, o incredibilmente costoso in termini di ricerca dell'informazione, ogni approccio di efficacia o efficienza comparata in logica di *benchmarking*: sia a livello aggregato (di complessivo bilancio della gestione, come nel caso dei dati della ricerca di Fuortes, 1994, da noi aggiornata e ripresa per commentare in via comparata le performance dell'Archeologico e della GAM), sia a livello di singole scelte (tipo determinazioni di *break even* per il *bookshop*, caffetteria, analisi del rendimento delle mostre, ecc.: cfr. ad esempio Migale, 1995).

19.3 Risultati economici e misura delle prestazioni: autosufficienza o controllo della gestione?

Al di là dei problemi generati dalla collocazione all'interno di Amministrazioni pubbliche di buona parte dei musei italiani, le difficoltà a precisare e qualificare la nozione di economicità per le organizzazioni operanti nel comparto museale sono notevoli sotto il profilo metodologico.

In genere sono difficilmente concettualizzabili i misuratori di performance qualora si condivida (si veda il citato modello di Bradford, 1994) una visione multidimensionale delle attività e dunque dei risultati di una organizzazione museale. Non mancano in letteratura tentativi di predisposizione di un insieme di indicatori (Ames, 1994b; Jackson, 1994): nel reale dibattito tuttavia una tale sofisticazione tende a essere brutalizzata vuoi per difficoltà concettuali (ad esempio difficoltà di individuare indicatori per l'attività di restauro e conservazione), vuoi per incomprensione del politico o di livelli superiori dell'Amministrazione. Del resto il cosiddetto "sbigliettato" è un dato che nella sua immediatezza tende spesso a prevalere su altre meno facili espressioni degli obiettivi di un museo.

Altre volte ancora, in assenza di transazioni di mercato (per tutto quanto concerne la tutela e buona parte di restauro e valorizzazione) vengono a mancare i dati di base per impostare un discorso sull'economicità: anche prescindendo per ora dalla questione delle forti esternalità (che tratteremo nel prossimo capitolo), come "valutare" nel loro insieme o individualmente gli interventi di una organizzazione come l'Opificio delle Pietre Dure quando lo stesso valore degli oggetti su cui si interviene e che si recuperano non è oggetto (e forse non sarebbe passibile) di determinazione?[1]

1. Da questo punto di vista, l'inalienabilità del patrimonio pubblico rende il discorso molto più semplice, potendosi prescindere da ogni valutazione del "patrimonio", che spesso non presenta nemmeno costi di acquisizione perché proveniente da lasciti, donazioni, ecc. Di fatto, per questo, il discorso sull'economia dei musei si pone come discorso "reddituale", focalizzato su grandezze flusso (le entrate e uscite, a volte i ricavi e i costi comunque di periodo), non dovendosi così impantanare in incerte valutazioni degli *assets* come succede nella realtà americana (per tutti cfr. Carnagie, Wolnizer, 1996), con il rischio di incremento delle tecnicalità che contribuiscono ancora di più ad allontanare i *professional* dalla comprensione del discorso economico-contabile.

Con l'aggravante che il bilanciamento tra i diversi aspetti della pluridimensionalità di attività delle organizzazioni museali non è dato una volta per tutte, ma si pone per buona parte come problema empirico in coerenza allo specifico contesto spazio-temporale di un particolare museo. Si pensi solo all'equilibrio tra valorizzazione e fruizione in una realtà come il Museo Archeologico di Bolzano con tutte le priorità, i problemi – e i costi – di conservazione della mummia del Similaun rispetto a organizzazioni di per sé più effimere, basate o fortemente orientate all'aspetto espositivo, spesso con prevalenza delle mostre temporanee. Non sembrano ammessi meccanicismi in questo caso, e l'effettiva articolazione dello stesso concetto di economicità va ricostruita in parte almeno induttivamente, sulla base delle concrete articolazioni del discorso museologico nella specifica realtà.

Una questione va però sottolineata in questa sede: al contrario di quanto normalmente afferma la retorica manageriale parlando di efficacia-e-efficienza nel comparto museale e in generale in quello culturale – proprio per la alterità del discorso estetico-sostanziale rispetto a quello generico-manageriale – i profili di efficacia tendono a porsi in modo *antitetico* a quelli di efficienza. Questo è forse uno degli aspetti più delicati (e pericolosi) di tutto il processo di managerializzazione dei musei. In fondo (come afferma Guarino, 1997), sarebbe facile "fare profitti" sostituendo il Colosseo con un fast food; o ancora, nel campo musicale, la *one-man-band* è senza dubbio la soluzione in assoluto più efficiente di organico musicale, ma a parte le specificità estetico-espressive, sotto il profilo dell'efficacia non è forse la migliore soluzione per tutte le situazioni, non solo nel caso della "Sinfonia dei Mille" di Mahler.

Non è dunque facile individuare come possa svilupparsi il discorso economico in una realtà come quella museale in cui le attività sono pluridimensionali, le prestazioni di difficile concettualizzazione e per buona parte dominio dei *professional*. Ciò è tanto più vero in un paese come il nostro in cui l'informativa economico-contabile è drammaticamente carente, non consentendo quel minimo di comparazione che altrove è possibile,[2] e in cui l'enorme patrimonio – unico al mondo – e la realtà diffusa e di pic-

2. Si veda ad esempio il ruolo in tal senso giocato dallo *Scottish Museum Council* (Scottish Local Authorities, 1994; Ambrose, 1995), o dalla *Museums and Galleries Commission* in Inghilterra. Cfr. anche Department of National Heritage, 1996, 1997.

cole dimensioni che lo caratterizza pongono addizionali problemi.

La risposta non è certo semplice, se non in negativo: sarebbe un errore concettuale (e organizzativo) irrimediabile (come peraltro già sosteneva Paolucci, 1996) pensare anche lontanamente che questo significhi parlare di autosufficienza economica.

Il problema non è un (improbabile) pareggio, per una serie variegata di motivi:

- sono poche le situazioni, particolarmente fortunate, che in sé risultano profittevoli; lo stesso Guggenheim di Venezia – con una collezione e localizzazione invidiabili, oltre a una ancor più invidiabile organizzazione dei guardasala che si appoggia su una rete internazionale di studenti specializzati – ha come obiettivo di raggiungere il pareggio per la prima volta in questi anni (Reylands, 1996, 1998);
- per le altre realtà al massimo si può puntare realisticamente a livelli di autosostentamento del 10-20% (Fuortes, 1999). Per coprire i costi della Galleria Nazionale di Arte Moderna osservava Fuortes (1994) che sarebbero stati necessari ben 700.000 visitatori; nel caso dell'Archeologico di Bologna, a fronte di costi difficilmente comprimibili in maniera significativa per 2.3 miliardi, un prezzo di ingresso medio di 10.000 lire (che è già alto, come prezzo medio) consentirebbe il pareggio a 230.000 visitatori: dati assolutamente poco realistici in entrambi i casi;
- peraltro, se si considera che i costi per visitatore oscillano dalle 30.000 alle 130.000 lire (vedi tabella 4.10), ci si rende conto della estrema problematicità dell'ipotesi di raggiungere posizioni di autosufficienza economica puntando sugli introiti da biglietto;
- infine c'è da tener presente la possibilità di effetti "perversi", come quelli evidenziati da Linklater (1997), di crollo degli ingressi a fronte di introduzione del biglietto nel caso dello *Science Museum* e *Natural History Museum*: o, più semplicemente, c'è da ricordarsi che la domanda non è anelastica, e che occorre ben valutare le reali condizioni di convenienza nella determinazione del prezzo del biglietto (Dickenson, 1994; Harney, 1994; M&GC, 1997).

La risposta va dunque cercata in altre direzioni. In realtà si tratta di qualcosa di ben più sottile: vale a dire la responsabilizzazione economica della gestione.

Ciò implica innanzitutto introdurre da parte di chi gestisce il museo una sensibilità alle entrate, nelle varie forme possibili, e per diverse motivazioni. Al di là del loro importo anche contenuto, queste consentono qualche grado di libertà per finanziare spese discrezionali: nel caso del *Victoria & Albert Museum* le entrate da biglietti rappresentano solo il 5% del fabbisogno totale, ma sono ritenuti cruciali per poter sostenere *non-committed costs.*[3]

Non solo: questa sensibilità consente peraltro di ripensare più complessivamente il sistema erogativo. Nel caso della Soprintendenza di Roma questo si è accompagnato a una inversione nei rapporti con i fornitori di servizi editoriali e simili, trasformati da costi (che la Soprintendenza prima sosteneva per pubblicare i propri materiali) a *royalties* (che ora la Soprintendenza ottiene dal concessionario che vende al pubblico le pubblicazioni all'interno del *bookshop*).

Infine ciò richiede e consente un maggior "radicamento" del museo nel territorio, se è vero che il problema non è tanto l'aumento dello "sbigliettato" in sé, quanto piuttosto l'aumento della articolazione dei finanziatori istituzionali del museo, come evidenziato nel capitolo 3 (vedi ancora tabella 3.10).

Parallelamente, si tratta di sviluppare una sensibilità alle uscite, introducendo logiche di base del controllo di gestione, sia con riguardo alle scelte di "lungo periodo", e quindi di gestione di potenziali economie o diseconomie di scala nella progettazione complessiva di un sito o nella ri-organizzazione del lavoro (cfr. ad esempio le squadre di vigilanza in Pompei); sia con ragionamenti di convenienza comparata (es. *break-even* di mostra, di *bookshop*, ecc.) che non si pongano come imperativo sulle scelte sostanziali, ma permettano di verificare la fattibilità (e le alternative) dello stesso discorso museologico.

In fondo, lo stesso *Smithsonian Institution* è finanziato al 75% dal Congresso; nella stessa misura il governo inglese finanzia il *British Museum*: non è dunque l'autosufficienza il problema o la discriminante, ma la responsabilizzazione del management sul

3. Intervista a Rosamund Sykes, *Finance Director* del Victoria & Albert Museum, che si coglie qui l'occasione di ringraziare.

rapporto tra entrate e uscite.[4] È il sistema di *accountability* che fa differenza, e che porta direttamente ad affrontare quest'ultima questione interna al sistema museale italiano.

4. Nel corso della nostra ricerca si è colta una qualche insoddisfazione da parte dell'Amministrazione comunale rispetto all'esperienza dell'istituzione nella Galleria d'Arte Moderna proprio in relazione ai risultati non eclatanti in termini di quota di "autofinanziamento" della Galleria. A parte alcune considerazioni accessorie (forse si tratta di processi che richiedono un po' di tempo; e il non favorevole sistema fiscale è elemento da non scordare), anche in questo caso il rischio è quello di stravolgere la logica del discorso manageriale: l'obiettivo non è tanto/solo quello di economizzare sui costi a carico dell'Amministrazione comunale. Dei due, le perplessità di chi scrive sono dovute alla responsabilizzazione parziale che la forma istituzione – in sé o in relazione all'utilizzo moderato da parte delle autorità comunali nel caso bolognese – ha comportato, escludendo la gestione del personale come priorità del management della Galleria. Il che è la versione "locale" del centralismo ministeriale riscontrato a Pompei.

20 Assetto istituzionale, strutture di *governance* e processi di managerializzazione

Luca Zan

C'è un elemento di fondo che caratterizza la ricerca sulla gestione dei musei: il continuo e costante rimando alle logiche evolutive di un dato sistema politico-amministrativo. Posta infatti l'incidenza dei musei pubblici, studiare i musei italiani implica la comprensione di alcuni tratti essenziali del "sistema Italia" e delle sue articolazioni politico-istituzionali: comporta, ad esempio, comprendere la natura e gli effetti di un dato regime normativo in termini di gestione delle risorse umane e finanziarie nella varietà dei contesti del pubblico. Proprio per il carattere non locale, trasversale rispetto alle varie Amministrazioni che caratterizza il discorso professionale del museologo, chi si occupa di musei deve acquisire conoscenze variegate di gestione e contabilità degli Enti locali ma anche di contabilità ministeriale, ecc. pena l'incomprensione dei reali processi in essere.

Questa situazione pone notevoli problemi, sia di dominanza concettuale in fase di analisi, sia di considerazione delle possibilità dell'azione in fase di ripensamento se non anche di riprogettazione organizzativa.

Certamente il dato istituzionale non è tutto; ci sono esempi di innovazione e di eccellenza inattesi anche nell'ambito dell'organizzazione ministeriale (cfr. i casi di Roma e OPD nei capitoli 7 e 8). Peraltro di per sé l'eliminazione dei problemi di assetto strutturale non è condizione sufficiente, se non si accompagnasse a più pervasivi processi di cambiamento di cultura organizzativa. È però convinzione di chi scrive che nel caso dei musei italiani il problema istituzionale rappresenti un nodo cruciale, senza risolvere il quale i processi di innovazione nell'intero sistema museale nazionale sono destinati al fallimento.

20.1 I musei italiani: "*non profit organizations*" o semplicemente "*non organizations*"?

Da questo punto di vista il dato essenziale che emerge dalla nostra ricerca (ma anche da numerosi altri interventi: per tutti cfr. Paolucci, 1996; Morigi Govi, Mottola Molfino, 1996; Fusco, 1998; Pinna, 1998) è la non esistenza dei musei in quanto entità compiute. Più che di "organizzazioni non profit", si tratta di "non organizzazioni", entità parziali, inserite in realtà di livello superiore (Comuni, Soprintendenze, Ministero) entro le quali non sono comunque enucleate compiutamente.

Va sottolineato come la incompiutezza dei musei sia connessa agli aspetti di fondo di gestione di una organizzazione: e difatti parlando di risorse umane e assetto organizzativo, e di risorse economico-finanziarie e rappresentazione contabile, il discorso tende costantemente a ricadere sul tema dell'assetto istituzionale. Riprendendo quanto osservato, il quadro che ne emerge è veramente drammatico se ci si pone nell'ottica del singolo museo. Da una parte le risorse umane non sono gestite, né in termini di dimensionamento, né per larga parte in termini di norme e sistemi operativi; dall'altra, la gestione e rappresentazione delle risorse economico-finanziarie presenta notevoli problemi, posto che i singoli musei (pubblici, in varia forma):

- non hanno o non gestiscono entrate proprie;
- spesso non gestiscono i costi di cui peraltro solo raramente si ha una (parziale) conoscenza, specie per quanto riguarda i costi del personale;
- non presentano alcun rendiconto (eccezion fatta per i musei privati e le fondazioni – e con più che discutibile esito per le istituzioni – semplicemente non esistono bilanci dei musei italiani!);
- non possono dunque avere una gestione focalizzata per obiettivi, volta al miglioramento e al mantenimento di performance, che rischiano di restare ignote;

- sono esposti alla aleatorietà e instabilità di logiche di breve nei processi di programmazione e controllo dell'organismo cui partecipano, con i connessi problemi di rilevanza (nel caso dei civici) o, ancor peggio, di effetti perversi sulla gestione (nel caso delle Soprintendenze);
- spesso sono anche esposti a interventi di carattere straordinario staccati dai processi di allocazione ordinaria (e spesso di rendicontazione).

È il caso di segnalare come il problema di *accountability* si ponga per i musei italiani in modo ben più consistente e "radicale" che nel mondo anglosassone. In generale, il termine *accountability* fa riferimento a una nozione di "rendicontabilità": "*To be accountable means, as any dictionary will confirm, to give reasons and explanations of what one does*" (Normanton 1966, citato da Carnagie, Wolnizer, 1996). Più analiticamente, parlare di *accountability* presuppone che un qualcuno sia chiamato a rendere conto (*accountable*) a qualcun altro di un qualcosa. Esistono pertanto due presupposti, l'uno informativo (le informazioni che consentano una qualche rappresentazione del "qualcosa"), l'altro organizzativo-istituzionale, con termine oggi di moda si potrebbe dire di *governance*, l'individuazione di quel "qualcuno" che si faccia carico di gestire e relazionare il "qualcosa".

Orbene, nel contesto internazionale la discussione è spesso sulle modalità più o meno adeguate di rappresentazione delle performance in relazione alle attività proprie del museo, evitando di snaturarne la missione specifica a seguito delle semplificazioni di certe visioni efficientiste o economicistiche (cfr. Normanton, 1966; Carnagie, Wolnizer, 1996; Armstrong, Tomes, 1996; Rentschler, Potter, 1996; Oakes, Townley, Cooper, 1997). Nel nostro paese si tratta in primo luogo di ricostruire un'informazione di base che è dispersa in varie parti del corpo organizzativo di cui il museo è parte (il Comune, la Provincia, il Ministero), non enucleata in modo compiuto.

In termini più radicali, nella varietà riscontrabile di forme incompiute di gestione si possono individuare particolari modelli di non consapevolezza economica, in cui le varie soluzioni – se pure possono essere passaggi migliorativi rispetto alle situazioni di partenza – sembrano ben lungi dall'identificare situazioni di fattiva gestibilità. Il che vale per le determinazioni "virtuali" dei civici (con limiti non certamente risolti dalla forma istituzione, almeno nella realtà da noi esaminata), ma in forma diversa vale per tutte le Soprintendenze, e in modo largamente inatteso per la stessa forma “autonoma”, come nel caso di Pompei.

20.1 Le organizzazioni museali tra benefici diretti ed esternalità

Uno degli elementi che rende particolarmente difficile l’estensione del discorso economico alle organizzazioni museali è l’esistenza di forti esternalità positive (ad esempio cfr. Causi, 1997; Leon, 1997) – spesso in connessione a flussi di turismo culturale: per tutti cfr. Boniface, 1995; Candela, 1996; Richards, 1996; Formato, 1997; Cammelli, 1998 –, ove a fronte dei costi sostenuti da singole entità museali i benefici ricadono cioè su soggetti “altri”.[1] Individuare come benefici diretti e esternalità positive si configurano in un dato contesto è perciò prerequisito per impostare correttamente il problema.

Ad esempio Pompei, con i suoi 2 milioni di visitatori, il sito più visitato d’Italia fino al 1997, è certamente un importante elemento nell’economia della Campania. Considerando l’effetto di moltiplicatore di spesa che una visita attiva per ciascun visitatore, probabilmente gli oneri complessivi che lo Stato sostiene per Pompei sono più che compensati. Addirittura, superata l’attuale fase di emergenza e di recupero del degrado decennale, fisico e organizzativo, a regime ci si potrebbe forse porre anche un obiettivo di pareggio (o quasi) tra spese e entrate della Soprintendenza. Ma certamente già oggi esiste un pareggio tra spese sostenute per Pompei e benefici esterni: a fronte delle attuali spese per circa 50 miliardi l’anno (con tutti gli effetti delle inefficienze ereditate dalle passate gestioni), due milioni di persone che spendessero in media – a dir poco, e fortemente sottostimando il verosimile, in logica di *break even* – anche solo 50.000 lire a testa per recarsi in Pompei, mangiare e effettuare altri consumi in loco, si tradurrebbero già in un beneficio netto per l’economia locale.

L’Opificio delle Pietre Dure è caso ancor più emblematico. Si tratta di attività di *back office* nel restauro di opere d’arte, di una

1. “Le esternalità possono essere definite come gli effetti – sia vantaggiosi che svantaggiosi – provocati sull’attività di produzione e/o di consumo di un individuo dall’attività di produzione o di consumo di un altro individuo, che non si riflettono nei prezzi pagati o ricevuti” (Zamagni, 1984 : 688).

organizzazione che a fronte delle spese sostenute non ha entrate dirette ma solo il finanziamento degli appositi capitoli di spesa del Ministero. Ma quanto lo Stato ha speso sull'Opificio ha generato senza dubbio consistenti benefici esterni (esterni certamente all'Opificio). Chi si ricorda le fotografie sconcertanti dell'alluvione di Firenze del 1966 (*Antichità viva*, 1966; Paolucci, 1986; Carniani, Paoletti, 1991; Di Leva, 1996) può ben comprendere – a livello ideale e emotivo, prima ancora che in via razionale – che "era giusto" spendere tutto quello che si è speso in restauri, nel tentativo disperato di salvare un patrimonio dato per distrutto, e poi in effetti miracolosamente recuperato. Ma forse anche in termini economici si è trattato di una scelta conveniente: senza il poderoso sforzo di recupero delle opere danneggiate dall'alluvione – di cui l'Opificio delle Pietre Dure è stato parte centrale ancorché non esclusiva – quanti dei 4.2 milioni di visitatori si sarebbero recati a Firenze nel 1998 in assenza di un patrimonio recuperato? E quale moltiplicatore di spesa hanno attivato questi visitatori, e "l'integrale" dei visitatori degli ultimi 30 anni, che – pur se impossibile a quantificarsi – è uno dei benefici ascrivibili ai lavori (e ai costi sostenuti, anche per l'Opificio) di restauro?

Per queste prime due realtà, pur in assenza di ogni possibilità di determinazione quantitativa appena rigorosa, si può ipotizzare un complessivo equilibrio tra costi/benefici, se non altro a livello aggregato. Non è invece questa la situazione dell'Archeologico di Bologna, realtà forse meglio gestita di altre nel panorama nazionale, ma in cui le esternalità in termini di flussi turistici e spesa attivata dei turisti sono decisamente poco consistenti, lasciando aperta la strada solamente a quelle esternalità positive – di ancor più difficile determinazione – connesse alle ricadute dei processi formativi in relazioni ai flussi di scolaresche che visitano questi musei. I costi non coperti, in questo caso, non hanno a fronte benefici o esternalità positive misurabili, e verosimilmente si tratta di oneri ineliminabili per la collettività.

È quindi opportuno distinguere le varie situazioni – almeno sul piano logico, a prescindere da come "misurare" poi concretamente le singole variabili – in termini di una costruzione tipologica come quella proposta in via tentativa in *figura 20.1*. Gli elementi di economia/diseconomia verrebbero dunque a legarsi a due diverse variabili: l'esistenza o meno di esternalità positive sul piano "oggettivo" (oggettivo nel senso che esula cioè per larga parte dalle capacità dei singoli soggetti o gestori), connesso a caratteri intrinseci della domanda in termini di flussi turistici e consumi indotti, e quindi per larga parte riferibili a indagini di tipo settoriale e/o di politiche pubbliche nel comparto; le condizioni interne di efficienza, viceversa per larga parte ascrivibili alle qualità gestionali dei soggetti preposti al governo delle singole organizzazioni (in tal senso aspetto che si potrebbe qualificare come "soggettivo"), e oggetto di analisi più propriamente economico-aziendali. Sul piano logico si individuano così quattro ideal-tipi, che connotano diversamente situazioni di squilibrio e una possibile area di potenziale pareggio:

FIGURA 20.1 **LA NATURA DELLE CONDIZIONI DI EQUILIBRIO/SQUILIBRIO DI UN'ORGANIZZAZIONE MUSEALE TRA ESTERNALITÀ ED EFFICENZA INTERNA**

		esternalità positive	
		alte	**basse**
efficienza interna	alta	possibilità di pareggio (Pompei in futuro?)	disequilibri fisiologici (Archeologico Bo)
	bassa	disequilibri eliminabili (Pompei in passato)	disequilibri patologici (Musei universitari ?)

- situazione di *squilibrio eliminabile*, a fronte di elevate esternalità, ma in presenza di inefficienza complessiva dell'organizzazione museale o affine. Tipico potrebbe essere il caso di Pompei della passata gestione, quella che ha portato al degrado pur in presenza di una domanda forte e crescente;
- situazione di *potenziale equilibrio* o pareggio, dove si coniugano felicemente esternalità consistenti e condizioni interne di efficienza. È la speranza di Pompei del domani, a regime, dove con una qualità della visita di livello elevato, con un biglietto che esprima il valore di unicità di questo sito, forse si potrebbe arrivare a coprire i costi (anche quelli del personale, una volta gestite le risorse umane al di fuori della logica ministeriale);
- situazioni di *squilibrio fisiologico*, in cui la cultura e il patrimonio non si autofinanziano, ma esistono comunque ragionevoli condizioni di efficienza nella gestione della singola organizzazione museale (è il caso dell'Archeologico di Bologna);
- situazioni di *squilibrio patologico*, in cui alla non autosufficienza

dell'attività in sé dovuta a assenza di esternalità connesse a flussi di turismo culturale, si accompagna una situazione di complessiva inefficienza gestionale (d'accordo con Pinna, 1998, si potrebbero collocare qui i musei universitari).

20.3 Economicità, autonomia, *accountability*

L'estensione del discorso economico alle organizzazioni museali non si pone dunque in termini di perseguimento di condizioni profittevoli; e del resto la non profittabilità pone forti limiti a ogni discorso sulla privatizzazione dei musei (semplicemente non ci sarebbero compratori). Piuttosto, per quanto difficile, la strada è quella della managerializzazione e della responsabilizzazione a livello di singola entità museale.

Il problema è, ancora una volta, di strutturazione dei rapporti di delega centro-periferia, dove diventa cruciale definire i livelli di "squilibrio" economico che si vogliono perseguire rispetto alla singola organizzazione (salvo poche eccezioni fortunate), e di cui la singola organizzazione deve essere *accountable*. E da questo punto di vista, al di là dei problemi di pratico utilizzo, il quadro definito dalla tipologia proposta è veramente essenziale ai fini di impostare un corretto "discorso sul maneggio" delle realtà museali, con la necessità di distinguere tra realtà potenzialmente autosufficienti (con un equilibrio potenziale tra entrate e uscite, subordinatamente al superamento di altri vincoli posti e al risanamento di eventuali profili di dis-organizzazione interna) da realtà che sono e resteranno non autosufficienti, tendendo però a rendere esplicito il livello di non autosufficienza. In caso contrario, nella confusione concettuale tra condizioni di diseconomicità "oggettive" e "soggettive" (intese nell'accezione di cui sopra), di diseconomie settoriali e diseconomie a livello di singola organizzazione, si vengono a configurare condizioni di confusione tra effetti derivanti da condizioni di inefficienza o inefficacia, e una perdita complessiva di responsabilizzazione e tensione al miglioramento dei profili gestionali.

Da quanto sopra emerge allora che l'effettiva autonomia si dimostra essa stessa condizione indispensabile per consentire un effettivo processo di managerializzazione dei musei italiani, al di là di eccessi di retorica del management. Occorre cioè prefigurare le condizioni per una effettiva responsabilizzazione economica, di una attribuzione diretta della gestione delle risorse economiche, in particolare la gestione diretta del personale. Se così non fosse, sarebbe difficile pensare a una interruzione dei processi degenerativi nella definizione degli organici nella loro composizione quali-quantitativa, oltre all'attivazione di modalità di gestione della risorsa-uomo maggiormente dinamiche e incentivanti.

Autonomia – nella pur parziale economicità – significa anche rendicontabilità: in sostanza la ricostruzione dell'unità del museo non può ridursi a una esercitazione logica, in cui l'analista perde una incredibile quantità di tempo a ricostruire i "bilanci di fatto" di una entità latente. Occorre piuttosto cercare le condizioni di ricomposizione anche in senso organizzativo della singola entità museale, nella direzione di un superamento della pericolosa situazione di *non organizations*. Sotto questi profili – autonomia e *accountability* – la soluzione che sembra più convincente è quella illustrata in precedenza del *one-block grant*, in cui al management del museo viene attribuita completa responsabilità dei risultati, e parallelamente piena autonomia di gestione.[2]

20.1 La managerializzazione dei musei: oltre il conflitto?

A conclusione di queste pagine è forse utile tornare ad un aspetto essenziale nel dibattito sulla managerializzazione dei musei, cui si è accennato nel capitolo introduttivo, dove non si sono voluti tacere i problemi di difficile dialogo tra museologia e management quali differenti tradizioni disciplinari.

Sulla base della ricerca empirica, e soprattutto sulla base del quadro grave che emerge dall'indagine circa la situazione di con-

2. A questo proposito, è opinione di chi scrive che il problema dell'autonomia si ponga non solo per i musei maggiori, quasi che esistesse una soglia minima che giustifichi una struttura di *governance* autonoma. In effetti può anche darsi che sotto certi limiti esistano delle diseconomie di scala: ma anche in questi casi l'alternativa sarebbe quella di un indistinto confluire come entità incompiute in organizzazioni di livello superiore non certo governate – e forse non governabili in contesti professionali di alte conoscenze idiosincratiche – da logiche né di efficienza né di efficacia. L'autonomia potrebbe anzi in questo caso coincidere con la verifica della congruità della struttura dimensionale, anche con la ridefinizione dei rapporti di rete tra diversi musei (cfr. Boari, Baroncelli nel capitolo 16).
Su questi aspetti, interessanti prospettive sono aperte dalle fondazioni in partecipazione (Bellezza, Florian, 1998), le cui concrete esperienze varrà la pena di analizzare in un prossimo futuro.

fusione istituzionale che caratterizza tutto il comparto museale pubblico italiano, è forse possibile suggerire un elemento di sviluppo nella difficile dialettica tra esperti di diverse discipline.

L'opportunità è notevole: a condizione di un minimo di apertura dalle due parti – un approccio modesto, da parte dell'esperto di management; un atteggiamento positivo, di non arroccamento, del museologo – in realtà si potrebbe vedere l'introduzione e la diffusione delle conoscenze di management nel comparto museale come elemento di disciplina dei rapporti tra museologia e politica (*figura 20.2*), superando la situazione di forte dipendenza riscontrabile a tutti i livelli (dall'Assessore, nei civici; dal Soprintendente, nei musei delle Soprintendenze; dal Ministero, nelle Soprintendenze).

FIGURA 20.2 **IL MANAGEMENT COME DISCIPLINA DEL RAPPORTO TRA MUSEOLOGIA E POLITICA**

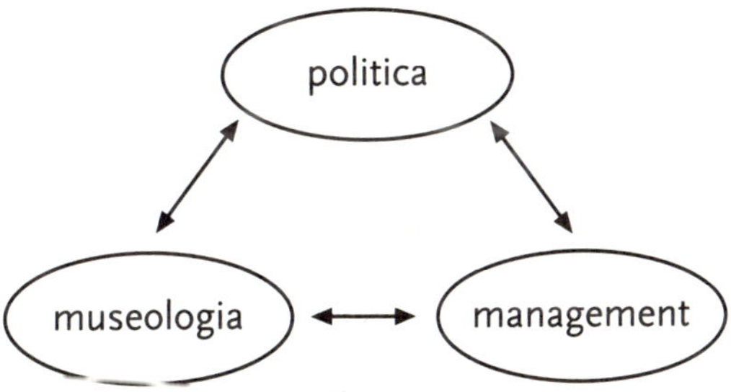

Si vuole con questo dire che se si parla di processi di managerializzazione il discorso deve essere coerente ed equo: in contropartita di una diretta e personale responsabilizzazione sui risultati e di una eliminazione dei rapporti personalistici, di "protettorato", deve aprirsi lo spazio per una strutturazione dei rapporti di delega con una chiara definizione di mandato e obiettivi di medio termine. Ciò implica ad esempio – in base all'elementare principio della controllabilità, per cui un attore si sente responsabile solo di quello che è sotto il proprio controllo – che anche l'assegnazione di risorse debba essere strutturata in modo più sistematico, in coerenza con gli obiettivi esplicitati (ad esempio facendo cessare finanziamenti a pioggia o assegnazioni casuali di risorse umane, peraltro scarse). Ma ciò dovrebbe comportare anche l'eliminazione di norme e procedure che poco hanno a che fare con l'essenza del processo di gestione di un museo.

Al riguardo, tuttavia, c'è un aspetto poco discusso nel dibattito: come sempre succede, i processi di controllo di gestione e di introduzione di gestione per obiettivi vanno a modificare la relazione capo/subordinato non solo verso il basso, ma mettono in discussione le stesse prerogative del vertice, strutturandone (spesso limitandone) i gradi di libertà. Il che vuol dire che in presenza di questi processi è lo stesso ruolo dell'apparato ministeriale (nel caso della Soprintendenza autonoma) o dell'Assessorato (nel caso dell'istituzione) che devono essere ridefiniti, essi stessi, in logica "manageriale", strutturando e disciplinando i rapporti con le entità sottostanti (da questo punto di vista, il passaggio "da maestro a manager" – per riprendere il titolo di Fitzgibbon, Kelly, 1997 – non riguarda solo i *professional*).

Sotto questo profilo, i museologi – specie italiani – dovrebbero forse cominciare a guardare sotto altra luce i processi di managerializzazione. Questi infatti comportano sì una maggiore "pressione", finalizzazione e strutturazione del proprio lavoro e delle proprie responsabilità, ma liberano (se il gioco è equo) dall'arbitrarietà e spesso irrilevanza delle norme e comportamenti delle burocrazie centrali. L'autonomia cioè, oltre che condizione dei processi di managerializzazione, da questo punto di vista ne è anche contropartita.

Bibliografia

AA.VV., *La mummia dell'età del rame*, Atti del Convegno di Bolzano sull' "Uomo venuto dal ghiaccio", 22-24 gennaio 1998, Fulio editore, 1999

AA.VV., *Politica dei Beni Culturali e Cultura d'Impresa*, Atti del Convegno di Torino, Lingotto, 19-20 settembre, 1997

AA.VV., *Un piano per Pompei. Piano programma per la conservazione e la gestione del patrimonio storico-archeologico della città antica*, a cura del Ministero per i Beni Culturali e Ambientali, Soprintendenza Archeologica di Pompei e World Monuments Fund, 1997

AIDEA, Convegno annuale su *La gestione e la valorizzazione dei beni artistici e culturali in prospettiva aziendale*, Siena, 30-31 ottobre, 1998

AIDEA, Convegno annuale su *Le aziende non profit tra stato e mercato*, Clueb, Bologna, 1996

AINIS M., "Il decentramento possibile", *Aedon*, Tavola rotonda su "Riforme e decentramento alla prova dei fatti: i beni e le attività culturali nel d.lg. 112/1998", n. 1, 1998

ALDROVANDI A., Altamura M.L., Cianfanelli M.T., Riitano P., "I materiali pittorici: tavolette campione per la caratterizzazione mediante analisi multispettrale", *OPD Restauro*, 8, 191-210, 1996

ALDROVANDI A., Ciappi O., "La radiografia di grande formato: problemi e soluzioni tecniche", *OPD Restauro*, 7, 1995

ALDROVANDI A., Ciappi O., "Le indagini diagnostiche: recenti esperienze su alcune problematiche", in Ciatti M. (a cura di), *Problemi di Restauro*, Edifir, 1992

ALIBRANDI T., Ferri P., *Il diritto dei beni culturali. La protezione del patrimonio storico-artistico*, NIS, Roma, 1997

AMBROSE T., "The development of the Scottish Museums Council 1984-1994", *Museum management and curatorship*, n. 4, 375-392, 1995

AMES P.J., "A challenge to modern museum management: meshing mission and market", in Moore K. (ed.), *Museum Management*, Routledge, London, 1994a

AMES P.J., "Measuring museums' merits", in Moore K. (ed.), *Museum Management*, Routledge, London, 1994b

Amigoni F., *I sistemi di controllo direzionale*, Giuffrè, Milano, 1979

Andreani A., "Spunti problematici", *Aedon*, sezione speciale su "L'istituzione per la gestione dei musei", n. 2, 1998

Angela A., *Mostre e musei a misura d'uomo*, Armando, Roma, 1988

Angioni M., "La privatizzazione tutta speciale degli olandesi: i nuovi diritti e le nuove responsabilità dei musei", *Giornale dell'Arte*, 1, 68-69, 1998

Anselmi L. (a cura di), *L'equilibrio economico nelle aziende sanitarie*, Il Sole 24 ore Libri, Milano, 1996

Anselmi L., *L'azienda "Comune" dopo la legge 142/90*, seconda edizione, Maggioli, Rimini, 1995

Anthony R.N., Young D.W., *Controllo di gestione per il settore non profit*, McGraw-Hill, Milano, 1992

Antichità viva. Rassegna d'Arte, Numero speciale su Firenze, anno V, numero 6, 1966

Argan G.C., Saggio introduttivo a *Il pubblico dell'arte*, Sansoni, Firenze, 1982

Argano L., "Management culturale: obiettivo flessibilità", *Il sole 24 ore online*, Convegno su *Gli stati generali dei musei italiani – La professione del museologo*, Bologna, 22 giugno, 1999

Armstrong P., Tomes A., "Art and accountability: the language of design and managerial control", *Accounting, Auditing & Accountability Journal*, vol. 9, n. 5, 114-125, 1996

Arts Council of England, *The UK arts funding system. An overview*, Arts Council Library, London, 1994

Audit Commission, *The road to Wigan Pier? Managing Local Authority Museums and Art Galleries*, HMSO, London, 1991

Bagdadli S., "Autonomia e riforme istituzionali, un problema di sostanza", in *Domenica Il sole 24 ore on line*, 12 luglio, 1998

Bagdadli S., *Il museo come azienda. Management e organizzazione al servizio della cultura*, Etas, Milano, 1997

Bagdadli S.,"Cooperazione o isolamento? Verso una nuova organizzazione dei musei italiani", *Economia e Management*, 1, 1995

Bagdadli S., "La motivazione dei volontari: il contributo della ricerca", *Sviluppo e Organizzazione*, 1994, n. 144, luglio-agosto

Bagdadli S., Valotti G., "La Soprintendenza per i beni artistici e storici di Milano. Pinacoteca di Brera", in Ruffini R., Valotti G. (a cura di), *Assetti istituzionali e governo delle aziende pubbliche*, Egea, Milano, 1994

Baldini U., (a cura di), *Metodo e scienza. Operatività e ricerca nel restauro*, Sansoni, Firenze, 1982

Baldini U., *Teoria del restauro e unità di metodologia*, Vol. 1, Firenze, 1978

Baldini U., *Teoria del restauro e unità di metodologia*, Vol. 2, Firenze, 1981

Barbéry N., "Le musée, un produit d'appel pour les villes", in J.M. Tobelem (a cura di), *Musées. Gérer autrement*, La Documentation Française, Paris, 1996

Barbiani L., Migale L., *Rapporto sull'offerta museale di Venezia*, Consorzio Venezia 2000, Cultura e Impresa, 1993

Barbiero A., "Istituzioni e organi comunali alla prova dei fatti: il caso di Bologna", *Aedon*, sezione speciale su "L'istituzione per la gestione dei musei", n. 2, 1998

Barney J.B., "Firm resources and sustained competitive adavantage", *Journal of Management*, 17 (1), 99-120, 1991

Baroncelli A., "L'esperienza della rete museale di Strasburgo", working paper, Dip.to di Discipline Economico-Aziendali, Università di Bologna, settembre 1997

Baroncelli A., Boari C., "Network structures in museums'management", paper for the 2nd Conference "The Metamorphosis of Organizations", Nancy, 1999

Baroncelli A., Järvenpää E., Mäki E., "Managing And Designing Museum Activities. A Network Approach", Working paper, 1999

Basile G., Mancinelli E., Trevisani F., "Sistemi di sostegno e controllo nei dipinti su tavola: qualche esempio (e qualche problema)", *OPD Restauro*, 5, 35-50, 1993

Bataille G. , "Musée", *Documents*, n. 5, Parigi, 1930

Baumol W.J., Baumol H., "On the Economics of Musical Composition in Mozart's Vienna", paper presentato al convegno 1992 ICARE su *The Economics of Property Rights*, Venezia, ottobre, 1994

Baumol W.J., Bowen W.G., *Performing Arts: The Economic Dilemma*, The MIT Press, New York, 1966

Bayart D., Benghozi P. J., "Le tournant commercial des musées en France et à l'étranger", *La Documentation Française*, Parigi, 1993

BBC, *Ice mummies. 2: A life on Ice*, serie Horizon, 1998

Beaucamp E., "The German art museum in a European perspective", in Gubbels T., van Hemel, A. (a cura di), *Art Museum and the Price of Success*, Boekman Foundation, Amsterdam, 1993

Bellezza E., Florian F., *Le Fondazioni del terzo Millennio. Pubblico e Privato per il non-profit*, Passigli Editori, Firenze, 1998

Bennet O., *Cultural Policy and the Crisis of legitimacy: Entrepreneurial Answers in the United Kingdom*, Centre for the study of Cultural Policy, University of Warwick, 1996

Bennet T., *The birth of the museum: history, theory politics*, London, Routledge, 1995

Bennet T., *Rock & popular music: politics, policies, institutions*, Routledge, 1993

Berger D., "Il Mercato delle riproduzioni d'opere d'arte", in Ministero dei Beni Culturali e Ambientali, *L'Italia dei nuovi musei*, Fratelli Palombi Editore, 1994

Berger D., "Il 'merchandising' dei musei: l'esperienza del Metropolitan Museum e le nuove prospettive in Italia", *Notizario* VIII, 42-43, 9, luglio-dicembre 1993

Berger D., Pacini M., "A Pompei mai più rovine. Un dettagliato piano di recupero e la collaborazione delle imprese private invertiranno la rotta del degrado", *Il sole 24 ore*, 18 gennaio, 1998

Bertini U., *Scritti di politica aziendale*, Giappichelli, Torino, 1991

Besta F. (a cura di), *Bilanci Generali della Repubblica di Venezia*, Vol. III, *Bilanci dal 1736 al 1755*, Venezia, Prem. Stab. Tipo-Lit. Visentini cav. Federico, 1903

Bettini M., "Lo strazio di Pompei", *La Repubblica*, 17 gennaio, 1998

Bianchi M., "Organizzazione e procedure di controllo negli Enti pubblici", in Farneti G., Vagnoni E. (a cura di), *I controlli nelle pubbliche amministrazioni*, Maggioli, Rimini, 1997

Bianchi M., "L'organizzazione a rete: un possibile modello per i musei locali", in Roncaccioli A. (a cura di), *L'azienda museo*, Cedam, Padova, 1996

Blattberg R., Broderick C., "Marketing of art Museum", in Feldstein, M. (ed.), *The economics of art museum*, University of Chicago Press, Chicago, 1991

Boari C., *Le joint venture di lunga durata. Sviluppo organizzativo, comportamenti competitivi e scelta del partner*, Etas, Milano, 1993

Bobbio L., "Musei: la svolta", *Il Giornale dell'Arte*, n. 164, marzo, 1998a

Bobbio L., "Per l'autonomia progettata", *Il sole 24 ore*, 24 maggio, 1998b

Bobbio L., "Due scenari per il decentramento dei musei", *Aedon*, Tavola rotonda su Riforme e decentramento alla prova dei fatti: i beni e le attività culturali nel d.lg. 112/, n. 1, 1998c

Bobbio L., "Cultura sposa non-profit. Quello che si è proposto a Pompei indica una delle possibili strade da percorrere", *Il sole 24 ore*, 10 ottobre, 1997a

Bobbio L., "Cultura d'impresa e Beni Culturali: un conflitto da prendere sul serio", in Atti del Convegno su *Politica dei Beni Culturali e Cultura d'Impresa*, 1997b

Bobbio L., "Le peculiarità dell'ordinamento museale italiano nel contesto europeo e il dibattito sulla sua riforma", in P.A. Valentino (a cura di), *L'immagine e la memoria. Indagine sulla struttura del Museo in Italia e nel mondo*, Civita, Leonardo Periodici, 1993

BOBBIO L., "La politica dei beni culturali in Italia", in Bobbio L. (a cura di), *Le politiche dei beni culturali in Europa*, Il Mulino, Bologna, 1992

BOBBIO L., "La gestione dei musei. Verso il superamento della anomalia italiana?", *Economia della cultura*, I, n. 2 , 1991

BODO C., LAMBERTO-TURCI M.C., *L'impatto economico dei finanziamenti pubblici alla cultura. Spettacolo dal vivo e festival*, Editoriale Scientifica, Napoli, 1993

BODO C. (a cura di), *Rapporto sull'economia della cultura in Italia 80/90*, Istituto Poligrafico dello Stato, Roma, 1994

BONIFACE P., *Managing quality cultural tourism*, Routledge, London, 1995

BONILAURI F. (a cura di), *Musei e raccolte dell'Emilia-Romagna. Prima indagine statistica*, IBC, Documenti/21, 1985

BONSANTI G., "A quando una vera storia del restauro?", *Il Giornale dell'Arte*, n. 176, aprile 1999

BONSANTI G., "L'economicità nel restauro pubblico", in AA.VV., 1997, *Politica dei Beni Culturali e Cultura d'Impresa*, Atti del Convegno di Torino, Lingotto, 19-20 settembre, 1997a

BONSANTI G., "Futuri restauratori regolatevi", *Il Giornale dell'Arte*, 160, 90-91, 1997b

BONSANTI G., "Passi importanti verso una professione europea", *Il Giornale dell'Arte*, 161, 66, 1997c

BONSANTI G., "Relazione accompagnatoria alla richiesta di fondi ministeriali", Documento interno dell'Opificio, 1997d

BONSANTI G., (a cura di), *Raffaello e Altri. I restauri dell'Opificio*, Centro Di, 1990

BORGONOVI E., *Il controllo economico nelle aziende sanitarie*, Egea, Milano, 1990

BOSCHETTI C., MARZOCCHI, C., "Fattori critici di successo e incroci strategici". Una ricerca nel settore filmico", *Economia & Management*, n. 5, 1997

BOYLAN P., "Cinque chiavi per la sopravvivenza", *Domenica Il sole 24 ore on line*, 12 luglio, 1998

BOYLAN P., "Les projets de musées liés au tourisme et au développement local", in J.-M. Tobelem (a cura di), *Musées. Gérer autrement*, La Documentation Française, Paris, 1996

BOYLAN P. (ed.), *Museums 2000. Politics, people, professional and profit*, Routledge, London, 1992

BOYLAN P., "Revolutionary France and the foundation of modern museum management", *Museum management and curatorship*, 11, 141-152, 1992a

BRACCO P., CIAPPI O., CIATTI M., "Problemi di conservazione dei supporti lignei: i risultati del restauro di un dipinto cinquecentesco", *OPD Restauro*, 2, 124-129, 1990

BRADFORD H., "A new framework for museum marketing", in Moore K. (ed.), *Museum Management*, Routledge, London, 1994

BRANDI C., *Teoria del restauro*, Einaudi, Torino, 1984 (1a ediz. 1963)

BROWN G., HACKETT K., "The art as a profession", working paper, University of Warwick, National arts & media strategy unit, 1991

BRUNETTI G., *Il contollo di gestione in condizioni ambientali perturbate*, Angeli, Milano, 1979

BURGELMAN R.A., "A Model of the Interaction of Strategic Behavior, Corporate Context, and the Concept of Strategy", Academy of Management Review, vol. 8, n. 1, 1983: 61-70 (tradotto in L. Zan (a cura di), *Strategic Management: materiali critici*, Utet Libreria, Torino, 1992)

BUZZI A.M., "Il rapporto di volontariato nella normativa vigente", in *Notizario* VIII, 42-43, luglio-dicembre,, 82-83, 1993

BUZZI A.M., "Il volontariato", in *Notizario* IX, 54-55, maggio-dicembre, 67-73, 1997

CALVOCORESSI R., "Session II: funding", *Museum management and curatorship*, n. 10,137, 1991

Cammelli M., "Il decentramento difficile", *Aedon*, Tavola rotonda su Riforme e decentramento alla prova dei fatti: i beni e le attività culturali nel d.lg. 112/1998, n. 1, 1998

Cammelli M., "Riordino istituzionale dei beni culturali e dello spettacolo in una prospettiva federalista", *Economia della cultura*, n. 3: 198-226, 1996

Cammelli S., *L'acqua scende a valle*, Fara Editore, Santarcangelo, 1998

Candela G., Benini M. (a cura di), *Produzione e circolazione dell'informazione nel mercato dell'arte*, Clueb, Bologna, 1997

Candela G., *Manuale di economia del turismo*, Clueb, Bologna, 1996

Cannon-Brookes P., "Cultural and economic analyses of Art Museums: a British Curator's Viewpoint", in V. Ginsburgh and P.M. Menger (eds.), *Essays in the Economics of the Arts*, Amsterdam: North Holland, 1998

Cannon-Brookes P., "He who pays the piper calls the tune: sponsorship, patronage and the intellectual indipendence of museums", *Museum management and curatorship*, 345-350, 1996

Cannon-Brookes P., "Tourism and the Museum: Paymaster, Pollutant and Worse?", *Museum management and curatorship*, 12, 123-126, 1993a

Cannon-Brookes P., "Museum Life after Jurassic Park", *Museum management and curatorship*, 12, 235-244, 1993b

Cannon-Brookes P., "Editorial: Management, Professionalism and the Archival Functions of Museums", *Museum management and curatorship*, 8, 131-135, 1989

Cannon-Brookes P., "Museum professional training and career structure in the U.K.", *Museum management and curatorship*, 6, 331-336, 1987

Capasso L., D'Anastasio R., "L'uomo del Similaun: una sintesi antropologica e paleontologica", working paper, 1999

Carlini L., "Firenze: Arte ed Economia", in Roncaccioli A. (a cura di), *L'azienda museo. Problemi economici, gestionali ed organizzativi*, Cedam, Padova, 1996

Carmona S., Ezzamel M., Gutierrez F., 'The Spanish Royal Tobacco Factory', *Accounting, Organizations and Society*, Vol. 22, n. 5, July, 411-446, 1997

Carnagie G.D., Wolnizer P.W., "Enabling accountability in museums", *Accounting, Auditing & Accountability Journal*, vol. 9, No 5, 84-99, 1996

Carniani M., Paoletti P., *Firenze. Guerra & Alluvione*, Becocci, Firenze, 1991

Casazza O., *Il restauro pittorico nell'unità di metodologia*, Firenze, 1981

Castelli C., "Proposta di un nuovo tipo di traversa per dipinti su tavola", *OPD Restauro*, 2, 78-80, 1987

Castelli C., Ciatti M., "Proposta di intervento su particolari supporti lignei", *OPD Restauro*, 108-111, 1989

Causi M., Bariletti A., "Risorse e occupazione nei beni culturali", in *Sviluppo tecnologico e disoccupazione: trasformazione della società*, Atti dei Convegni, n. 139, Accademia Nazionale dei Lincei, Roma, 1998

Causi M., "Stato e mercato nella gestione dei beni culturali", in Mattiacci A. (a cura di), *La gestione dei beni artistici e culturali nell'ottica del mercato*, Guarini, Milano, 1998a

Causi M., " I contenuti innovativi della riforma", *Domenica Il sole 24 ore on line*, 1998b

Causi M., "Fra pubblico e privato: verso un modello ialiano per il funzionamento e la gestione dei Beni Culturali", in Atti del Convegno su *Politica dei Beni Culturali e Cultura d'Impresa*, 1997

Cella P., Valotti G., "Un profilo di analisi economico-aziendale", *Aedon*, sezione speciale su "L'istituzione per la gestione dei musei", n. 2, 1998

Cerchi A., "Soccorso ai beni culturali con i manager e una Spa. Varata la legge-ponte tra pubblico e privato: interventi per Pompei", *Il sole 24 ore*, 2 ottobre, 1997

Challans T., Sargent A., *Local Authorities and the Arts*, Arts Council, London, 1991

Che A., "E per Pompei aziende in prima linea", *Il sole 24 ore*, 26 settembre, 1997

Chiaberge R., "Miracolo a Pompei. Più cani che sponsor", *Corriere della sera*, 6 maggio, 1998

CHITI M.P., "La nuova nozione di 'beni culturali' nel d.lg. 112/1998: prime note esegetiche", *Aedon*, Tavola rotonda su Riforme e decentramento alla prova dei fatti: i beni e le attività culturali nel d.lg. 112/1998, n. 1, 1998

CIANFLONE M., "Ötzi, una mummia sottozero", *Il sole 24 ore*, 1997

CIAPPI O., CIATTI M., "La conservazione dei dipinti su tela: esperienze e innovazioni per dipinti di grandi dimensioni", *OPD Restauro*, 8, 1996

CIAPPI O., CIATTI M., "Una soluzione per l'ancoraggio elastico della traversatura nei dipinti su tavola", *OPD Restauro*, 2, 102-104, 1990

CIATTI M. (a cura di), *Problemi di restauro*, Edifir, 1992

CNR, *Progetto Finalizzato Beni Culturali , 1996-2000*, Roma, 1997

COLLEVECCHIO M., "Il piano esecutivo di gestione degli Enti locali, uno strumento di management", *Azienda Pubblica*, n. 3 , 1995

DALAI EMILIANI M., "La formazione universitaria dello storico dell'arte", in Morigi Govi C., Mottola Molfino A. (a cura di), *La Gestione dei musei civici: pubblico o privato*, Allemandi, Torino, 1996

DALLE RIVE E., "La Fondazione Scientifica Querini Stampalia: aspetti organizzativi e gestionali", in Roncaccioli A. (a cura), *L'Azienda Museo*, CEDAM, Padova, 1996

DANILOV V.J., "Museum Systems and How They Work", *Curator*, 33, 1990

DAVIES S., "Strategic planning in local authority museums", in Moore K. (ed.), *Museum Management*, Routledge, London, 1994

DE JONG A., *Privatisation and commercialisation of open air museums: opportunity or threat?*, Krips repro, Meppel, 1993

DE MARINIS R.F., BRILLANTE G., *Ötzi, l'uomo venuto dal ghiaccio: la mummia del Similaun*, Venezia, Marsilio, 1998

DE MONTEBELLO P., "Non fate ginnastica nel museo", *Il giornale dell'arte*, pag. 38, n. 158, settembre 1997

DEPARTMENT OF NATIONAL HERITAGE, *Annual Report , 1997. The Government's expenditure plans 97-98, to 1999-2000*, HMSO, London, 1997

DEPARTMENT OF NATIONAL HERITAGE, *Annual Report , 1996. The Government's expenditure plans 96/97 to 98/99*, HMSO, London, 1996

DETHERIDGE A., "Alla sfida di Pompei guarda tutta l'Europa", *Il sole 24 ore*, 5 aprile, 1998

DETHERIDGE A., "È la retorica il vero nemico dei musei", *Il sole 24 ore*, 10 ottobre, 1997

DI LEVA G., *Firenze. Cronaca del diluvio*, Le Lettere, Firenze, 1996

DI MAGGIO P. J., "Nadel's paradox revisited: relational and cultural aspects of organizational structure. Network and organization", in N. Nohria e R. E. Eccles. (ed.), *Networks and organizations: Structure, form, and action*, Boston, Mass, Harvard University Press. 1992

DI MAGGIO P. J., "Decentalization of Art Funding from the Federal Goverment to the States" in S. Benedict (ed.), *Public Money and the Muse: Essays on Government Funding of the Arts*, New York, W. W. Norton, 216-256, 1991

DI MAGGIO P. J., "The museum and the public", in Feldstein M. (ed.), *The economics of art museum*, University of Chicago Press, Chicago, 1991

DI MAGGIO P. J., "Can culture survive the market place?", in Di Maggio P. J., (ed.), *Nonprofit enterprise in the art*, Oxford University Press, Oxford, 1986

DI MAGGIO P. J., POWELL W. W., "The iron cage revisited: Institutional isomorphism and collective rationality in organizational fields", *American Sociological Review*, 48, 1983

DICKENSON V., "The Economics of Museum Admission Charges", in Moore K. (ed.), *Museum Management*, Routledge, London, 1994

DONEGÀ G., Un caso di intervento privato in attività non profit: Palazzo Grassi s.p.a", in Roncaccioli A., (a cura di), *L'azienda museo*, Cedam, Padova, 1996

DONNA G., "Il cambiamento organizzativo al Comune di Torino", *Azienditalia*, n. 3: 148-154, 1997

Duprat G. et al., "Analyse du développement des réseaux dans le champ muséal", Institut d'études politique de Strasbourg, Université R. Schumann, Strasbourg. 1994

Dyer J., Specialized suppliers network as a source of competitive advantage: evidence from the auto industry", *Strategic Management Journal*, 17, 1996

Edwards A., *The British Museum. A Fundamental review of the museum's operations*, report, 1996

Ehrenberg A.S.C., *Repeat-buying theory and application*, North-Holland Publishing Company Inc., 1972

Eiglier P., Langeard, E., "Il marketing strategico dei servizi", McGraw-Hill, Milano, 1988

Eisenhardt K., Schoonhoven C. B., "Resource-based view of strategic alliance formation: strategic and social effects in entrepreneurial firms", *Organizational Science*, 7, 2, 1996

Emiliani A., "I musei civici: significato storico di un modello italiano", in Morigi Govi C., Mottola Molfino A. (a cura di), *La Gestione dei musei civici: pubblico o privato*, Allemandi, Torino, 1996

Emiliani A., "I Musei universitari dal passato glorioso a un possibile futuro", *Secularia Nona*, n. 1, novembre-dicembre, 40-44, 1987

Eminente G., "Considerazioni a margine degli interventi", in Varaldo R. (a cura di), *La gestione dei beni artistici e culturali nell'ottica del mercato*, Guerini e Associati, Milano,1998

Englier P., Langeard E., *Il marketing strategico dei servizi*, McGraw-Hill Libri Italia, Milano 1992

Farneti G., *Gestione e contabilità dell'ente locale*, seconda edizione, Maggioli, Rimini, 1997

Farneti G., *Introduzione all'economia dell'azienda pubblica*, Giappichelli, Torino, 1995

Farneti G., Vagnoni E. (a cura di), *I controlli nelle pubbliche amministrazioni*, Maggioli, Rimini, 1997

Feldstein M., "Introduction", in Feldstein M. (ed.), *The economics of art museum*, University of Chicago Press, Chicago, 1991

Fitzgibbon M., Kelly A. (ed.), *From Maestro to manager. Critical issues in arts & cultural management*, Oak Tree Press, Dublin, 1997

Formato R., "I prodotti-mercato: i beni culturali", in Becheri E. (a cura di), *Settimo rapporto sul turismo italiano*, Turistica, 1997

Franchi dell'Orto L. (a cura di), *Ercolano 1738-1988. 250 anni di ricerca archeologica*, L'"Erma" di Bretschneider, 1993

Franchi Scarselli G., "Il modello dell'istituzione guarda al passato", *Aedon*, sezione speciale su "L'istituzione per la gestione dei musei", n. 2, 1998

Frey B., Pommerehne W., *Musei e mercati. Indagine sull'economia dell'arte*, Il Mulino, Bologna, 1991

Friedman R., "Museum people. The special problems of personnel management in museums and historical agencies", in Moore K., (ed.), *Museum Management*, Routledge, London, 120-27, 1994

Funari S., Simionato S., *I Musei Veneziani. Indagine sulle strutture permanenti*, ICARE, Venezia, 1994

Fuortes C., "Il museo e la sindrome del rentier", *Domenica Il sole 24 ore on line*, 1999

Fuortes C., "Musei ed efficienza economica: quattro casi di studio", in Bodo C. (a cura di), *Rapporto sull'economia della cultura in Italia, 1980- 1990*, Presidenza del Consiglio dei Ministri, Roma, 1994

Fusco A., "Il direttore: una funzione priva di ufficialità", Convegno su *Gli stati generali dei musei italiani – La professione del museologo*, in *Domenica Il sole 24 ore on line*, Bologna, 22 giugno, 1998

Galasso G., "Aspetti contabili nella relazione tra museo civico e comune: l'esperienza di Bologna", working paper, Bologna, 1998

Galluzzi P., "Nuove tecnologie e funzione culturale dei musei", in Galluzzi P., Valentino A. (a cura di), *I formati della memoria*, Giunti, Firenze, 1997

Galluzzi P., Valentino A. (a cura di), *I formati della memoria*, Giunti, Firenze, 1997

Gianella S., "Pompei muore un'altra volta: salvatela insieme con 'Oggi'", *Oggi*, novembre, 1997

Giornale dell'Arte, "Tagli ai finanziamenti statali, si profila l'ingresso a pagamento", dicembre, pag. 24, 1996

Giusti A., Biliotti C., Samarelli C., "Alcuni casi di utilizzo del laser nella pulitura dei marmi", *OPD Restauro*, 8, 1996

Glaser J.G., Zenetou A.A. (eds.), *Museums: A Place to Work*, Routledge, London, 1996

Grandi R., "Regioni, Provincie e Comuni: dateci autonomia di organizzazione, gestione e valorizzazione", *Il Giornale dell'Arte*, n. 157, luglio-agosto 1997

Granovetter M., "Economic action and social structure: The problem of Embeddedness", *American Journal of Sociology*, 91, 3, 1985

Grant R., "The resource-based theory of competitive advantage: Implications for strategy formulations", *California Management Review*, Spring, 119-135, 1991

Griffin D., "Museums governance, management and governement", *Museum management and curatorship*, 10, 293-304, 1991

Griffin D., "Managing the museums organization, II. Conflict, tasks, responsibilities", *Museum management and curatorship*, 7, 11-23, 1988

Grillo Cesareo V., A proposito della legge Ronchey", *Notiziario* X, 47, gennaio-aprile, 1995, p. 9

Grossi R., "L'esperienza delle istituzioni per la gestione dei servizi culturali degli Enti locali", *Aedon*, sezione speciale su "L'istituzione per la gestione dei musei", n. 2, 1998

Guarino A., "Introduzione", in CNR, *Progetto Finalizzato Beni Culturali, 1996-2000*, Roma, 1997

Guerzoni G., "Direttore di museo per un pezzo di pane", *Domenica Il sole 24 ore on line*, 1999

Guerzoni G., "La formazione in Europa", *Domenica Il sole 24 ore on line*, 1998

Gumbel A., "Better off buried. Pompeii crumble as sleaze takes hold", *Indipendent on Sunday*, January 25, 1998

Guzzo P.G., "Autonomia Amministrativa e Finanziaria di Pompei: Progetto pilota e prospettive generali", relazione al convegno *Politica dei Beni Culturali e Cultura d'Impresa*, Torino, Lingotto Congressi, 19-20 settembre , 1997

Guzzo P.G., "Un programma per Pompei", in Laura Vallet (a cura di), *Atti del colloquio in ricordo di Georgees Vallet: Il Vesuvio e le città vesuviane 1730-1780*, Suor Orsola Benincasa, Napoli, 1996

Hansen M., Hoskisson R., Lorenzoni G., Ring P., "Strategic Capabilities of the transactionally-intense firms: leveraging inter-firm relationships", paper presentato all'Academy of Management conference, 1997

Harney A.L., "Money charge in the temple? Museums and the financial mission", in Moore K. (ed.), *Museum Management*, Routledge, London, 1994

Harrison J., "*Museums and touristic expectations*", Annals of Tourism Research, vol. 24, 1996

Heilbrun J., Gray C.M., *The Economics of Art and Culture*, Cambridge University Press, Cambridge, 1997

Hendon W., Costa F., Rosenberg R.A., "The general Public and the Art Museum: case studie o Visitors to Seversl Institutions Identify Characteristics of Their Publics", *American Journal of Economics and Sociology*, Aprile 1989

HOOPER-GREENHILL E., "Si contano i visitatori o sono i visitatori che contano?", in Lumley R. (a cura di), *L'industria del museo. Nuovi contenuti, gestione, consumo di massa*, Costa e Nolan, Genova, 1989

HOSKIN K., MACVE R., "Reappraising the Genesis of Managerialism: A Re-Examination of the Role of Accounting at the Springfield Armory, 1815-1845", *Accounting, Auditing and Accountability Journal*, Vol 7, n. 2, pp. 4-29, 1994

HUTTER M., RIZZO I. (EDS), *Economic perspectives on cultural heritage*, MacMillan Press ltd, Houndmills, 1997

IL MATTINO, "Per salvare Pompei arriva il city-manager", 1 ottobre, 1997

IL SOLE 24 ORE, "Corte dei Conti approva le consulenze esterne degli Enti pubblici", 2 novembre, 1997

IZI S.R.L (a cura di), *Studio di fattibilità per la trasformazione del Palazzo delle Esposizioni di Roma in Azienda Speciale*, Roma, maggio 1995

JACKSON P.M., "Performance indicators: promises and pitfalls", in Moore K., (ed.), *Museum Management*, Routledge, London, 156-172, 1994

JACKSON R., "A Museum Cost Function", *Journal of Cultural Economics*, 12, 1, June, 1988

JALLA D., "Le istituzioni museali torinesi", *Aedon*, sezione speciale su "L'istituzione per la gestione dei musei", n. 2, 1998

JOHNSON H., KAPLAN R., *Ascesa e declino della contabilità direzionale*, Isedi, Milano, 1989

JONES C., HESTERLY W., ET AL., "A General Theory of Network Governance: Exchange Conditions and Social Mechanisms", *Academy of Management Review*, 22, 4, 1997

JONES L.J., THOMPSON F., "L'implementazione strategica del New Public Management", *Azienda Pubblica*, n. 6 , 1997

JÖNSSON S., "Relate management accounting research to managerial work!", *Accounting, Organizations and Society*, Vol 23, n. 4, 411-434, 1998

KADT E., *Tourism, passport to development?: perspectives on the social and cultural effects of tourism in developing countries*, Oxford University Press, 1979

KAVANAGH G. (ed.), *Museum provision and professionalism*, Routledge, London, 1994

KAVANAGH G., (ed.), *The Museums Profession: Internal and External Relations*, Leicester University Press, 1991

KAWASHIMA N., *Museum management in a Time of Change*, Centre for the study of Cultural Policy, University of Warwick, 1997

KAWASHIMA N., *Planning for Equality? Decentralisation in Cultural Policy*, Centre for the study of Cultural Policy, University of Warwick, 1996

KEENE S., *Managing Conservation in Museums*, Butterworth Architecture, 1996

KOBOLDT C., *Continued public funding. A briefing paper for the consortium of administrators of National Museums and Galleries*, London Economics, London, 1996

KOVACH C., "Strategic Management for Museums", *Museum management and curatorship*, 8, 137-148, 1989

LANDILLO F., "Il ruolo delle cooperative per il rilancio dei beni culturali nel Veneto", in Osservatorio Regionale Musei del Veneto, *Gestione e formazione nei musei del Veneto*, Canova Editore, Treviso, 1998, pp.151-157

LAPSLEY I., "Market mechanisms and the management of the health care: the UK model and experience", *International Journal of Public Management*, 7, 1994

LASSALLE H., (a cura di), *Projet de développement des Musées de France*, Sintesi dei rapporti dei gruppi di lavoro riuniti dalla Direzione dei Musei di Francia dal dicembre 1990 al marzo 1991, Parigi, 1990-1991

LATARJET B., "L'aménagement culturel du territoire", *La Documentation Française*, Parigi, 1992

LAZZARO E., MOSSETTO G., "Le determinanti dei prezzi delle opere d'arte", in Candela G., Benini M. (a cura di), *Produzione e circolazione dell'informazione nel mercato dell'arte*, Clueb, Bologna, 1997

LEBRECHT N., *When the music stops: managers, maestros and the corporate murder of classical music*, S&S, 1996

LEON P., "Politica dei beni culturali e cultura d'impresa: aspetti economici", in Atti del Convegno su *Politica dei Beni Culturali e Cultura d'Impresa*, 1997

LINKLATER M., "Privatizzazione della cultura: la Gran Bretagna e il patrimonio culturale", *Economia della cultura*, n. 3, 185-191, 1997

LOMI A., LARSEN E., "Learning without experience: Understanding the strategic implications of deregulation and competition in the electricity industry", *European Management Journal*, 1999, in corso di pubblicazione

LONDON ECONOMICS, *The case for continued public funding. A resource pack for the Consortium of administrators of National Museums and Galleries*, London, 1997

LORENZONI G., LIPPARINI A., "The leveraging of interfirm relationships as a distinctive organizational capability: a longitudinal study", *Strategic Management Journal*, 20, 1999

LORENZONI G., ODORICI V., "Gli archetipi nell'attività museale: un'applicazione del pensiero sistemico", intereento al Convegno Aidea su "La gestione e la valorizzazione dei beni artistici e culturali in prospettiva aziendale", Siena, 30-31 Ottobre , 1998

LUCCHINI M., "La professione guida museale", Convegno su *Gli stati generali dei musei italiani – La professione del museologo*, Bologna, 22 giugno, 1998

LUMLEY R. (a cura di), *L'industria del museo. Nuovi contenuti, gestione e consumo di massa*, Costa e Nolan, Genova, 1989

LUTHER J., *Principi per il diritto dei musei pubblici in Italia*, Fondazione Agnelli, Torino, 1995

M&GC, (Museums & Galleries Commission), *To charge or not to charge?*, MGC, London, 1997

M&GC, (Museums & Galleries Commission), *Museums Professional Training and Career Structure*, HMSO, London, 1990

M&GC, (Museums & Galleries Commission), *Museums Professional Training and Career Structure*, HMSO, London, 1987

MAHONEY J.T., PANDIAN J.R., "The resource-based view within the conversation of strategic management", *Strategic Management Journal*, 12, 363-380, 1992

MANGANI E., "L'albo e la carriera dei conservatori dei musei", in Morigi Govi C., Mottola Molfino A. (a cura di), *La gestione dei musei civici. Pubblico o privato*, Allemandi, Torino, 1996

MARCH J., *Decisioni e Organizzazioni*, il Mulino, Bologna 1993

MARCON G., "Il controllo di gestione nel nuovo ordinamento finanziario e contabile degli Enti locali", *Azienda Pubblica*, n. 2, 273-309, 1996

MARCON G., *Le imprese a partecipazione pubblica*, Cedam, Padova, 1984

MARCON G., PANOZZO F., "Reforming the reform: changing roles for accounting and management in the Italian health care sector", *The European Accounting Review*, vol. 7, n 2, 1998

MARTIN F.R. ET AL., "Approche institutionnelle. Analyse du développement des réseaux dans le champ muséal", in G. Duprat. *et al.*, *Analyse du développement des réseaux dans le champ muséal*, Institut d'études politique de Strasbourg, Université R. Schumann, Strasbourg, 6-35, 1994

MASTROGIUSEPPE P., "Il PEG e l'attribuzione di responsabilità gestionali", *Azienda Pubblica*, n. 3 , 1993

MATTIACCI A., "Introduzione", in Mattiacci A. (a cura di), *La gestione dei beni artistici e culturali nell'ottica del mercato*, Guerini e Associati, Milano, 1998

McLean F., *Marketing Museums*, Routledge, Londra, 1997

Merlo A., "Assetti istituzionali innovativi per la cultura", in Roncaccioli A. (a cura di), *L'azienda museo - Problemi economici gestionali e organizzativi*, CEDAM, Padova, 1996

Meschino M., "Beni e attività culturali nel d.lg. 112/,1998: una proposta di lettura" *Aedon*, Tavola rotonda su "Riforme e decentramento alla prova dei fatti: i beni e le attività culturali nel d.lg. 112/1998", n. 1, 1998

Micelli S., Legrenzi P., Moretti A., "Musei virtuali, internet e domanda di beni culturali", *Sistemi Intelligenti*, n. 2, 1998

Migale L., "Considerazioni sulla valutazione economica dei musei", *Economia e diritto del terziario*, n.1, 1995

Miller S., "Deaccessioning sales or transfer", *Museum management and curatorship*, 10, 245-257, 1991

Ministero delle Finanze, Studi di settore. Attività 74.84.A: Attività di conservazione e restauro delle opere d'arte

Mintzberg H., *Ascesa e declino della pianificazione strategica*, Torino, Isedi, 1996

Modina S., "Analisi economica", in Roncaccioli A. (a cura di), *Il museo come azienda culturale. Ricerca sui Musei di Verona*, Università degli Studi di Verona - Amici del museo di Castelvecchio e dei Civici Musei d'arte di Verona, Verona, 1996

Monsaingeon G., "La Réunion des Musées Nationaux", in Roncaccioli (a curadi), *L'azienda museo*, Cedam, 1996

Moore K. (ed.), *Museum Management*, Routledge, London, 1994

Moore K., "Introduction: museum management", in Moore K. (ed.), *Museum Management*, Routledge, London, 1994

Moretti A., "I Musei Civici di Venezia", in Atti del XXI Convegno Annuale dell' Accademia Italiana di Economia Aziendale, Siena 30-31 ottobre, 1998

Moretti A., "Le Mostre Evento ed i Musei. Prodotto, relazioni e modelli interpretativi", *Economia della cultura*, n. 3, 1997a

Moretti A., "La costellazione del valore museale", working paper presentato al IV Workshop Annuale AIDEA Govani, Treviso 13 dicembre, 1997b

Morigi Govi C., "Per un futuro modello di gestione dei musei civici: La proposta di istituzione secondo la legge 142/1990 sull'ordinamento delle autonomie locali. Il caso di Bologna", in Morigi Govi C., Mottola Molfino A. (a cura di), *La gestione dei musei civici: pubblico o privato*, Allemandi, Torino, 1996

Morigi Govi C., Mottola Molfino A. (a cura di), *La gestione dei musei civici: pubblico o privato*, Allemandi, Torino, 1996

Morigi P., "Le determinazioni contabili previste dal d.lgs. 77/95 e la loro implementazione nella realtà operativa degli Enti locali", *Azienda Pubblica*, n. 6, 1997

Mossetto G., "Musei, turismo, economia delle città", in Baldin L. (a cura di), *Musei del Veneto. Il patrimonio, i problemi, le prospettive, il pubblico*, Edizioni Canova, Treviso, 1997

Mossetto G., *L'economia delle città d'arte: modelli di sviluppo a confronto, politiche e strumenti di intervento*, Etas, Milano, 1992

Mottola Molfino A., "Musei: né con lo Stato né con le Regioni", *Il Giornale dell'Arte*, n. 165, aprile: 93, 1998

Mottola Molfino A., "La febbre dei servizi aggiuntivi", *Il Giornale dell'Arte*, n. 158, settembre, 1997

Mussari R., *L'azienda del Comune tra autonomia e responsabilità*, Cedam, Padova, 1996

National Heritage Committee, *First report. Funding of the performing and visual arts*, HMSO, London, 1996

Nayler G., "Public funding in Great Britain", *Museum management and curatorship*, 143 - 148, 1991

NEWSWEEK, "Ruining Pompeii. Vandals, tourists and political corruption take a toll on the ancient site", September 1, 1997

NOBLE D.R., "Turnover among museums directors and some implications for innovation", *Museum management and curatorship*, 8, 163-174, 1989

NOHRIA N., GARCIA-PONT C., "Global strategic linkages and industry structure", *Strategic Management Journal*, 12, 105-124, 1991

NOMISMA, *Il restauro artistico in Emilia-Romagna: Struttura produttiva, problemi di formazione e prospettive di sviluppo*, rapporto di ricerca, dicembre 1989

NORMANN R., *Service management: strategy and leadership in service business*, J.Wiley & Sons, Chichester, 1984

NORMANN R., *Le condizioni di sviluppo delle imprese*, Etas, Milano, 1979

NORMANTON E.L., *The Accountability and Audit of Governments*, Manchester University Press, Manchester 1966

OAKES L.S., TOWNLEY B., COOPER D.J., "Businessplans as pedagogy: language and control in a changing institutional field", working paper, University of Alberta, 1997

OLIVER C., "Determinants of interoganizational relationships: integration and future direction", *Academy of Management Review*, 15, 2, 1990

ORIANI R., "Dossier Pompei", *Reset*, settembre 1996

OUCHI W.G., "La progettazione dei meccanismi di controllo organizzativo", *Sviluppo e organizzazione*, marzo-aprile, 1981

PAOLOZZI STROZZI B., "I dieci anni di OPD", *OPD Restauro*, 8, 1996

PAOLUCCI A., "Italia, paese del 'museo diffuso'", in Morigi Govi C., Mottola Molfino A. (a cura di), *La Gestione dei musei civici: pubblico o privato*, Allemandi, Torino, 1996

PAOLUCCI A., *Il laboratorio del restauro a Firenze*, Istituto Bancario S. Paolo di Torino, 1986

PAULUS O., "Approche économique", in Duprat. G. *et al.*, *Analyse du développement des réseaux dans le champ muséal*, Nota di sintesi, Institut d'études politique de Strasbourg, Université R. Schumann, 36-43, 1994

PEACOCK A., GODFREY C., "The Economics of Museums and Galleries", *Lloyds Bank Review*, 111, 1974

PEARCE S., (ed.), *Museums and Europe*, The Athlone Press, London, 1992

PEARCE S., (ed.), *Museum Economics and the Community*, The Athlone Press, London, 1991

PERES A., Intervento, in Atti del Convegno su *Politica dei Beni Culturali e Cultura d'Impresa*, 1997

PESSINA E.A., "Il piano esecutivo di gestione: un'analisi critica della letteratura", *Azienda Pubblica*, n. 5 , 1998

PETRAROIA P., "Un patrimonio di ambiguità", *Il sole 24 ore*, 22 febbraio, 1998

PETRAROIA P., PROVENZALI G., "Evoluzione legislativa e forme possibili di integrazione fra istituzioni statali, Enti locali e privati nella gestione dei beni culturali", in Morigi Govi C., Mottola Molfino A. (a cura di), *La Gestione dei musei civici: pubblico o privato*, Allemandi, Torino, 1996

PETTIGREW A. (ed.), *The Management of Strategic Change*, Basil Blacwell, Oxford, 1987

PEZZANI F., "Il nuovo ordinamento finanziario e contabile degli Enti locali: le linee di rinnovamento e gli aspetti di criticità attuativa", *Azienda Pubblica*, n. 2 , 1997

PFEFFER J., SALANCIK G.R., *The external controll of organizations. A resourse dependence perspective*, New York, Harper & Row, 1978

PICK J.M., *Arts Administration*, E&FN spon, London, 1996

PIGA F., "Il controllo pubblico sulle imprese a partecipazione statale e sulle società per azioni", in Bergamin M. (a cura di), *Il controllo economico finanziario nelle imprese a partecipazione statale*, Cedam, Padova, 1985

PINNA G., "I musei ai museologi", Convegno su *Gli stati generali dei musei italiani – La professione del museologo*, in *Domenica Il sole 24 ore on line*, Bologna, 22 giugno, 1998

Polanyi K., *La sussistenza dell'uomo*, Einaudi, Torino, 1983

Porter M., "Clusters and the new economics of competition", *Harvard Business Review*, November-December, 1998

Powell W., Koput K.W., Smith-Doerr L., "Interorganizational collaboration and the locus of innovation: network of learning in biotechnology", *Administative Science Quarterly*, 41, 1996

Primicerio D., *L'Italia dei Musei. Indagine su un patrimonio sommerso*, Electa, Milano, 1991

Pronti S., Boccenti L., *Il museo tra istituzione e azienda*, Il sole 24 ore, Milano, 1996

Querrien M., *Pour une nouvelle politique du patrimoine*, Rapporto presentato al Ministro della Cultura, Parigi, La Documentation Française, 1982

Ragone O., "Pompei anno zero. Caos, degrado, improvvisazione. Fino a ieri. Ora, una speranza...", *Speciale Donna*, 14 ottobre, 1997

Ragone O., "Turisti peggio della lava. Così Pompei sta morendo", *La Repubblica*, 22 settembre, 1997

Rapporto Censis e Findomestic, *Consumi e stili di vita in Emilia-Romagna*, Franco Angeli, Milano, 1999

Reale E., "I musei scientifici italiani: funzioni emergenti e aspetti organizzativi", ricerca Cnr-Isrds *Indagine sui musei scientifici italiani*, working paper, 1998

Reda S., "Museums find treasure in booming retail business", *Stores*, 1997, 79, 10, 70-74

Reginelli C., *Atti del Convegno Bologna 2000: una capitale europea della produzione culturale*, Officine Grafiche Futura Press, Bologna 1998

Rentschler P., Potter B., "Accountability versus artistic development: the case for non-profit museums and performing arts organizations", *Accounting, Auditing & Accountability Journal*, vol. 9, n. 5, 100-113, 1996

Richards G. (ed), *Cultural Tourism in Europe*, Cab International, Wallingford, 1996

Richmond B., "Systems thinking: Critical skills for the 1990s and beyond", *System Dynamics Review*, 1993, 9, 113-133

Rispoli M., Tamma M., *Risposte strategiche alla complessità: le forme di offerta dei prodotti alberghieri*, Giappichelli, Torino, 1995

Roberts N., Andersen D., Deal R., Garet M., Shaffer W., *An introduction to computer simulation: A System Dynamics Modeling Approach*, Reading, MA. Addison Wesley Publishing Company, 1983

Romanelli G., *Una città e il suo museo – Un secolo e mezzo di collezioni civiche veneziane*, Museo Correr, Venezia, 1988

Roncaccioli A., (a cura di), *L'azienda museo*, Cedam, Padova, 1996

Rosenberg N., *Le vie della tecnologia*, Rosenberg & Sellier, 1987

Ruozi R., Intervento al Convegno Aidea su "La gestione e la valorizzzione dei beni artistici e culturali in prospettiva aziendale", Siena, 30-31 ottobre , 1998

Rylands P., "La gestione di un museo internazionale: il Peggy Guggenheim di Venezia", in Varaldo R. (a cura di), *La gestione dei beni artistici e culturali nell'ottica del mercato*, Guarini, Milano, 1998

Rylands P., "An American Museum in Italy ", in Roncaccioli A., 1996 (a cura di), *L'azienda museo*, Cedam, Padova, 1996

Sallois J., "Le cas de la France", in Tobelem J.-M. (a cura di), *Musées. Gérer autrement*, La Documentation Française, Paris, 1996

Sangalli, *L'impresa di restauro, artigianato e ricerca scientifica*, Editoriale Artigianato e Piccola Impresa dell'Emilia-Romagna, Bologna, 1986

Santagata W., "Beni d'arte, modelli di scambio, istituzioni per il mercato", in Santagata W. (a cura di), *Economia dell'arte*, Utet, Torino, 1998

SANTAGATA W., "Chi pagherà dopo il trasferimento agli Enti locali?", *Il Giornale dell'Arte*, n. 165, aprile, 1998

SAVELLI A., *Sociologia del turismo*, Franco Angeli, Milano, 1993

SCHEFF J., KOTLER P., "How the Arts can Prosper Through Strategic Collaborations", *Harvard Business Review*, January-February, 52-62, 1996

SCHISA B., "Pompei. Non chiudete quella porta", dossier *Venerdì di Repubblica*, 1998

SCIULLO G., "Beni culturali e principio di delega", *Aedon*, Tavola rotonda su "Riforme e decentramento alla prova dei fatti: i beni e le attività culturali nel d.lg. 112/1998", n. 1, 1998

SCOTTISH LOCAL AUTHORITIES, *Survey of Local Authorities Arts Expenditure, 1992/1993*, London, 1994

SENGE P., *La quinta disciplina*, Sperling & Kupfer, Milano, 1990

SETTIS S., "La via italiana all'arte", *Il manifesto*, 23 maggio, 1998

SHERMAN D.J., ROGOFF I. (eds.), *Museum Culture. Histories, Discourses, Spectacles*, Routledge, London, 1994

SICCA L.M., "Il ruolo del management negli studi sulle performing art", *Economia della cultura*, n. 3, 1998

SICCA L.M., "The management of Opera Houses. The Italian experience of the Enti Autonomi", *The International Journal of Cultural Policy*, 1/2, 201-224, 1997

SICOLI S., "La formazione dello Stato unitario e il problema della conservazione", in AA.VV, *Verso una gestione dei beni culturali come servizio pubblico*, Garzanti, Milano, 1978

SISTHEMA S.R.L. DIVISIONE FORMAT RICERCHE DI MERCATO, *Indagine sulla fruizione dei beni culturali musei*, ricerca condotta per il Ministero per i Beni Culturali e Ambientali, tratta da http://www.forumpa.it/sisthema/index.htm

SMITH C.S., "The practice of research at the Victoria and Albert Museum", *Museum management and curatorship*, 12, 349-359, 1993

SOLA T., "Museum generalists: new professionals in the age of syntesis", *Museum management and curatorship*, 13, 61-65, 1994

SOLIMA L., *La gestione imprenditoriale dei musei. Percorsi strategici e competitivi nel settore dei beni culturali*, Cedam, Padova, 1998

SOPRINTENDENZA ARCHEOLOGICA DI POMPEI, "Comunicazione del Soprintendente Conticello in riferimento all'interrogazione parlamentare nr. 4-09867 dell'On.le Mussolini", protocollo n. 2833 e 2834, MBCA, 9.2.93, 1993

SOPRINTENDENZA ARCHEOLOGICA DI POMPEI, *1984-1994. Un decennio di attività. Elementi per una visita*, brochure della Soprintendenza Archeologica di Pompei, 1994

SPINDLER K., WILFING H., RASTBICHLER-ZISSERNIG E., (eds.), *Human Mummies: A Global Survey of Their Status and the Techniques of Conservation (Man in the Ice, Vol. 3)*, Springer Verlag, 1996

SUKEL W.M., "Museums as organizations", in Moore K., (ed.), *Museum Management*, Routledge, London, 262-264, 1994

SZULANSKI G., "Exploring internal stickiness: Impediments to the transfer of best practice within the firm", *Strategic Management Journal*, 17, 27-43, 1996

TEMIN P., "An economic history of American art museum", in Feldstein M. (ed.), *The economics of art museum*, University of Chicago Press, Chicago, 1991

THOMPSON N., "Financial troubled museum and the law", in Di Maggio P. (ed.), *Nonprofit enterprise in the art*, Oxford University Press, Oxford, 1986

TOMASICCHIO M., *L'azienda museo: I Musei Civici di Venezia*, Tesi di laurea in Economia Aziendale, Università Ca' Foscari di Venezia, 1997

TRAMPOSH W., "Some thoughts on organization & training", *Museum management and curatorship*, 13, 57-60, 1994

TWEDDY C., "Sponsorship of the arts - An outdated fashion or the model of the future?", *Museum management and curatorship*, 161-166, 1991

Valentino P.A., "Gli impatti economici della nuova normativa per lo sviluppo dei servizi museali", *Notiziario del Ministero per i beni culturali e ambientali*, n. 42-43, luglio-dicembre, 1993

Valentino P.A., "Gli ingranaggi delle macchine del tempo: la struttura economica delle organizzazioni museali", in Valentino P.A. (a cura di), *L'immagine e la memoria*, Leonardo Periodici, Roma, 1992

Valentino P.A. (a cura di), *L'immagine e la memoria*, Leonardo Periodici, Roma, 1992

Valli C., "L'innovazione nella gestione delle attività non profit: il caso musei" in Roncaccioli A. (a cura di), *L'azienda museo - Problemi economici gestionali e organizzativi*, Cedam, Padova, 1996

Van de Ven A.H., "On the Nature, Formation and Maintenance of Relations among Organizations", *Academy of Management Review*, October 1976

van Hemel A., van der Wielen N. (ed.), *Privatization/Désétatisation and Culture. Limitations or opportunities for cultural development in Europe?*, Boekman Foundation, Jubels/Copypoint, Amsterdam, 1997

van Mensch P., "What museum, what success? Some museum are more equal than others", in Gubbels T., van Hemel A. (ed.), *Art Museum and the Price of Success*, Boekman Foundation, Amsterdam, 1993

van Mensch P., "Paramusea: paradijs of parasiet?", *Museumvisie*, 3, 1982

Van Rose S., Mercer I.F., *Volcanoes*, The Natural History Museum, London 1991

Varaldo R. (a cura di), *La gestione dei beni artistici e culturali nell'ottica del mercato*, Guerini e Associati, Milano, 1998

Varone A., "Scavi recenti a Pompei lungo via dell'Abbondanza (Regio IX, ins. 12, 6-7)", in Franchi dell'Orto L. (a cura di), *Ercolano 1738-1988. 250 anni di ricerca archeologica*, L'"Erma" di Bretschneider, 1993

Vecchia M. (a cura di), *La comunicazione strategica dei servizi intangibili*, Atti Convegno Luiss, 28 giugno 1996

Vettese A., "Il curatore d'arte contemporanea", Convegno su *Gli stati generali dei musei italiani – La professione del museologo*, in *Domenica Il sole 24 ore on line*, Bologna, 22 giugno, 1998

Vicari S., "Risorse aziendali e funzionamento dell'impresa", in *Finanza Marketing e Produzione*, n. 3, 1992

Weinstein A., *Market segmentation*, Probus Publishing Co., Chicago Illinois, 1987

Wernerfelt B., "A resource-based view of the firm", *Strategic Management Journal*, April-June, 5 (2), 171-180, 1984

Whitley R., "The fragmented state of management studies: reasons and consequences", *Journal of Management Studies*, vol. 21, n. 4, 331-348, 1984 (trad it., 1992, in Zan L., *Strategic management: materiali critici*, Utet, 1985)

Williamson O., "Comparative economic organization: the analysis of discrete structural alternatives", *Administrative Science Quarterly*, 36, 2, 1991

Wilson D.M., Sisinni F., Barbiani L., Ferego F., Abruzzese A., *Scienza e crisi del museo. Il paradigma del British Museum e il caso Italia*, Liguori, Napoli, 1993

Wilton A., "In Museums, is Knowledge at Risk from Commercialism?", *Museum management and curatorship*, 9, 191-195, 1990

Zamagni S., *Economia politica. Teoria dei prezzi, dei mercati e della distribuzione*, 2a edizione, NIS, Roma, 1984

Zammuner V.L., *Tecniche dell'intervista e del questionario*, Il Mulino, Bologna, 1998

Zan L., "La contabilità e il discorso manageriale. Spunti per una storicizzazione in prospettiva economico-aziendale-manageriale", in corso di pubblicazione per gli annali ASSI, 1999

Zan L., "L'autonomia è la carta vincente. La sperimentazione alla Soprintendenza di Pompei", in *Domenica Il sole 24 ore on line*,12 luglio, 1998

ZAN L., "Piano, con armonia. Lo sviluppo dell'Accadenia Pianistica di Imola in prospettiva economico-aziendale", *Economia e Management*, n. 5, 17-26, 1997

ZAN L., "Toward a history of accounting histories: perspectives from the Italian tradition", *The European Accounting Review*, vol. 3, n. 2, 255-307, 1994

ZAN L., HOSKIN K., "Il discorso sul maneggio. Lo sviluppo del discorso manageriale e contabile all'Arsenale di Venezia, 1580-1650", *Ateneo Veneto*, in corso di pubblicazione, 1999

ZAN L., PACIELLO L., "Rilanciare Pompei: anno zero. Le attese verso approcci manageriali e forme moderne di accountability", *Economia e Management*, n. 6, 95-103, 1998 (prima parte); n. 1, 53-76 (seconda parte), 1999

ZANARDI B., "Restauratore, un mestiere senza identità", Convegno su *Gli stati generali dei musei italiani – La professione del museologo*, in *Domenica Il sole 24 ore on line*, Bologna, 22 giugno, 1998

ZANGRANDI A., *Autonomia ed economicità nelle aziende pubbliche*, Giuffrè, Milano, 1994

ZANGRANDI A., "Il sistema contabile negli Enti pubblici", in Anthony R.N., Young D.W., *Controllo di gestione per il settore non profit*, McGraw-Hill, Milano, 1992

ZAPPA G., *Tendenze nuove negli studi di ragioneria*, Istituto Editoriale Scientifico, Milano, 1927

Finito di stampare nel mese di ottobre 1999
dalla Cartolibraria Tiberina – Città di Castello (Perugia)
per conto della RCS Libri s.p.a. – Via Mecenate, 91 - 20138 Milano.